이슬람 교리의
법해석

이주화

사우디아라비아 메디나 국립 이슬람대학교에서 아랍어 및 이슬람 신학을 전공하였으며 명지대
학교 대학원에서 아랍지역학 박사를 수료하였다. 한국 이슬람교 사무총장을 역임하였고 현재 한
국 이슬람교 서울 중앙 성원의 이맘으로 재직 중이다.

이슬람 교리의
법해석

초판인쇄 2016년 12월 21일
초판발행 2016년 12월 21일

편저자 이주화
디자인 이상훈
펴낸이 채종준
펴낸곳 한국학술정보㈜
주소 경기도 파주시 회동길 230(문발동)
전화 031) 908-3181(대표)
팩스 031) 908-3189
홈페이지 http://ebook.kstudy.com
전자우편 출판사업부 publish@kstudy.com
등록 제일산-115호(2000. 6. 19)

ISBN 978-89-268-7796-8 93280

이슬람 교리의 법해석

유일신관, 예배, 단식, 희사, 성지순례

이주화 편저

편저자 서문

온 우주의 주인이신 창조주 하나님께 찬미를 드립니다. 우리는 오직 그분께만 경배 드리고 오직 그분에게만 구원을 청합니다. 또한 우리는 그분에게 우리의 그릇된 행위들에 대해 용서를 구하며 그분만이 우리의 죄를 사해 주시며 그분만이 우리를 불지옥으로부터 구원해 줄 분임을 확신합니다.

"오 믿는 사람들이여 진심으로 하나님을 두려워하라. 그리고 무슬림으로 죽음을 맞이하라."*

무슬림들은 하루에도 수차례씩 다음과 같이 기도합니다. "오 하나님 당신께서 명하신 그 길로 저희를 인도해 주소서." 여기서 말하는 그 길은 하나님께서 명하신 바른길을 말하며 이슬람을 의미합니다. 그 길은 예언자 무함마드(그분에게 하나님의 평화가)께서 꾸란을 계시 받아 그분의 모범적인 삶을 통해서 보여주신 길이며 그분의 교우들과 이후의 선인들이 예언자의 자취를 더듬어 후세에게 귀감을 보여준 길입니다.

오 하나님! 저희들이 그 길에서 당신의 노여움을 사지 않고 방황하지 않도록 해 주시고 굳건한 신앙으로 저희의 삶이 윤택할 수 있도록 인도해 주십시오.

파트와(Fatwa)는 꾸란(Quran, 이슬람 경전)과 하디스(Hadith, 예언자 무함마드의 언행을 기록한 책) 그리고 이즈마아(Ijmāa', 합의), 끼야스(Qiyās, 유추)의 이슬람 법 해석 과정을 통해서 정확한 법적 근거를 제시하는 것을 말합니다. 그래서 우리는 신앙

---

* 3:102

의식의 실천을 위해서 제기되는 교리적 의문이나 이견들을 단계적 법 해석 과정을 거쳐 정확한 근거에 의해 실천하는 것이 무슬림들의 일상적 삶임을 알 수 있습니다. 꾸란은 신앙을 실천함에 개인의 독선이나 아집을 없애고 원만한 신앙생활을 유도하기 위하여

"만일 너희가 모르는 것이 있으면 아는 사람에게 질문하라"

라고 가르칩니다. 이러한 교리적 배경을 바탕으로 무슬림은 바람직한 신앙생활을 위해서 기본 교리에 대한 정확한 이해가 우선되어야 하며 지속적인 학습과 이해를 통한 의식의 실천은 개인뿐만 아니라 이슬람 공동체가 함께 공유해야 할 의무이기도 합니다.

본서는 쉐이크 무함마드 븐 살리흐 알 우세이민(Sheikh Muhammad ibn Sālih Al-Utheimin)*이 이슬람의 기둥인 다섯 가지 실천 의식(Tauhīd, Salāt, Saum, Zakāt, Hajji)에 대한 법 해석에 기초하여 저술한 '파타와 아르칸 알 이슬람(Fatāwa Arkān al-Islām)'을 근거로 번역과 편집이 이루어 졌으며 수많은 질문과 대답들 중에서 우리 실정에 맞는 교리들을 중점적으로 모아 해석하였습니다. 이슬람은 통일성과 다양성을 인정하는 종교입니다. 통일성은 무슬림들의 삶의 지표이자 실천의 근원인 꾸란에 의해 규정된 교리들을 의미하고 다양성은 이를 바탕으로 예언자의 순나에 위배되지 않는 지역적, 문화적 특성을 인정하는 것입니다. 본서는 아라비아 반도를 중심으로 퍼져 있는 한발리 학파의 신앙의식의 실천을 중심으로 수집 해석하였으며 이로 말미암아 법해석 과정에서 다른 지역, 다른 학파와 약간의 견해차이가 있을 수도 있음을 밝힙니다.

본서의 출판을 위하여 관심과 배려, 그리고 조언을 아끼지 않으신 많은 분들께

---

* 쉐이크 무함마드 븐 살리흐 알 우세이민(Muhammad ibn Sālih Al-Utheimin, 1929~2001)은 사우디아라비아 까심 지역의 우네이자에서 태어나 할아버지의 보살핌을 받으며 성장하였다. 그는 당시 아라비아 반도에서 쉐이쿨 이슬람 이븐 타이미야(Sheikh Al-Islam Ibn At-Taimiyah)의 계보를 잇는 이슬람 학자로 잘 알려진 압두라흐만 이븐 나시르 앗씨으디(Abdurrahman ibn Nāsir Al-Siedi)로부터 타우히드와 탑시르, 피끄흐, 우술피끄흐, 파라이드, 하디스 등 폭넓고 깊이 있는 학문을 전수 받아 그의 뒤를 잇는 수제자로 성장하였으며 이후 수많은 저서들을 남겨 아라비아 반도에서 한발리 학파의 계보를 잇는 역할을 했다.

진심으로 감사드립니다. 특히 보다 가치 있는 책을 만들기 위하여 몹시 무더웠던 지난여름 편집을 위해 수고한 아미르 이상훈 형제와 번역과 편집의 전 과정을 객관적 입장에서 조언한 카람 김은수 형제에게 각별한 감사의 뜻을 표합니다.

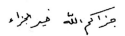

2016년 8월
서울중앙성원 이맘실에서
Abdulrahman 이주화

일러두기

1. 이 책에 소개된 꾸란의 장과 절은 아랍어로 된 꾸란 원전을 기본 텍스트로 하였으며, 최영길 교수의 《《성꾸란 의미의 한국어 번역》》과 편저자의 번역을 기본으로 하였습니다.

2. 이 책의 본문에 인용된 꾸란 구절은 각주로 (장:절)의 형식으로 표기하였다. 하디스의 경우에는 (책이름(번호))로 표기 하였습니다.
   (예: (2:15)는 꾸란 2장 15절을 의미하며, Sahih al-Bukhari(3199, 7424)는 사히흐 부카리 3199번과 7434번 하디스를 의미합니다.)

3. 용어의 경우에 (한국어의미(아랍어영문전사))로 표기하였습니다. 단 한글로 전환할 수 없는 용어의 경우 아랍어를 한글로 전시하였습니다.(예: 인간(al-Ins))

4. 아랍어는 가급적 원음에 가깝게 표기하였으며, 아랍어 장모음을 영어로 전사하는 경우 장모음 '아'의 경우는 (ā)로 장모음 '이'의 경우에는 (ī)로 표기 하였습니다.

5. 역자주의 경우 (*)으로 표기 하였습니다.

차례

제1장

아끼다(Aqīdah)
유일신관

유일신관(Aqīdah)은 이슬람에서의 유일신성(唯一神性)에 대한 정확한 개념 정립을 의미합니다. 하나님의 유일성을 신(神)적 존재로서 그리고 주(主)적 존재로서 그리고 그분만이 가질 수 있는 품성(品性)과 속성(俗聖)에 대하여 정확한 의미를 이해하고 교리의 기본으로 '라 일라하 일랄라' 즉 하나님 이외에는 어떤 것도 믿음의 대상이 없으며 어떤 것도 대등 시 될 수 없음을 신앙의 근본으로 삼고 이를 실천합니다.

질문(1) 샤하다(Shahāda, 증언을 의미하며 유일신 하나님에 대한 증언을 통하여 무슬림이 된다)에 대하여 자세히 설명해 주세요.

대답: 두 샤하다(Shahādatu an lā ilāha illala wa anna Muhammadan rasūlullah)는 '하나님 이외에는 어떤 것도 신이 아니며 무함마드는 하나님의 사도임을 증언하는 것'을 말하며 이 두 가지가 이슬람을 여는 열쇠입니다. 이를 선언하는 것으로 이슬람에 입교(개종)할 수 있습니다. 예언자 무함마드께서 그분의 교우 중 한 사람이었던 무아드 븐 자발을 예멘의 총독으로 파견할 때 무엇보다 먼저 유일신 하나님에 대한 개념을 정립하기 위하여 이 증언으로 그들을 이슬람으로 초대하도록[3] 가르쳤습니다.

신앙증언(Shahāda)은 두 문장으로 이루어져 있기 때문에 아랍어로 **'shahādatāni'** 라고도 하는데 먼저 첫 번째 문장인 **'shahādatu an lā ilāha illalah(하나님 이외에는 어떤 것도 신이 아니다)'**는 이슬람을 접하는 사람이 자신의 말(bilisān)과 마음(bilqalb)으로 하나님 이외에는 어떤 믿음의 대상도 존재하지 않음을 받아들이는 것입니다. 이 문장은 믿음의 대상을 규정함에 긍정과 부정을 동시에 포함하고 있는데 'lā ilāha(신이 아니다)'라고 하는 강한 부정을 통해서 'illa Allāh(하나님을 제외한)'를 긍정하고 오직 한분이신 유일신 하나님을 진심으로 받아들이는 것입니다. 다시 말해서 오직 한 분이신 'Allāh(하나님)'를 제외한 어떤 것도 믿음의 대상이 아니며 또 다른 어떤 신적 존재도 없음을 마음으로 확신하고 말로서 선언하여 자신의 신앙을 증언하는 것입니다. 꾸란에는 하나님의 유일성을 강조하고 이를 근거하여 신앙의 근간을 삼도록 한 다음과 같은 구절들이 있습니다.

"하나님 이외에 그들이 경배했던 신들은 그들에게 어떤 도움도 되지 못했으니 하나님의 명령이 떨어지자 그들은 자멸했을 뿐이라."[4]

---

3) Sahih al-Bukhari(3199, 7424), Muslim(509), Ahmad(20845, 21031)
4) 11:101

"하나님과 대등한 어떤 신을 두고 함께 섬기지 말라."[5]

또한 하나님께서 사도들을 보내시고 그들의 백성들에게

"하나님을 경배하라, 너희들에게는 그 분 외에 다른 신은 없노라."[6]

라고 가르침을 주셨던 것입니다.

두 번째 문장 **'wa anna Muhamadan rasūllulah'**은 **'그리고 무함마드는 그분의 사도이시다'**인데 이 또한 마음으로 확신을 가지고 무함마드(Muhamad bn Abdullah al-Qurashī al-Hāshimī)가 지상의 모든 피조물들을 위한 하나님의 마지막 사도임을 말로서 증언하는 것입니다. 하나님께서 이를 증명하기 위하여 꾸란에 다음과 같이 언급하셨습니다.

"말하라, 오 사람들이여 실로 하늘과 땅의 주권을 가지신 오직 유일하시 분, 삶과 죽음을 관장하시는 분, 그분께서 나(무함마드)를 너희 모두를 위한 사도로 보내셨으니 하나님을 경배하고 문맹의 예언자로 보내진 그를 믿어라. 그(무함마드)는 그분(하나님)을 경배하고 그분의 말씀을 믿으니 그를 따르라, 그러면 너희가 인도되리라."[7]

이 증언은 하나님께서 계시하신 말씀을 실천으로 증명하는 것이며 무슬림은 꾸란에 의해 정확히 입증된 사실들을 실천함으로서 자신의 신앙을 증진시킬 수 있습니다. 이 샤하다는 또한 예언자 무함마드의 신성을 부정하며 그분은 오직 하나님의 종(abd)으로서 자신의 역할에 충실할 뿐임을 인정하고 받아들이도록 합니다. 무함마드는 우리와 같은 인간이기 때문에 어떤 상황에서도 신성을 공유할 수 없으

---

5) 28:88
6) 7:59
7) 7:158

며 삶과 죽음, 선과 악을 관장할 수 없는 하나님의 명령에 의해 하나님의 명령을 따르는 우리와 같은 인간임을 믿고 따르는 것입니다.

> "말하라, 나는 하나님의 의지 이외에 어떤 유익함도 어떤 해로움도 스스로 소유할 수 없으니 만일 내가 볼 수 없는 것을 알 수 있다면 더욱 더 많은 이로 움을 얻을 수 있었으며 어떤 불행도 나에게 없었을 것이라. 그러나 나는 단지 경고하는 사람, 그리고 믿는 백성들에게 복음을 전하는 전달자일 뿐이라."[8]

이와 같이 두 문장으로 구성된 샤하다는 이슬람을 이루는 첫 번째 기둥이며 이로 인하여 이슬람은 시작됩니다. 다음 꾸란 구절은 하나님의 신성과 예언자 무함마드의 종복으로서의 지위를 정확하게 규정합니다.

> "말하라, 실로 나의 예배와 나의 희생(내가 짐승을 도살하는 것)과 나의 삶과 나의 죽음, 이 모든 것이 온 세상의 주인이신 하나님을 위한 것이니, 그분과는 어떤 것도 비교되지 않음을 명령 받았으니 실로 나(무함마드)는 무슬림들(복종 하는 자들)중에 첫 번째라."[9]

질문(2) lā ilāha illalah(하나님 이외에는 어떤 것도 신이 아니다)라는 말에는 모든 종류의 타우히드(Tauhīd, 하나님의 유일성)를 다 포함하고 있는 것인지요?

대답: 칼리마투 앗 타우히드(kalimat at-Tauhīd)는 하나님의 유일성, 즉 **신(神)적 존재로서의 유일신 하나님(Tauhīd al-Uluhiyah)**을 의미하고 있으며 동시

---

8) 7:188
9) 6:162~163

에 모든 피조물들에 대한 **주(主)적인 존재(Tauhīd ar-Rububiyah)로서도 유일하신 창조주 하나님**임을 의미합니다. 왜냐하면 유일신 하나님을 믿는다는 것은 이 두 가지가 우선 보장되어야만 믿음의 확신을 가질 수 있기 때문입니다. 이와 더불어 위 문장을 통해서 절대적인 유일신(唯一神)으로서, 그리고 온 우주를 창조하신 창조주(創造主)로서 묘사되어질 수 있는 **그분의 이름들(Asmaa')과 속성(品性, Sifat)들에 대한 믿음의 확신**도 가질 수 있습니다. 왜냐하면 인간들은 경배 대상에 대한 완전한 확신을 갖기 전까지 믿지 않기 때문입니다. 그래서 이러한 확신을 갖기 위한 방법으로 유일신 하나님에 대한 다양한 형태의 속성들을 인정하고 받아들이는 것입니다. 예언자 이브라힘이 그의 아버지에게 한 말을 꾸란에는 다음과 같이 전합니다.

> **"그(이브라힘)가 그의 아버지에게 말하니 아버지 왜 듣지도 못하고 보지도**
> **못하며 당신께 어떤 유용함도 없는 것(우상)을 숭배하시는지요?"**[10]

이와 같이 하나님은 모든 것을 보시며 또한 모든 것을 들으시며 원하는 모든 것을 할 수 있는 전지전능하신 완전무결한 분이심을 위의 세 가지 유일성에 입각하여 믿음의 확신을 갖는 것이 **'라 일라하 일랄라'**의 의미입니다.

질문(3) 사람(al-Ins, 人間)과 진(al-Jin, 靈)을 창조한 것에는 어떤 목적이
　　　　있을까요?

대답: 이 질문에 대한 대답 이전에 선행되어야 할 것은 하나님께서 어떤 것을 창조하신 후 이와 관련하여 피조물에게 무엇을 규정하셨는지에 대한 지혜를 먼저 이해해야 합니다. 이러한 규정은 꾸란의 많은 구절들에 언급되어 있으며 창조와

---

10) 19:42

관련한 하나님의 지혜로우심과 그에 따른 충분한 목적을 이해할 수 있습니다.

"실로 하나님께서는 모든 것을 아시고 지혜로운 분이시니라"[11]

그분의 창조 목적과 지혜에는 누구나 다 이해할 수 있는 보편적인 것이 있는가하면 또 다른 어떤 것은 누구도 이해할 수 없는 지혜가 있으며 이러한 지혜들은 우리에게 허용된 것이거나 또는 금기된 것 또는 허용과 금기와 상관없이 인간들의 삶 전반에 다양한 형태와 상황으로 존재하는 것입니다. 이러한 상황과 현상들은 하나님에 의해 일부 사람들에게는 잘 아는 것이 될 수도 있고 또 다른 사람들에게는 전혀 알 수 없는 무지한 것이 될 수도 있습니다. 이것이 바로 창조주와 피조물들과의 관계이며 창조주만이 알 수 있는 지혜입니다. 이러한 상황과 현상을 받아들인다면 하나님께서 인간과 진을 창조하신 위대한 목적과 축복에 대하여 이해할 수 있을 것입니다. 이러한 이해는 지고하신 창조주 하나님에 대한 믿음의 확신으로부터 나오는 것이며 신앙의 근간이 될 것입니다. 하나님께서는 인간과 진의 창조 목적에 대하여 다음과 같이 말씀하셨습니다.

"실로 내가(하나님) 인간(人間)과 진(靈)을 창조한 것은 단지 나를 경배하도록 하기 위함이라."[12]

여기서 말하는 '경배'는 하나님께서 명하신 것들을 실천하고 그분께서 금하신 것을 멀리하는 신앙행위를 의미합니다. 이러한 신앙의 실천은 반드시 순수함에 의해서 이루어져야하고 교만하지 않아야합니다.

---

11) 4:24
12) 51:56

질문(4) 하나님께서 "나에게 기도하라 그러면 너희들의 기도에 답하리라."라고 꾸란에는 언급되어 있습니다. 그러나 기도함에도 불구하고 이에 대한 대답이 없다면 어떻게 해야 하는지요?

대답: 꾸란에는 다음과 같이 언급하고 있습니다.

"너희 주님께서 말씀하시니, '나에게 기도하라, 그러면 내가 너희들의 기도에 답하리라.' 실로 나의 종복들 중에는 교만한 자들이 있으니 그들은 굴욕적인 모습으로 불지옥에 들어 갈 것이라."[13]

기도하는 사람들 중에는 하나님께서 자신의 기도에 답해주지 않음을 하소연하는 사람들도 있습니다. 그러나 우리는 반드시 하나님께서 말씀하신 위 꾸란 구절을 상기해야 합니다. 왜냐하면 하나님께서는 스스로 하신 약속을 결코 저버리지 않으실 것이기 때문입니다. 정확한 기도를 위해 선행되어야할 다음과 같은 조건들이 있습니다.

1) 순수한 자세로 임해야 합니다. 기도를 할 때는 하나님을 향한 마음으로, 그리고 그 기도를 반드시 들으실 것이라는 확신으로, 오직 하나님만이 그 기도에 답해주실 것이라는 순수한 자세로 임해야 합니다.

2) 가장 절박한 마음으로 기도에 임해야 합니다. 오직 하나님 한분만이 그 기도에 답해 줄 수 있다는 간절함과 절박함에 의거해서 기도에 임해야 합니다.

3) 기도가 받아들여지기 위해서는 하람(Haram, 금기)인 행위나 음식들로부터 멀리해야 합니다. 금해진 음식이나 음료를 먹는 것이 기도에 대한 대답을 들을 수 없게 하는 장막이 될 수도 있습니다. 예언자 무함마드께서 이에 관하여 말씀하셨습니다. **(실로 하나님께서는 좋은 분이시니 좋은 것 외에는 받아들이지 않으시니라. 그래서 하나님께서는 믿는 자들에게 사도들에게 명하신 것과 같은 것으로 명하셨느니라.)**

---

13) 40:60

그런 후 예언자께서는 꾸란의 알 바까라장 172절 "오 믿는 자들이여, 우리(하나님)가 너희들에게 베푼 좋은 것들만 먹도록 하라, 그리고 너희가 그분을 경배한다면 그분의 은혜에 감사하라."과 알 무민장 51절 "오 사도들이여, (하나님께서 너희들에게 베푸신) 좋은 것들만 먹고 선을 행하라."을 낭송하시고 (긴 여행으로 머리가 헝클어지고 먼지에 뒤덮인 한 남자가 양손을 하늘을 향해 들고 '오 주님, 오 주님'하며 기도하는데 만일 그가 먹은 음식이 하람이고 그가 입은 옷이 하람이며 하람으로 이루어진 사람이라면 '어떻게 그의 기도가 받아들여지겠는가?')[14] 그래서 예언자께서는 그 남자의 기도는 받아들여질 수 있는 많은 조건들을 갖추고 있음에도 불구하고 그의 기도에 대한 응답은 멀어질 수밖에 없다고 하신 것입니다. 그가 기도할 당시에 그의 다음과 같은 외형적 모습은 기도가 받아들여질 수 있는 조건을 갖추었다고 볼 수 있습니다.

(1) 두 손을 모아 하늘을 향해 들어 올리는 모습은 무슬림들이 하나님께 기도할 때 행하는 모습입니다. 이러한 모습은 하나님께서 그 기도에 답해주실 이유들 중에 하나입니다. 하디스에는 이와 관련해 다음과 같이 언급하고 있습니다. **(실로 하나님께서는 현존하는 관대하신 분이시니라, 그분께서는 그분의 종복이 두 손 모아 기도하는 대로 그 기도에 응해주지 않는 것을 부끄러워하시니라.)**[15]

(2) 또한 이 사람은 하나님께 '야 랍비(오 주님)'라는 호칭으로 기도했기 때문에 '오 주님'이라고 부르는 간절한 요청은 하나님께 전해질 수 있는 기도를 위한 부름입니다. 꾸란의 많은 구절들 중에서 하나님께 요청하는 간절한 기도는 '오 주님'또는 '오 우리의 주님이시여'등으로 시작됩니다.

"오 저희의 주님이시여, 저희는 주님을 경배하라는 부름을 받들어 주님을 믿었나이다. 그러니 저희들의 죄를 용서해 주시고 저희가 속죄하여 의로운 자들과 함께할 수 있도록 해 주십시오."[16]

---

14) Sahih Muslim(1015), At-Tirmidhi(2989), Ahmad(8148)
15) Sahih Abu Daud(1488), At-Tirmidhi(3556), Ahmad(23202)
16) 3:193

(3) 그 남자는 당시 여행 중인 사람이었습니다. 여행자의 간절한 기도는 하나님께서 대부분 들어 주신다고 합니다. 왜냐하면 가정에서 편안하게 있는 사람보다 여행 중인 사람은 여러 가지 어려운 여건을 많이 접하게 되고 필요한 것들도 더 많기 때문입니다. 위 하디스에서 말하는 '머리가 헝클어지고 먼지에 뒤덮인'의 의미는 언어적인 의미보다는 여행자가 겪는 어려움을 은유적으로 표현한 것입니다. 이러한 어려움은 신앙을 증대시키고 나아가 기도의 기회를 더욱 더 많이 갖도록 하기 때문입니다. 이와 같이 위 사람은 기도의 답을 얻을 수 있는 충분한 이유가 있었음에도 불구하고 어떤 응답도 구할 수 없는 것은 그 사람이 먹은 음식이 하람이고 그가 입은 옷이 하람이며 그의 행위가 하람으로 이루어진 사람이기 때문일 것입니다. 그래서 위에서 언급한 기도에 대한 응답을 구하기 위한 조건이 충족되었을 때 하나님께서는 정말 가까운 곳에서 기도하는 사람의 간절한 요청을 들으시고 그 요청에 답해 주실 것입니다.

질문(5) 하나님의 기적(Mu'jizat Allāh)이라고 하는 것은 무엇을 의미하는 것인가요?

대답: 하나님의 기적은 모든 피조물들을 대상으로 계시된 꾸란을 말합니다. 꾸란이 계시되었을 당시 이를 시기하고 불신하는 사람들이 있었는데 그들의 불신을 불식시키기 위해 단호하게 만일 이와 비슷한 것이 있다면 가져와 보라고 말했지만 꾸란 구절에 견주어 비교할 수 있는 어떤 것도 가져올 수 없었습니다. 이러한 근거로 바까라장 23절과 24절에는 다음과 같이 언급되어 있습니다.

"만일 너희가 우리(하나님)가 종복(무함마드)에게 계시한 것에 의심이 있다면 그와 같은 어떤 장(구절)이라도 가져와 보라 그리고 너희들이 진실된 자라면 하나님 이외의 어떤 증인이라도 제시해보라 그러나 너희가 그렇게 하지도 못하고 그렇게 할 수도 없다면 인간과 돌들이 연료가 되어 타고 있는, 불신자

들을 위하여 준비된 불지옥을 두려워하라."[17]

또한 꾸란은 오직 하나님의 권능에 의해서만 계시될 수 있음을 다음과 같이 증명합니다.

"말하라, 인간과 영들이 함께 모여 이 꾸란과 같은 것을 (어떻게든) 가져오려고 해도 그들은 이와 같은 것을 결코 가져올 수 없을 것이니라. 비록 그들이 서로가 서로에게 도움을 준다고 해도……."[18]

질문(6) 무함마드가 사도임을 확신할 수 있는 근거는 무엇인가요? 또한 그의 예언에 대하여 확신할 수 있는 근거는 어떤 것인가요?

대답: 무함마드가 하나님의 사도임을 알 수 있는 근거는 꾸란의 가르침을 통해서 입니다. 꾸란은 무함마드가 하나님의 사도임을 정확히 명시하고 있습니다.

"무함마드는 단지 사도에 불과하니 그 이전의 사도들도 세상을 떠났노라, 만일 그가 죽었거나 살해되었다면 너희는 돌아서겠는가? 만일 너희 중 누군가 돌아선다고 해도 하나님께는 어떤 해로움도 될 수 없을 것이니 실로 하나님께서 감사하는 자들에게 보상을 하실 것이니라."[19]

"무함마드는 하나님의 사도시며 그와 함께 하는 동료들은 불신자들에게는 강하고 그들(믿는 사람들)사이에는 사랑이 넘치니 그대는 허리를 숙여 절하는 그들을 보게 되리라……"[20]

---

17) 2:23~24
18) 17:88
19) 3:144

무함마드가 예언자임을 확신할 수 있는 것도 다음의 꾸란 구절을 통해서 근거를 찾을 수 있습니다.

"무함마드는 너희들 중 한 사람의 아버지가 아니라 그는 하나님의 사도이며 마지막 예언자이니라, 실로 하나님만이 모든 것을 다 아시는 분이시라."[21]

질문(7) 하나님께서는 무엇을 위하여 무함마드를 보내주셨나요?

대답: 오직 한 분이신 하나님께 경배 드리기 위함입니다. 그 믿음은 창조주 하나님은 어떤 것과도 비교되거나 대등 시 될 수 없기 때문에 또 다른 신적 존재를 인정하거나 피조물들에 대한 믿음을 부정하도록 사람들에게 가르침 그대로를 전달한 것입니다. 사람들에게 이러한 사실들을 그대로 전달하기 위하여 무함마드를 이 땅의 마지막 예언자로 보내주셨음을 꾸란의 다음 구절들은 분명히 해줍니다.

"우리(하나님)는 너(무함마드) 이전에도 사도를 보내 계시를 전했으니 실로 나(하나님) 외에는 어떤 신도 없으니 오직 나만을 경배하라."[22]

"실로 우리(하나님)는 모든 공동체(민족)에 사도를 보냈으니 하나님을 경배하고 우상숭배를 금하라."[23]

"내(하나님)가 인간과 진을 창조한 것은 오직 나를 경배케 하기 위함이라."[24]

---

20) 48:29
21) 33:40
22) 21:25
23) 16:36
24) 51:56

이와 같이 하나님의 창조 목적은 오직 한 분이신 그분을 경배토록하기 위함이며 악의 늪에서 헤어나지 못하는 무지한 인간들을 바른 길로 인도하고 인류를 구원하고자 시대와 상황, 그리고 민족에게 적합한 사도들을 보내셨던 것입니다.

질문(8) 타우히드 알-루부비야(Tauhīd ar-Rububiyah)와 타우히드 알-울루히야(Tauhīd al-Uluhiyah) 사이에는 어떤 차이가 있는지요?

대답: 이슬람은 하나님의 유일성을 정립하기 위하여 먼저 그분의 속성을 주적(主的) 존재로서 유일성을 정립하고 이를 타우히드 알-루부비야(Tauhīd ar-Rububiyah)라고 말합니다. 주인으로서의 하나님의 속성에는 창조주로서 그분의 속성과 피조물들에게 일용할 양식을 주시는 절대자로서의 역할, 그리고 삶과 죽음을 관장하고 비를 내리게 하며 우주 삼라만상의 질서를 유지케 하시는 절대적 존재로서의 하나님을 의미합니다. 두 번째는 그분을 신적(神的) 존재로서 절대적 지위를 정립하는 것인데 이를 일컬어 타우히드 알-울루히야(Tauhīd al-Uluhiyah)라고 합니다. 그분은 신적 존재로서 종복들로부터 경배 받을 분으로 유일한 지위를 보장하는 것입니다. 그래서 그분의 종복들은 오직 그분에게만 기도하고 그분에게만 요청하며 수많은 상황의 두려움과 공포, 그리고 맹세, 도움요청, 모든 상황들에서 구원을 주관하시는 하나님 한 분에게 모든 것을 의탁하고 그분에게만 구원을 청하는 것입니다. 더불어 믿는 자들의 모든 신앙행위가 하나님 한 분에게로 향해져 있음을 의미합니다.

질문(9) 하나님을 위한 경배의 종류에는 어떤 것들이 있습니까?

대답: 경배의 종류에는 다음과 같은 것들이 있습니다. 기도, 구원(도움)요청, 동물희생(도살), 맹세, 두려움, 소망, 의탁, 사랑, 공포, 예배(루쿠으, 수주드) 등 피

조물인 종복들이 신적 존재로서 하나님의 유일성을 정립할 수 있는 모든 행위가 경배에 해당됩니다.

질문(10) 하나님께서 명하신 명령 중에서 가장 중요한 핵심은 무엇이며 또 금하신 것 중에서 가장 중요한 핵심은 무엇인가요?

대답: 하나님께서 명하신 것 중에서 가장 중요한 것은 유일신 하나님에 대한 절대적인 확신입니다. 또한 하나님께서 금하신 것 중에서 가장 중요한 금기사항은 그분의 신성을 이원화하여 그분과 함께 어떤 피조물을 믿는 행위 즉 다신행위(Shirk)입니다. 그래서 누구든 유일신 하나님의 신성에 대등한 어떤 것을 두고 믿거나 또는 이를 의도한다면 다신행위로 간주될 것입니다.

질문(11) 믿음에서 우리가 반드시 알고 실천해야 할 세 가지 항목은 무엇인지요?

대답: 믿음에서 우리가 반드시 알고 실천해야 할 세 가지 항목 중 첫째는 하나님께서 우리를 창조하셨고 또한 그분께서 우리에게 일용할 양식을 베풀어 주신다는 것입니다. 이러한 믿음의 확신을 심어 주기 위하여 우리에게 예언자들과 사도들을 보내시어 신앙실천의 모범을 보여 주신 것입니다. 그래서 누군가 이러한 사실을 받아들이고 믿음을 실천하면 그분께서 천국을 약속하셨고 그렇지 않고 그분의 말씀을 거역하고 불신하면 불지옥의 고통을 맛보게 될 것입니다. 두 번째는 하나님께서는 그분을 경배함에 있어서 어떤 것과 비교되거나 대등한 관계에서 믿어지는 것을 허용하지 않으셨습니다. 비교의 대상이 하나님으로부터 보내진 예언자이건 또는 나라를 통치하는 왕이건 또는 다양한 형태의 피조물로서 절대자 창조주 하나님의 신성에 비교되는 어떤 것도 허용하지 않으신 것입니다. 셋째는 누군가 하나

님의 신성을 믿고 예언자 무함마드를 추종한다면 어떠한 경우에도 하나님의 신성과 예언자 무함마드의 사도성을 침범하지 않아야 합니다. 이와 같이 이슬람에서 믿음의 실천은 창조주 하나님에 대한 완전한 믿음의 확신과 그분을 믿음에 있어서 어떤 대등한 것도 없이 오직 유일하신 하나님 한 분만을 믿는 것입니다.

질문(12) 하나님께서는 무엇을 위해서 인간을 창조하셨으며 우리에게 명하신 첫 번째 의무는 무엇인가요?

대답: 하나님께서 인간과 진을 창조하신 목적은 그들에게 오직 한 분이신 창조주 하나님을 경배하도록 하기 위함입니다. 이를 뒷받침할 수 있는 꾸란의 근거는 다음과 같습니다.

　　"내(하나님)가 인간과 진(Jin, 정령)을 창조한 것은 그들이 나(하나님)를 경배하도록 하기 위함이니라."[25]

그리고 그분께서 우리에게 명하신 첫 번째 의무 규정은 우상 숭배를 멀리하고 유일하신 한 분 하나님을 경배하라는 것이었습니다. 꾸란 2장 256절에는 이에 대하여 믿음의 근본을 다음과 같이 의무화합니다.

　　"종교(이슬람)에는 강요가 없나니 진리는 암흑 속으로부터 구분 되나라 그러니 우상숭배를 부정하고 하나님을 믿는 자는 끊어지지 않는 단단한 동아줄을 잡은 것이니 하나님께서는 모든 것을 들으시고 모든 것을 아시는 분이시니라"[26]

---

25) 51:56
26) 2:256

질문(13) 많은 일들 중에서 신앙선언(As-Shahādataini) 다음으로 가장 중요한 일은 어떤 것입니까?

대답: 이슬람에서 신앙선언(하나님 외에는 어떤 것도 숭배의 대상이 아니며 무함마드는 하나님의 사도임을 선언하는 것) 다음으로 중요한 일은 하루 다섯 번의 의무예배를 정해진 시간에 근행하는 것입니다. 의무 예배를 근행하기 위해서는 선행되어야 할 선제조건들(Shurūt Salāt)이 있으며 또한 성공적인 예배를 위한 필수 동작에 해당되는 기둥들(Arkānu Salāt)이 있습니다. 또한 예배가 성공적으로 거행되기 위해서 기둥들 사이사이에 지켜져야 할 의무 사항들(Wājibāt)도 있습니다. 예배를 근행하면서 이러한 사항들을 성실히 지켰을 때 하나님께서 그 예배를 받아들여 주실 것입니다.

예배를 위해서 선행되어야 할 기본조건들에는 다음과 같은 사항들이 있습니다.

1) 무슬림(Muslim)이어야 합니다.

2) 정신적으로 온전한 사람('Āqil)이어야 합니다.

3) 이성적 판단(Tamiiz)을 할 수 있는 나이가 되어야 합니다.

4) 예배를 근행할 수 없는 상태(Hadath, 부부관계, 몽정, 대소변 등으로 인하여 예배를 근행할 수 없는 상황)에서 구슬(Ghusl, 전신목욕)이나 우두(Udhu, 부분세정)를 통해 깨끗이 씻고 예배를 근행할 수 있는 상태가 되어야 합니다.

5) 오물 제거(Izālatun najāsah): 예배를 근행할 장소와 의복 그리고 더럽혀진 신체 부위를 깨끗이 씻고 예배를 근행할 수 있도록 준비해야 합니다.

6) 신체의 노출부위를 가려야 합니다(Satrul aurah). 남성의 경우 최소한 배꼽에서 무릎까지는 가려야 하고 여성의 경우 노출 시킬 수 있는 부위는 얼굴과 손입니다.

7) 끼블라를 향해야 합니다(Istiqbāl qiblah) 사우디아라비아의 메카 성지에 있는 카으바를 향해서 예배를 근행해야 합니다. 카으바가 있는 방향을 끼블라라고 하고 무슬림은 지구상의 어디에 있든 이곳을 향해 예배를 근행합니다. 한국에서 끼블라는 서북서 285° 방향입니다.

8) 예배시간(Dukhūl waqt)이 되어야 예배를 근행할 수 있습니다. 예를 들면 정오예배를 알리는 소리인 아단이 나오기 전에 정오 예배를 근행할 수는 없습니다. 다른 예배들도 아단이 나온 후에 근행해야 합니다.

9) 의도(Niyat): 예배를 근행하기 전에 반드시 마음속으로 어떤 예배를 근행하는지에 대하여 의도해야 합니다.

예배를 근행하기 위한 선행 조건 다음으로 필요한 것은 예배 동작에서 반드시 지켜야 할 기둥들입니다. 성공적인 예배가 근행되기 위한 기둥(Arkānu as-Salāt)들은 총 14가지가 있는데 그것은 다음과 같습니다.

1) 의도(Niyāt)

2) 서서(al-Qiyām) 예배를 근행해야 합니다.

3) '알라후 아크바르(Takbīratul Ihrām)'라고 말해서 예배를 시작합니다.

4) 알 파티하장(Qiraa't al-Fātihah)을 외웁니다.

5) 허리를 숙여 반절(Arrukūu')을 합니다.

6) 허리를 펴 바르게 섭니다(Arrafu'minhu).

7) 7개의 뼈가 바닥에 닿은 자세로 큰절(Assujūd)을 합니다.

8) 수주드와 수주드 사이에 앉는 자세(al-Julus baina ssajdatain)

9) 전 과정에서 하나님을 향한 공경심과 두려움에 의한 집중되고 안정된 상태에서 예배진행(Tuma'ninah)

10) 순서에 의한 예배진행(Attartīb)

11) 마지막 타샤후드를 하는 것(Atashahud al-Akhīr)

12) 타샤후드를 위해서 앉는 것(Jalsah Littashahud)

13) 마지막 타샤후드 후에 예언자 무함마드에 대한 기도(Salāt alan-Nabi)

14) 예배를 끝내기 위한 쌀람(Attaslīm)입니다.

또한 예배가 완성되기 위한 의무규정(Wājibāt as_Salāt)에는 여덟 가지가 있으며 그것은 다음과 같습니다.

1) 예배 시작 때 하는 '알라후 아크바르'를 제외한 각 동작마다 타크비르(Allāhu Akbar)를 하는 것.

2) 반절에서 하는 '수브하나 랍비알아짐'

3) 이맘의 경우 반절에서 일어날 때 '싸미알라후 리만 하미다'라고 말하는 것, 혼자 예배할 때도 적용됨.

4) '랍바나 와라칼 함두'라고 말하는 것, 이맘과 이맘 뒤에서 예배를 근행하는 사람(들) 그리고 혼자 예배하는 경우 다 적용된다.

5) 큰절(수주드)에서 '수브하나 랍비얄 아올라'라고 말하는 것.

6) 큰절과 큰절 사이에 앉은 자세에서 '랍비그피르 리'라고 말하는 것.

7) 첫 번째 타샤후드를 하는 것.

8) 첫 번째 타샤후드를 위해서 앉는 것.

이 여덟 가지를 제외한 다른 예배 동작이나 예배 때 하는 말은 순나에 해당됩니다.

질문(14) 하나님께서는 피조물들이 죽은 후에 다시 부활하게 하시고 그들의 선행과 악행에 대하여 심판을 하시는지요? 그리고 그들 중에 하나님의 말씀에 복종하고 바르게 산 사람은 천국에 들어가고 또 하나님을 불신하고 다신행위를 한 사람들은 불지옥에 들어가게 되는지요?

대답: 네, 피조물들이 죽은 후에 다시 부활하게 하시고 그들의 선행과 악행에 대하여 심판을 하십니다. 그리고 그들 중에 하나님의 말씀에 복종하고 바르게 산 사람은 천국에 들어가고 또 하나님을 불신하고 다신행위를 한 사람들은 불지옥에 들어가게 될 것입니다. 다음 꾸란 구절은 이러한 사실들을 뒷받침해주는 근거가 됩니다.

"믿음을 부정한 자들은 부활이 없다고 주장하지만 말하라 그렇지 아니하니 주님에 의하여 부활되어 너희가 행한 모든 것에 관해 질문을 받게 될 것이니라. 그렇게 하는 것은 하나님께는 쉬운 일이니라"27)

"그것으로부터 하나님은 너희를 만들었고 다시 그곳으로 너희를 돌려보내며 그곳으로부터 너희가 부활하리라"28)

질문(15) 무슬림이 동물을 도축할 때 하나님 이름으로 하지 않으면 어떻게 되는지요?

대답: 무슬림이 하나님 이름이 아닌 다른 이름으로 도축하고 그 고기를 먹는 것은 불신행위이며 배교행위에 해당됩니다. 왜냐하면 그 행위에는 다음 두 가지 금기를 행하는 것이 되기 때문입니다. 첫째, 그것은 배교자에 의한 도축이며 배교자에 의해 도축된 고기는 학자들의 의견일치(Ijmāa')에 의해 먹는 것이 허용되지 않기 때문입니다. 둘째, 하나님의 이름이 아닌 다른 이름으로 도살했다면 그것은 다신행위이며 이 또한 금기사항에 해당되기 때문입니다. 이에 대하여 꾸란에는 다음과 같이 언급하고 있습니다.

"말하라, 내가 받은 계시들 중에서 죽은 고기와 피와 돼지고기 그리고 하나님 이름으로 도살되지 않은 고기를 제외하고는 먹지 못하도록 금기된 것을 찾지 못했노라……"29)

---

27) 64:07
28) 20:55
29) 6:145

질문(16) 쉬르크(Shirk, 다신행위)에는 어떤 것이 있습니까?

대답: 쉬르크(Shirk, 다신행위)는 원래 망자(亡者)에 대한 막연한 요청으로부터 시작됩니다. 그래서 망자에 의해 비롯될 수 있는 다신행위는 먼저 망자에게 어떤 필요한 것을 요청하는 것(Talab al-Hawāij)과 망자로부터 도움을 청하는 행위(al-Istighāthah), 그리고 어떤 상황을 맞이했을 때 어떻게 해야 할지 방법을 제시해 줄 것을 요청하는 행위(at-Tawajjuh) 등이 모두 다신행위로 간주될 수 있는 위험한 행위들입니다. 인간의 삶은 죽음을 맞이하는 것으로 단절되며 죽은 자는 어떤 유익함도 해로움도 줄 수 없는 상황이 됩니다. 그럼에도 불구하고 누군가 망자에게 도움을 청하고 믿는 자와 하나님과의 사이에 죽은 자가 뭔가 중재자로서 역할을 해주기를 바라는 것은 무지의 결과로 볼 수 있습니다. 실로 하나님께서는 어떤 누구에게도 그분의 허락 없이는 중재자로서의 역할을 허락하지 않으셨기 때문입니다. 또한 하나님께서는 그분 이외에 어떤 누구에게도 도움을 청하는 것을 허락하지 않으셨습니다. 오직 그분에게만 구원을 요청하고 그분에게만 도움을 청하는 것이 그분의 신성을 완전하게 하는 것이기 때문입니다.

다신행위는 크게 두 가지로 나누는데 하나는 배교행위에 해당되는 큰 다신행위(as-Shirk al-Akbar)이며 이는 하나님과 대등한 관계에서 어떤 다른 것을 숭배하는 행위로 하나님과 함께 우상숭배를 하는 것을 말합니다. 또 다른 하나는 배교행위는 아니지만 위험한 행위로 간주될 수 있는 작은 다신행위(as-Shirk al-Asghar)이며 이러한 행위에는 예배를 비롯한 신앙의 실천에서 순수하게 하나님을 향한 의도보다 남에게 보이기 위한 행위(ar-Riyaa')가 더 돋보일 때 작은 다신행위로 간주되며 이를 벗어날 수 있는 유일한 방법은 믿음의 실천에서 순수함을 잃지 않도록 지속적으로 노력하는 것입니다.

질문(17) 위선행위에는 어떤 종류가 있습니까?

대답: 위선행위는 두 가지로 나누어 이해할 수 있습니다. 하나는 하나님에 대한 위선적 믿음(An-Nifāq al-Ie'tiqādi)이며 이 위선행위는 하나님에 대한 믿음에 확신을 갖지 못하는 행위로부터 오는 것이기 때문에 꾸란에 의하면 불지옥의 제일 밑바닥에 들어가게 될 것으로 경고합니다. 또 다른 위선행위는 행동에 의한 위선행위(An-Nifāq al-A'māli)로서 예언자께서 다음의 네 가지 행동에 의해 무슬림은 위선자로 간주될 수 있다고 경고하시고 이러한 행위를 금하도록 하셨습니다. 이러한 네 가지의 위선행위에는, 말을 하면 거짓말을 하고, 약속을 하면 지키지 않고, 논쟁을 하면 타협하지 않고, 신뢰를 쌓은 후에 배신하는 것입니다. 또한 예언자께서는 위선자의 세 가지 표시가 있으니 그것은 거짓말을 하는 것과 약속을 지키지 않는 것과 신뢰를 깨고 배신하는 것이라고 말씀하셨습니다.

질문(18) 신앙의 첫 단계는 이슬람입니다. 두 번째 세 번째 단계는 무엇인가요?

대답: 이슬람의 두 번째 단계는 이만(al-Imān), 즉 믿음입니다. 이슬람에서는 믿음의 실천에는 70여 가지가 있다고 하는데 가장 높은 수준의 실천 행위는 "라 일라하 일랄라"라고 말하는 것이며 가장 낮은 수준의 믿음의 실천은 사람들이 다니는 길에 있는 장애물(나뭇가지, 돌, 오물 등)을 치우는 것입니다. 그리고 부끄러움(al-Hayāa')은 믿음(al-Imān)의 일부입니다. 믿음에는 여섯 가지의 중요한 기둥이 있습니다. 그 기둥은 하나님에 대한 믿음과 천사들에 대한 믿음, 경전들에 대한 믿음과 예언자들에 대한 믿음, 그리고 최후의 심판 일에 대한 믿음과 좋은 것이든 또는 나쁜 것이든 운명에 대한 믿음이 그것입니다.

믿음에 이은 신앙의 세 번째 단계는 이흐싼(al-Ihsān)입니다.30) 이흐싼에는 한

---

30) *이흐싼(al-Ihsan)은 두 가지 형태로 나누어 이해할 수 있습니다. 하나는 창조주 하나님에 대

가지의 중요한 기둥이 전제되어야 하는데 그것은 하나님을 믿음에 있어서 두 눈으로 직접 보는 것처럼 확신을 가지고 믿어야 합니다. 왜냐하면 우리가 두 눈으로 하나님을 볼 수 없다고 해도 그 분께서는 항상 우리를 보고 계시기 때문입니다.

질문(19) 모든 사람은 부활 후에 심판을 받게 되며 그들의 업적에 의해 보상과 처벌을 받게 되는지요?

대답: 네 그렇습니다. 모든 사람은 다 심판을 받게 될 것입니다. 그래서 그들이 현세에서 행한 행위에 따라 선행이 많은 사람은 그에 합당한 보상을 받게 되고 또한 악행이 많았던 사람은 그의 악행에 대한 처벌을 받게 되며 어느 누구도 부당한 대우를 받지 않을 것입니다. 왜냐하면 하나님께서는 공정하신 분이시고 그 공정하신 성품으로 모든 사람들을 공정하게 심판하실 것이기 때문입니다. 꾸란에는 하나님의 심판에 대하여 다음과 같이 언급되어 있습니다.

"하늘과 땅에 있는 모든 것이 하나님께 속한 것이니 악을 행한 자 그 행위에 따라 처벌받을 것이며 선을 행한 자 가장 좋은 선으로 보상받을 것이니라."[31]

질문(20) 부활을 부정하는 자들에게는 어떤 규정이 주어지는지요?

대답: 이슬람에서 부활을 부정하는 것은 불신행위이며 부활에 대하여 믿지 않는

한 선행으로 이는 창조주의 권리를 말하며 피조물인 인간이 하나님을 믿음에 두 눈으로 직접 보는 것처럼 확신을 가지고 믿는 것입니다. 우리가 볼 수 없다 해도 하나님께서 우리를 보고 계시기 때문입니다. 피조물이 피조물에게 행하는 선행으로 모든 형태의 선행이 여기에 다 포함됩니다. 그 대상이 어떤 것이든 피조물의 권리로 간주되고 공익을 위한 유익한 것이라면 선행 (al-Ihsan)이라는 의미에서 보존되고 지켜져야 하며 그 행위는 믿음의 실천으로 간주될 것입니다.
31) 53:31

자는 불신자(Kāfir)로 간주됩니다. 꾸란에는 이에 대하여 정확하게 그들을 불신자로 규정합니다.

> **"믿음을 부정한 자들은 부활이 없을 것이라고 하지만 말하라, 그렇지 아니하니 주님에 의해 부활하여 너희가 행한 모든 것에 대하여 심판받게 될 것이니 이것은 하나님께 쉬운 일이라"[32]**

질문(21) 하나님께서 시대와 민족을 초월하여 그 민족과 시대 상황에 맞는 예언자와 사도를 보내셨는데 그들을 통해서 유일신 하나님을 경배하고 우상 숭배를 멀리하도록 하셨습니다. 민족과 부족들에게 이러한 고유한 목적을 수행하기 위하여 수많은 예언자와 사도들을 보내 주셨지만 하나님께서 예언자나 사도를 보내지 않으신 민족도 있는지요?

대답: 하나님께서는 지상에 있는 모든 민족과 부족들에게 예언자나 사도를 보내셔서 그들로 하여금 유일신 하나님을 믿고 우상 숭배를 멀리하도록 하셨습니다. 꾸란에는 하나님의 메시지가 전달되지 않은 어떤 공동체도 남아 있지 않으며 유일신 하나님에 대한 믿음으로 우상숭배를 멀리하도록 가르치고 있습니다.

> **"하나님께서 모든 공동체에 사도를 보내셔서 하나님을 경배하고 우상 숭배를 멀리하라 하셨으니 그들 중에는 하나님의 인도를 받은 자들도 있고 인도받지 못하고 방황하는 자도 있었노라."[33]**

---

32) 64:07
33) 16:36

질문(22) 타우히드(Tauhīd)의 종류에는 어떤 것이 있습니까?

대답: 타우히드(유일성에 대한 신성정립)에는 세 종류로 분류하여 이해할 수 있습니다. 첫째는 주(主)적 존재로서의 하나님에 대한 신성의 정립입니다. 꾸란에는 이에 대하여 다음과 같이 언급하고 있습니다.

"말하라, 하늘과 땅에서 누가 너희들에게 일용할 양식을 주는가 또한 너희들을 듣게 하고 보게 하시는 분은 누구신가 죽은 자를 살게 하고 산 자를 죽게 하는 분은 누구신가 누가 이 모든 일을 주관하는가, 그분이 바로 하나님이시니 너희들은 왜 그분을 두려워하지 않는가라고 말하라. 그분께서 너희들의 진정한 주 하나님이시니 이러한 진리 외에 무엇이 있겠는가 그것은 오직 방황뿐이니 그럼에도 너희는 그분을 배신하는가?"[34]

위 구절은 우주만물을 창조하신 분은 오직 하나님 한 분이시며 그분 이외에는 어떤 신적 존재도 없음을 의미합니다.

두 번째는 신(神)적 존재로서 유일신 하나님에 대한 신성 정립입니다. 그것은 하나님을 경배함에 있어서 순수하게 오직 한 분 하나님만을 신적 존재로서 확신을 갖고 믿는 것입니다. 이전의 사람들은 하나님을 신들 중에 신으로 말하여 하나님이 수많은 신들 중에 한 신으로 믿곤 하였는데 이러한 믿음은 다신행위에 해당되며 이슬람에서 가장 큰 죄악으로 간주합니다.

꾸란 112장(순수의 장)에는 하나님의 유일성에 대하여 다음과 같이 묘사되어 있습니다.

"말하라, 하나님은 오직 한 분이시라고, 그분은 영원하신 분이시니 낳지도 나아지지도 않으셨으니 그분과 대등한 어떤 것도 없노라."[35]

---

34) 10:31~32

세 번째는 하나님의 속성과 이름들에 대한 신성의 정립입니다. 하나님의 성품에 대한 신성의 정립은 위 첫 번째와 두 번째 신성에 대한 완전한 확신과 정립 없이는 불가능하며 위 두 가지에 기초하여 바르게 정립될 수 있습니다. 꾸란에는 하나님의 성품을 묘사한 훌륭한 이름들에 대하여 다음과 같이 언급하고 있습니다.

"하나님을 위한 가장 훌륭한 이름들이 있으니 그것으로 그분을 칭하라 그리고 그분의 이름을 부정하는 자들을 멀리하라 그들은 그들이 행한 것으로 처벌받을 것이니라."[36]

"그분께 비유할 어떤 것도 없으니 실로 그분은 모든 것을 들으시고 모든 것을 보시는 분이시라."[37]

질문(23) 만일 어떤 일이 하나님의 명령이라면 우리는 무조건 따라야 하는지요?

대답: 하나님의 말씀을 따르기 위해서 우리는 다음 일곱 가지 단계를 거쳐 확인하고 실천해야 할 의무가 있습니다.

첫째 그 일에 대한 정확한 근거와 지식이 우선되어야 합니다.

둘째 그 일을 실천하겠다는 애착이 있어야 합니다.

셋째 실천의지에 입각한 다짐(결심)이 있어야 합니다.

넷째 반드시 실천해야 합니다.

다섯째 순수한 마음으로 의무 규정을 실천하고 이에 따른 하나님의 보상이 있을 것임을 확신해야 합니다.

여섯째 누군가 이 명령을 부정하거나 거부할 때 이를 경고할 수 있어야 합니다.

일곱째 이러한 모든 것에 대하여 완전히 확신하는 것입니다.

---

35) 112:1~4
36) 7:180
37) 42:11

질문(24) 만일 어떤 사람이 하나님께서 타우히드(Tauhīd, 유일신 하나님에 대한 믿음)를 명하시고 다신행위를 금하신 것을 알았다면 위 질문(질문23)에 제시된 일곱 가지 단계를 어떻게 지켜야 할까요?

　　대답: 유일신에 대한 믿음의 계율에 대하여 지식이 있는 사람이라면 먼저 확신을 가지고 실천하겠다는 의지를 가져야 합니다. 그래서 스스로 유일신에 대한 신앙 실천을 생활화 하는 것입니다. 하나님의 명령을 실천하는 것에서 **첫 번째 단계**는 명령(의무)에 대한 정확한 근거와 지식이 우선되어야 한다고 했는데 이와 관련하여 믿는 사람은 신의 유일성(Tauhīd)이 정당하고 다신행위(shirk)는 부당함을 알고 스스로 인식하여 완전한 확신을 가져야 합니다. 이러한 확신의 연장에서 인식의 폭을 넓혀 하나님께서는 이자를 금하셨지만 사고파는 매매행위는 허용하셨으며 고아의 재산을 부당하게 편취하는 것을 금했지만 고아의 재산을 관리하는 일을 위임받은 사람은 정당하고 공정하게 그 재산을 취할 수도 있다는 것에 대해서도 정확히 인식해야 됩니다. **두 번째 단계**는 하나님께서 계시하신 것들에 대한 실천 의지와 애착에 관한 것입니다. 사람들 중에는 예언자 무함마드에 대한 잘못된 이해로 그분에 대한 부정적인 견해와 더불어 그분을 사랑하지 않는 경우가 있는데 만일 하나님께서 꾸란을 그분에게 계시하셨고 그분이 꾸란의 계시를 가장 충실하게 실천하여 모범적인 삶을 후세에 남긴 분임을 안다면 예언자에 대한 새로운 인식과 함께 더 큰 애착을 보일 수 있을 것입니다. **세 번째 단계**는 하나님의 명령을 지키겠다는 결심입니다. 사람들 중에는 이러한 모든 사실들에 대하여 인식하고 애착도 가지고 있지만 현실적 삶에 대한 변화의 두려움으로 결심을 꺼리는 경우도 있습니다. **네 번째**는 실천입니다. 누군가 유일 신관에 대하여 믿음을 결심하고 실천하고자 했지만 주변 사람들의 유일신관에 대한 잘못된 인식으로 인하여 자신의 신관조차 흔들리는 경우가 있습니다. 이러한 잘못된 사상이나 환경으로부터 자신을 지키고 따르는 것도 중요합니다. **다섯 번째**는 순수함(Ikhlās)입니다. 순수함이 상실된 신앙의 실천은 의미가 없습니다. **여섯 번째**는 누군가 잘못된 유일신관을

가지고 주변사람들에게 가르치거나 지도하고자 할 때 그의 잘못된 신관을 바로잡고 경고해 줄 수 있어야 합니다. 왜냐하면 우리가 모르는 사이에 우리의 순수한 의도와 달리 잘못된 일들이 전개될 수도 있기 때문입니다. 꾸란에는 이에 대한 경고로 다음과 같이 전합니다.

> **"오 믿는 사람들이여 예언자의 목소리보다 너희들의 목소리가 더 높아서는 아니 되나라, 그분과 대화를 나눌 때도 소리를 높여서는 아니 되니 이는 너희가 모르는 가운데 너희의 행위가 무효가 되지 않게 함이니라."[38]**

일곱 번째 단계는 신의 유일성에 대한 완전히 확신하는 것이며 확신에도 불구하고 좋지 않은 결과를 낳을 수도 있다는 두려움을 갖는 것입니다. 자만심에 의한 확신이 아니라 겸손하고 두려운 마음으로 이를 실천하고자 했던 것이 바른 신앙인들의 자세였습니다.

질문(25) 불신(Kufr)은 무엇을 의미하며 불신에는 어떤 종류가 있습니까?

대답: 불신(Kufr)은 유일신 하나님에 대한 믿음을 부정하는 것을 의미하며 두 종류로 분류하여 이해할 수 있습니다. 하나는 보다 큰 불신 행위(Kufr Akbar)로 불신을 한 당사자는 무슬림이 아니며 이슬람에서 나간 것으로 간주됩니다. 이러한 큰 불신행위에는 다섯 가지 경우가 있습니다.

첫 번째는 신의 유일성을 부정(Kufr at-Takdhib)하여 불신하는 것을 말합니다. 꾸란에는 이러한 사람들에게 다음과 같이 경고합니다.

> **"하나님을 부정하는 사악한 자가 있으니 그것(꾸란)이 전해지면 그는 진**

리를 부정하거나 기만하니 지옥이 그들을 위한 거처가 아니겠는가?"39)

두 번째는 믿음의 확신에 대하여 신뢰하지 않고 거만하거나 믿음을 거부(Kufr al-I
stikbār and al-Ibāa')하는 경우입니다. 꾸란에는 이러한 경우의 불신자들을 다음과
같이 언급하고 있습니다.

"하나님께서 천사들에게 아담에게 절하라 하시니 모두가 엎드려 경의를 표
했으나 이블리스만 그렇지 아니하니 (하나님의 명을) 거부하고 거만을 부렸으
니 실로 그는 불신자들 중에 있었노라."40)

세 번째는 의심에 의한 불신(Kufr as-Shakk)입니다. 꾸란에는 확신을 갖지 못
하고 의심하여 불신에 이르는 행위에 대하여 다음과 같이 경고합니다.

"(불신으로) 자신을 욕되게 한 그는 정원에 들어가 이것은 결코 멸하지 않을
것이며 심판의 날도 오지 않을 것이라. 만일 내가 주님께로 환원된다고 해도
나는 이(정원) 보다 더 훌륭한 안식처를 찾을 수 있을 것이라고 말하니 그때
그의 동료가 그에게 말하니 흙으로 너를 창조하고 한 방울의 정액으로 너를 인
간이 되게 해 주신 그분을 어찌 믿지 않는가."41)

네 번째는 믿음에 대한 거부감(al-I'rādh)에 의한 불신입니다. 이러한 불신에 대하
여 꾸란에는 다음과 같이 언급합니다.

"그러나 믿음을 거부한 자들은 그들에게 경고한 것으로부터 등을 돌리고 있
노라."42)

---

39) 29:68
40) 2:34
41) 18:35~37

다섯 번째는 위선에 의한 불신(kufr an-Nifāq)입니다.

**"그것은 그들이 믿음을 가진 후 불신하였기 때문이며 그들의 마음이 닫히니
그들은 결코 (믿음을) 이해하지 못하니라."⁴³⁾**

다른 한 종류는 작은 불신행위(Kufr Asghar)로 이슬람의 테두리 내에 있긴 하
지만 큰 불신행위에 이를 수 있는 다분한 문제를 가지고 있는 것으로 간주됩니다.
하나님의 은혜에 대한 불신을 의미합니다.

**"하나님께서 안전하고 평온한 한 마을을 비유하시니 그곳에는 양식이 풍족
하여 편안하였으나 그들은 하나님의 은혜를 불신하였으니 이에 하나님께서는
그들이 행한 불신에 대하여 기아와 공포를 맛보게 하셨노라."⁴⁴⁾**

질문(26) 쉬르크(Shrk, 다신행위)는 무엇이며 쉬르크에는 어떤 종류가 있습니까?

대답: 타우히드(Tauhīd, 유일신관)에 반하는 것을 쉬르크(다신행위)라고 합니
다. 다신행위는 크게 두 가지로 나누어 이해할 수 있습니다. 첫 번째는 보다 큰 다
신행위(Shrk Akbar)로 유일신관에 반하는 행위이며 배교행위에 해당됩니다. 두
번째는 보다 작은 다신행위(Shirk Asghar)이며 지속적인 반복 행위로 인하여 큰
다신행위로 발전해 갈 수 있는 위험한 신앙 행위입니다. 쉬르크 아크바르에 해당
되는 다신행위에는 4종류가 있습니다.
1) 기도에 의한 다신행위(Shirk ad-Dawa'): 유일신 하나님 한 분께만 기도하는 것
이 아니라 상황에 따라 기도의 대상이 달라지거나 유일신 하나님과 대등한 관계에서

---

42) 46:3
43) 63:3
44) 16:112

어떤 대상에게 기도하는 행위를 말하며 이는 다신행위에 해당됩니다.

> **"그들이 배에 오르면 순수하게 하나님께 기도했지만 그분의 구원으로 뭍에 오르면 그들은 그분을 다른 신과 함께 경배하노라."45)**

2) 의도에 의한 다신행위(Shirk an-Niyat): 일상에서 어떤 일을 의도할 때 유일신 하나님의 이름이 아닌 다른 어떤 것을 의도하여 일을 수행하게 되면 이 또한 다신행위에 해당됩니다.

> **"누군가 현세와 그곳에서 영화를 원한다면 우리(하나님)가 그들의 행위에 따라 현세에서 그렇게 되도록 해주리라, 그러나 그곳(내세)에서는 어떤 은혜도 없으리라. 내세에서 그들에게는 불지옥 이외에 것은 어떤 것도 없으니 그들이 그곳에서 계획한 모든 것이 헛되고 그들이 행했던 모든 일이 다 무용하니라."46)**

3) 복종에 의한 다신행위(Shirk at-Taa'h): 유일신 하나님에 대한 복종이 아니라 그들이 섬기는 성직자나 사제들에 대한 존경심 또는 복종심이 과하여 파생될 수 있는 것으로 다신행위에 해당됩니다.

> **"그들은 하나님 외에 아흐바르(율법학자)와 루흐반(수도승), 그리고 마리아의 아들 예수를 그들의 주님으로 경배하지만 그들에게는 오직 한 분이신 하나님 이외에는 경배하지 말라고 명령되었노라……"47)**

4) 애착에 의한 다신행위(Shirk al-Mahabbah): 어떤 사람의 특정 대상(피조물)에 대한 애착으로 이는 유일신 하나님에 대한 경외심과 유사한 애착을 가지는

---

45) 65:29
46) 11:15~16
47) 9:31

것을 말합니다. 이러한 피조물에 대한 과도한 애착은 다신행위가 됨을 다음 꾸란 구절은 경고합니다.

"사람들 중에는 하나님을 제외하고 우상을 숭배하는 자들이 있으니 그들의 우상에 대한 애착이 하나님에 대한 사랑과 같으니 실로 믿는 자들의 가장 강한 사랑은 하나님을 위한 사랑이라……."[48]

두 번째 다신행위인 작은 다신행위는 자신의 신앙행위를 남에게 보이기 위한(Al-Riyaa')것으로 하나님을 향한 순수함이 배제된 신앙을 말할 수 있습니다.

"……누군가 그의 주님을 만나고자 한다면 선을 행하고 주님을 경배함에 어떤 것도 두지 말라."[49]

질문(27) 하나님의 이름이 아닌 다른 방법으로 동물을 도살한 경우와 그렇게 도살된 고기를 먹는 것에 대한 이슬람 법적용에 대하여 알고 싶습니다.

대답: 하나님의 이름이 아닌 다른 이름으로 도살하는 것은 이슬람법에서 쉬르크 아크바르(Shirk Akbar)에 해당됩니다.[50] 왜냐하면 이슬람에서 동물을 희생(도살)하는 행위는 신앙 실천의 한 부분으로 간주하며 이것은 오직 하나님을 위한 것임을 꾸란에서

---

48) 2:165
49) 18:110
50) *시르크(Shirk)는 유일신 하나님을 믿음에 있어서 하나님과 대등한 어떤 것을 함께 믿는 것을 말합니다. 시르크는 크게 두 종류로 나누는데 하나는 아크바르(Akbar)이고 다른 하나는 아스가르(Asghar)입니다. 쉬르크 아크바르는 하나님과 대등한 어떤 것을 두고 함께 믿는 것인데 우상숭배와 하나님에 대한 믿음에 있어서 신성을 이원화 또는 삼원화하는 경우들을 말하며 이슬람에서는 이를 대죄로 간주합니다. 시르크 아스가르는 하나님을 믿음에 있어서 대등한 대상을 두지는 않지만 믿음의 실천과정에서 자신의 신앙행위를 누군가 봐주지 않을까하는 과시적 행위(Riyaa)나 교만한 행위(Istikbar)등이 이에 해당됩니다.

가르치고 있기 때문입니다.

> **"말하라, 실로 나의 예배와 희생(도살), 그리고 삶과 죽음 이 모든 것이 온 우주의 주님이신 하나님을 위한 것이니라. 그러니 그분과 어떤 대등한 것도 없노라……."51)**

그래서 무슬림이 하나님이 아닌 다른 이름으로 동물을 희생(도살)하였다면 이는 무쉬리크(Mushirik, 다신교도)로서 배교행위에 해당됩니다. 예를 들어 천사의 이름으로 도살하였거나 예언자나 사도의 이름으로 또는 어떤 위대한 통치자나 지도자의 이름으로 도살 할 경우 다신행위에 해당되며 천국에 들어 갈수 없음을 경고합니다.

> **"실로 누군가 하나님을 믿음에 대등한 무엇을 둔다면 하나님께서는 그에게 천국을 금하시니, 불지옥이 그가 머물 곳이니라.……"52)**

그래서 하나님 이름으로 도살하지 않은 고기를 먹는 것은 이슬람법에서 허용되지 않습니다. 왜냐 하면 그것은 유일신 하나님을 위한 것이 아닌 다른 목적으로 도살된 고기이기 때문입니다. 하나님을 위한 목적이 아닌 다른 의도로 도살되거나 죽은 모든 종류의 육류를 먹는 것은 이슬람에서 허용되지 않습니다.

> **"너희들에게 금한 것이 있으니 죽은 고기와 피, 그리고 돼지고기이니라. 또한 하나님을 위한 목적으로 도살하지 않은 고기와 목을 졸라 죽인고기 그리고 때려서 잡은 고기, 높은 곳에서 떨어져서 죽은 고기, 서로 싸워서 죽은 고기, 야생동물이 일부를 먹고 남은 고기 그리고 우상에 제물로 바쳤던 고기들이라……"53)**

---

51) 4:162~163
52) 5:37

질문(28) 만일 어떤 사람이 농담으로 하나님이나 예언자 무함마드 그리고 종교(이슬람)에 대하여 비웃는다면 어떻게 될까요?

대답: 만일 어떤 무슬림이 하나님과 그분의 예언자(무함마드) 그리고 그분의 경전(꾸란)과 그분의 종교(이슬람)에 대하여 농담으로 또는 장난일지라도 비웃는 행위를 했다면 이것은 불신(Kufr)과 위선(Nifaq)에 해당됩니다. 이러한 사실은 예언자 무함마드 시절에 예언자 무함마드와 그분의 교우들을 비웃는 일부 무리들에 의해서 확인될 수 있었습니다. 그들은 예언자와 그분의 추종자들(Ashabu an-Nabi)에 대하여 (우리는 그들처럼 많이 믿고 거짓말 잘하며 전쟁에서 겁먹는 사람들을 보지 못했노라.)라고 예언자 무함마드와 그분의 교우들을 일컬어 비웃곤 하였습니다. 이에 꾸란은 그들의 비웃음에 대하여 다음과 같이 언급하고 있습니다.

"그대(무함마드)가 그들(위선자들)에게 질문하니 그들은 단지 우리는 잡담과 농담을 했을 뿐입니다 라고 말하니, 말하라! 하나님과 그분의 말씀(계시), 그리고 그분의 예언자(무함마드)를 너희는 비웃고 있는가?"[54]

그래서 이슬람에서는 하나님의 신성이나 경전, 계시 그리고 종교 자체에 대한 예우, 그리고 예언자들과 이를 충실히 따랐던 추종자들에 대하여 비방하거나 비웃고 조롱하는 행위들에 대하여 불신으로 간주합니다. 이것은 하나님의 신성에 대하여 경시(무시)하는 행위이며 나아가 그분의 사도들과 경전들 그리고 율법에 대한 무시행위로 볼 수 있습니다. 그래서 만일 누군가 이러한 행위를 자행하였다면 자신이 한 행위에 대하여 회개하고 용서를 빌어야 합니다. 그리고 이러한 기회를 통하여 보다 더 마음과 행동으로 하나님을 두려워하고 공경하는 경외심(Taqwah)을 기르는 계기가 되어야 합니다.

---

53) 5:3
54) 9:65

질문(29) 묘지의 주인(死者)에게 하는 기도(al-Duaa')에 대하여 알고 싶습니다.

대답: 이 기도는 두 가지로 나눌 수 있습니다.

첫째는 경배의 의미에서 보는 기도입니다. 예배나 단식과 같이 만일 어떤 사람이 예배를 근행하거나 또는 단식을 할 경우 그 행위 자체가 곧 하나님의 용서와 인도를 비는 기도로 간주됩니다. 그래서 꾸란은 이와 관련하여 다음과 같이 기도의 의미를 설명합니다.

"너희 주님께서 말씀하시니, 나에게 기도하라 그러면 너희 기도에 답해 주리라. 실로 나를 경배함에 교만한 자들은 굴욕스러운 모습으로 지옥에 들어가게 되리라."55)

위 꾸란 구절이 의미하는 것과 같이 기도(al-Duaa')는 그 자체가 곧 경배행위입니다. 그래서 만일 어떤 사람이 경배의 많은 행위들 중에서 한 가지라도 하나님이 아닌 다른 어떤 피조물을 대상으로 경배한다면 이는 하나님에 대한 불신행위이며 또한 배교행위에 해당됩니다. 대상을 정해 놓고 그 대상에게 절을 하거나 경배행위를 하는 것은 곧 다신행위이며 이슬람의 유일신 신앙관에 상반되는 행위입니다. 티르미디가 전하는 하디스에 의하면 예언자께서는 누구를 만났을 때 고개 숙여 절하는 행위를 금하셨는데 이러한 행위가 발전하여 다신행위(Shirk)에 이를 수도 있음을 의미합니다. 이슬람에서는 서로가 만나서 상대에 대한 반가움과 존경의 표시로 절을 하는 것보다 서로의 손을 잡거나 포옹하여 예를 갖출 것을 권장합니다. 둘째는 어떤 문제에 대한 요청으로 이 경우에는 두 가지로 나누어 이해될 수 있습니다. 경우에 따라 다신행위에 해당될 수도 있고 그렇지 않을 수도 있습니다.

그 하나는 만일 요청대상이 이를 해결해 줄 수 있는 능력 있는 살아있는 사람인 경우에는 다신행위에 해당되지 않습니다. 예를 들어 만일 당신이 누군가에게 "저에게 물을

---

55) 40:60

길러 주십시오!"라고 부탁했다면 아부 다우드나 안 나싸이에 전하는 하디스 구절의(**너 희 중에 누군가 부탁받았다면 이에 답하라.**)라는 예언자의 말씀과 같이 살아있는 능 력 있는 사람에게 도움을 요청하는 행위로 이것은 허용됩니다. 또한 만일 가난한 한 사람이 지나가는 사람에게 손을 내밀어 **"나에게 먹을 것을 주시오"**라고 했다면 부양 해달라는 의미는 먹을 것을 달라는 것으로 이해되며 **"그것으로 그들에게 양식을 제공 하라"**라고 언급된 꾸란의 의미에서 이해할 수 있듯이 가난한 자들이 능력 있는 자에게 먹을 것을 요청하는 것은 허용되며 여기서 말하는 부양의 의미는 가난한 사람들에게 베푸는 자선임을 알 수 있습니다.

또 다른 하나는 도움을 요청하는 대상이 죽은 사람인 경우로 이슬람에서는 어떠한 경우에도 사자에게 도움을 요청하는 것은 다신행위로 간주하여 허용하지 않습니다.

안타깝게도 오늘날 일부 이슬람 국가에서 무덤 속에 있는 죽은 사람에게 선과 악을 요청하는 행위나 자손을 번성케 해달라고 기도하는 행위들을 볼 수 있습니다. 이는 쉬르크 아크바르(Shirk Akbar, 유일신 하나님을 믿음에 있어서 대등한 어떤 것을 함께 믿는 것으로 이슬람에서는 이를 대죄로 간주함)에 해당되며 배교행위입 니다. 이러한 행위를 인정하고 따르는 것은 이슬람에서 금기사항으로 규정하고 있 는 술이나 간음과 같은 금기 사항을 인정하는 것보다 더 나쁜 행위입니다.

질문(30) 한 사람이 하나님이 아닌 다른 대상에게 도움을 요청하고 자신이 하나 님의 성자(Wali)임을 주장했을 때 이슬람 적 교리 관에서 볼 때 무엇이 그가 하나님의 성자임을 인정할 수 있는 것일까요?

이슬람에서 가장 중요하게 여기는 왈리(Wali)의 자격(상징)은 꾸란 구절을 통 해서 하나님께서 확실히 구분해 주셨습니다.

"실로 하나님의 성자들(Auliyaa)은 어떤 두려움도 없으며 슬퍼하지도 아니

하니라. 진실로 믿는 자(성자)들은 (하나님을) 공경하고 두려워하는 자들(Mutt aqun)이니라."56)

위 꾸란 구절의 의미에서 보는 것과 같이 윌라야(Wilayah, 경외심을 가진 진실한 믿음)의 상징은 무엇보다도 먼저 하나님에 대한 신앙심과 그분에 대한 경외심으로 이루어집니다. 그래서 하나님을 두려워하고 공경하는 신앙이 있는 사람을 왈리로 인정할 수 있습니다. 그러나 누군가의 믿음에 하나님과 대등한 어떤 존재를 두고 함께 믿거나 하나님이 아닌 다른 어떤 존재를 통해서 도움을 요청하는 경우는 하나님의 왈리로 인정되지 못할 뿐만 아니라 하나님의 적으로 간주됩니다.

"하나님과 그분의 천사들과 그분의 사도들과 지브리일과 미카일을 적으로 두는 자가 있다면, 실로 하나님은 불신자들의 적이시니라."57)

그래서 어떤 사람도 하나님이 아닌 다른 피조물에게 기도하거나 그 피조물에게 하나님의 신성에 해당되는 도움을 요청한다면 이것은 이슬람법에서 무쉬리크(Mushirik)에 해당되며 불신자(Kāfir)로 간주됩니다. 또한 그가 스스로를 왈리라고 주장한다고 해도 이를 인정할 수 없을 뿐만 아니라 그의 결여된 신관과 이에 대한 그릇된 믿음 행위로 인하여 신앙인으로 인정될 수 없는 것입니다.

질문(31) 이슬람에서 보는 주술(Sihr)은 무엇이며 이를 배우는 것은 허용되나요?

대답: 마술에 대한 언어적 해석은 '그것에 의한 눈속임이나 숨겨진 모든 것'을 의미하는데 이 마술에는 보이지 않게 인간을 현혹시키는 무엇인가가 있습니다. 그러한 의

---

56) 10:62,63
57) 2:98

미로서 별자리나 손금으로 점을 치는 행위도 이에 포함되며, 꾸란이나 예언자의 하디스에 근거하지 않은 화려한 언변에 의한 설교, 과장된 화술로 인간을 현혹시키는 것도 이에 포함됩니다. 예언자 무함마드는 **(근거 없는 화려한 화술에 의한)설교는 마술이니라.)**라고 말씀하셨습니다. 그래서 무엇이든 숨겨진 방법으로 진실을 왜곡하는 것은 마술로 볼 수 있습니다.

종교적 의미(istilāh)에서 보는 마술은 (마법(azāim), 주문(ruqiyah), 매듭(uqd)과 같은 것들을 이용하여 마술을 부리는 것은 인간의 마음과 이성 그리고 몸을 현혹시키는 것으로 이성을 흐리게 하며 애증(愛憎)을 증대시켜 부부지간을 멀게 하고 몸을 아프게 하며 정신을 흐리게 하는 것이다.)라고 이슬람 학자들은 말합니다.

이슬람에서 마술을 배우는 것은 금기사항이며 만일 마술을 행하는 방식이 사탄의 행위를 따르는 것이라면 배교에 해당됩니다. 꾸란에는 이에 대하여 다음과 같이 그 위험성을 경고하고 있습니다.

> "그들은 사탄들이 술래이만의 권능에 대항하여 거짓되게 말한 것을 따랐으나 술래이만은 이를 부정하였노라 그러나 사탄들은 이를 부인하며 사람들에게 마술을 가르치고 바빌왕국 시절의 하루트와 마루트 두 천사에게 내려졌던 것 같은 것을[58] 가르쳤으나 천사들은 어느 누구에게도 그것을 가르치지 아니하고 말하길, 우리는 단지 시험 일 뿐이니 불신하지 말라 이들로부터 사람들은 남편과 아내가 서로 불신하는 불화의 요소를 배웠으나 하나님의 허락 없이 그들은 어느 누구도 해치지 못하느니라. 그리고 그들은 그들을 해치지도 못하고 그들에게 유용도 못한 것을 배웠노라 또한 그들은 마술을 선택한 자들이 내세에서 행복해질 수 없음도 배웠느니라. 그들은 그들의 영혼을 팔아버린 그들 위에 저주가 있다는 것을 스스로 알고 있느니라."[59]

---

58) 꾸란 그 의미의 한국어 번역 p.p. 29~30 최영길. 꾸란 출판청 1417H
59) 2:102

위 꾸란 구절에서 소개된 내용과 같이 이슬람은 마술을 행하고 이를 배우는 것은 사탄의 행위를 따르는 것으로 불신행위(Kufr)이며 배교행위에 해당됩니다.

질문(32) 마술에 대하여 부부가 함께 동의하여 따르는 것은 어떤 법이 적용되나요?

대답: 마술을 인정하는 그 자체가 허용되지 않는 금지사항(Harām)입니다. 특히 부부가 함께 마술을 인정하고 따르는 것을 알아뜨프(al-Atf)라고 합니다. 그리고 마술에 대하여 부부가 함께 동의하지 않고 의견을 따로 하는 것을 앗싸르프(al-Sarf)라고 하는데 이 두 가지 모두 이슬람법은 허용하지 않습니다. 이러한 경우들에 의해서 심약한 무슬림들은 무쉬리크(다신론자)가 되는 경우도 있습니다. 특히 이러한 마술에 의한 현혹된 행위들로 인하여 부부간에 신뢰가 상실되어 불화의 요소가 되기도 합니다. 꾸란은 이에 대하여 다음과 같이 마술의 위험성에 대하여 경고하고 있습니다.

"천사들은 어느 누구에게도 그것을 가르치지 아니하고 말하길, 우리는 단지 시험에 들었으니 하나님의 인도를 불신하지 말라 이들로부터 사람들은 남편과 아내가 서로 불신하는 불화의 요소를 배웠으나 하나님의 허락 없이 그들은 어느 누구도 해치지 못하느니라. 그리고 그들은 그들을 해치는 것과 그들에게 유용하지 않은 것도 배웠노라 또한 유대인들은 마술을 선택한 자들이 내세에서 행복해 질수 없음도 배웠느니라. 그들은 그들의 영혼을 팔아버린 그들 위에 저주가 있다는 것을 스스로 알고 있느니라."[60]

---

60) 2:102

질문(33) 점(al-Kahānah, 占)은 무엇이며 점쟁이(al-Kahān)를 따르는 것은 어떤 법이 적용되나요?

대답: 점(al-Kahānah)은 아랍어의 예언, 추측, 짐작의 의미(al-Takahhun)에서 파생된 동명사 형태로서 원칙과 기초가 없는 사실에 대하여 추측하거나 날조하여 미루어 짐작함을 말하는 것입니다. 무지의 시대(al-Jāhiliyah, 이슬람 이전의 시대를 말하며 사실에 근거하지 않는 많은 미신행위, 점, 마술, 우상숭배가 성행했던 시대를 일컬음)에 많은 부족들이 하늘로부터 소리를 듣고 하늘과 소통하며 이를 사탄을 통하여 듣고 사람들에게 전달하고 인도할 수 있다고 하였으며 만일 자기가 예견한 일이 일어나면 이를 근거로 사람들을 현혹시켜 미래에 대한 방향을 제시하는 것으로 점쟁이가 미래를 예견하는 예언자로서 역할을 하였던 것입니다.

이슬람은 점쟁이를 찾는 사람의 경우를 3가지로 나누어 구분합니다.

첫째: 점쟁이를 찾아가지만 그를 신뢰하지 않은 가운데 그에게 묻고 확인하는 경우입니다 이는 이슬람에서 허용되지 않는 금기사항(Haram)입니다. 그래서 이를 행한 사람은 그 벌로 하나님께서 40일간의 예배를 받아들여주지 않으신다고 예언자께서 말씀하셨습니다. **(누군가 점쟁이를 찾아 물었다면 그가 근행한 40일 간(또는 40일 밤)의 예배가 받아들여지지 않을 것이니라.)**[61]

둘째: 점쟁이를 찾아가서 묻고 그가 전하는 말을 신뢰하고 따르는 경우입니다. 이것은 하나님에 대한 배교행위입니다 왜냐하면 하나님의 고유한 속성 중에 하나인 보이지 않는 것에 대한 믿음을 점쟁이에게 의존하여 믿음을 나누었다는 것에서 배교행위로 간주되는 것입니다. 이는 꾸란 구절에 정확하게 반하는 행위로서 허용할 수 없는 것입니다.

"말하라. 하나님 외에는 하늘과 땅 사이에 있는 비밀을 아는 자 누구도 없느니라."[62]

---

61) Hadith Sahih

이에 예언자 무함마드의 하디스에는 다음과 같이 부연하고 있습니다. **(누가 점쟁이에게 와서 그가 말하는 것을 신뢰하고 인정했다면 예언자 무함마드에게 내린 것(꾸란)에 반하는 배교 행위에 해당되느니라.)**[63]

셋째: 어떤 사람이 점쟁이를 찾는 목적이 그가 점쟁이라는 것을 사람들에게 확인해 주기 위한 것이라면 이것은 허용됩니다. 그래서 사람들에게 점쟁이의 부당성과 허구를 설명하고 현혹되지 않도록 부당성을 설명하고 이해 시켜주기 위한 목적으로 점쟁이를 찾는 것은 허용됩니다.

질문(34) 만일 어떤 사람의 신앙행위가 남에게 보여주기 위한 의도(Riyaa, 남에게 보여주기 위한 신앙행위)였다면 어떻게 해야 할까요?

대답: 신앙의 실천 과정에서 보여질 수 있는 행위로서 그 신앙 행위의 의도를 남에게 보여 자신의 신앙심을 과시하기 위한 목적으로 이 경우에 3가지 측면에서 이해할 수 있습니다.

첫째: 근본적으로 신앙행위를 사람들에게 과시하기 위한 목적으로 시작된 경우, 사람들이 그를 보고 그의 신앙심을 높이 평가 해 줄 것을 기대하여 행해지는 신앙행위를 말합니다. 예를 들에 어떤 사람이 예배를 근행하면서 순수한 예배 의도보다는 주변사람들의 시선을 의식하여 자신을 과시하기 위한 목적으로 거행하는 예배로서 이때 그가 행한 예배는 무효입니다.

둘째: 신앙 실천 과정에서 순수한 의도와 자신의 신앙행위를 남에게 보여서 과시하기 위한 의도가 함께한 경우로, 순수한 목적으로 시작했지만 시간이 지나면서 과시하기 위한 의도가 생긴 경우인데 이때는 두 가지 상황에서 이해될 수 있습니다.

먼저 초기의 순수한 의도에서 시작된 행위와 이후 과시욕에 의해서 의도의 순수성을 잃은 경우입니다. 이때 처음의 순수했던 의도는 신앙 실천으로 받아들여지나

---

62) 27:65
63) Hadith Sahih

이후 과시하기 위한 실천 행위는 무효로 간주되는 상황으로 예를 들어 어떤 사람이 순수한 자선을 목적으로 10만원을 가지고 5만원을 희사할 때 까지는 그 순수성을 잃지 않았는데 자선을 행하는 과정에서 나머지 5만원을 자선하면서 순수한 마음이 배재되었다면 처음 5만원은 순수한 자선으로 받아들여 질 수 있으나 이후에 행한 나머지 5만원은 자선의 순수성을 잃어 무효화 되는 것을 말합니다.

또 다른 한 상황은 신앙행위를 함께 묶어 이해하는 경우로서 처음 시작은 사람들에게 보이기 위한 목적이었지만 신앙 실천 과정에서 과시욕이 신앙의 순수한 실천으로 전환된 상황으로 스스로 과시하기 위한 의도를 후회하고 순수하게 임하는 경우에는 그의 신앙행위에 어떤 영향도 미치지 않습니다. 그러나 예배의 경우에는 의도는 순수하게 시작 했지만 진행 과정에서 과시하기 위한 마음으로 그 순수성을 잃었다면 그 예배는 전체가 무효화 됩니다.

셋째: 신앙행위를 끝낸 후에 과시하고 싶은 의도가 생겨난 경우, 그가 행한 신앙행위는 순수하였기에 그 성립에 영향도 미치지 않고 무효화 되지도 않습니다. 왜냐하면 그는 순수한 의도로 신앙행위에 임했고 이를 실천했기 때문입니다.

한 사람이 자신의 신앙 행위에 대하여 다른 사람들이 알게 되어 이를 즐거워하거나 기뻐하는 것은 리야에 해당되지 않습니다. 왜냐하면 그가 이미 순수한 의도에서 선을 행한 상황이기 때문이며 그가 신앙인임을 알 수 있는 근거가 되기 때문입니다.

예언자 무함마드께서는 **(선행에 기뻐하고 악행에 죄책감을 느끼는 사람이 곧 믿는 자이니라.)**라고 말씀하셨습니다. 선행과 악행에 대하여 기쁨과 죄책감을 느끼는 것에 관하여 예언자께서는 질문을 받으셨는데 그분은 **(그것이 믿는 사람의 신앙을 증대시키는 것이니라.)**라고 말씀하셨습니다.

질문(35) 꾸란을 걸고 맹세하는 것은 허용되나요?

대답: 어떤 것 또는 어떤 대상을 걸고 맹세하는 것은 그 대상의 가치를 특별히

극대화하여 가치를 부여하는 것입니다. 그래서 이슬람에서는 하나님과 그분의 속성, 성품을 제외하고 사물이나 사람, 또는 추상적인 대상에 대하여 맹세하는 행위는 절대 허용하지 않습니다. 그러나 하나님의 성품이나 속성을 걸고 맹세하는 것은 허용됩니다. 그것은 하나님께 맹세코 반드시 ~을 할 것입니다(WAllāhi lafa'lanna), 카으바 주인께 맹세코 ~을 할 것입니다(Warabbulka'bati lafa'lanna)와 같은 표현들입니다.

꾸란은 하나님의 말씀을 증명하는 표현이며 그 분의 말씀 또한 그분만이 가질 수 있는 속성들 중에 하나이기 때문에 그 자체가 곧 성품임을 알 수 있습니다. 왜냐하면 하나님께서는 언제든 무엇이든 원하시면 하실 수 있고 그분의 속성이 그렇게 묘사된 분이시기 때문입니다. 그래서 그분의 말씀은 그 자체가 완전한 것입니다. 하나님께서는 언제든지 무엇이든지 원하시면 하실 수 있는 분이시며 그러한 분이심을 꾸란은 다음과 같이 언급하고 있습니다.

"만일 그분께서 어떤 것을 원하시니 있어라 라고 하시면 (무엇이든) 있느니라."[64]

그래서 위에서 언급한 것과 같이 왈라히(WAllāhi, 하나님께 맹세코)라고 하는 것과 같이 왈꾸라니(Walquraani, 꾸란에 맹세코)라고 맹세 할 수도 있습니다. 여기서 의도하는 꾸란은 하나님의 의지인 말씀을 의미합니다.

그러나 무엇보다 중요한 것은 하나님의 이름으로 맹세하고 서약하는 것이 중요하며 그것은 듣는 사람들로 하여금 의구심을 갖지 않게 하고 자신 스스로도 정립된 신앙을 정확히 표현하는 방법이기 때문입니다.

질문(36) 예언자 무함마드 또는 카으바(al-Ka'bah, 메카의 하람 성원에 있는

---

64) 36:82

육방체의 건축물, 전 세계의 무슬림들이 매일 다섯 번의 의무예배를 이곳을 향해 근행함)를 걸고 맹세하는 것은 어떤 이슬람법이 적용되나요? 또한 인간의 지위나 자신의 신분, 책임을 걸고 행하는 맹세는 어떻게 됩니까?

대답: 예언자 무함마드(그분에게 하나님의 평화가)를 걸고 행하는 맹세는 허용되지 않습니다. 이러한 행위는 쉬르크(Shirk, 다신행위)에 해당됩니다. 예언자뿐만 아니라 카으바를 걸고 하는 맹세나 다짐 그리고 결심도 역시 허용되지 않습니다. 이 또한 다신행위의 일부분으로 간주합니다. 왜냐하면 예언자 무함마드나 카으바는 피조물이기 때문이며 이슬람은 창조주 하나님이 아닌 어떠한 경우에도 피조물을 대상으로 맹세하거나 다짐하는 또는 결심하는 행위는 허용되지 않습니다. 뿐만 아니라 어떤 사람의 지위나 그 사람이 가지고 있는 사회적 배경, 영향력에 걸고 맹세를 하는 것도 허용되지 않습니다. 예언자 무함마드께서 하나님이 아닌 다른 어떤 피조물을 대상으로 행하는 맹세에 대하여 허용되지 않음을 다음과 같이 언급하고 있습니다. **(어떤 사람이 하나님이 아닌 다른 어떤 것을 대상으로 맹세하는 행위는 배교 행위이며 또한 다신행위이니라.)** 또 다른 하디스에는 **(너희 부모를 걸고 맹세하지 말라, 만일 누군가 맹세하고자 한다면 반드시 하나님께 맹세하든지 아니면 침묵하라.)**[65]라고 전하고 있습니다. 그러나 여기서 우리가 반드시 알아야할 것은 만일 어떤 사람이 "내 책임 하에"또는 "나의 직책을 걸고"라고 다짐하는 경우는 위에서 언급한 맹세와는 다르게 이해하여야 합니다. 여기서 말하는 맹세의 의미는 자신이 질 수 있는 책임을 말하며 자신의 업무 수행 능력을 의미합니다. 그러나 우리가 하나님을 걸고 행하는 서약이나 맹세와 같은 의미로 자신의 지위나 배경을 걸고 맹세한다면 이것은 허용되지 않는 금기 사항입니다.

---

65) Al-Bukhari and Muslim

질문(37) 묘지 주변을 도는 것으로 묘지를 경배하는 사람에게는 어떤 법칙이 적용됩니까? 그리고 묘지의 주인(망자)을 위한 기도나 서약과 같은 행위 그 외의 묘지와 관련된 다양한 종류의 경배 행위에 대하여 자세히 알고 싶습니다.

대답: 묘지의 주인(亡子)은 두 종류로 나눌 수 있습니다. 그 하나는 망자가 무슬림인 경우 사람들이 그를 칭찬함으로서 그가 좋은 곳으로 갈 수 있기를 기원하는 것으로 이것은 특히 무슬림 형제들에게는 필요한 기도입니다. 하나님께서 그에게 용서와 자비를 베푸시도록 기도하고 축복을 구하는 것입니다. 이러한 기도의 근거는 꾸란에 의해서 뒷받침 되는데 그 내용은 다음과 같습니다.

"그들 이후에 온 사람들은66) 오! 우리의 주님이시여, 우리와 우리보다 먼저 믿음을 가졌던 형제들에게 관용을 베풀어 주시고 저희들 마음속에 믿었던 사람들에 대한 증오심을 갖지 않도록 하여 주소서. 우리의 주님이신 당신은 실로 관용과 자비로 충만하신 분이십니다. 라고 말하느니라."67)

다른 한 종류의 묘지주인(亡子)은 그가 살아 있을 당시의 행위들이 이슬람 교리에 벗어난 경우로 근거 없이 자신이 보이지 않는 것에 대한 특별한 지식을 가지고 있다고 확신하거나 의술이 아닌 다른 방법으로 병을 고칠 수 있다고 사람들을 현혹시키는 등, 이슬람 교리와 다르게 살다가 죽은 경우로 이슬람은 그를 불신자로 간주합니다. 그래서 살아 있는 사람들에게 그를 위한 하나님의 용서와 자비를 구하는 기도는 허용하지 않습니다.

"다신교도(Mushirik)로서 불지옥의 거주자가 되는 것이 분명히 밝혀진 후에

---

66) *뒤늦게 메디나로 이주한 자들 또는 이슬람에 늦게 귀의한 자들
67) 59:10

는 그들이 가까운 친척이라 할지라도 예언자(무함마드)와 믿음을 가진 자들이 그들을 위해 용서를 구하는 것은 아니 되니라."[68]

죽은 사람은 사체를 해되게 하는 어떤 해로움으로부터 스스로를 보호할 수 없다는 것을 우리는 잘 알고 있습니다. 또한 다른 사람들을 위해서도 어떤 유익한 도움도 줄 수 없다는 것도 우리는 잘 알고 있습니다. 그럼에도 불구하고 일부 사람들은 그들에게서 특별히 고귀한 무엇인가가 있어서 그들의 묘지에서 좋은 냄새나 광체가 난다고 생각하기도 합니다. 이러한 행위들의 기초는 정확하지 않은 신앙에 대한 맹신행위이며 무지의 산물로 볼 수 있습니다. 이슬람은 하나님을 믿는 유일신 종교이며 모든 신앙행위는 하나님에게로만 귀결되는 순수한 하나님의 종교입니다.

"너희들을 위한 어떤 은총도 하나님으로부터 베풀어지는 것이라. 그 후 만일 너희들에게 고난이 닥친다면 너희들은 오직 그분에게만 구원을 요청하니."[69]

가장 올바른 신앙행위는 예언자 무함마드의 모범을 따르는 것이라고 이슬람은 충고합니다. 왜냐하면 예언자 무함마드가 하나님의 가르침을 그대로 추종한 가장 충실한 신앙인이었기 때문입니다. 그의 모범을 따르는 것은 믿는 자들이 선택할 수 있는 최선의 길이며 그 길만이 구원에 이르는 길이기 때문입니다.

"진실로 너희들을 위한 훌륭한 모범은 하나님의 사도(무함마드)에게 있었으니, 이것은 하나님과 내세를 원하며 하나님을 많이 염원하는 자들을 위한 것이니라."[70]

"만일 너희가 하나님을 사랑한다면 나(무함마드)를 따르라 그러면 하나님께

---

68) 9:113 예언자 무함마드의 삼촌이었던 아부딸립(Abu Tālib)에게 계시된 절
69) 16:53
70) 33:21

서 진정 너희를 사랑하시리라."71)

질문(38) 사도 무함마드(그분에게 하나님의 평화가) 사망 후에 그를 메디나의
　　　　예언자 성원에 매장했다는 것과 관련하여 정확한 근거와 묘지 경배
　　　　에 대한 의견을 듣고 싶습니다.

대답: 예언자의 묘지와 관련한 대답은 여러 가지 견해에서 접근해 볼 수 있습니다.

첫째는 메디나에 있는 예언자 성원은 처음부터 예언자의 묘지에 건립된 것이 아
닙니다. 예언자 성원은 예언자께서 메카에서 메디나로 이주하여 건립하였고 예언
자의 묘지는 예언자 사망 후에 사망한 그 장소에 시신을 매장함으로서 만들어진
것입니다.

둘째: 예언자 무함마드의 시신은 처음에는 예언자 성원에 매장된 것이 아니라
그의 부인이었던 아이샤의 집에 매장된 것입니다.

셋째: 아이샤(예언자 무함마드의 부인 중 한사람)의 집을 비롯한 예언자 무함마
드의 집들이 예언자 성원으로 합류되는 것과 관련하여 이후 추종자들(Sahaba)은
대부분 동의하지 않은 상태에서 그들의 생을 마감했습니다. 특히 사하바들 이후에
그들을 추종했던 사람들(Tabie')도 이에 대하여 반대의견을 나타냈는데 그들 중에
가장 잘 알려진 사람은 싸이드 븐 알 무싸이입(Sayeed bn al-Musaeeb)입니다.

넷째: 예언자 성원이 확장되면서 예언자 무함마드의 묘지가 성원 내부에 위치해
있지만 그 자체가 성원에 속해 있다고 보지는 않습니다. 왜냐하면 묘지는 예언자
성원과 관계없이 완전히 독립된 한 칸의 방으로 이루어져 있으며 예언자 성원에서
예배를 근행하는 사람들에게 교리적인 문제점을 없애기 위하여 묘지의 모서리를
끼블라(Qiblah)를 향하지 않도록 해서 세 겹의 벽면을 설치함으로서 사람들이 묘
지를 향해서 예배하는 모양이 되지 않도록 한 것입니다.

---

71) 3:31

질문(39) 묘지 위에 건축물을 만들어 치장하는 것은 어떻게 되나요?

대답: 묘지 위를 화려하게 건축하는 것은 이슬람에서 허용되지 않습니다. 예언자 무함마드는 묘지를 건축하여 치장하는 것은 죽은 사람을 숭배하는 계기가 될 수 있기 때문에 이를 허용하지 않았습니다. 묘지 위에 건축물을 만들어 치장하거나 화려하게 꾸미는 것은 결국 묘지에 대한 경배의식을 갖게 되는 방법 중에 하나가 되며 이것은 곧 이슬람의 유일신 사상에 반하는 것이므로 허용되지 않는 것입니다. 묘지위에 건축물을 만들고 하나님과 대등한 입장에서 묘지의 주인인 망자에게 도움을 요청하고 기도하는 행위는 이슬람에서 가장 위험히게 생각하는 다신행위이기 때문입니다.

질문(40) 마스지드(Masjid, 이슬람 성원)에 죽은 사람을 매장하는 것은 허용되나요?

대답: 예언자 무함마드는 마스지드에 죽은 사람을 매장하는 것을 금했습니다. 또한 마스지드를 묘지로 만드는 것도 금했습니다. 마스지드를 묘지화 하는 것은 이전의 유대교인들이나 기독교인들이 행했던 관습으로 간주하고 이를 금하도록 경고 했는데 그 이유는 마스지드에 죽은 사람을 매장하고 무덤을 만듦으로 인하여 사람들은 무덤의 주인(망자)이 길흉화복(吉凶禍福)을 줄 수 있다고 생각할 수 있기 때문입니다. 꾸란은 마스지드의 기능을 다음과 같이 묘사하고 있습니다.

"실로 마스지드(이슬람 성원)는 하나님의 것이니 어떤 것도 하나님과 더불어 경배하지 말라."[72]

그래서 이슬람 성원은 어떠한 경우에도 하나님을 경배하는 장소로만 이용되어야 하며 이를 왜곡할 수 있는 어떤 다른 용도의 사용을 금하는데 이것은 이슬람이

72) 72:18

지향하는 유일신 관을 잘 보여 주는 실례라고 볼 수 있습니다.

질문(41) 예언자 무함마드의 묘지를 방문하는 것은 허용되나요?

대답: 어떤 경우의 묘지라 할지라도 그 곳을 목적으로 여행하는 것은 이슬람에서 허용되지 않습니다. 왜냐하면 예언자께서 말씀하시길: **(그 어떤 장소도 그 곳을 목적 삼아 여행해서는 안 되노라, 그러나 다음의 셋은 예외노라 그곳은 알-마스지드 알-하람(al-Masjid al-Haram, 메카에 있는 이슬람 성지)과 나의 마스지드(al-Masjid al-Nabawi, 메디나에 있는 예언자 성원) 그리고 알-마스지드 알-아끄싸 (al-Masjid al-Aqsa, 예루살렘에 있는 아끄싸 성원)이니라)**[73] 이 하디스가 의도하는 것은 무슬림들에게 위 3곳을 제외한 어떤 곳도 경배를 위하여 여행할 수 있는 특별한 장소는 없음을 의미합니다. 다시 말해서 무슬림들은 메카의 하람 성원과 메디나의 예언자 성원, 그리고 예루살렘의 아끄싸 성원을 제외한 어떤 곳도 경배를 위하여 여행할 수 없음을 뜻합니다. 그래서 예언자 무함마드의 묘지 방문을 목적으로 여행하는 것은 허락되지 않습니다. 그러나 예언자 성원을 방문하는 것은 메카의 하람성원과 예루살렘의 아끄싸성원을 방문하는 것과 같이 신앙 증진을 위하여 필요한 것이며 무슬림들에게 권장사항이 됩니다. 그래서 어떤 사람이 메디나 예언자성원을 방문할 목적으로 여행한 후, 그 후에 예언자의 묘소를 방문하는 것은 허용되지만 예언자의 묘소를 방문할 목적으로 메디나로의 여행을 시작하는 것은 위 하디스의 의미에 의해 금지됩니다. 여성 무슬림들의 경우 예언자 무함마드의 묘지를 방문하는 것은 권장 사항이 아닙니다.

---

73) Hadith Sahih: al-Bukhari(1189, 1197, 1864, 1996), Muslim(827), Abu Daud(2033), al-Tirmidi(326), Ibn Majah(1409, 1410)

질문(42) 묘지를 통해서 복을 구하는 행위, 묘지를 돌면서 필요한 무엇을 청하거나 서약하는 행위들에 대하여 알고 싶습니다.

대답: 묘지를 통해서 복을 구하는 행위는 이슬람에서 허용하지 않습니다. 그것은 일종의 다신행위로서 유일신 하나님을 경배하는 이슬람 근본 신앙에 반하는 행위입니다. 묘지를 방문하여 그 주인에게 복을 구하고 묘지를 돌면서 자신에게 필요한 무엇을 해결하기 위한 계기를 삼거나 그 과정에서 마음을 정하는 행위들은 신앙심 깊은 초기 선임자들(al-Salafi al-Salih)이 걸어온 길이 아닌 이설적 행위(Bida')에 해당되며 원칙에 충실하지 않은 이설적 행위들은 이슬람 적이지 못한 것입니다. 만일 복을 구하는 어떤 사람이 묘지의 주인이 해로움으로부터 자신을 보호해 줄 수 있다고 믿는다든지 또는 그러한 능력을 가지고 있다고 확신하는 것은 이미 하나님을 경배함에 있어서 대등한 대상을 두고 함께 믿는 것으로 간주되며 이것은 이슬람에서 가장 큰 죄에 해당하는 다신행위(al-Shirk al-Akbar)입니다. 꾸란은 다신행위의 위험성에 대하여 다음과 같이 경고합니다.

"하나님과 함께 또 다른 신을 경배하는 것은 그 믿음에 어떤 근거도 없으니 그의 주님께서 그를 벌하시리라, 실로 불신자들은 번성치 못하리라."[74]

"어떤 사람이 그의 주님을 만나고자 한다면 선을 행하며 믿음에 있어서 그의 주님과 어떤 대등한 것도 두지 않느니라."[75]

또한 다신행위를 한 자는 결코 천국에 들 수 없으며 불지옥에 영원히 머물게 될 것임을 다음 구절에서 언급하고 있습니다.

---

74) 23:117
75) 18:110

"실로 하나님과 대등한 존재를 두는 자에게는 천국을 금하시니 그들은 불지옥에 머물게 되리라."76)

또한 하나님이 아닌 다른 매체를 이름으로 행하는 맹세나 다짐은 만일 스스로 그 대상을 확신하여 하나님과 대등한 입장에서 맹세했다면 이미 믿음의 대상이 이원화된 것으로 봅니다. 그래서 이러한 행위 또한 이슬람에서는 다신행위로 간주합니다. **(만일 하나님이 아닌 다른 대상을 걸고 서약했다면 이것은 배교행위이며 다신행위이니라.)**77)

질문(43) 동물이나 사람의 형상이 그려져 있는 옷을 착용하는 것은 허용되나요?

대답: 이슬람은 동물이나 사람의 형상이 그려져 있는 옷을 착용하는 것은 물론 머리에 쓰는 스카프로 이용하는 것도 허용하지 않습니다. 예언자의 하디스는 **(실로 사진이 있는 집에는 천사들이 들어가지 않느니라.)**78) 라고 전합니다. 이 하디스의 가르침에 따라 기념이나 기억하기 위한 목적으로 가정의 벽 또는 기둥을 이용하여 걸어두는 사진이나 초상화 그리고 동상과 같은 모든 것은 의복을 착용하는 것과 같이 간주하며 가정에 천사들이 들어오는 것을 막는 것으로 취급하며 이슬람은 이를 허용하지 않습니다.

질문(44) 벽에 사진을 거는 것은 허용되나요?

대답: 어떤 종류의 사진이든 인물을 촬영한 사진을 벽에 걸어 두는 것은 허용하

---

76) 5:72
77) Hadith Sahih: al-Bukhari(7401, 6648, 3836), Muslim(1646).
78) Hadith Sahih: al-Bukhari(3224, 3226, 3227, 3351, 5958), Muslim(2106, 2107), Abu Daud(227,4152, 4155), An-Nasāi(261, 4281, 535)

지 않습니다. 벽이나 기둥에 인물사진이나 초상을 걸어 둠으로써 그 인물에 대한 경배의식이 생겨나기 때문입니다. 다신행위의 기본은 이러한 사소한 것들로부터 시작되는데 이븐 압바스는 노아의 백성들이 경배했던 우상들에 대하여 처음에 노아의 백성들에게 그 우상들은 훌륭한 선인들이었고 그들의 이름으로 기억되었지만 노아의 백성들은 그들을 기억하고자 그들의 형상을 만들게 되었고 이를 보존함으로써 경배의식이 생겨나게 되었으며 이러한 행위가 지속되면서 이후에 그들이 경배하는 우상으로 남게 되었다는 예언자 무함마드의 말씀을 전하고 있습니다.[79]

질문(45) 순간 사진기로 사진을 촬영하는 것은 허용되나요?

대답: 수작업을 거치지 않고 순간적으로 사진기를 이용하여 촬영하는 것은 허용될 수도 있습니다. 왜냐하면 인화과정을 거치지 않기 때문에 필름이 남지 않기 때문입니다. 그러나 사진은 남기 때문에 이때 순간 촬영의 목적에 대하여 충분히 고려해야 하겠습니다. 만일 촬영 목적이 기념하기 위한 것이거나 이를 벽에 걸어 두기 위한 것이라면 허용될 수 없습니다. 하디스에 의하면 사진이 있는 집에는 천사가 들어가지 않는다고 전하고 있으며 이슬람은 이 하디스에 근거하여 벽이나 기둥에 사진을 걸어두는 것을 허용하지 않기 때문입니다.

질문(46) 비드아(Bida', 이슬람에 반하는 이설적 행위)를 행하는 사람들이 예언자 무함마드의 하디스 (이슬람에서 누군가 새로운 좋은 관행을 만든다면 그에게 보상이 있을 것이며 그 새로운 관행을 실천하는 사람에게도 보상이 있을 것이니라.)를 근거하여 이설적 행위의 정당성을 말한다면 어떻게 답해야 할까요?

---

79) Hadith Sahih: al-Bukhari(4920)

대답: 예언자 무함마드의 하디스 (**이슬람에서 누군가 새로운 좋은 관행을 만든다면 그에게 보상이 있을 것이며 그 새로운 관행을 실천하는 사람에게도 보상이 있을 것이니라.**)[80]구절이 말하는 것과 함께 또 다른 하디스 구절은 다음과 같이 말하고 있습니다. (**너희들은 나의 관행을 따라야하느니라, 그리고 나 이후에는 올바른 길로 인도된 승계자(al-Khulafāu' al-Rāshidun)들의 관행을 따라야하느니라. 새로운 것들에 대하여 너희들에게 경고하니 실로 모든 새로운 것들은 이설적인 것이며, 모든 이설적인 것들은 (너희들을)방황케 하며 모든 방황케 하는 것들은 불지옥에 들게 되느니라.**)

위 하디스 (**이슬람에서 누군가 새로운 좋은 관행을 만든다면 그에게 보상이 있을 것이며……**)에서 의미하는 새로운 좋은 관행의 의미를 이해하기 위해서는 예언자 무함마드가 추종자들에게 이 하디스를 가르치게 된 이유를 충분히 이해해야 됩니다. 그것은 가난으로 어려움을 겪던 한 부족을 위하여 자선(Sadaqah)을 권유하던 예언자 무함마드를 한 남자가 찾아와 은 한 뭉치를 자선한 행위에 대하여 예언자가 이를 칭찬하여 (**이슬람에서 누군가 새로운 좋은 관행을 만든다면 그에게 보상이 있을 것이며 그 새로운 관행을 실천하는 사람에게도 보상이 있을 것이니라.**)라고 말씀하신 것입니다. 그래서 만일 우리가 예언자의 하디스가 어떤 상황에서 또 어떤 이유로 추종자들에게 전해졌는지에 대하여 안다면 그 의미에 보다 쉽게 접근할 수 있을 것입니다. 이 하디스에서 말하는 관행은 새로운 선행의 시작을 의미하는 것이지 예언자의 관행(순나)에 해당하는 새로운 관행(규정, 법규)을 의미하는 것이 아닙니다. 왜냐하면 샤리아적 법의 의미를 부여할 수 있는 관행(순나)은 하나님과 예언자만이 할 수 있기 때문입니다.

그래서 새로운 좋은 관행은 어떤 사람이 하나님을 경배하기 위한 방법으로 새로운 좋은 것을 시작하는 행위가 여기에 해당될 수 있는데 예를 들면 새로운 책을 만드는 것이나 학교를 설립하는 행위와 같은 것들로 교리적으로 사람들에게 도움을 줄 수 있고 신앙 증진을 기할 수 있는 계기가 되며 이슬람 공동체에서 요청된

---

80) Hadith Sahih: Muslim(1017), An-Nasāi(4554), Ibn Majah(203)

사항들을 새롭게 실천하는 것입니다. 만일 누군가 위 하디스의 의미를 예언자 무함마드의 관행(순나)과 같은 의미로 이해한다면 누구나 새로운 이슬람법을 만들어 낼 수 있을 것이며 나아가 이슬람은 예언자 시절에 완성될 수 없었을 것입니다. 뿐만 아니라 모든 민족은 그 민족에게 맞는 법과 관습이 만들어졌을 것입니다. 그래서 어떤 사람의 추측이나 생각이 이설적인 것(Bida')임에도 불구하고 이를 좋은 것, 이슬람적인 것을 간주하는 것은 이슬람에서 잘못된 것입니다. 왜냐하면 이러한 추측은 예언자 무함마드의 말씀 (……모든 이설적인 것들은 (너희들을)방황케 하며…….)에 위배될 수 있기 때문입니다.

질문(47) 예언자 무함마드의 출생일을 기념하는 행위는 이슬람법에서 허용되나요?

대답: 첫 번째는 역사적 근거로서 예언자 무함마드의 출생일은 정확하게 알려져 있지 않습니다. 그의 출생일에 대하여 일부 역사학자들은 3월(Rabi' al-Auwal) 12일 밤이 아닌 3월 9일 밤으로 단정하여 말하기도 합니다. 그래서 이슬람력 3월 12일 밤에 행해지는 예언자 무함마드의 출생 기념행사는 이를 증명할 수 있는 정확한 역사적 근거가 없기 때문에 긍정적으로 받아들일 수 없습니다.

두 번째는 샤리아(Sharia', 이슬람법)적 근거로 꾸란이나 하디스에는 예언자 무함마드뿐만 아니라 어떤 사람의 출생일을 기념하기 위한 법적 근거를 찾을 수 없습니다. 만일 하나님에 의해서 꾸란에 이러한 것이 제시되어 있다면 반드시 예언자는 이를 따랐을 것이며 또한 그는 이슬람 공동체(Ummah)에 이를 행하도록 명했을 것입니다. 그래서 만일 그가 이를 실천했거나 긍정적으로 받아들였다면 반드시 어떠한 형태든 명문화된 규정으로 오늘날까지 전해져 내려 올 것입니다. 왜냐하면 하나님께서 꾸란에서

"진실로 우리(하나님)는 계시를 내렸으며 또한 이를 보존할 것 이니라."[81]

라고 말씀하셨기 때문입니다. 그래서 우리는 먼저 꾸란적 근거를 통해서 이를 가장 충실히 실천하여 모범을 보인 예언자 무함마드의 삶에서 이슬람적인 길을 찾아야 할 것입니다. 다시 말해서 예언자 무함마드가 행하지 않은 근거 없는 새로운 법을 만들어 이를 규정하는 것은 이슬람에 반하는 행위이며 이러한 행위는 다음과 같은 꾸란 구절을 부정하게 될 것입니다.

"오늘 내(하나님)가 너희들을 위하여 너희들의 종교를 완성했으니 너희들에게 나의 은혜를 충만케 하리라……"[82]

그래서 예언자 무함마드의 출생일을 기념하는 행사가 만일 종교적 완성을 위한 것이었다면 예언자 무함마드가 노환으로 별세하기 전에 반드시 이를 축하하는 축제행사가 거행되어 관례화 되었어야 하고 만일 이러한 행사가 종교적 완성을 위한 것이 아니었다면 그것은 당연히 이슬람적이지 않은 것입니다. 왜냐하면 위 꾸란 구절에서 언급한 것처럼 하나님께서 오늘 내가 너희들을 위하여 너희들의 종교를 완성했다고 말씀 하셨기 때문입니다. 그래서 예언자 무함마드 이후에 시작된 그의 출생일을 기념하는 행위가 종교의 한부분이라고 주장한다면 그것은 위 꾸란 구절을 부정하는 것이 될 것입니다. 예언자 무함마드께서 스스로 자신의 출생일뿐만 아니라 이와 유사한 모든 기념행위에 대하여 관례화하지 않은 이유는 이러한 행위는 곧 유일신 사상에 기초한 이슬람 신앙에 반하는 행사로 변질될 수 있고 나아가 이슬람 움마에 믿음의 기초를 다지는데 절대적으로 해가 될 수 있는 이설적인 행위들이었기 때문입니다. 어떤 특정인을 찬양하거나 염원하는 행위들은 그 대상의 위대성을 부각 시키고 이러한 상황은 발전되어 신성을 이원화 시키는 계기로 발전되어 갈수 있기 때문입니다.

오늘날 이슬람 세계에서 이뤄지고 있는 다양한 형태의 예언자 무함마드의 출생

---

81) 15:9
82) 5:3

일을 기념하는 축제 행사는 그 도가 지나쳐 이미 많은 비드아(종교에 반하는 이설적 행위)적 요소들을 보여주고 있으며 타 종교를 모방하는 그러한 모습들은 원칙에 입각한 순수한 교리적 접근도 아닐 뿐 아니라 이슬람 적이지 못한 그 본질에 위배되는 행위로 볼 수 있습니다.

질문(48) "어머니의 날"을 기념하여 행해지는 축하행사는 이슬람법에서 허용되나요?

대답: 이슬람법에서 허용하는 축제들을 제외한 모든 종류의 기념축제행사는 이슬람적인 것으로 볼 수 없습니다. 역사적으로 볼 때 이전의 이슬람 선각자들(Salafi Sālih)도 이러한 축제 행사들을 주도하여 행하지 않았으며 또한 그 이전에도 없었던 것으로 간주됩니다. 이슬람법에서 인정하는 공식적인 축제행사는 잘 알려진 바와 같이 라마단 단식월을 종료하고 새로운 달의 첫째 날(Shawal) 기념하는 이둘피뜨르 축제일(Eid al-Fitr)과 성지 순례 중 12월(Dhu al-Hijjah) 10일 행해지는 희생제(Eid al-Adha), 그리고 매주 금요일 거행되는 합동예배(Salat al-Jumah)가 있습니다. 이 세 가지 축제행사를 제외하고 이슬람에서 ·인정하는 공식 축제일은 없습니다. 오늘날 많은 이슬람 국가에서 행해지고 있는 다양한 형태의 축제들은 이슬람법에 기초하여 만들어진 종교행사라고 하기 보다는 국가나 민족들의 형태가 다양해짐에 따라 생겨난 기념일들로서 만일 이러한 행사들이 샤리아적 원칙에 위배되는 즉, 꾸란과 하디스의 가르침에 근거하지 않은 기념행사들이라면 이러한 것들은 이슬람에서 허용되지 않습니다. 이와 관련하여 전하는 예언자 무함마드의 하디스는 다음과 같습니다. **(우리의 종교에 근거 없는 새로운 것을 누군가 행한다면 이는 거부될 것이라.)**[83] 이슬람은 어머니의 날을 정해서 특별히 그날 하루만 서로 기쁨을 나누고 선물을 주는 것이 아니라 연중 이슬람이 가르치는 원칙

---

83) al-Bukhari(2698), Muslim(1718), Abu Daud(4606) Ibn Majah(14)

과 취지에 맞게 부모에게 효를 다하도록 가르칩니다. 어머니는 그녀의 자식들로부터 보살핌을 받아야할 특별한 권리가 있으며 또한 자식들은 반드시 어머니의 말씀을 따르고 보살펴야할 의무가 있습니다. 그래서 예언자 무함마드는 어머니의 중요성을 묘사하여 **(천국은 어머니의 발아래 있다.)**고 그 소중함을 강조하여 가르치고 있습니다.

질문(49) 어린이들의 생일이나 결혼기념일을 축하하는 행위는 이슬람에서 허용되나요?

대답: 이슬람에서 인정하는 공식적인 축제행사는 라마단 단식월을 종료하고 새로운 달의 첫째 날(Shawal) 기념하는 이둘피뜨르 축제일(Eid al-Fitr)과 성지 순례 중 12월(Dhu al-Hijjah) 10일 행해지는 희생제(Eid al-Adha), 그리고 매주 금요일 거행되는 합동예배(Salat al-Jumah)가 있습니다. 이와 더불어 성지순례 중에 있는 순례객들은 12월 9일 아라파트의 날(Yaumu Arafat)과 12월 11일, 12일(Aiyamu al-Tashriq)을 이둘 아드하 축제일의 연장으로 간주하기도 합니다. 그러나 어떤 사람이나 그의 자녀들의 출생일을 기념하기 위한 행사, 또는 결혼기념일 등과 같은 기념행사들은 이슬람에서 인정할 수 없는 비드아(Bida', 이슬람에 반하는 이설적 행위)행위로 간주하고 허용하지 않습니다.

질문(50) 한 사람이 어떤 집으로 이사 한 후 많은 우환으로 불행이 겹칠 때 그 이유가 새로 이사한 집 때문으로 여겨 집을 옮기고자 한다면 이슬람에서 이러한 행위는 허용되나요?

대답: 가끔씩 있을 수 있는 상황으로 집이나 탈 것(말이나 자동차 등), 그리고

배우자는 인간들이 삶에서 동반될 수 있는 꼭 필요한 하나님의 배려와 은총입니다. 이러한 유익함에 반하여 이 세 가지는 나쁜 영향을 끼쳐 가정에 많은 우환과 아픔을 가져오기도 하고 생활을 궁핍하게 만들기도 합니다. 만일 새로 이사한 집 때문에 집안에 우환이 잦고 많은 어려운 상황들이 도래했다면 그 집 주인은 집을 팔고 다른 집으로 이사하도록 이슬람은 허용합니다. 또한 하나님께서 그의 이주에 대하여 축복을 내려 주실 것입니다. 예언자 무함마드께서 말씀하시길 **(나쁜 징조로 받아들일 수 있는 것 3가지가 있는데 그것은 집과 배우자, 그리고 말(馬)이니라.)**[84] 나쁜 징조가 있는 탈것(말, 자동차 등)들의 경우 이를 이용함으로서 항상 사고가 나거나 문제를 일으키기도 하는데 배우자의 경우도 마찬가지입니다. 결혼을 해서 행복하고 화목한 가정을 영위하는 경우도 있습니다만 새로 맞이한 배우자로 인하여 편안했던 가정에 풍파를 일으키고 우환이 지속될 경우, 그리고 일부 집들 중에는 그 집의 나쁜 징조로 인하여 유발된 많은 어려움이나 문제들을 해결하기 위한 한 방안으로 집을 옮기는 것은 이슬람에서 허용됩니다.

질문(51) 어떤 대상을 통하여 간청, 애원(al-tawasul, 원하는 목적에 도달하기 위하여 청하는 간절한 부탁이나 애원)을 하는 경우 이슬람에서는 어떻게 받아들일 수 있을까요?

"애원(간청)하다"의 의미 "yatawasalu"의 동명사형인 "tawasul"은 원하는 목적을 이루기 위하여 한 방법(대상)을 택하는 것을 의미합니다. 어떤 대상을 통하여 간청이나 부탁, 또는 애원을 하는 것은 다음과 같이 여섯 가지의 방법을 통하여 허용될 수 있습니다.

첫째는 고귀한 하나님의 이름들(Asmāu Allāh)로 간청을 드리는 경우인데 이

---

84) al-Bukhari(2858, 5093, 5094, 5772), Muslim(2225, 2226), Abu Daud(3922) Ibn Majah(1995), al-Nasāi(3568, 3569)

경우 하나님의 이름과 속성을 총칭하여 포괄적으로 기도하는 일반적인 경우와 어떠한 특별한 하나님의 이름을 지칭하여 특별히 기도하는 경우가 있습니다.

예를 들어 하나님의 이름을 포괄적으로 칭하여 (오! 하나님, 당신께서 스스로 칭하신 당신의 고귀한 이름으로 간절히 기도드립니다…….)라고 청하는 전자의 경우와 (오! 하나님, 실로 저는 스스로 많은 잘못을 저질렀습니다. 오직 당신만이 저의 이 모든 잘못을 용서하실 수 있습니다. 당신께서 가지고 계신 관용으로 저를 용서하여 주십시오, 그리고 저에게 자비를 베풀어 주십시오. 실로 당신은 관용과 자비로 충만하신 분이십니다.)와 같이 용서와 자비를 간청하는 후자의 경우가 있습니다. 이 경우 하나님의 속성 중에서 "용서(al-Ghafūr))"와 "(자비(ar-Rahīm))"의 2가지 속성으로 드린 기도의 실례입니다. 이러한 종류의 애원이나 간청의 기도는 꾸란에

"하나님께는 훌륭한 이름들이 있으니 그것으로 그분께 기도하라."[85]

라고 언급되어 있는데 여기서 말하는 기도(Dua')는 경배와 간청의 두 가지 의미를 모두 내포하고 있습니다.

둘째는 하나님의 속성(Sifāt Allāh)으로 드리는 간청입니다. 이 경우에도 첫 번째 경우에서 보았던 것과 같이 그분의 속성을 총칭하여 (오! 하나님, 실로 저는 당신의 훌륭한 이름들과 고매한 성품들로 당신께 간청 드립니다.)라고 말한 후 원하는 무엇을 기도하는 일반적인 예가 있습니다. 또 다른 경우는 그분의 특별한 속성을 지칭하여 간청하는 경우로 (오! 하나님, 보이지 않는 것에 대하여 모든 것을 알고 계시는 당신의 지식과, 모든 것을 창조하시는 당신의 능력으로, 저에게 알려 주신 것과 같이 보다 나은 삶을 살 수 있도록 하여 주시고 또한 죽음에 대하여 당신께서 알려 주신 것처럼 보다 나은 죽음을 맞이할 수 있도록 하여 주십시오.)와 같이 여기서 말하는 그 분을 특별히 묘사하는 "지식(al-Ilm)"과 "능력(al-Qudrah)"을 칭하여 간청하는 경우입니다. 또한 (오! 하나님, 이브라힘과 그의 가족들에게 자비(Salāt)

---

85) 7:180

를 베푸신 것처럼 예언자 무함마드와 그 분의 가족들에게도 자비(Salāt)를 베풀어 주십시오.)와 같이 동적인 속성으로 요청하는 경우도 있습니다.

셋째는 하나님과 예언자 무함마드에 대한 믿음의 확신(al-Imān)으로 기도하는 것으로 (오! 하나님, 진실로 저는 당신에게만 경배드리며 무함마드를 당신의 사도로 믿습니다. 그러니 저를 용서하여 주십시오……) 와 같은 형태의 간청으로 자신이 확신하고 있는 믿음의 대상(하나님)을 통하여 자신이 행한 이전의 죄를 용서해 주실 것을 간청할 수 있습니다.

넷째는 자신이 행한 선행을 통해서 간절히 기도하는 것으로 다음과 같은 예가 있습니다. 세 사람이 여행 중 어느 날 하룻밤을 보내기 위하여 동굴에 들어갔는데 동굴의 입구에 큰 바위 덩어리가 떨어져 입구가 막혀 나올 수 없게 되었습니다. 그때 세 사람은 자신이 행한 선행을 가지고 하나님께 그 동굴로부터 안전하게 탈출할 수 있게 해 줄 것을 간절히 기도하는 이야기입니다. 첫 번째 사람은 그가 그의 부모에게 행한 효도에 대하여 언급하면서 하나님께 구원을 요청하였고 두 번째 사람은 쉽게 빠져들 수 있는 유혹을 하나님을 경외하는 신앙심으로 이겨낼 수 있었던 것을 언급하여 기도하였으며 세 번째 사람은 자신이 사용하던 일꾼의 임금을 잊지 않고 더 큰 보상으로 갚아준 선행을 들어 기도 하였습니다. 그리고 그들 모두는 (오! 하나님, 우리가 행한 이 모든 행위들은 오직 당신을 위한 것이니 지금 우리에게 처해진 어려운 상황을 무사히 헤쳐 나갈 수 있도록 하여 주십시오.)라고 간청하였습니다. 이러한 간절한 기도로 말미암아 그 동굴의 입구를 막고 있던 큰 바위 덩어리는 열리게 되었고 그들은 무사히 그 동굴로부터 탈출할 수 있었다고 합니다. 그래서 위와 같이 자신이 행한 선행으로 간청하는 방법도 있습니다.

다섯째는 자신이 처해져 있는 현실적인 상황을 들어 간청할 수도 있습니다. 다시 말해서 기도하는 사람은 자신에게 필요한 것이 무엇인지 또는 자신에게 처해진 현실적인 문제가 무엇인지를 들어 기도하는 것입니다. 예언자 모세의 경우 자신이 처한 어려운 상황을 하나님께 고하고 하나님의 은혜를 간절히 바라는 기도를 다음과 같이 드렸습니다. **(오! 주여, 실로 저는 당신의 은혜가 절실히 필요합니다.)**[86]

또한 예언자 자카리야는 **(그가 말하길, 주여 저의 골격은 약해지고 머리칼은 백발이 되었습니다. 그리고 저는 주님께 기도하여 축복받지 아니한 적이 없습니다.)**[87] 라고 기도하여 하나님께 가까이 하고자 하였습니다. 이러한 방식을 통하여 하나님께 기도드리는 것은 허용되며 또한 그러한 간절한 기도는 받아들여 질 것입니다.

여섯 번째는 선한 사람의 기도에 자신의 처지를 부탁하여 하나님께 간청 드려 기도가 받아들여지도록 하는 것입니다. 이슬람 초기에 예언자 무함마드의 교우들(Sahāba)은 예언자에게 자신들을 위하여 기도해 줄 것을 요청하기도 하였습니다. 부카리와 무슬림이 전하는 하디스에 의하면 예언자 무함마드가 금요합동예배를 주관하여 설교를 하고 있을 때 한 남자가 그에게 가서 다음과 같이 말했습니다. 오! 예언자시여, 극심한 가뭄으로 인하여 많은 재산 손실을 가져왔고 이를 회복할 수 있는 방법이 없습니다. 하나님께 기도하여 비를 내리게 해 주십시오. 그러자 예언자께서는 두 손을 들어 **(오! 하나님, 저희들에게 비를 내려 주십시오.)**라고 3번 말하며 하나님께 기도드렸습니다. 기도가 끝나고 민바르(Minbar, 설교대)를 내려오면서 부터 내리기 시작한 비는 일주일 간 계속되었고 다음 금요합동예배일이 되었을 때 그 남자와 또 다른 사람들은 지난주와 같이 설교를 하고 있는 예언자를 찾아와서 다음과 같이 말했습니다. 오! 예언자시여, 비가 너무 많이 내려서 물이 넘치고 집들은 붕괴되었습니다. 그러니 하나님께 기도하여 그 비가 저희들에게 해 되지 않게 해 주십시오. 그러자 예언자께서는 두 손을 들어 다시 하나님께 기도드렸습니다. **(오! 하나님, 저희들에게 유익한 비를 내리게 해주시고 그 비가 저희들에게 해되지 않게 해 주시옵소서.)** 그리고 예언자께서 하늘을 향해 손을 들었을 때 비는 그쳤고 사람들은 청명한 하늘을 보며 바깥으로 나올 수 있었습니다.

위와 같이 일반적인 기도의 예가 있는가 하면 예언자의 교우들은 예언자에게 자신만을 위한 아주 특별한 기도를 요청하기도 하였습니다. 그 예는 예언자께서는 이슬람 움마(Ummah, 이슬람 공동체)의 구성원들 중 70,000명은 어떠한 심판이나

---

86)28:24
87)19:4

고통도 받지 않고 천국에 들 수 있는데 그들은 부적(符籍)이나 점(占), 운수(運數) 등에 의존하지 않고 그들의 주(主) 하나님께 모든 것을 의탁하는 사람들이라 라고 말씀하셨는데 그때 우카샤 이븐 무흐씬('ukasha ibn Muhsin)이 일어나 (오! 예언자시여, 제가 그들 중에 한 사람이 될 수 있도록 기도해 주십시오)라고 예언자에게 간청하자 예언자께서 **(너는 그들 중에 한 사람이 될 것이니라)**라고 하였다고 전합니다. 이와 같이 애원이나 부탁 그리고 간청은 허용되는 것으로 그 기도는 요청을 받은 자는 물론 요청한 자 모두에게 유익할 수 있어야합니다. 만일 어떤 사람이 다른 사람이 보지 않는 곳에서 그의 안녕(安寧)을 위하여 기도 한다면 천사가 **(당신의 기도처럼 될 것이며, 당신 또한 그와 같이 될 것입니다.)**라고 말합니다.

그러나 이슬람은 다음의 경우에는 기도나 애원, 간청과 같은 행위가 허용되지 않습니다. 그것은 지극히 이성에 반하는 행위로 간주되며 그 행위로 말미암아 유일신 하나님에 대한 교리관이 틀려지게 되기 때문입니다. 그것은 죽은 망자에게 하나님께 기도해 줄 것을 부탁하는 것인데 이것은 이슬람법에서 허용하지 않는 행위입니다. 이러한 행위는 무지에서 비롯된 것으로 죽은 자가 무엇인가를 해 줄 수 있다는 막연함에서 비롯된 것으로 간주됩니다. 어떤 경우에도 이슬람은 죽은 망자에게 도움을 요청하는 행위는 허용되지 않습니다.

질문(52) 어떤 한 사람으로부터 그의 신앙적인 행위로 인하여 느낄 수 있는 애정(al-Walāa)과 그의 비 이슬람적인 행위로 인하여 느낄 수 있는 꺼려짐(al-Barāa)은 이슬람적 견해에서 어떻게 이해될 수 있습니까?

대답: 어떤 것을 사랑하는 것과 어떤 것을 멀리하여 꺼리는 것은 모두 하나님을 위한 것입니다. 그래서 하나님께서 멀리하도록 하신 것은 멀리하는 것이 이슬람의 가르침입니다. 이에 관하여 꾸란에는 다음과 같이 언급하고 있습니다.

"이브라힘과 그와 함께한 사람들에게 너희들을 위한 좋은 교훈이 있었으니, 그들이 그들의 백성들에게 말하길, 실로 우리는 당신들과는 무관하니 당신들이 하나님을 제외하고 경배하는 것을 따를 수 없나니, 이로 인하여 우리와 너희사이에는 적개심이 생기고 서로를 꺼리게 되었느니라."[88]

또 다른 꾸란 구절에는 다신교도들에 대하여 다음과 같이 언급하고 있습니다.

"위대한 대 순례의 그날[89] 사람들에게 하나님과 그분의 사도로부터 다신교도(al-Mushrik)들을 멀리하라는 분명한 선언이 있었느니라."[90]

그래서 이러한 꾸란 구절들을 근거하여 이슬람은 믿는 자들에게 다신교도들이나 불신자들을 멀리하도록 가르치고 있습니다. 또한 무슬림들은 반드시 모든 일을 수행함에 있어서 만일 그 일이 하나님의 가르침에 반하는 받아들일 수 없는 일이라면 불신행위가 아니라고 할지라도 이를 멀리하도록 가르치고 있습니다.

"······그러나 하나님께서는 너희들의 신앙을 보다 사랑하셨고 너희들의 마음을 보다 아름답게 하셨으니 너희들에게 불신과 죄악 그리고 불복종하는 것을 멀리하도록 하셨으니 그들은 올바른 자들이니라."[91]

만일 믿는 자가 두 가지의 품성, 즉 다시 말해서 신앙행위와 동시에 비이슬람적 행위를 하는 경우라면 올바른 무슬림의 자세는 믿는 자의 이슬람적 행위는 긍정적으로 받아들이지만 그의 비이슬람적인 행위에 대해서는 반드시 그 행위의 그릇됨을 인식하고 그러한 비이슬람적 행위를 멀리할 수 있어야 할 것입니다.

---

88) 60:4
89) *위대한 대 순례의 그날(Yaumu al-Hajji al-Akbar), 성지 순례일 중 12월 9일 아라파트의 날이 금요일과 겹치는 날을 일컬어 대 순례의 위대한 날이라고 칭함.
90) 9:3
91) 49:7

일부 무슬림 중에는 잘못을 저지른 무슬림을 불신자 보다 더 멀리하고 꺼리는 경우가 있습니다. 확실한 것은 죄지은 무슬림은 하나님의 유일성을 인정하고 믿고 있지만 불신자는 하나님을 부정하고 그의 사도 무함마드를 불신하는 자입니다. 그래서 무슬림의 올바른 자세는 믿는 자의 신앙행위를 칭찬하여 스스로 증진할 수 있도록 도와주고 잘못에 대해서는 꾸짖고 그 잘못을 인정하여 다시는 반복하지 않도록 애정으로 보살펴줄 수 있는 자세가 꼭 필요할 것입니다.

질문(53) 비 이슬람국가에 여행하는 것은 허용되나요?

대답: 비 이슬람국가를 방문하는 것은 아래의 3가지 경우를 제외하고는 허용되지 않습니다.

첫째: 여행자 자신이 그 곳(비 이슬람국가)에 대한 확실한 정보와 지식을 가지고 있어서 여러 가지 의혹들을 스스로 해결할 수 있는 경우.

둘째: 자신의 신앙에 확신을 가지고 스스로 자신을 지킬 수 있을 때.

셋째: 그 나라에 여행해야할 중요한 이유가 있는 경우.

위 세 가지의 경우를 제외하고 무슬림이 비 이슬람 국가에 여행하는 것은 권장되지 않습니다. 왜냐하면 여행을 통하여 야기될 수 있는 여러 가지 많은 유혹들을 쉽게 뿌리칠 수 없을 뿐만 아니라 불필요한 여행으로 인하여 재산상의 손실도 가져올 수 있기 때문입니다. 그러나 병을 치료하기 위한 목적이나 자기 나라에서 이룰 수 없는 학문적 업적을 이루기 위한 목적 등을 위해서는 자신의 종교적 소신과 이를 지킬 수 있는 확신이 있다면 여행이 허용됩니다.

질문(54) 무슬림이 비무슬림과 업무적으로 함께 일해야 할 경우 어떤 충고를 할 수 있을까요?

대답: 무슬림은 이슬람 교리에 위배되는 행위가 아니라면 비무슬림과 함께 일할 수 있습니다. 그러나 만일 이슬람적인 일을 무슬림과 함께 할 수 있다면 더 좋을 것입니다. 부득이 비무슬림과 업무적으로 함께 해야 할 경우에는 반드시 자신의 위치를 충분히 알고 이해할 수 있어야 하며 이슬람적 정체성을 잃지 않는 범위에서 업무적 협조가 이루어져야 합니다. 특히 관계유지를 위하여 종교적 관습이나 문화는 서로 인정하고 예우하지만 이를 선망하거나 따를 필요는 없습니다.

질문(55) 이슬람법에 위배되지 않는다면 불신자들을 통해서도 유익함을 찾을 수 있을까요? 또한 샤리아에 명백히 언급되지 않은 일반적인 유용성 (al-Masālih al-Mursalah)이 있다면 그들과 함께 일할 수 있을 까요?

대답: 이슬람에 반하는 불신자들의 행위는 크게 3가지로 나누어 볼 수 있습니다.

첫째: 그들의 신앙행위

둘째: 그들의 관습

셋째: 그들이 생산한 제품이나 일들(업무들)

첫 번째 언급한 신앙행위는 잘 아는 바와 같이 무슬림들에게는 어떤 상황에서도 그들의 경배행위를 모방하거나 흉내 내는 것은 허용되지 않습니다. 만일 누군가 불신자들의 신앙행위를 모방하거나 흉내 낸다면 그에게는 신앙적으로 엄청난 위험에 직면하게 될 것입니다. 왜냐하면 이러한 행위로 인하여 그는 이슬람의 가르침을 어기고 불신자로 전환될 수 있는 여지가 있기 때문입니다.

두 번째 관습의 경우는 예를 들어 의복의 경우, 무슬림이 불신자들과 유사한 의복을 착용함으로서 그들과 유사한 습관이나 관습에 익숙해지고 그들처럼 될 수도 있다고 봅니다. 그래서 예언자 무함마드(그분에게 하나님의 평화가)는 **(누군가 어떤 부족을 모방한다면 그는 곧 그 부족의 일원이니라.)**[92] 라고 까지 말했습니다.

마지막으로 그들이 생산한 제품이나 그들의 일이나 업무에 대한 것들의 경우 만일 그러한 것들이 공공의 이익과 사회에 득이 되는 것이라면 그들이 생산한 것들을 통해서 배울 수도 있고 그것들을 통해서 유익한 정보를 나눌 수도 있습니다. 이 경우에는 모방이 아니라 공존을 위하여 서로의 유익함을 나누는 것으로 받아들일 수 있습니다.

또한 일반적인 유용성(마쌀리흐 무르쌀라. 샤리아가 직접적으로 언급하지 않았지만 일상 생활에서 발견될 수 있는 여러 가지 유용함들)은 다음과 같이 말할 수 있습니다. '마쌀리흐 무르쌀라'는 그것 자체가 독립적인 법적 근거가 될 수 없습니다. 다시 말해서 필요에 따라서 현실적인 문제를 해결하기 위한 해법으로 샤리아가 허락한다는 전제하에 법적 구속력을 가질 수도 있겠지만 샤리아가 금기하고 있는 일이라면 일반적인 유용성이 있더라도 그것은 허락되지 않습니다. 만약 샤리아가 허락하지도, 금지하지도 않은 사항이라면 다음과 같이 생각해볼 수 있습니다. 즉 그 행위가 경배의식에 해당되는 것이라면 그것의 기본 원칙은 '근거가 없다면 금지된다'는 것이며, 만일 경배 의식과 관련 없는 것이라면 그것의 기본 원칙은 '허락된다'는 것입니다. 이처럼 '마쌀리흐 무르살라'는 그것 자체로서 독립적인 법적 근거가 될 수 없는 것입니다.

질문(56) 일부 사람들의 말에 의하면 이슬람이 시대에 뒤쳐진 이유는 그들이 종교적 심취로 인하여 시대의 흐름에 부응하지 못했기 때문이라고 합니다. 이에 반해서 서구의 경우 그들은 종교를 멀리하고 세속적 자유를 누렸기 때문에 문명적 혜택을 누릴 수 있었다고 하는데 이러한 견해들에 대하여 어떻게 생각 하십니까?

대답: 이러한 견해는 어떠한 종교적 근거도 없이 단지 약한 신앙심이나 종교적 정체성의 결여로 볼 수 있습니다. 이슬람 공동체가-그 역사를 통해서 볼 수 있었

---

92) Sahih: Abu Daud(4031), Ahmad(5093, 5094, 5634)

듯이-부귀와 영화를 누렸던 시대는 무슬림들이 가장 강한 신앙심과 결속을 자랑하던 때입니다. 그래서 그 시대에는 이슬람이 정치, 경제, 사회, 문화 전반에 걸쳐 세계를 지배하고 주도권을 가지고 그 역할을 다하기도 했습니다. 그래서 혹자는 이에 대하여 오늘날 서구 문명의 발전은 이슬람 문화에 기초하여 이루어진 것이라고 하기도 합니다. 그러나 이러한 종교적 신뢰나 신념이 희박해지면서 사람들은 교만해지고 스스로 자만하여 근거 없는 새로운 이설적 행위들에 대하여 충분히 대처하지 못했으며 꾸란과 하디스에 의한 원칙과 교리는 무시되고 근거 없는 이견과 교리적 다양성으로 말미암아 뒤처지는 현상을 맞이할 수밖에 없었던 것입니다. 종교적 확신은 그 종교에 대한 애착과 동시에 동시대의 다른 사람들을 인도 할 수 있는 강한 지도력을 발휘할 수 있습니다. 그러나 종교적 확신의 부재는 결국 미래에 대한 방향성을 잃게 되고 사람들을 방황하게 만듭니다. 이슬람은 교리와 상반되는 것이 아니라면 서구의 어떤 발달된 문명도 거부하지 않습니다. 오히려 이러한 발달된 문명을 승계 발전시켜 활용할 수 있도록 유도합니다.

질문(57) 일부 사람들은 (교리적인 것을 말할 때) 순수한 의도에서 하는 말이라면 정확하게 표현하지 않아도 무방하다고 말하는데 이에 대하여 어떻게 생각합니까?

대답: 어떤 주제에 대하여 정확한 말로 표현하고자 하는 것은 올바른 행위입니다. 그래서 순수한 의도에서 충분히 이해된 상태에서 교리적인 것을 말한다면 다소 문법적으로 완전하지 않더라도 문제가 되지 않습니다. 그러나 부족한 표현력과 의도의 불순함으로 인하여 불신을 조장하고 유일신 사상에 반하는 행위를 유발한다면 그것은 올바른 행동으로 볼 수 없습니다. 이 경우에는 만일 어휘가 부족하거나 표현력이 부족하다면 이를 올바르게 고쳐주어서 이해를 돕는 것은 매우 중요합니다. 우리는 만일 당신은 의도가 순수했기 때문에 당신이 한 모든 말은 완벽했다

라고 말할 수는 없을 것입니다. 그러나 이슬람법에 의거하여 한 말들이라면 다소 어휘가 부족했다고 하더라도 유용한 말이 될 것입니다.

질문(58) 아랍어에서 "하나님께서 당신의 날들이 (영원히) 지속되게 해주시길……(Adāma Allāh Aiyāmuk)"이라고 기원하는 것은 허용되나요?

대답: 하나님께서 당신의 날들이 (영원히) 지속되게 해주시길 바란다는 기원은 인간의 한계를 벗어난 기도로 볼 수 있습니다. 왜냐하면 같은 날들이 영원히 지속된다는 것은 불가능한 것으로 하나님의 말씀인 꾸란의 가르침에 반하는 것이기 때문입니다.

"대지위의 모든 것은 멸망하나니 오직, 지고 지존하신 너의 주님만이 영원하시니라."[93]

"우리(하나님)는 결코 너 이전의 어떤 사람에게도 영원한 삶을 부여하지 않았으니 너도 죽음을 맞이했는데 (어떻게) 그들이 영원하겠는가."[94]

질문(59) 일부 사람들은 상대방에게 뭔가를 요청할 때 "하나님 얼굴로(하나님 얼굴을 걸고) 요청 드립니다(Asaluka biwajhi Allāh)"라고 합니다. 이때 "하나님의 얼굴로 또는 하나님 얼굴을 걸고"라고 요청하는 것은 허용되는지요?

---

93) 55:26~27
94) 21:34

대답: 하나님의 얼굴은 사람들이 현세에서 어떤 목적을 위하여 그것을 걸고 청원이나 요청을 하는 것보다 더 위대합니다. 그리고 그의 목적을 이루기 위하여 하나님의 얼굴을 하나의 방법으로 이용하는 것은 적절하지 않습니다. 그래서 이슬람은 이와 같이 하나님의 얼굴로 또는 하나님의 얼굴을 걸고 도움을 청하거나 부탁하는 것은 허용하지 않습니다. 다시 말해서 "당신을 향한 하나님의 얼굴로서" 또는 "하나님의 얼굴로 당신에게 요청합니다."와 같은 말은 하지 않습니다.

질문(60) 아랍어에서 "하나님께서 당신을 현세에서 더 머물도록 해 주시기를" 또는 "장수하세요!"(Atāla Allāha baqāak) 또는 (Tāla umrak)와 같은 인사말을 하는 것에 대하여 어떻게 생각 하십니까?

대답: 이슬람에서 현세에서 오래 머물기를 바라는 것은 권장할 수 있는 인사말은 아닙니다. 왜냐하면 현세에서 오랫동안 머문다는 것은 두 가지로 이해될 수 있기 때문입니다. 그것은 좋은 일로 선을 행하며 하나님의 축복으로 삶을 유지할 수도 있겠지만 그렇지 않은 경우 많은 해악과 어려운 고통 속에서 하루하루를 보낼 수도 있기 때문입니다. 그래서 우리는 가장 불행한 사람은 온갖 해악을 퍼트리는 긴 수명을 타고난 사람이라고도 말할 수 있을 것입니다. 그러나 만일 어떤 사람이 "하나님께 복종하면서 장수하세요!"라고 한다면 이는 허용될 것입니다.

질문(61) 우리는 벽면에 쓰여 있는 글씨 또는 벽이나 기둥에 걸려 있는 벽걸이 등을 통하여 알라(Allāh), 무함마드(Muhammad)와 같은 장식물이 나란히 쓰여 있거나 매달려 있는 것을 볼 수 있습니다. 이 경우 하나님을 의미하는 알라와 그의 예언자인 무함마드가 나란히 사용되는 것에 대하여 어떻게 생각합니까?

대답: 만일 그 의도가 예언자 무함마드와 하나님을 같은 지위로 두고자 하여 나란히 두었다면 이것은 유일 신관에 위배되어 허용되지 않는 행위입니다. 뿐만 아니라 두 글자가 나란히 쓰여 있음으로 해서 이슬람을 잘 모르는 사람들에게 하나님과 무함마드가 같은 지위의 믿음의 대상으로 이해될 수 있는 소지가 있다면 이 또한 잘못된 것입니다. 그래서 이슬람은 가능하다면 벽에 어떤 장식도 하지 않고 깨끗이 그대로 두는 것을 권장합니다.

질문(62) 아랍어에서 "하나님께서 당신의 안부를 물으시길······."(Allāh yas'alu an hālik)라고 인사말을 하는 것에 대하여 어떻게 생각 하십니까?

대답: 이 말은 이슬람에서 허용될 수 없습니다. 왜냐하면 그것은 무엇이든 다 알고 계시는 하나님의 권능에 대하여 의문을 가질 수 있는 부분으로 그분의 전지 전능하심을 부정하는 것이 될 수 있기 때문입니다. 그래서 이슬람에서는 하나님께서 인간에게 직접 안부를 물으시는 형태의 인사말이 아니라 피조물인 인간이 그분에게 사랑을 베풀어 주실 것을 요청하여 "하나님께 당신이 편안하시길 기도드립니다."와 같이 인사하도록 가르칩니다.

질문(63) 아랍어에서 죽은 사람을 묘사하여 "자비를 받은 어떤 사람"(fulānu al-Mahrūm) 또는 "그 사람은 하나님의 자비로우심으로 옮겨 갔습니다"(intaqala ila rahmatihi)와 같은 표현들을 사용합니다. 이러한 표현들을 사용하는 것은 허용되는지요?

대답: 위와 같은 표현들을 사용하는 것은 허용됩니다. 왜냐하면 수동 형태인 "자비를 받은 어떤 사람"이나 "하나님의 자비로우심으로 옮겨 갔다"라는 말의 근본 취지는

망자에 대한 강한 바람이 그 속에 포함되어 있다고 봅니다. 그래서 만일 죽은 사람을 칭할 때 이름 뒤에 하나님의 무한한 자비가 그에게 베풀어 질 것을 기원하여 "하나님의 자비가 그분에게 베풀어지길……" 또는 "그가 하나님의 자비로우심으로 현세에서 내세로 옮겨 가시길……"과 같은 표현을 하기도 합니다. 사실 위와 같은 사실들은 우리가 눈으로 확인할 수 있는 상황이 아니므로 정확하게 어떨 것이라고 말할 수는 없습니다.

제2장

쌀라(Salāt)
예배

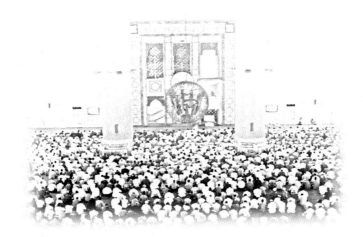

예배(Salāt)는 신앙생활의 시작이며, 자신이 무슬림임을 나타내는 정체성의 표현입니다. 예언자 무함마드께서 믿는 자와 믿지 않는 자를 구분할 수 있는 가장 중요한 기준이 예배라고 할 만큼 이슬람에서 예배가 차지하고 있는 비중이 큽니다.

질문(64) 무슬림들은 예배를 근행하기 위해서 반드시 청결(Tahārah)을 유지해야 합니다. 청결은 무엇으로 유지할 수 있습니까?

대답: 청결을 유지하기 위한 기본 원칙은 어떤 현상에 의하여 불결하고 더렵혀진 육체와 의복 그리고 예배 장소를 물을 이용하여 깨끗이 닦는 것으로부터 시작됩니다. 그래서 이슬람은 청결 그 자체를 신앙 실천의 반으로 간주합니다. 이슬람 의식에서 물은 그 차제가 청결하고 깨끗한 것이며 다른 것을 정화해 줄 수 있는 것으로 간주합니다. 그러나 만일 의식을 거행하고자 했을 때 물을 구할 수 없는 상황이거나 물을 사용함으로 인하여 상태가 악화될 수 있다면 물을 사용하지 않고 타이얌뭄(Tayamum, 깨끗한 모래를 이용하여 청결 의식을 대신하는 대체 세정 방식)으로 대신 할 수도 있습니다. 타야뭄은 두 손으로 깨끗한 모래를 두어 번 두드린 후 얼굴과 양손을 순서에 따라 쓰다듬는 것으로 청결의식을 대신 하는 것입니다. 그러나 불결하고 더러운 것을 정결하게 씻거나 닦고자 할 경우에는 대소변과 같은 생리 현상에 의하여 발생된 불결함(Hadath)은 위에서 언급한 것과 같이 물을 이용하여 청결을 유지할 수 있지만 그 이외에 의복이나 예배를 근행할 장소 등이 오물에 의해 더렵혀진(Khabath) 경우에는 물 뿐만 아니라 여러 가지 가능한 세제들을 이용하여 씻을 수도 있습니다. 예를 들어 사람들이 사용하는 그릇이 개가 핥아서 더렵혀졌다면 물을 이용하여 7번 씻도록 했는데 그 중에 한번은 반드시 흙으로 씻어야합니다.

질문(65) 오물을 물이 아닌 세제나 세정방법을 이용하여 제거할 경우 청결한 상태가 되었다고 볼 수 있는지요?

대답: 오물이나 더렵혀진 부분을 세정하는 것은 불결함으로부터 벗어나 예배나 신앙의식을 수행할 수 있는 상태를 유지하기 위한 방법입니다. 그래서 불결한 오

물을 청소하거나 깨끗이 씻는 것은 경배행위에 앞서 선행되어야할 조건으로 만일 오물을 제거할 수 있다면 물이 아닌 세제나 다른 세정 방법을 이용하여 청결을 유지할 수도 있습니다. 물론 어떠한 방법을 이용하든 반드시 오물의 불결함이 완전히 제거될 수 있어야 합니다. 쉐이쿨 이슬람 이븐 타이미야는 만일 태양열이나 바람에 의해서라도 오물이 제거되고 원래의 청결 상태를 유지할 수 있다면 비록 오물의 색깔이나 흔적이 남아 있다고 해도 대체할 수 있다고 하였습니다.

질문(66) 오래되어 변질된 물을 이용하여 우두를 거행하는 것은 가능한지요?

대답: 물이 오래되어서 변했다고 해도 다른 이물질에 의해서 물의 성질이 변질된 것이 아니라면 사용할 수 있는 깨끗한 물로 간주됩니다. 그래서 그 물을 이용하여 우두를 하는 것은 가능하며 우두도 유효합니다.

질문(67) 무슬림 남자가 금(金)을 이용하여 치장하는 것은 허용되는지요?

대답: 이슬람법은 어떤 상황이든 그 상황에 따른 충분한 이유를 고려하고 그 이유에 적합한 법을 적용합니다. 그래서 이유와 상황에 따른 법의 적용은 우선 하나님의 말씀인 꾸란과 예언자 무함마드의 언행록인 하디스에서 우선적으로 법적인 근거를 찾아야합니다. 이와 관련하여 꾸란에는 다음과 같이 언급하고 있습니다.

"하나님과 그분의 예언자께서 그들을 위하여 정한 법을 따르지 않는다면 남자이든 여자이든 믿는 자가 아니니라."[95]

---

95) 33:36

그래서 어떠한 상황이든 주제에 대한 정확한 근거가 꾸란이나 하디스에 제시되어 있는 경우 이를 우선 적용하여 법을 집행하는 것이 샤리아적 해석이라고 볼 수 있습니다. 무슬림 남성들이 금을 사용하지 못하는 것과 관련하여 주제는 다르지만 여성들에게 국한되어 특별히 적용되는 법이 있음을 알 수 있습니다. 믿는 자들의 어머니(Ummu al-Mu'minin) 아이샤에게 라마단 단식월에 생리를 이유로 단식과 예배를 근행하지 못한 여성에게 생리가 끝난 후 그 기간 동안에 거행하지 못한 단식은 채워주는 것이 의무이지만 그동안 근행하지 못한 예배는 면제되는 것에 대하여 누군가 물었을 때 그녀는 다음과 같이 답했습니다. **(여성들이 생리로 인하여 거행하지 못한 단식은 이후에 채워주어야 하지만 그 기간 동안 거행하지 못한 예배는 면제받았느니라.)**[96] 이와 같이 꾸란에 의해서 또는 예언자의 언행록인 하디스에 언급되어 있는 근거는 모든 무슬림들이 따라야 할 이유가 됩니다. 그래서 보다 정확한 교리적 실천을 위하여 이를 확인하고 연구하는 것은 보다 성실한 무슬림의 자세라고 할 수 있겠습니다.

무슬림 남성들이 금을 사용하여 치장하는 것은 무슬림 여성에게는 적용되지 않는 법규로서 남성들에게만 적용되는 금기사항입니다. 여성들이 금을 이용하여 치장을 하는 것은 자신의 부를 부각시키기 위한 방법의 하나로 이해될 수도 있겠지만 여기에 더하여 여성의 아름다움을 더욱 돋보이게 하기 위한 방법이기도 합니다. 이슬람은 남성이 여성보다 외적으로 더 완벽하고 훌륭하게 창조되었기 때문에 금과 같은 화려한 장식으로 치장하여 남성미를 돋보이게 해야 할 이유가 없다고 보는 것입니다. 반면에 여성은 그 부족함을 금이나 다른 보석을 이용하여 치장함으로서 메워 줄 수 있다고 보는 것입니다. 그래서 꾸란에는 무슬림 남성들에게 허용하지 않은 금이 여성들을 치장하는 것으로 사용될 수 있음을 알 수 있습니다.

"(비단과 금으로)화려하게 치장하고 성장한 피조물(여자)임에도 불구하고 논

---

96) Sahih al-Bukhari(321), Muslim(335), Abu Daud(359), al-Tirmidhi(130), al-Nasai (382, 2318)

란의 여지가 있는 것에 대하여 자신의 견해를 분명히 할 수 없단 말인가?"[97]

또한 이러한 꾸란적 근거를 통해서 무슬림 남성들에게는 금을 이용하여 화려한 치장을 하는 것이 금기 사항으로 규정되어진 것입니다.

질문(68) 금을 이용하여 치아(齒牙)를 교정하는 것은 허용되나요?

대답: 남자의 경우 금으로 치아를 교정하는 것은 특별히 예외인 상황을 제외하고는 허용되지 않습니다. 왜냐하면 남자들이 금을 사용하는 것은 허용되지 않기 때문입니다. 그러나 여자의 경우에는 치아가 부실해서 금으로 대신 교정할 경우 너무 과다하게 낭비하지 않는 조건이라면 허용됩니다. 예언자 무함마드의 언행록인 하디스에 의하면 **(비단과 금은 이슬람 움마 공동체의 여성들에게 허용되느니라.)**[98]라고 해서 무슬림 여성들이 금과 비단을 이용하여 치아를 교정하거나 치장하는 것을 허용했기 때문입니다. 그러나 만일 금으로 치아를 교정한 사람이 죽은 경우에는 발치(拔齒)하여 이를 활용할 수도 있습니다. 왜냐하면 금은 그 자체가 재산적 가치가 있기 때문에 죽은 사람과 함께 묻는 것은 재산적 손실을 가져오는 것일 뿐만 아니라 다른 사람의 손을 탈 수도 있고 나쁘게 이용될 수도 있기 때문입니다.

질문(69) 우두를 위한 장소에서 소변을 하기 위하여 옷을 내려 아우라[99]('Aurah,
　　　　 무슬림이 신체를 가려야할 부위)를 노출하는 것은 허용되나요?

---

97) 43:18
98) Sahih: Muslim(2090)
99) *아우라('Aurah)는 무슬림들이 외부인 앞에서 가려야 할 한계를 말합니다. 남자의 경우 배꼽
　　 에서 무릎까지 가려야하고 그리고 여자의 경우에는 얼굴과 양손을 제외하고 신체 전부가 아우라
　　 로 규정되어 있습니다.

대답: 무슬림은 신체의 가려야 할 부분을 외부인에게 노출하는 것은 허용되지 않습니다. 그래서 화장실과 같은 곳이라고 할지라도 필요이상으로 신체 부위를 노출시켜 사람들에게 자신의 아우라를 노출하는 것은 스스로에게 죄를 짓는 것이 됩니다. 만일 소변을 봐야할 경우에는 사람들의 시선이 먼 곳에서 비록 물을 이용하여 처리할 수 없는 상황이 되더라도 용변을 본 후 화장지나 돌과 같은 것을 이용하여 용변의 흔적을 닦을 수 있을 것입니다. 그러나 사람들이 모여 있는 곳에서 용변을 볼 경우 만일 자신의 아우라가 사람들에게 노출된다면 이러한 행위는 금기 사항에 해당됩니다.

질문(70) 남자들이 선 자세에서 소변을 하는 것은 이슬람에서 허용되는지요?

남자들이 소변을 할 경우 2가지로 안전이 보장된다면 서서 소변을 하는 것도 가능합니다. 하나는 소변이 튀어서 옷이나 피부에 묻어 더럽혀지지 않는다는 보장이 되어야하고 다른 사람이 그의 아우라를 볼 수 없다는 조건에서입니다. 그래서 만일 이 두 가지가 보장된다면 남자들이 서서도 용변을 볼 수 있습니다.

질문(71) 꾸란을 가지고 화장실에 들어가는 것은 허용되는지요?

대답: 상식이 통하는 사람들 중에서 꾸란을 가지고 화장실에 들어가는 것을 허용하는 사람은 없습니다. 왜냐하면 꾸란은 잘 알려져 있는 것과 같이 하나님의 말씀을 수록한 경전으로 그 자체가 고귀하고 위대한 것입니다. 그래서 꾸란은 깨끗하고 소중하게 보관되고 읽혀져야 할 것입니다.

질문(72) 하나님의 이름과 속성이 기록된 종이나 인쇄물을 가지고 화장실에
　　　　들어가는 것은 허용되는지요?

대답: 지갑이나 주머니, 가방 속에 하나님의 속성이 기록된 인쇄물이 들어 있는
상태에서 화장실에 들어가는 것은 허용됩니다. 그러나 하나님을 묘사하는 성품이
나 이름이 기록된 인쇄물이 어떤 천이나 가방 속에 넣어져 있거나 가려져 있는 상
황이 아니라면 가급적 화장실 안에 가지고 들어가지 않는 것이 좋습니다.

질문(73) 어떤 사람이 화장실에서 우두를 하고 있을 때는 어떻게 하나님의 이
　　　　름을 언급할 수 있을까요?

대답: 화장실 안에서는 마음속으로 하나님을 언급할 수 있습니다. 왜냐하면 우
두(소정)나 구슬(대정)을 의도하기 위하여 크게 소리내는 것은 의무사항이 아니기 때문
입니다. 이맘 아흐마드는 예언자 무함마드의 전언에는 반드시 "하나님의 이름으로"라
고 소리 내서 의도해야 하는 근거는 없다고 말하고 우두나 구슬 전에 이를 언급하는 것
은 의무가 아닌 권장 사항이며 소리 내지 않고 마음속으로 의도 할 수 있다고 했습니다.

질문(74) 끼블라(Qiblah, 무슬림들이 예배를 근행하는 방향으로 사우디아라비
　　　　아 메카 하람성원에 있는 카아바를 향한다)를 향하거나 또는 끼블라
　　　　를 뒤로 두고 용변을 보는 것은 허용되는지요?

대답: 이 질문에 대해서는 학자들 간에 약간의 이견이 있습니다. 대부분의 학자
들은 건물에 이미 화장실이 만들어져 있는 경우를 제외하고 끼블라를 향하거나 또
는 끼블라를 뒤로 두고 용변을 보는 것은 허용되지 않는 것으로 말하고 이에 대하

어 예언자에 관하여 전하는 아부 아이유브(Abu Aiyub)의 하디스를 근거로 제시하고 있습니다. 예언자께서 말씀하시길 **(너희가 용변(대, 소변)을 볼 때는 끼블라를 향하거나 끼블라를 뒤로 향하게 하지 말라. 그러나 부득이한 경우에는 동쪽이나 서쪽으로[100] 약간 비켜서 용변을 보도록 하라.)** 이에 아부 아이유브는 첨언하여 우리가 샴(시리아)에 도착 했을 때 그곳의 숙소에 있는 화장실의 변기들을 보았는데 그 변기들이 카아바를 향하여 설치되어 있었는데 우리는 약간 비켜 앉아 용변을 보고 하나님의 용서를 구했습니다.[101] 라고 전하고 있습니다. 이 하디스에서 볼 수 있는 것과 같이 만일 건물에 설치되어 있는 화장실이 아닌 곳에서 용변을 볼 때는 메카 방향을 향하거나 또는 메카를 뒤에 두고 용변을 보는 것은 허용되지 않음을 알 수 있습니다. 그러나 만일 건물에 이미 변기가 설치되어 있는 경우에는 메카를 향하여 용변을 보는 것도 허용됩니다. 이에 대한 근거로 압둘라(Abdullah ibn Umar)[102]가 전하는 하디스를 들고 있는데 그의 말에 의하면 어느 날 합프사(Hafsa bint Umar)의 집에서 예언자 무함마드께서 샴을 향하고 끼블라를 뒤로하여 용변을 보시는 것을 나는 보았습니다.[103]라고 전하고 있습니다. 그리고 일부 학자들은 위에서 언급한 아부 아이유브의 하디스를 근거로 하여 어떤 상황에서도 이미 변기가 건물에 설치되어 있는 상황이든 또는 그러한 상황이 아니든 끼블라를 향하여 용변을 보는 것은 허용되지 않는다는 견해를 보이기도 합니다.

이러한 의견들을 종합해 볼 때 건물에 설치되어 화장실이 아닌 경우 즉 야외에서는 끼블라 방향을 향하거나 또는 끼블라 방향을 뒤로 하고 용변을 보는 것은 금하는 것이 좋습니다. 그리고 건물에 설치되어 있는 화장실의 변기가 끼블라를 향하고 있다면 사용하지 않는 것이 좋겠지만 만일 변기가 끼블라 반대 방향으로 설치되어

---

100) *동쪽이나 서쪽은 메디나를 기준으로 예언자께서 하신 말씀입니다. 메디나에서 볼 때 메카는 남쪽에 위치해 있으므로 무슬림들은 남쪽이나 북쪽을 향해 용변을 하는 것을 꺼리는 구절로 이해 될 수 있습니다. 만일 건물에 설치되어 있는 변기의 방향이 메카에 있는 카아바를 향해 설치되어 있다면 용변을 볼 경우 약간 방향을 틀어서 용변을 보도록 권장합니다.
101) Sahih al-Bukhari(144, 394), Muslim(264), Abu Daud(9), al-Tirmidi(8), an-Nasai'(21), Ibn Majah(1318)
102) *압둘라와 합프사는 오마르의 자녀로 남매지간이며 하프사는 예언자의 부인임.
103) Hadith Sahih al-Bukhari(145,149), Muslim(266), al-Tirmidi(11)

있어서 끼블라를 뒤에 두고 용변을 볼 경우에는 부득이 허용될 수도 있습니다.

질문(75) 만일 방귀가 나와서 우두를 다시 해야 할 경우에 반드시 알 이쓰틴자
아(al-Istinjāa, 용변을 본 후 물을 사용하여 더렵혀진 부분을 깨끗
이 씻는 청결의식)를 해야 하는지요?

　대답: 생리현상에 의해 방귀가 나왔을 경우에는 예언자의 하디스에 의거 우두
상태가 깨짐을 알 수 있습니다. 예언자께서는 (**방귀로 인하여 소리를 듣거나 냄새
가 날 때 까지 우두를 하지 않아도 되느니라.**)104) 라고 말씀하셨습니다.
　그러나 방귀가 나왔다고 해도 물로 둔부를 씻을 필요는 없습니다. 왜냐하면 방
귀 그 자체는 생리적 현상에 의해서 가스만 나오는 것이기 때문입니다. 그래서 단
지 우두만 깨지는 것이기 때문에 절차에 따라 우두만 다시 하고 예배의식을 거행
할 수 있습니다.
　여기서 보다 정확히 해야 할 것은 사람들 중에는 예배 시간이 많이 남은 상태에
서 용변(대 소변)을 본 후 우두를 하지 않고 있다가 예배 시간이 임박해진 상태에
서 우두를 할 경우 다시 물로 이쓰틴자아를 해야 한다고 알고 있는 사람들이 있습
니다. 이것은 잘못된 것입니다. 만일 대 소변을 본 후 물을 이용하여 깨끗이 씻었
다면 바로 우두를 하지 않았다고 해도 그 부위에 대한 청결상태는 그대로 유지되
며 이후에 우두를 한다고 해도 그 부위를 다시 씻지 않고 절차에 따라 우두만 정확
하게 한다면 예배에 참석할 수 있습니다. 이스틴자아의 의도는 용변을 본 후에 물
을 이용하여 신체의 더렵혀진 부위를 깨끗이 하는데 의의가 있기 때문에 만일 청
결을 위한 절차를 마쳤다면 굳이 이를 반복할 필요는 없습니다.

---

104) Sahih al-Bukhari(145, 149), Muslim(266), al-Tirmidi(11), Ahmad(4592, 4603)

질문(76) 씨와크(Siwāk, 미쓰와크(Miswāk)라고도 하며 구강 청결을 위하여 사용하는 가는 나무뿌리)는 언제 사용하는 것이 좋은 가요? 그리고 주마 예배의 설교가 진행되는 중에 시와크를 사용하는 것은 허용되는지요?

대답: 씨와크를 사용하여 구강을 청결하게 하는 것은 중요한 신앙 실천 행위 중 하나입니다. 구강을 청결하게 함은 자신에게는 물론 상대방에게도 불쾌감을 주지 않으며 쾌적한 분위기의 신앙생활을 도와줍니다. 그래서 다음과 같은 시간에 씨와크를 사용하는 것은 권장됩니다.

1) 잠에서 깼을 때
2) 귀가 했을 때
3) 우두를 할 때
4) 예배의 시작을 알리는 이까마가 나올 때

그리고 의무예배를 기다리면서 씨와크를 하는 것은 권장되며 금요 합동예배의 설교가 진행되는 중에 씨와크를 하는 것은 권장되지 않습니다. 왜냐하면 씨와크로 인하여 설교에 집중할 수 없기 때문입니다. 그러나 만일 졸음을 쫓기 위한 씨와크는 허용됩니다.

질문(77) 우두를 할 때 앗–타스미야(at-Tasmiyah, '하나님의 이름으로'라고 말하는 것)는 의무인가요?

대답: 우두를 할 때 "비쓰밀라"라고 말하는 것은 의무 사항이 아니고 권장 사항입니다. 우두와 관련하여 어떤 사람이 하나님의 이름을 언급하지 않은 채 거행한 우두는 유효하지 않다고 전한 하디스는 우두를 위해서는 반드시 하나님의 이름을 언급해야한다는 의무를 뜻하지는 않습니다. 그래서 많은 이슬람 학자들은 우두를 위하여 하나님

의 이름을 말하는 것은 의무사항이 아니라 권장 사항으로 간주합니다. 우두를 위하여 씻을 준비를 하는 그 자체가 이미 하나님께 경배 드리기 위한 의도에 의해 시작되는 것이고 의도는 마음으로 하는 것입니다.

질문(78) 남자 무슬림이 포경 수술(al-Khitān)을 하는 것은 이슬람에서 어떻게 보나요?

대답: 이슬람에서 남자들이 포경 수술을 하는 것은 강조된 권장사항(Sunnah Muakkadah)에 해당됩니다. 포경수술은 예배를 근행하기 위한 조건의 하나인 청결(at-Tahārah)과 직결된 것이기 때문에 반드시 포경인 경우에 수술을 해서 청결을 유지할 수 있도록 해야 하고 그 상태에서 예배를 근행할 수 있습니다. 포경인 상태에서 소변을 보게 되면 소변이 남게 되고 결국은 불결함이 지속될 수밖에 없기 때문입니다. 그러나 만일 포경 수술로 인하여 건강을 해치거나 또 다른 어려움에 당면할 수 있다면 굳이 수술을 하지 않아도 됩니다.

포경수술을 해야 하는 당위성에 대하여 이슬람은 다음과 같은 이유들을 들고 있습니다.

1) 예언자께서는 누군가 이슬람에 입교하면 포경수술을 하도록 명령[105]한 다양한 형태의 하디스가 포경수술의 정당성을 뒷받침 해주고 있기 때문입니다.

2) 포경수술은 무슬림과 비무슬림을 구분해 줄 수 있는 근거가 됩니다. 무슬림은 자신의 일상적인 삶을 통해서 무슬림임을 표현해서 비무슬림과 구분될 수 있도록 합니다. 그래서 무슬림이 비무슬림을 흉내 내거나 따라하는 것을 금합니다. 예언자께서 이와 관련하여 다음과 같이 말씀하셨습니다. **(누군가 비무슬림을 흉내 낸다면 그는 그들과 같으니라.)**[106]

---

105) at-Tabrāni, al-Kabīr(14/19)
106) Abu Daud(4031), Ahmad(5093, 5094)

3) 포경을 수술하는 것은 신체의 일부를 잘라내는 행위입니다. 이슬람은 신체의 일부를 자르는 것은 허용되지 않은 금기(Haram)사항으로 간주합니다. 또한 금기사항은 의무사항의 실천을 위해서만 허용될 수 있습니다. 그래서 포경수술을 하는 것은 포경이 의무사항을 실천하기 위한 저해요소가 될 수 있기 때문에 이를 제거하여 청결을 유지할 수 있고 예배도 근행할 수 있도록 조치하는 것입니다.

이와 같은 이유들을 근거로 해서 이슬람은 남자들에게 포경수술을 권장하고 신앙생활에 충실하도록 합니다.

질문(79) 만일 틀니를 한 사람이 우두를 할 경우 입을 헹굴 때는 반드시 빼고 입을 헹귀야하는지요?

대답: 틀니를 한 사람이 우두를 할 경우 반드시 틀니를 빼고 입을 헹굴 필요는 없습니다. 마치 반지를 끼고 있는 사람이 우두를 할 때 반지를 빼지 않아도 되는 것과 같은 이치입니다. 그러나 반지를 움직여 반지와 손가락사이에 물이 들어가서 깨끗이 씻는 것처럼 틀니를 움직여 입속에 있는 이물질이 깨끗이 제거될 수 있도록 물 모금으로 입을 헹군다면 더 좋겠습니다. 가장 중요한 것은 우두는 청결을 위한 의식의 실천이므로 스스로 판단해서 만일 필요하다면 빼서 헹군 다음 다시 끼우는 것도 무방합니다.

질문(80) 우두를 하는 과정에서 동작이 끝날 때마다 반드시 새로운 물을 이용해서 우두를 해야 하는지요? 예를 들어 귀를 닦을 때는 반드시 새로운 물을 이용해서 해야 되는지요?

대답: 그렇지 않습니다. 우두과정에서 물 묻은 손으로 머리를 단정히 쓰다듬은

후 만일 손이 젖어 있다면 그 손으로 바로 귀를 닦을 수 있습니다. 하디스에는 우두 과정에서 동작이 바뀔 때 마다 물을 새롭게 해서 진행해야 한다는 전언은 없습니다.

질문(81) 우두에서 순서를 지키는 것(at-Tartīb)은 무엇을 의미하며 그 순서를 멈추지 않고 달아서 한 번에 처음부터 끝까지 진행하는 것은 어떤 개념에서 이해해야 하는지요?

대답: 꾸란에는 우두에 관하여 다음과 같이 언급하고 있습니다.

"오! 믿는 자들이여, 만일 너희들이 예배를 근행하고자 한다면 얼굴을 씻고 팔꿈치까지 씻으며 너희들의 머리를 쓰다듬어 단정히 하고 발목까지 씻어야 하느니라……"107)

우두를 할 때 정해진 순서를 따르는 것은 하나님께서 계시하신 꾸란의 가르침을 따르는 것입니다. 꾸란은 먼저 얼굴을 씻고 두 손(팔)을 팔꿈치까지 씻으며 머리를 쓰다듬어 깨끗이 손질하고 두 발을 발목까지 씻는 것이 순서입니다. 그래서 얼굴을 씻기 전에 두 손과 입, 코를 씻거나 헹구는 행위는 예언자 무함마드의 관행에 의한 권장 사항으로 이해될 수 있습니다. 그리고 우두를 할 때 동작과 동작 사이에 시간적 공백으로 인하여 정상적으로 우두를 수행하지 못했을 경우에는 반드시 우두를 처음부터 다시 해야 합니다. 예언자께서 우두를 하고 있는 한 남자를 보시고 발톱에 물이 닿지 않은 그에게 **(처음부터 다시 우두를 하라)**108) 라고 하신 것은 우두는 한 순간에 연속적으로 물이 매 동작 사이사이에 마르지 않은 상태에서 이

---

107) 5:6
108) Sahih Muslim(234), Ahmad(135, 154)

루어져야 하는 데, 왜냐하면 우두는 그 전체가 경배의식으로 간주되는 것이지 한 부분 부분으로 나뉘어서 간주하지 않기 때문입니다. 따라서 우두를 할 때 순서를 지키는 것과 연속적인 동작으로 시간적 공백을 없애는 것은 의무행위입니다.

질문(82) 우두를 하는 사람이 반드시 씻어야할 한 부분을 씻지 않고 잊어버린 상태에서 건너뛰었다면 그의 우두는 유효할까요?

대답: 만일 어떤 사람이 우두를 하면서 오른 팔을 씻고 왼팔을 씻지 않은 상태에서 머리와 귀 그리고 발까지 단계적으로 끝낸 순간 그가 왼 팔을 씻지 않은 것을 알았다면 그 상태에서 바로 잊어버리고 씻지 못한 그 부분부터 다시 시작해서 성공적으로 우두를 끝내야합니다. 그러나 만일 우두를 마쳤지만 반드시 씻어야 할 동작의 한 부분을 잊어버린 사실을 나중에 알게 되었다면 처음부터 우두를 다시 해야 합니다. 우두를 할 때 어떤 한 동작에서 시간이 지체되어 연속적으로 우두가 이루어지지 않았을 경우에는 우두를 거행한 효력이 없어집니다. 왜냐하면 우두에서 순서에 의한 연속적인 동작은 완전한 우두가 성립되기 위한 조건들 중에 하나이기 때문입니다.

그러나 우두를 마친 사람이 자신이 행한 우두에 대하여 요청된 모든 동작들을 정확하게 수행했는지 스스로 정확하지 않아 의심스러운 상황이라면 굳이 우두를 다시 할 필요 없이 예배를 근행할 수 있습니다. 왜냐하면 일정한 시간이 지난 후에 어떤 의식의 불확실성에 대한 의심은 의미가 없기 때문입니다. 그러나 의심의 정도가 확신에 가깝다면 반드시 처음으로 돌아가 다시 우두를 해야만 예배를 거행할 수 있습니다.

질문(83) 만일 도중에 단수가 되어 성공적으로 우두를 끝내지 못하고 물이 말

라버린 상태에서 물이 다시 나왔다면 처음부터 우두를 다시 시작해야 되는지요?

대답: 이 경우에는 완전한 우두를 위한 조건 중에 하나인 동작의 연속성에 위배되는 것입니다. 이 문제에 대하여 학자들은 두 가지의 견해가 있습니다. 우두에서 동작의 연속성은 완전한 우두를 위한 조건이기 때문에 반드시 끊임없이 연속적으로 이루어 져야하며 우두 그 자체는 첫 동작부터 끝나는 동작까지 전체를 하나의 경배 행위로 보기 때문에 연속적이지 못한 우두는 완전한 것으로 간주할 수 없다는 것입니다.

또 다른 의견은 부득이한 경우에 충분히 이해될 수 있는 상황이라면 연속적인 동작이 끊어질 수도 있다는 의견입니다. 후자의 경우 단수가 되는 것과는 다른 상황이지만 만일 씻어야할 부위에 페인트가 묻어 있어 이를 제거하기 위하여 시간이 소요되어 이전단계가 말라 버렸다면 이를 제거한 후에 다음 순서대로 우두를 하면 됩니다. 왜냐하면 다른 이유에서 시간이 지연된 것이 아니라 청결하게 하기 위한 과정이기 때문에 처음부터 다시 시작하지 않아도 된다는 의견입니다. 그러나 질문과 같이 만일 단수가 되어서 물이 없다가 다시 나오는 경우에는 반드시 처음부터 다시 우두를 해야 한다는 의견과 그렇지 않고 기다렸다가 물이 나오면 이전 동작에 이어 우두를 계속해도 된다는 의견이 있습니다. 왜냐하면 이러한 상황은 본인의 의지와는 다르게 선택의 여지가 없었고 우두를 완수하기 위하여 기다리고 있었다는 것을 인정해야 된다는 것입니다. 끊어짐 없이 한 순간에 연속적으로 진행하는 것은 완전한 우두를 위한 필수 조건입니다. 그래서 학자들은 이에 관하여 연속적인 동작은 시간이 지연되어 물이 마르는 것을 의미하는 것이 아니라 우두를 거행하는 사람의 습관에 따른 문제라고 합니다. 우두를 하면서 습관적으로 말을 하거나 필요하지 않은 행동으로 동작과 동작이 끊어져 물이 마를 경우 그 우두는 유효하지 않으며 처음부터 다시 해야 하지만 좋은 의도로 청결을 유지하기 위하여 우두를 하는 과정에 자신의 의지와 다르게 문제가 발생했을 경우에는 비록 이전 동작에서 물이 말랐다고 해도 이어서 우두를 계속해도 무방합니다.

질문(84) 손톱에 매니큐어를 발랐을 경우에는 어떻게 우두를 해야 되는지요?

대답: 여자들의 경우 손톱이나 발톱에 매니큐어를 칠하고 우두를 하는 경우가 있습니다. 매니큐어가 칠해진 상태에서 수행한 우두는 완전할 수 없습니다. 왜냐하면 매니큐어를 바른 손발톱에는 물이 서며들지 않기 때문입니다. 그래서 우두를 할 때는 반드시 이를 지우고 손발톱에 물이 충분이 젖어들 수 있도록 해야 합니다. 손발톱에 봉숭아나 헤나를 사용하여 물을 들이고 우두를 하는 것은 허용됩니다. 봉숭아물이나 헤나는 매니큐어와 다르게 손발톱에 물을 들였다고 해도 물이 충분히 스며들 수 있기 때문입니다.

질문(85) 이슬람법에서 규정하는 우두 방식에 대하여 자세히 알고 싶습니다.

대답: 이슬람법에서 규정하는 우두 방식은 꾸란 계시에 의한 기본적인 의무 사항에 기초하여 예언자 무함마드가 수행한 우두 방식을 따르는 것입니다. 완전한 우두 수행을 위한 의무사항은 꾸란에 다음과 같이 언급되어 있습니다.

"오! 믿는 자들이여, 만일 너희들이 예배를 근행하고자 한다면 얼굴을 씻고 팔꿈치까지 씻으며 너희들의 머리를 쓰다듬어 단정히 하고 발목까지 씻어야 하느니라……"109)

그래서 얼굴을 한번 씻으면서 입과 코를 헹구고 손끝부터 팔꿈치까지 한번 씻고

---

109) 5:6

머리를 단정하게 쓰다듬고 머리를 쓰다듬으면서 양쪽 귀를 닦습니다. 이어서 발끝부터 발목까지 한번 씻는 것이 우두에 요청된 의무사항들입니다. 이에 더하여 예언자께서 보다 완전하게 행하신 우두의 관행을 추종하는 것은 권장된 것으로 이를 따름으로써 보다 정확한 우두를 거행할 수 있습니다. 그것은 우선 우두를 하기 전에 "비쓰밀라(하나님의 이름으로)"라고 말하고 양손을 3번 씻고 이때 물이 손가락 사이에 완전하게 스며들도록 해야 됩니다. 그 다음에 입을 3번 헹구고 이어서 코를 3번 헹구고 얼굴을 3번 씻은 후에 오른손과 왼 손을 각각 팔꿈치까지 3번씩 씻습니다. 이때 오른 손을 먼저 씻고 이후에 왼손을 씻습니다. 그리고 머리를 한번 쓰다듬어 단정히 하고 엄지와 검지를 이용해서 귓불과 귓속을 깨끗이 닦습니다. 그리고 오른 발과 왼 발을 순서에 따라 발목까지 3번 씻는 것으로 세정행위는 끝납니다.

그렇게 한 후에 **"아슈하두 알라—일라하 일랄라, 와흐다후 라—샤리카라후, 와아슈하두 안나 무함마단 아부두후 와라술루후, 알라훔마 이즈알니 민낫타우와비나, 와즈알니 민알무타따히인."**(하나님은 한분이시며 그분과는 어떤 대등한 것도 없음을 선언합니다. 그리고 무함마드는 그분의 종이며 사도임을 선언합니다. 오 하나님! 저를 회개한 사람이 되게 해 주시고 깨끗이 정화된 사람이 되게 해 주시옵소서.)라고 암송합니다. 이렇게 완전하게 우두를 끝마친 사람에게는 **(7개 천국의 문들이 활짝 열리고 자신이 원하는 천국에 들어갈 수 있다)**[110]는 예언자의 말씀을 오마르 븐 카땁은 하디스에서 전하고 있습니다.

질문(86) 청결유지를 위하여 우두를 할 경우 반드시 양말을 벗어야하는지요?

대답: 이슬람적 관행(순나)을 따르는 것으로 쿠프(Khuf)[111]를 신었을 때 이를 쓰다듬으므로 해서 양말을 벗고 씻는 행위를 대신할 수 있습니다. 이에 대한 근거

---

110) Muslim(234), al-Trmidhi(55)
111) *쿠프(Khuf): 보통 겨울철에 발을 따뜻하게 하기 위하여 덧신는 가죽으로 만든 양말

로 추종자들 중에 한사람이었던 알-무기라(al-Mughirah bn Shu'bah)가 우두를
하고자 하는 예언자의 쿠프를 벗기고자 했을 때 그는 다음과 같이 말했습니다. (벗
기지 말고 그냥 두라, 나는 깨끗이 씻고 정결한 상태(우두가 된 상태)에서 쿠프를
신었느니라.) 그리고 그는 두 발에 신고 있는 쿠프 위를 물 묻은 손으로 쓰다듬어
두 발을 씻는 것을 대신했습니다.[112]

질문(87) 우두 상태를 유지하기 위하여 쿠프를 착용하는 시기와 우두가 된 정
        결한 상태에서 쿠프를 착용했을 경우 유효한 시간에 대하여 구체적
        으로 알고 싶습니다.

대답: 쿠프를 착용했을 경우 물 묻은 손으로 쿠프를 쓰다듬어서 씻는 것을 대체
하는 행위는 꾸란과 하디스에 의해서 그 근거를 찾아볼 수 있습니다. 꾸란에는 이
에 관하여 다음과 같이 언급하고 있습니다.

    "오! 믿는 자들이여, 만일 너희들이 예배를 근행하고자 한다면 얼굴을 씻고
    팔꿈치까지 씻으며 너희들의 머리를 쓰다듬어 단정히 하고 발목까지 씻어야 하
    느니라……"[113]

이 구절에서 발(다리)에 해당되는 "리즐"의 복수형인 "아르줄"을 읽는 방법은 2가지
가 있습니다. 그것은 앞에 나오는 동사의 영향에 따라 다르게 이해될 수 있습니다. 만
일 앞의 동사 **"파그씰루"**(**그런 후 씻어라**)의 영향을 받을 경우에는 **"아르줄라쿰"**으로
읽어서 "발목까지 씻어야하느니라"라고 해석할 수 있고 다음에 나오는 **"왐싸후"**(**쓰다
듬어라**) 동사의 영향을 받을 경우에는 **"아르줄리쿰"**으로 읽어서 "발목까지 쓰다듬어

---

112) al-Bukhari(206, 5799), Muslim(284), Abu daud(713), Ahmad(17731)
113) 5:6

라"로 해석할 수 있습니다. 그래서 다리(발)는 꾸란의 읽는 방식에 따라서 씻거나 쓰다듬어서 우두의 형식을 갖출 수 있다는 것입니다. 이에 대하여 예언자 무함마드의 언행록인 하디스에는 언제 씻어야 하는지 그리고 언제 쓰다듬어야 하는지에 대하여 구분하여 설명하고 있습니다. 발이 노출되어 있는 경우에는 씻어서 우두를 완성하도록 하고 쿠프와 같이 가죽이나 천으로 된 양말을 착용한 경우에는 쓰다듬어서 씻는 것을 대체할 수도 있다는 것입니다.

깨끗이 우두가 된 따하라 상태에서 쿠프를 착용했을 경우 쓰다듬어서 대체하는 행위는 쿠프를 벗고 발을 씻는 행위보다 더 권장되는 세정행위로 간주되기 때문에 예언자께서는 무기라가 쿠프를 벗기고 발을 씻기고자 했을 때 **(벗기지 말고 그냥 두라, 나는 깨끗이 씻고 정결한 상태(우두가 된 상태)에서 쿠프를 신었느니라.)**라고 했던 것입니다. 쿠프를 신고 있을 때 이를 쓰다듬어 씻는 것을 대체하기 위해서는 3가지의 조건이 충족되어야 합니다.

첫째: 반드시 우두(부분세정)나 구슬(전체세정)을 한 따하라 상태에서 쿠프를 착용했을 때만 적용됩니다.

둘째: 쿠프는 정해진 유효한 시간 동안에만 적용됩니다. 쑤프완 븐 앗쌀(Sufwān bn Assāl)은 여행 중에 있는 우리들에게 쿠프를 신었을 경우에는 자나바(Janābah, 부부관계, 몽정 등으로 인하여 반드시 샤워(구슬)를 해야 하는 상태)상태를 제외하고 3일 낮과 밤 동안 쿠프를 벗지 않아도 된다는 예언자의 말씀114)을 전하고 있습니다.

셋째: 쿠프를 착용하고 쓰다듬을 수 있는 경우는 우두를 할 때만 적용이 됩니다. 예를 들면 몸 전체를 씻는 구슬을 해야 할 때는 반드시 쿠프를 벗어야하기 때문에 쓰다듬어서 대체할 수 있는 의미를 상실하는 것입니다. 이 세 가지 조건이 쿠프를 착용하고 쓰다듬어서 발을 씻는 행위를 대체할 수 있는 경우입니다.

쿠프를 사용할 수 있는 유효한 기간에 대하여 말씀 드리도록 하겠습니다. 여행자의 경우에는 3일 낮과 밤 동안 쿠프를 착용하여 대체할 수 있습니다. 그러나 여행하지 않고 집에서 머무는 사람은 하루 밤과 낮 동안 유효하게 쿠프를 착용할 수

---

114) Hadith Hasanun, al-Tirmidi(96, 3535), al-Nasāi(126), Ibn Majah(478)

있습니다. 쿠프 사용은 몇 번의 예배를 근행할 수 있는가에 그 의미가 있는 것이 아니라 얼마동안 쿠프를 착용한 상태에서 우두를 대체할 수 있는가하는 시간적 의미가 더 중요합니다. 그래서 예언자께서는 여행하지 않고 집에 있는 사람에게는 하루 낮과 밤(24시간) 동안 쿠프를 사용하여 우두 시 발 씻는 것을 쓰다듬는 것으로 대체 할 수 있도록 했고 여행자의 경우에는 3일 밤과 낮(72시간)동안 쿠프를 착용하여 대체할 수 있도록 했습니다.

그러면 여기에 더하여 이러한 시간은 언제 시작되는지에 대하여 말씀드리겠습니다. 쿠프 착용을 인정하는 시간은 처음 착용한 때나 대 소변으로 인하여 상황이 발생한 것으로부터 적용되는 것이 아니라 착용 후 처음 행하는 우두에서 쿠프를 쓰다듬는 것으로부터 그 시간이 적용됩니다. 왜냐하면 하디스에서 "쓰다듬는 것"으로 쿠프의 사용을 묘사하고 있기 때문입니다. 예언자의 전언에는 (**집에 있는 사람은 하루 밤과 낮 동안, 여행자는 3일 동안 쿠프를 착용하여 쓰다듬어 우두를 대체할 수 있느니라.**)라고 전하고 있기 때문에 쿠프를 신고 쓰다듬는 시기는 처음으로 우두를 할 경우로 간주하는 것입니다. 그래서 가정에 머무는 사람의 경우 쿠프를 신은 후 첫 우두를 하고 24시간동안 사용기간이 유효하고 여행자의 경우에는 쿠프를 쓰다듬은 후에 72시간동안 까지 유효합니다. 예를 들어 어떤 사람이 새벽에 파즈르 예배를 근행하기 위하여 우두를 하고 쿠프를 착용했습니다. 그리고 우두가 유효한 상태에서 정오예배를 근행하고 오후(아스르)예배를 근행하기 전에 우두를 하면서 쿠프를 쓰다듬었다면 그 사람이 착용하고 있는 쿠프는 다음날 오후(아스르)예배 전까지 유효합니다. 그래서 만일 그가 다음날 아스르 예배 전 시간, 쿠프 착용시간이 끝나기 전에 우두를 하고 그 상태를 유지할 수 있다면 오후(아스르)예배는 물론 저녁(마그립)예배, 밤(이샤)예배 까지도 그 상태에서 거행할 수 있습니다. 그러나 만일 유효한 시간이 끝났다면 더 이상 쿠프를 쓰다듬어서 우두를 대체하는 행위는 의미가 없으며 만일 우두가 유효한 상태라면 쿠프를 벗었다고 하더라도 우두상태는 유지되지만 우두가 깨진 상태라면 반드시 쿠프를 벗고 물을 이용하여 우두의식을 거친 다음에 쿠프를 다시 착용하여 그 상태를 유지할 수 있습니다.

질문(88) 구멍 난 양발이나 얇은 양말을 착용했을 때도 쿠프처럼 쓰다듬어 우두를 대체할 수 있습니까?

대답: 대체적인 학자들은 양말을 착용했을 경우에도 쓰다듬어 물로 씻는 것을 대체할 수 있는 것으로 의견을 모으고 있습니다. 그래서 구멍 난 양말이든 양말 속의 피부가 들여다보이는 얇은 양말이든 우두가 된 상태에서 착용했다면 쿠프와 같이 허용될 수 있습니다. 쿠프를 허용하는 것은 목적을 수행함에 있어서 보다 쉽게 하기 위한 것으로 우두를 할 때 쿠프나 양말을 착용한 상태라면 굳이 이를 벗지 않더라도 쓰다듬어서 물로 씻는 것을 대신할 수 있도록 허용하여 우두의식을 쉽게 하기 위함입니다. 그러나 반드시 알아야 할 것은 쿠프나 양발은 반드시 따하라 상태(우두상태)에서 착용했을 때만 유효함을 명심해야 합니다.

질문(89) 상처나 부상으로 인하여 붕대를 묶고 있을 때 붕대를 풀지 않고 쓰다듬어(Masah) 우두를 대체하는 것은 허용되지요?

대답: 부상으로 뼈가 부러지거나 상처가 나서 이를 보호하기 위하여 부목이나 깁스 그리고 붕대, 반창고 등으로 씻어야하는 부위가 싸여져 있을 때 우두를 할 경우 이를 풀지 않고 쓰다듬어 물로 씻는 것을 대신할 수 있습니다. 만일 다른 부위는 물로 씻을 수 있고 상처 난 부위만 쓰다듬어 우두를 마칠 수 있다면 이러한 형태로 우두를 하는 것이 타이얌뭄을 하는 것 보다 더 좋습니다. 우리는 따하라 상태를 유지하기 위하여 상처 난 부위를 씻을 경우 다음 단계에 따라 우두를 완수할 수 있습니다.

1단계: 상처 난 부위가 드러나 있고 물로 씻어도 상처에 해가되지 않을 경우에는 반드시 정해진 절차에 따라 상처 난 부위를 물로 씻어야합니다.

2단계: 상처 난 부위가 드러나 있지만 물이 닿으면 상처가 더 심화될 경우에는 물을 이용하여 씻는 것을 피하고 상처 부위를 쓰다듬어 물로 씻는 것을 대체할 수 있습니다.

3단계: 상처 난 부위가 드러났을 경우 물로 씻든 또는 손으로 쓰다듬든 상처가 더 심화될 경우에는 타이얌뭄으로 대체할 수 있습니다.

4단계: 반창고나 붕대 또는 깁스와 같은 것으로 부상부위가 싸여져 있을 때는 물을 사용하는 것을 대신하여 상처부위를 쓰다듬어 우두를 대신합니다. 이때는 손에 물을 묻혀 붕대 위를 쓰다듬는 것이 따이얌뭄을 하는 것보다 더 좋습니다.

질문(90) 상처가 난 부위를 붕대로 감싸고 있을 경우 타이얌뭄과 마싸흐(물 묻은 손으로 쓰다듬어 씻는 것을 대체하는 행위)를 함께 거행하여 우두를 대체할 수 있을까요?

대답: 타이얌뭄과 마싸흐를 함께 거행해야 될 필요는 없습니다. 왜냐하면 샤리아 규정상 신체의 더럽혀진 부분을 깨끗이 하기 위하여 두 가지 따하라 방식을 동시에 적용할 필요는 없기 때문입니다. 그래서 어떤 부위를 깨끗이 하기 위해서는 상처 부위의 상황을 살펴보고 상처에 적절한 세정 방식을 선택하여 물로 깨끗이 씻을 수 있는 상황이면 물을 이용해서 깨끗이 씻고 물이 닿을 경우 상처가 더 악화될 경우에는 마싸흐나 타이얌뭄 중 한 가지를 선택하여 의식을 대체할 수 있습니다.

질문(91) 어떤 사람이 우두를 할 경우 오른쪽 발을 씻고 양말이나 쿠프를 신고 이어서 왼쪽 발을 씻고 양말이나 쿠프를 신는 경우가 있는데 이러한 행위는 올바른 것으로 볼 수 있는지요?

대답: 이 질문에 대한 대답은 학자들 간에 약간의 이견이 있습니다. 그래서 일부

는 반드시 우두를 완수하기 위하여 요구된 모든 청결의식이 끝난 후에 쿠프나 양말을 착용해야 한다고 하는 견해가 있는 반면에 또 다른 일부는 오른쪽 발을 씻고 양말(쿠프)을 신은 후에 왼쪽 발을 씻고 이어서 양말(쿠프)을 신을 수도 있다고 보는 견해입니다. 왜냐하면 오른쪽 발을 청결하게 세정한 후에 양말이나 쿠프를 착용하였고 왼쪽 발도 마찬가지이기 때문에 문제가 없다는 것입니다. 그러나 앞의 의견에 힘이 실릴 수 있는 하디스적 근거는 다음과 같습니다. **(만일 너희들 중에 누군가 우두를 했다면 쿠프를 착용할 수 있느니라.)**[115] 여기서 말하는 "우두를 했다면"의 의미는 우두를 끝냈을 경우를 말하는 것이지 왼 발을 씻지 않은 상태에서는 우두를 끝냈다고 볼 수 없기 때문입니다. 그래서 앞에서 제시한 학자들의 의견이 보다 정확하다고 볼 수 있습니다.

질문(92) 집에서 머물고 있는 상태에서 우두를 한 후 쿠프를 착용하고 필요에 의해 쿠프를 쓰다듬어 우두를 한 후 여행을 했다면 그에게는 쿠프 사용에 대한 법이 어떻게 적용되는 지요?

대답: 가정에 거주하는 사람이 우두를 하고 쿠프를 착용한 상태에서 필요에 의해 쿠프를 쓰다듬어 우두를 한 후 여행을 시작했다면 그에게는 여행자와 같은 쿠프 사용법이 적용됩니다. 그러나 일부 학자들은 이 경우에는 가정 체류자의 쿠프 유효기간인 24시간이 소요된 후에는 여행자에게 허용되는 3일간의 효력이 적용되지 않고 끝난다는 견해도 있습니다. 그러나 대부분의 의견은 앞에서 말한 것처럼 쿠프를 착용할 당시에는 여행자가 아니었지만 우두가 되어 있는 따하라 상태에서 여행을 계획하고 떠났기 때문에 여행자에게 적용되는 법을 따르는 것이 좋다는 의견입니다.

---

115) al-Hakim(1/290), al-Baihaqi(1/279), ad-Dar Qutni(1/203)

질문(93) 만일 어떤 사람이 쿠프를 착용하고 이를 처음 사용한 때를 정확히 기
억할 수 없다면 어떻게 해야 할까요?

대답: 이러한 경우에 우두를 하고자 하는 사람은 자신이 기억할 수 있는 가장
정확한 시간을 기억하고 그 시간에 근거하여 실행할 수 있습니다. 만일 자신이 쿠
프를 착용하고 우두를 한 시간이 정오예배 때 인지 또는 오후예배 때 인지 확실치
않을 경우에는 좀 더 기억이 가까운 오후예배를 위한 우두에 쿠프를 쓰다듬어서
완수한 것으로 정하는 것이 보다 확실한 방법입니다.

이러한 상황은 예배 중에 자신이 방귀를 뀠는지 또는 뀌지 않았는지 스스로를
의심할 수 있는 경우에도 비유될 수 있는데 이에 대하여 예언자께서는 만일 이러
한 의심스러운 상황이 발생했다면 **(소리를 듣거나 냄새가 날 때까지 나가지 말
라.)**라고 말씀하셨습니다. 그래서 이슬람은 상황이 불분명할 때는 보다 정확한 근
거가 확인될 때 시행하도록 합니다.

질문(94) 만일 어떤 사람이 신발을 쓰다듬은 후 신발을 벗고 양말(쿠프)을 쓰
다듬어 우두를 했을 때 그 사람의 우두는 유효한가요?

대답: 일반적인 학자들의 견해는 만일 쿠프를 착용한 사람이 우두를 할 때 그가
신고 있는 신발을 쓰다듬어 우두를 했다면 굳이 쿠프를 쓰다듬지 않더라도 그의
우두가 유효한 것으로 간주합니다. 마찬가지로 만일 어떤 사람이 양말을 쓰다듬어
우두를 마친 후 양말 위에 또 다른 양말을 덧신은 후 또 다른 시간에 우두를 하면
서 그 덧양말을 쓰다듬었다면 그 상태 역시 우두가 정상적으로 이루어졌다고 볼
수 있습니다. 그러나 이 경우에는 반드시 처음 착용한 양말의 사용기간이 유효한
상황에서만 가능합니다.

질문(95) 어떤 사람이 우두가 되어 있는 따하라 상태에서 양말을 벗었다가 시간이 흐른 후 우두가 유효하여 다시 양말을 신었다면 필요에 따라 다시 우두를 할 상황에서 양말을 쓰다듬어 물로 씻는 것을 대체하는 것은 가능한지요?

대답: 이 경우에는 두 가지로 이해할 수 있습니다. 하나는 우두가 되어 있는 상태에서 양말을 착용했기 때문에 그 상태에서 양말을 벗었다가 다시 착용하고 또 다시 필요에 따라 우두를 할 때 양말을 쓰다듬는다고 해도 우두상태가 유효한 것으로 보는 견해입니다.

다른 한 의견은 만일 양말을 쓰다듬어 우두를 한 상태라면 이후에 양말을 벗었다가 다시 신고 또 우두를 위해서 쓰다듬는 행위는 허용되지 않는 것으로 보는 견해입니다. 왜냐하면 쿠프나 양말은 물을 이용해서 우두를 완수한 후 따하라 상태에서 착용하는 것이 원칙이기 때문입니다. 그래서 양말이나 쿠프를 쓰다듬어 우두상태가 유지되었다면 그대로 양말이나 쿠프를 벗지 않은 상태에서 사용기간 동안 유효한 것입니다. 만일 쓰다듬은 후에 양말을 벗었다면 벗은 것으로서 유효기간은 끝나는 것으로 간주한다는 의견입니다.

질문(96) 쿠프를 사용할 수 있는 유효시간이 지난 후에 이를 쓰다듬어 우두를 하고 예배를 근행했다면 그 예배는 유효한가요?

대답: 만일 어떤 사람이 쿠프를 사용할 수 있는 시간이 지난 후에 예배를 근행하고자 한다면 만일 그에게 우두가 되어 있는 상황이었다면 쿠프 사용시간이 지났다고 해도 예배를 근행할 수 있습니다. 그러나 쿠프를 사용할 수 있는 유효시간이 지났고 우두를 해야 하는 상황이라면 그는 반드시 쿠프를 벗고 물을 이용하여 우두를 완수했을 때 예배를 근행할 수 있습니다. 그래서 어떤 사람이 쿠프 사용시간

이 지난 후에 쿠프를 쓰다듬어 우두를 하고 예배를 근행했다면 그의 우두는 물론 예배도 무효입니다. 그는 반드시 쿠프를 벗고 물을 이용하여 우두를 한 후에 예배를 근행하는 것이 올바른 방법입니다.

질문(97) 어떤 경우에 우두를 다시 해야 하는지요?

대답: 이슬람은 청결의 종교입니다. 생리 현상을 통하여 신체의 불결해진 부분을 물을 이용하여 깨끗이 씻고 절차에 따리 우두를 하는 것은 신앙을 완성하기 위한 중요한 의식 중 하나입니다. 그래서 이슬람에서는 청결을 신앙의 반이라고 합니다. 우두를 다시 해야 하는 경우는 다음과 같습니다.

1) 대소변을 본 후에는 반드시 우두를 다시 해야 합니다. 뿐만 아니라 대소변을 보지 않았더라도 방귀를 뀌었거나 소변은 아니지만 요도를 통하여 분비물이 배출되었을 경우에도 우두를 해야 합니다.

2) 깊은 잠에서 깨어났을 경우에도 반드시 우두를 해야 합니다. 그러나 졸음으로 잠깐 졸은 경우에는 우두를 하지 않아도 됩니다. 잠이 깊이 든 경우와 졸음으로 잠깐 눈을 부친 경우는 스스로 판단할 수 있습니다.

3) 낙타고기를 먹은 후에도 우두를 해야 합니다. 예언자께서 어떤 사람으로부터 양고기를 먹은 후에 우두를 해야 하는지에 대한 질문을 받고 **(원한다면 우두를 하라.)**라고 대답하셨고 낙타고기를 먹은 후에 우두를 해야 하는지에 대한 질문을 받은 후에는 **(우두를 하라.)**라고 답하셨다[116]고 합니다.

질문(98) 아내를 만졌을 때 우두를 다시 해야 하는지요?

---

116) Hadith Sahih: Muslim(360), al-Tirmidi(81), Ahmad(20287, 20304, 20356, 20364)

대답: 단순히 아내와 피부 접촉이 발생했다고 하여 우두를 다시 해야 할 필요는 없습니다. 그러나 욕구를 채우기 위해 아내를 만진 후 성기에서 전희 액이 나왔다면 반드시 우두를 해야 합니다. 하디스에는 예언자께서 우두를 한 후 예배에 나가기 전에 부인과 간단한 입맞춤으로 인사를 나누고 다시 우두를 하지 않은 상태에서 예배를 근행하셨다[117]고 전합니다. 그래서 만일 여성과 어떤 의도도 없이 단순히 스친 상황이라면 굳이 우두를 다시 해야 할 필요는 없는 것으로 간주됩니다. 꾸란 알 마이다장 6절에서 말하는

"또는 여성을 스쳤을 때……."

의 의미는 여성과의 관계를 말하며 이 경우에는 신체의 일부분을 씻는 '우두'가 아니라 반드시 몸 전체를 씻는 '구슬'을 해야 합니다.

질문(99) 학생들에게 꾸란을 가르칠 경우 학교나 학교근처에 물이 없다면 우두가 되어 있지 않은 학생이 꾸란을 읽고 공부하기 위해서는 어떻게 해야 할까요?

대답: 만일 학교나 학교 근처에 물이 없다면 꾸란을 공부하기 위하여 학교에 오는 학생들에게 집에서 우두를 하고 꾸란 공부에 참석하도록 가르쳐야합니다. 왜냐하면 꾸란은 예배를 근행할 수 있는 깨끗한 상태에서만 만질 수 있기 때문입니다. 아므루 븐 하짐(Amr bn Hazim)이 전하는 하디스에는 예언자의 말씀을 다음과 같이 전합니다. **(깨끗한 사람(Tahir) 외에는 꾸란을 만지지 말라)[118]** 여기서 말하는 **(깨끗한 사람(Tahir))**은 청결한 상태를 유지하고 있는 사람으로 예배를 근행할 수 있는

---

117) Hadith Sahih: al-Tirmidi(86), Ibn Majah(502), Ahmad(25238)
118) Hadith Daif: al-Muwat'(268), al-Darimi(2266)

상태의 사람을 의미합니다. 우두와 구슬 그리고 타이얌뭄에 대한 꾸란적 근거가 되는 알–마이다장 6절의 마지막 부분에서 언급한

"…… 너희를 청결케 하기 위함이니라…… ."[119]

은 청결을 유지하기 위한 의식(우두, 구슬, 타이얌뭄)을 거치지 않으면 청결하게 될 수 없음을 의미합니다. 그래서 이러한 의식을 행하지 않은 불결한 상태에서는 꾸란을 만지거나 읽는 것은 물론 예배를 근행하는 것도 허용되지 않는 것입니다. 그러나 일부 이슬람 학자들 중에는 어린이들이 꾸란 공부를 할 경우에는 예외가 될 수도 있다고도 했습니다. 그러나 무엇보다 중요한 것은 반드시 우두가 되어 있는 따하라 상태에서만 꾸란을 만지고 공부할 수 있다는 것을 어린 시절부터 알고 준비하는 올바른 자세를 일깨워 주는 것도 무척 중요할 것입니다.

질문(100) 구슬(Ghusl, 몸 전체를 씻는 의식)은 언제 해야 하는지요?

다음의 경우에 해당될 때는 반드시 몸 전체를 씻는 구슬을 해야 합니다. 구슬은 우두와 달리 몸 전체를 씻어야하기 때문에 정해진 순서에 따라 머리끝부터 발 끝까지 몸 전체를 깨끗이 씻어야 합니다.

첫째: 정액이 배출되었을 경우, 정액은 깨어 있을 경우 성적 흥분으로 인하여 배출될 수도 있고 잠들어 있을 경우 무의식 적으로 몽정으로 배출될 수도 있습니다. 두 경우 다 반드시 구슬을 해야 합니다.

둘째: 부부 관계 후, 부부 관계가 끝난 후에는 반드시 구슬을 해야 합니다. 정액이 배출되지 않았다고 해도 관계를 가졌다면 반드시 구슬을 해야 합니다.

셋째: 여성의 경우 생리가 끝났거나 출산 후 산욕기가 끝나고 몸이 회복되어서 다

---

119) 5:6

시 예배를 근행할 수 있을 때는 예배를 근행하기 전에 반드시 구슬을 해야 합니다. 꾸란에는 이에 관하여 다음과 같이 언급되어 있습니다.

"너에게 여성들의 생리에 대하여 물을 것이니, 말하라 그것은 해로운 것이니 생리 중에는 멀리해야하느니라. 그러니 그녀들이 깨끗해 질 때까지 가까이 하지 말라 그리고 (만일 생리가 끝나서) 정결한 상태가 되면 하나님께서 명하신 대로 그녀들에게 가까이 할 수 있느니라. 실로 하나님께서는 회개하는 자와 순결한 자를 사랑하시느니라."[120]

넷째: 무슬림이 죽었을 경우, 망자가 살아 있는 무슬림들에게 마지막으로 요구할 수 있는 정당한 권리가 구슬입니다. 살아 있는 사람들은 망자의 시신을 수습하여 정해진 절차에 따라 깨끗이 씻고 염을 하고 장례예배를 거행한 후 매장해 합니다.

질문(101) 부부의 입맞춤이나 애무행위는 구슬을 해야 하는 조건에 해당되는 지요?

대답: 입맞춤이나 애정행위가 구슬을 해야 할 이유가 되지는 않습니다. 그러나 만일 이러한 행위들로 인하여 사정을 했다면 반드시 구슬을 해야 합니다. 또한 사정하지 않았다고 해도 관계가 있었다면 반드시 구슬을 해야 합니다. 사람들 중에는 관계는 가졌지만 사정을 하지 않았다면 구슬을 하지 않아도 된다는 사람들이 간간이 있습니다만 이것은 잘못된 것입니다.

질문(102) 만일 어떤 사람이 잠에서 깼을 때 속옷에 무엇인가 묻어 얼룩져 있

---

120) 2:222

는 것을 발견했다면 어떻게 해야 하는지요?

대답: 잠에서 깼을 때 옷에 무엇인가 묻어 얼룩질 수 있는 상황은 크게 3가지로 구분하여 이해할 수 있습니다.

첫째, 몽정으로 옷이 얼룩진 상황임을 스스로 인식하고 있는 경우, 반드시 구슬을 통하여 청결을 유지해야 합니다.

둘째, 무엇인가 묻었지만 그것이 사정으로 인하여 얼룩진 것이 아님을 확신할 수 있는 경우, 이때는 꼭 구슬을 해야 할 이유는 없습니다만 반드시 얼룩진 부분을 깨끗이 씻어야합니다. 몽정한 것이 아니라면 소변으로 간주할 수 있기 때문에 속옷을 물로 씻어서 깨끗하게 한 후 예배를 근행할 수 있습니다.

셋째, 속옷에 묻어 있는 것이 무엇인지 도저히 알 수 없을 경우입니다. 이때는 우선 확실하지 않지만 자신이 수면 중에 몽정을 했다고 스스로 인정할 수 있다면 반드시 구슬을 해야 합니다. 움무 쌀라마가 전하는 하디스에 의하면 한 여자가 수면 중에 남자들이 경험하는 것과 같은 몽정을 경험한 것에 대하여 구슬을 해야 하는지 예언자께 질문하자 그분께서는 **(만일 분비물이 있었다면 반드시 구슬을 해야 하느니라.)**121)라고 답하셨습니다.

이러한 근거를 바탕으로 남녀를 불문하고 만일 몽정을 하여 분비물이 나왔다면 반드시 구슬을 하여 정결한 상태를 유지하여야 합니다. 그러나 두 번째 언급한 것과 같이 몽정이 아니었다는 확신이 있다면 무엇인가 묻어 얼룩진 부분은 깨끗이 씻지만 구슬은 하지 않아도 됩니다.

질문(103) 정결하지 않은 상태(al-Janābah, 부부관계나 생리적인 현상으로
        몸 전체를 씻어야하는 구슬이 요청된 상태)에서 할 수 없는 경배행

---

121) Sahih al-Bukhari(130, 282, 3328,6091), Muslim(313), al-Tirmidhi(122), an-Nasāi
    (197), ibn Majah(600)

위는 어떤 것이 있습니까?

대답: 무슬림은 신앙을 실천하기 위하여 반드시 따하라 상태(al-Tahārah, 신앙을 실천하기 위하여 구슬이나 우두를 통하여 몸이 깨끗한 정결한 상태)를 유지해야 합니다. 일상생활 속에서 반복되는 신앙의 실천은 정신세계와 육체를 건전하고 건강하게 가꾸어 줄 것입니다. 무슬림들은 아래와 같은 경배의식들을 수행하기 전에 반드시 몸과 마음을 깨끗이 정화하는 의식(우두, 구슬)을 수행해야 합니다.

1. **예배근행**, 청결하지 않은 상태에서는 예배를 근행할 수 없습니다. 의무예배, 권장예배, 그리고 장례예배까지 포함하여 반드시 예배를 근행하기 위해서는 청결한 상태가 유지되어 있어야 합니다.

  "오! 믿는 자들이여, 만일 너희들이 예배를 근행하고자 한다면 얼굴을 씻고 팔꿈치까지 씻으며 너희들의 머리를 쓰다듬어 단정히 하고 발목까지 씻어야 하느니라……"122)

2. **따와프**(al-Tawaf, 성지 순례시 메카의 하람성원에 있는 카으바를 7바퀴 도는 순례의식), 청결한 상태가 아니면 따와프를 할 수 없습니다. 왜냐하면 따와프를 하기 위해서는 마스지드(성원)에 머물러야 하기 때문입니다.

  "오! 믿는 자들이여, …… 그리고 정결하지 않은 상태(Junub, 부부관계나 몽정 등으로 인하여 구슬이 필요한 경우)라면 깨끗이 씻을 때(Taharah 상태)까지 예배를 근행하지 말라."123)

---

122) 5:6
123) 4:43

3. **자나바 상태**(al-Janābah)에서는 **꾸란을 만지는 것**이 허용되지 않습니다. 예언자께서는 **(청결한 사람 외에는 꾸란을 만질 수 없느니라.)**라고 말씀하셨습니다. 그래서 무슬림들은 꾸란을 읽거나 공부하기 위해서는 반드시 그 전에 깨끗한 물로 우두나 구슬을 통해서 청결하게 몸을 씻어야합니다.

4. 자나바 상태에서 무슬림은 **성원(마스지드) 안**에 들어갈 수 없습니다. 예배를 근행하기 위해서는 반드시 청결한 상태가 유지되어 있어야 합니다. 위 꾸란 구절이 의미하는 것처럼 하나님을 공경하고 두려워하는 믿는 자들은 몸이 자나바 상태(구슬이 필요한 상태)에서 예배를 근행하기 위하여 이슬람성원의 예배소에 출입하는 것이 허용되지 않음을 알 수 있을 것입니다.

5. 자나바 상태에서는 **꾸란을 읽는 것**도 허용되지 않습니다. 왜냐하면 예언자 무함마드께서는 단 한 번도 자나바 상태에서 꾸란을 읽지 않으셨기 때문입니다.

질문(104) 구슬(Ghusl, 몸 전체를 씻는 청결 의식)은 어떻게 하는가요?

대답: 꾸란의 가르침에 따라 무슬림들은 몸 전체를 씻어야할 상황이 되면 반드시 물을 이용하여 몸 전체를 깨끗이 씻어야 합니다.

"정결하지 않은 상태(Junub, 부부관계나 몽정 등으로 인하여 구슬이 필요한 경우)라면 너희들의 몸을 씻어 깨끗이 하라(Taharah)."[124]

다음은 예언자 무함마드께서 보여주신 구슬 방식의 실례입니다. 어떤 사람이 정결하지 못한 몸을 씻기 위하여 구슬을 하고자 한다면 먼저 두 손을 씻고 관계를

---

124) 5:6

통하여 더럽혀진 신체의 부분을 씻습니다. 그리고 우두하는 방식과 순서에 따라 완전한 우두를 한 다음 머리를 3번 씻습니다. 머리를 행군 후에 아직 씻지 않은 부분을 씻음[125]으로서 완전한 구슬을 하게 되는 것입니다.

질문(105) 만일 구슬을 하면서 입을 행구지 않았거나 콧속을 씻지 않았다면 구슬이 유효할까요?

대답: 당연히 그 구슬 행위는 불완전한 상태이기 때문에 유효하지 않습니다.

"정결하지 않은 상태(Junub, 부부관계나 몽정 등으로 인하여 구슬이 필요한 경우)라면 너희들의 몸을 씻어 깨끗이 하라(Taharah)."[126]

위 꾸란 구절의 **"깨끗이 하는 것"**의 의미는 신체의 구석구석을 온전하게 씻는 행위로 당연히 입과 코를 깨끗이 행구는 것 까지 포함되어 있는 것입니다. 그래서 예언자께서는 꾸란의 **"너희들의 얼굴을 씻고……."**에 근거하여 우두를 할 때는 반드시 입속을 깨끗이 행군 후에 콧속까지 행군 후에 얼굴을 닦도록 명하신 것입니다. 그래서 우두에서 의무화된 행위들은 구슬을 할 때에도 의무적으로 해야만 되는 것입니다.

질문(106) 만일 물을 사용할 수 없는 상황이라면 청결을 위하여 어떤 대체 행위를 할 수 있을까요?

대답: 물을 사용할 수 없는 경우는 두 가지로 이해될 수 있습니다. 하나는 씻을

---

125) Muslim(316) Sifat al-Ghusl
126) 5:6

수 있는 물을 구할 수 없는 경우이고 또 다른 하나는 상처나 질병 등으로 물을 사용할 수 없는 경우입니다. 이러한 경우에는 타이얌뭄(al-Tayamum)으로 대체할 수 있습니다. 타이얌뭄을 하고자 하는 사람은 먼저 깨끗한 모래에 두 손 바닥을 두드린 후 그 손으로 얼굴을 쓰다듬고 두 손을 서로 쓰다듬음으로써 우두나 구슬을 대체할 수 있습니다. 이것은 생리현상(Hadath)으로 인하여 우두나 구슬을 해야 할 경우에 이를 대체하기 위한 방법입니다. 그러나 의복이나 예배깔개 그리고 신체 등에 오물(Najis)이 묻어 있거나 오염된 경우(Khabath)는 타이얌뭄으로 대체될 수 없습니다. 왜냐하면 청결의 목적이 오물이나 오염 물질을 깨끗이 없애는데 있기 때문에 그 오염 물질이나 오물을 제거하는 것이 우선일 것입니다. 그래서 물이 없더라도 햇빛이나 빗물 등으로 오물이 제거되었을 때 깨끗이 되었다고 볼 수 있으며 청결을 위한 의도로 사용될 수도 있을 것입니다.

질문(107) 구슬을 통해서 반드시 몸 전체를 씻어야하지만 영하의 날씨에 따뜻한 물을 구할 수 없을 경우 타이얌뭄으로 대체할 수 있습니까?

대답: 만일 주눕(Junub, 부부관계나 몽정 등으로 신체가 더럽혀진 상태)인 상황이라면 반드시 몸 전체를 깨끗한 물로 세정하여 정결한 상태가 되었을 때 신앙의식을 실천할 수 있습니다.

"정결하지 않은 상태(Junub, 부부관계나 몽정 등으로 인하여 구슬이 필요한 경우)라면 너희들의 몸을 씻어 깨끗이 하라(Taharah)."[127]

영하의 기온이라 할지라도 최선을 다해 따뜻한 물을 구해서 구슬을 해야 합니다. 그러나 노력에도 불구하고 따뜻한 물을 구하지 못했을 때는 부득이 타이얌뭄

---

127) 5:6

(물을 구하지 못했을 때 깨끗한 모래나 흙을 이용하여 대체하는 세정방법)을 통해서 구슬을 대체한 후 예배를 근행할 수도 있습니다.

> "……그리고 만일 너희들이 병중이거나 여행 중이거나 또는 용변을 보았거나 여성과 관계를 가졌을 때 물을 구하지 못했다면 깨끗한 흙으로 타이얌뭄을 하라, 그리고 그것으로부터 너희들의 얼굴들을 쓰다듬고 손들을 쓰다듬어라. 하나님께서는 너희들이 어려움에 처하는 것을 원하지 않으시나 너희 자신들을 청결하게 하여 그분의 은총을 충만케 하고자 하심이니 너희들은 이를 감사할 것이니라."[128]

주눕 상태임에도 불구하고 부득이한 상황에서 물을 구하지 못했을 때는 위 꾸란 구절이 의미하는 것처럼 타이얌뭄으로 구슬이나 우두를 대체할 수 있습니다. 그리고 이렇게 대체한 타이얌뭄은 물을 구해서 세정할 때까지 유효합니다. 그러나 만일 물을 구해서 씻을 수 있는 상황이 되었다면 반드시 물을 이용하여 씻어야만 합니다.

이므란 븐 후세인이 전하는 하디스에 의하면 예언자께서 예배에 참석하지 않는 한 남자를 보고 왜 예배에 참석하지 않느냐고 물었습니다. 그 남자가 자신은 주눕인 상태인데 물이 없어서 씻지 못했기 때문에 예배에 참석할 수 없다고 했습니다. 이에 예언자께서는 (깨끗한 흙으로 타이얌뭄 하는 것으로 충분할 것이니라)라고 말씀하셨습니다. 그런 후 한 사람이 물을 구해서 예언자에게 가져오자 예언자께서는 그 물을 그 남자에게 주면서 (이 물로 깨끗이 씻도록 하라)라고 말씀하셨습니다.[129]

이 하디스의 근거에 의해서 만일 타이얌뭄을 한 사람이 물을 발견하게 되면 반드시 그 물을 이용하여 청결하게 씻어야 합니다. 그 상황이 주눕인 경우이든 또는 우두를 해야 할 경우이든 물을 구하게 되면 반드시 그 물을 이용해서 씻어야합니다.

---

128) 5:6
129) Sahih al-Bukhari(344,347), al-Nasāi(321), Ahmad(19397)

질문(108) 꾸란 구절의 타이얌뭄에 관한 내용을 살펴보면 "……깨끗한 흙으로 타이얌뭄을 하라 그리고 그것으로부터 너희들의 얼굴들을 쓰다듬고 손들을 쓰다듬어라. ……"130)에서 "그것으로부터"의 의미에 해당되는 꾸란 구절의 "민후"는 깨끗한 흙을 톡톡 쳐서 양손으로 타이얌뭄을 할 때 손에 묻어나는 흙의 먼지를 의미하는 것인지요? 만일 흙먼지를 의미한다면 타이얌뭄할 때 사용할 수 있는 흙은 반드시 흙먼지가 있어야하는 것인지 궁금합니다.

대답: 가장 일반적인 대답은 흙먼지가 있어야한다는 것이 타이얌뭄을 위한 흙이 갖추어야할 조건이 될 수는 없다는 것입니다. 흙을 이용하여 타이얌뭄을 할 경우 그 흙이 먼지가 있든 또는 없든 간에 깨끗한 흙이라면 그 흙을 통해서 의식을 대체할 수 있습니다. 그래서 비가 약간 내려서 땅이 젖어 흙먼지가 일지 않아도 땅(흙) 위를 두드린 후 타이얌뭄을 하고 얼굴과 손을 쓰다듬어 우두나 구슬을 대체할 수 있습니다.

"깨끗한 흙으로 타이얌뭄을 하라, 그리고 그것으로부터 너희들의 얼굴들을 쓰다듬고 손들을 쓰다듬어라."131)

왜냐하면 예언자께서는 추종자들과 함께 여러 지역으로 여행을 하면서 물을 구할 수 없는 모래먼지만 날리는 사막에서 타이얌뭄을 하면서 신앙생활을 이어가곤 했습니다. 그러던 중 비가 와서 모래 먼지는 없어졌지만 여전히 물을 구할 수 없었기 때문에 위 꾸란 구절이 의미하는 것처럼 젖은 흙을 이용하여 타이얌뭄을 하고 예배를 근행하였습니다. 이 꾸란 구절에서 말하는 "그것으로부터"는 "그것을 이용해서 타이얌뭄을 한다"는 의미이지 "그것의 일부(일부(一部))로 부터"를 의미하지는 않습니다.

---

130) 5:6
131) 5:6

질문(109) 환자(患者)가 우두를 할 수 없어서 타이얌뭄을 해야 할 경우 만일 흙을 구할 수 없다면 깨끗한 벽을 이용해서 타이얌뭄을 할 수 있을 까요? 또한 요나 이불을 이용해서도 타이얌뭄을 할 수 있을까요?

대답: 만일 벽면이 깨끗한 흙으로 만들어져 있다면 당연히 그 벽을 두드리고 타이얌뭄을 할 수도 있습니다. 또한 벽이 돌이나 석회 그리고 이와 유사한 흙을 기초하여 만들어진 것이라고 해도 타이얌뭄을 할 수 있는 것으로 간주합니다. 그러나 요나 이불은 흙 성분을 기초하여 만든 것이 아니기 때문에 타이얌뭄을 할 수 없습니다.

질문(110) 만일 어린 아이가 타인의 옷에 소변을 했을 경우에는 어떻게 해야 하나요?

대답: 모유를 먹는 어린 남자 아이의 소변은 완전한 나자싸(Najasah, 오물, 더러운 것)가 아닌 것으로 간주합니다. 그래서 소변을 지우기 위해 옷 전체를 빨지 않고 소변이 묻은 곳에 물을 뿌려서 얼룩을 지우고 닦아 주는 것으로 충분합니다.

어느 날 예언자 무함마드에게 한 어린아이가 와서 예언자께서는 그 아이를 무릎에 올려 안아주었습니다. 그런데 그 아이가 예언자의 무릎에 소변을 했는데 예언자께서는 옷 전체를 빨지 않고 물을 가져오도록 해서 오줌이 묻은 무릎 부위의 옷에 물을 뿌려 오줌의 흔적을 지웠습니다.[132]. 그러나 여자 아이가 옷에 소변을 했을 경우에는 반드시 옷을 빨도록 이슬람은 가르치고 있습니다.[133] 이 두 하디스에 근거하여 여아의 소변은 원칙적으로 나자싸로 간주하여 반드시 세탁을 해야 하고 남아의 경우에는 예외로 규정하여 필요한 부분만 물을 뿌리거나 해서 흔적을 지움으로서 따하-라 상태를 유지할 수 있습니다.

---

132) Hadith Sahih al-Bukhari (222, 6002, 6355), Muslim(286), an-Nasai(303)
133) Hadith Sahih Abu Daud(376, 377, 379), at-Trmidi(610), an-Nasai(304)

질문(111) 50세를 지난 폐경기 여성의 경우 일반적으로 붉은 빛의 생리혈이 비친 경우와 누렇거나 어두운 빛깔의 일반적이지 않은 피가 비친 경우가 있습니다. 이 경우 일반적인 생리혈이 아닌 누렇거나 어두운 빛깔의 피가 비친 경우에는 어떻게 해야 하는지요?

대답: 일반적인 생리혈이 비친 경우에는 생리를 했을 경우와 똑같이 예배나 단식, 부부관계 등을 중단했다가 생리가 끝나면 구슬(샤워)을 하고 신앙의식을 재개할 수 있습니다. 그러나 일반적이지 않은 경우 질문에서 언급된 것과 같이 색깔이 누렇거나 어두운 빛깔인 경우에는 만일 생리기간 중이라면 생리혈로 간주하여 생리 때와 같이 이해할 수 있습니다. 그러나 폐경기 여성이 생리와 상관없이 흙빛의 어두운 피가 비쳤다면 이를 생리로 간주하지 않고 구슬 없이도 우두 후 예배, 단식 등 의식을 수행할 수도 있다고 보는 견해도 있습니다.

질문(112) 임산부의 경우 만일 하혈을 했다면 이를 생리혈로 간주할 수 있습니까?

대답: 먼저 임산부는 생리를 하지 않는 것이 원칙입니다. 기혼 여성의 경우 주기적인 생리가 멈추는 것으로 임신되었음을 알 수 있다고 이맘 아흐마드는 말합니다. 이와 같이 일반적으로 가임기 여성의 경우 임신으로 인하여 생리를 멈추는 것이 원칙이지만 아주 드문 경우의 여성은 임신을 했음에도 불구하고 상관없이 생리가 지속되는 경우가 있습니다. 이 경우에는 두 종류로 이해될 수 있습니다. 하나는 생리로 간주하는 것입니다. 임신과 상관없이 이전에 했던 생리와 같이 임신 후에도 그대로 생리가 진행되는 경우인데 생리가 임신에 어떤 영향도 미치지 않는 경우입니다.[134] 두 번째는 임신 중에 생리와 상관없이 하혈을 하는 경우인데 태아에 문

---

134) *의학적으로 임신 중 생리는 불가능. 임신 진단 후 출혈이 관찰되면 착상혈 또는 유산에 의한 것.

제가 있거나 또는 사고로 인하여 생길 수 있는 경우들입니다. 이러한 경우에는 생리혈로 간주하지 않기 때문에 피를 닦고 우두를 하면 예배나 단식 등 신앙의식을 거행할 수 있습니다.

질문(113) 생리기간에 관련한 질문입니다. 생리는 최소 또는 최대 며칠과 같이 정해진 기간이 있는지요?

대답: 생리기간은 여성에 따라 다르기 때문에 그 기간을 한정하여 정해진 날짜 동안에 하는 것으로 일괄적으로 정할 수는 없습니다. 꾸란에는 여성의 생리에 대하여 다음과 같이 언급되어 있습니다.

"그리고 그들이 너에게 (여성들의)생리에 관하여 물을 것이니, (이에 대하여) 말하라, 그것은 해로운 것이니 생리 중에 있는 여성들을 멀리하라. 그녀들이 생리가 끝나고 정결해질 때까지 가까이 하지 말라……"135)

이 구절에서 **"정결해질 때까지"**의 의미는 정해진 날짜나 기간이 아니라 몸이 정결해지는 상태를 말하는 것입니다. 그래서 생리에 대한 이슬람법의 적용은 생리를 시작하면 그 순간 법이 적용되어 예배 등 신앙행위가 면제되며 생리가 끝나고 몸이 정결해진 것이 확인되면 구슬(샤워)을 하고 신앙의식을 재개하고 또 남편과의 부부관계도 할 수도 있는 것입니다. 마찬가지로 폐경기를 맞이하는 여성의 경우에도 그 기준은 나이나 기간이 정해져 있는 것이 아니라 여성의 상태에 따라 차이가 있기 때문에 그 시기를 정하여 명시할 수는 없습니다.

---

135) 2:222

질문(114) 여성이 치료를 이유로 의도적으로 생리가 시작된 경우 예배는 어떻게 해야 하는지요?

어떠한 경우이든 생리가 시작되었다면, 치료를 위한 것으로 약을 사용하여 의도적으로 생리를 유도하여 생리가 시작되었든 또는 의도하지 않은 상황에서 자연스럽게 생리가 시작되었든 간에 만일 생리가 시작되었다면 이에 따르는 규정이 적용됩니다. 이와 마찬가지로 부득이한 사정으로 약을 사용하여 생리기간임에도 불구하고 생리가 시작되지 않았다면 당연히 일상적인 신앙의식을 그대로 지켜야합니다. 정해진 법칙의 적용은 그 상태가 되었을 때만 적용되는 것입니다. 꾸란에서 언급한

"그리고 그들이 너에게 (여성들의)생리에 관하여 물을 것이니……"136)

의 의미는 언제든 생리가 시작되었을 때를 의미하며 시작과 동시에 법은 적용되며 시작되지 않은 경우에는 적용되지 않는 것이 원칙입니다.

질문(115) 생리중인 여성이 꾸란을 읽는 것은 허용되는지요?

대답: 필요와 요청에 의한 것이라면 읽을 수도 있습니다. 예를 들어 꾸란을 가르치는 여성의 경우 가르치기 위하여 꾸란을 읽을 수 있습니다. 또한 꾸란을 배우는 여학생의 경우에도 생리 중에 꾸란을 읽을 수 있습니다. 또한 어머니가 자녀들을 가르치기 위해서 꾸란을 읽고 가르치는 것도 허용됩니다. 또한 만일 암기하고 있는 꾸란 구절에 대하여 잊어버릴 수도 있겠다는 두려움이 있다면 반복하여 암송하고 기억을 살리는 것도 당연히 허용됩니다.

이러한 이유들을 들어서 일부 학자들은 여성이 생리중일지라도 꾸란을 읽고 암기

---

136) 2:222

하는 것은 조건 없이 허용됨을 말하기도 합니다. 이에 반하여 또 다른 일부학자들은 어떠한 필요나 요청에도 생리중이라면 꾸란을 읽을 수 없다고도 합니다.

꾸란은 하나님의 말씀으로 정결한 상태에서만 만지고 읽을 수 있음은 누구나 다 아는 주지의 사실입니다. 그러나 만일 위에서 언급한 것과 같이 가르쳐야할 상황이거나 그리고 배워야할 상황, 또는 잊지 않기 위해서 반복해서 연습해야할 꼭 필요한 상황이라면 꾸란을 읽고 그 뜻을 이해하는 것은 누구에게 필요한 권장해야할 상황이 아닐까 생각합니다.

질문(116) 만일 여성이 예배시간이 시작된 이후에 생리가 시작되었다면 그 예배는 다음에 채워 주어야 하는지요?

대답: 예를 들어서 정오 예배가 시작되는 시간인 해가 오시를 지나고 아잔이 나온 후에 생리가 시작되었다면 과연 이 예배는 어떻게 하야하는지에 대한 질문입니다. 이 여성의 경우에는 생리가 끝나고 몸이 정결해지면 그때 다시 생리 전에 미처 거행하지 못한 그 예배를 채워주어야 합니다.

"실로 예배는 믿는 사람들에게 정해진 시간에 거행하도록 되어있느니라."137)

그러나 여성이 생리를 시작하게 되면 생리가 끝나고 깨끗해 질 때까지 그 기간 동안에는 예배를 거행하지 않아도 됨을 다음의 하디스를 통해서 알 수 있습니다. **(여자가 생리를 시작하면 예배도 그리고 단식도 하지 않는 것이 당연하지 않은가?)**138)이 하디스의 가르침으로 인하여 이슬람 학자들은 여성이 생리를 시작하면 끝날 때까지 예배근행은 물론 단식까지 면제되며 그 기간 동안에 행하지 못한 예

---

137) 4:103
138) Hadith Sahih al-Bukhari(304, 1951)

배를 채워주지 않아도 됨을 의미합니다. 그러나 생리가 시작되기 전에 예배시간이 되었음에도 불구하고 미처 근행하지 못한 예배가 있었다면 생리가 끝나고 몸이 정결해지면 그 당시 채워주지 못한 예배를 채워 줌으로써 믿는 자로서의 역할을 다할 수 있습니다.

질문(117) 습관적으로 정확하게 6일간 생리를 하는 여성이 평상시의 습관과는 다르게 9일 10일 또는 11일간 생리를 하게 된다면 어떻게 해야 될까요?

대답: 습관적으로 6일간 생리를 하는 여성이 그 날짜 보다 많이 10일 이상 생리를 하게 된다고 해도 생리가 완전히 끝날 때까지 기다렸다가 몸이 깨끗해지면 예배를 시작하는 것이 원칙입니다. 생리 기간은 여성에 따라 또 상황에 따라 다 다르기 때문에 정확한 시간을 정해서 정해진 기간 동안에만 생리를 하는 것으로 할 수는 없습니다.

"그리고 그들이 너에게 (여성들의)생리에 관하여 물을 것이니, (이에 대하여) 말하라, 그것은 해로운 것이니 생리 중에 있는 여성들을 멀리하라. 그녀들이 생리가 끝나고 정결해질 때까지 가까이 하지 말라······."[139]

이 꾸란 구절이 의미하는 것처럼 생리는 정해진 날짜를 채움으로서 끝나는 것이 아니라 몸이 깨끗해지는 것, 다시 말해서 생리혈이 멈추고 몸이 정결해 지는 것으로서 구슬(목욕)을 하고 신앙행위를 실천할 수 있는 것입니다. 어떤 여성의 경우에는 생리 주기나 일수가 불규칙해서 한 달에도 두 번씩 생리를 하는가 하면 또 어떤 여성은 두 달에 한번 생리를 하는 여성도 있을 수 있기 때문에 날짜를 정할

---

139) 2:222

수는 없습니다. 그래서 중요한 것은 생리를 시작한 여성은 전달과 같이 생리가 끝났든 또는 전달과 다르게 짧게 또는 길게 생리가 끝났던 그 일수가 중요한 것이 아니라 몸이 깨끗해지는 그 순간 구슬(목욕)을 하고 예배에 임하는 것이 올바른 신앙인의 자세입니다.

질문(118) 생리가 불규칙적으로 진행되는 여성에 관한 질문입니다. 만일 어떤 여성이 생리가 끝나서 구슬(목욕)을 하고 9일정도 예배와 신앙생활 을 진행하던 중 다시 생리가 시작되어서 3일간 지속되어 예배를 근 행하지 못했습니다. 그런 후 다시 몸이 깨끗해져서 구슬을 한 후에 10 여 일간 신앙생활을 지속할 수 있었습니다. 그런데 만일 그때 또 다시 생리가 시작되었다면 어떻게 해야 하나요?

대답: 생리는 언제 시작되었든 시작되었다면 생리로 간주됩니다. 그 기간이 짧 았든 또는 길었든, 그 주기가 정확했든 또는 정확하지 않았든 생리가 시작되었다 면 예배를 중단하고 몸이 깨끗해 질 때까지 기다렸다가 몸이 정결해지면 구슬을 하고 다시 예배를 근행하는 것입니다. 그러나 만일 혈이 멈추지 않고 지속적으로 조금씩 비친다면 이것은 생리혈이 아닌 출혈(Mustahādah)로 고려되어야하고 이 러한 상황에서는, 평상시의 생리기간으로 간주되는 그 기간 동안은 예배를 근행할 수 없으며, 그 이후 기간에는 피를 제거하고 우두를 한 후 예배를 근행해야 합니다.

질문(119) 생리가 시작되기 약 2일 전쯤에 누렇게 비치는 것이 있다면 이것은 생리혈로 간주해야 되는지요?

대답: 생리가 시작되기 전에 누렇게 비치는 것은 생리에 포함되지 않습니다. 부

카리와 아부 다우드가 전하는 하디스에 의하면 움무 아띠야(Ummu Atīyah)는 다음과 같이 말했습니다. (우리는 구슬(생리가 끝나고 몸이 정결해졌을 때 몸 전체를 깨끗이 씻는 목욕행위) 이후에 누렇거나 어두운 빛깔이 비친 것은 생리로 계산하지 않았습니다.)[140] 만일 생리가 시작되기 전에 누렇게 또는 어둡게 무엇인가 비쳤지만 이어서 바로 생리가 시작되지 않았다면 큰 의미가 없다는 뜻입니다. 그러나 어떤 여성이 자신의 경우 누렇게 비친 후에 이어서 정확하게 생리가 시작된다는 것에 확신이 있다면 이를 생리의 시작으로 간주하고 몸이 정결하게 될 때까지 기다릴 수도 있습니다.

질문(120) 생리를 늦추기 위하여 약을 복용하는 것은 허용되는지요?

대답: 만일 여성의 건강에 어떤 해로움도 없다면 생리를 멈추게 하거나 주기를 늦추기 위하여 약을 복용하는 것은 허용됩니다. 그러나 기혼 여성의 경우 남편의 동의를 얻어서 하는 것이 더 좋으며 중요한 것은 여성의 생리는 지극히 자연스러운 현상으로 받아들여야하며 신체 리듬에 따라 정상적으로, 주기적으로 이루어지는 것이 가장 이상적입니다. 그래서 이러한 자연스러운 신체 리듬을 인위적으로 약을 복용해서 멈추게 하거나 바꾸는 것은 결국 생리불순이나 또 다른 질병을 유발하게 할 것입니다. 그래서 부득이한 경우 약을 복용하여 생리를 금할 수도 있겠지만 가능한 한 자연스럽게 하는 것이 좋겠습니다. 고별순례의 해에 순례 중이었던 예언자 무함마드는, 생리가 시작되어 순례의식을 거행할 수 없게 되어 울고 있는 믿는 자들의 어머니 아이샤를 보고 다음과 같이 말씀하셨습니다. **(생리는 하나님께서 아담의 딸들에게 주신 것이니라.)**[141] 그래서 생리가 시작된 여성은 조용히 인내하며 생리로 인하여 예배나 단식 등 몸으로 할 수 없는 신앙행위를 대신하여

---

140) Hadīth Sahīh al-Bukhāri(326), Abu Daūd(307), an-Nasāi(368)
141) Hadīth Sahīh al-Bukhāri(294, 305, 5548, 5559), Muslim(1211), Abu Daūd(1782)

하나님을 염원하고 자선을 베풀며 사람들에게 말과 행동으로 선행을 하는 것이 도리일 것입니다.

질문(121) 만일 산욕기 여성의 오로(Lochia)기간이 40일 이상 경과 되었음에
         도 불구하고 피가 멈추지 않고 계속된다면 어떻게 해야 하는지요?

　대답: 이슬람에서 출산한 여성의 산욕기는 대체적으로 40일정도로 규정합니다. 그러나 흔치 않게 출산 후 40일이 지났음에도 불구하고 몸이 정결해지지 않고 혈이 지속되는 경우가 있는데 이때는 다음과 같은 상황들이 있을 수 있습니다. 출산 후 40일이 지날 때 쯤 생리가 다시 시작되어서 혈이 계속되는 경우가 있고 그것과 상관없이 혈이 계속되는 경우가 있습니다. 후자의 경우 이슬람 학자들은 다음과 같이 두 가지로 의견을 말합니다. 한 가지는 출산으로 인한 오로나 생리와 상관없이 병적으로 혈이 지속해서 흐르는 경우(Mustahādah)인데 이때는 피를 제거하고 우두를 한 뒤 예배와 단식 등 신앙생활을 정상적으로 해도 된다는 견해입니다. 또 다른 하나는 60일이 될 때까지 기다려야한다는 견해입니다. 왜냐하면 여성들 중에는 출산 후 산욕기가 60일이 넘는 경우도 있기 때문에 이러한 상황에 근거하여 만일 40여일이 지났음에도 불구하고 몸이 깨끗해지지 않았다면 60일까지 기다리도록 했던 것입니다. 그래서 몸이 정결해지면 구슬을 하고 신앙생활을 할 수 있다는 견해입니다.

질문(122) 산욕기에 있는 여성이 만일 40일 이전에 몸이 정결해졌다면 부부관
         계를 할 수 있는지요? 그리고 만일 40일 이후에 다시 혈이 비쳤다
         면 어떻게 해야 하는지요?

대답: 산욕기에 있는 여성은 남편과 가까이 할 수 없습니다. 그러나 만일 산욕기에 있는 여성이 40일이되기 전에 몸이 깨끗해졌다면 40일을 꼭 채우지 않았다고 해도 구슬을 하고 예배를 근행할 수 있습니다. 물론 예배를 근행할 수 있는 상황이면 부부관계도 가능합니다. 꾸란에는 생리 중에 있는 여성에 대하여 다음과 같이 언급되어 있습니다.

> **"그리고 그들이 너에게 (여성들의)생리에 관하여 물을 것이니, (이에 대하여) 말하라, 그것은 해로운 것이니 생리 중에 있는 여성들(아내들)을 멀리하라. 그녀들이 생리가 끝나고 정결해질 때까지 가까이 하지 말라 그러나 만일 (생리가 끝나고) 정결해졌다면 하나님께서 명하신 것처럼 그녀들에게 다가가라. 실로 하나님께서는 회개한 자들을 사랑하시고 정화된 자들을 사랑하시느니라."[142]**

꾸란에서 언급한 것과 같이 생리중이거나 또는 출산 후 산욕기에 있는 여성은 그것 (생리혈)으로 인하여 "해로운 것"이기 때문에 남편은 여성(부인)과 관계를 하지 않는 것이 원칙이며 생리가 끝난 후 몸이 정결해지면 구슬을 하고 예배를 근행하는 등 신앙 행위를 재개하는 것이 꾸란의 가르침입니다.

질문(123) 임신한 여성이 만일 3개월째 사산(死産)을 했다면 예배를 근행할 수 있는지요?

대답: 임신 후 3개월(90일)이 경과된 상황이라면 태아가 사람의 모습을 갖춘 단계이므로 사산을 한 여성은 정상적인 출산을 한 여성과 같이 산욕기에 해당되어 몸이 정결해질 때까지 예배를 근행할 수 없습니다.

의사들이 말하길 임신 후 81일을 채웠을 경우 뱃속의 태아는 사람의 모습을 갖

---

142) 2:222

추기 시작한다고 합니다. 그래서 만일 임신 후 3개월을 채운 상태에서 사산했다면 생리기간의 여성과 같이 간주되며 산욕기와 같이 예배를 근행할 수 없습니다. 그러나 만일 80일이나 그 이전에 하혈을 한 경우라면 이때는 생리와 다르게 간주해야하며 이로 말미암아 예배를 그만둘 필요는 없습니다. 그러나 이러한 상황에서 가장 중요한 것은 여성이 임신한 사실에 대하여 정확한 판단이 있어야하고 자신의 몸 상태에 대해서 확신이 있어야하겠습니다.

질문(124) 생리와 상관없이 하혈이 지속되는 경우에는 어떻게 예배를 근행해야하고 또 언제 단식을 할 수 있습니까?

대답: 생리와 상관없이 하혈이 지속되는 여성은 우선 이러한 상황이 발생하기 전 자신의 생리 주기나 생리일수 등을 잘 살펴 보아야할 필요가 있습니다. 그래서 만일 생리가 매월 초에 시작하여 일주일간 지속되었던 여성이라면 매월 초 그 기간 동안은 생리로 간주하여 예배와 단식을 하지 않아도 됩니다. 그리고 일주일이 경과 된 후에는 하혈과 상관없이 우두를 하고 예배와 단식을 거행할 수 있습니다. 이러한 상황에서 여성이 예배를 거행하는 방법은 예배 시간이 임박해 졌을 때까지 우두를 기다렸다가 예배가 시작되기 직전에 우두를 하고 예배를 근행할 수 있습니다. 의무예배가 아닌 권장예배(순나)를 거행할 경우에도 마찬가지로 우두를 한 후 바로 예배를 근행할 수 있습니다. 그러나 매 예배 시간마다 이렇게 하는 것이 힘들고 고통스러울 경우에는 여행자 예배 때와 같이 정오예배 4라크아와 오후예배 4라크아를 함께 정오 예배 시간이나 오후 예배시간에 근행하고 저녁예배 3라크아와 밤예배 4라크아를 함께 모아서 편한 시간에 근행할 수도 있습니다.

질문(125) 이슬람법에서 예배는 어떤 의미가 있으며 또한 누구에게 의무화 되는지요?

대답: 예배는 이슬람을 이루는 다섯 기둥 중 샤하-다(Shahāda, 신앙선서) 다음
으로 두 번째 기둥에 해당하는 중요한 신앙의식 중 하나입니다. 그래서 예배는 반드
시 자신의 신체를 이용하여 하나님을 두려워하고 공경하는 믿음을 실천함으로서 확
인할 수 있습니다. 예언자 무함마드는 예배의 중요성을 강조하여 **(이슬람의 정점은
예배이니라.)**[143] 라고 정의 하였습니다. 예배는 예언자 무함마드가 메카에서 메디
나로 이주하기 전 어느 날 밤에 이루어진 천상여행(al-Isrāa wa al-Mi'rāj)에서 하
나님으로부터 받은 의무실천 의식으로 처음에는 매일 50번씩 거행하도록 명령받았
으나 하나님의 자비로 매일 정해진 시간에 5번씩 거행하되 매 예배 때마다 10번을
거행하는 것과 같이 성실하고 충실하게 거행하도록 했던 것입니다. 그래서 다섯 번
거행한 예배는 마치 50번을 거행한 것과 같이 더 큰 보상으로 믿는 자들에게 돌아올
것입니다.

예배가 이슬람에서 의무 사항으로 규정된 법적 근거는 꾸란과 예언자의 순나,
그리고 학자들 간에 합의에 의해 이루어진 전원일치 의견에서 쉽게 찾아볼 수 있
습니다. 꾸란에는 예배의 의무에 대하여 다음과 같이 언급하고 있습니다.

> **"예배를 근행하라, 실로 정해진 시간에 예배를 근행하는 것은 믿는 자들에게
> 의무이니라."**[144]

하디스에는 예언자 무함마드가 예멘 지역의 다와를 위해 파견을 앞두고 있는 무아드
븐 자발에게 다음과 같이 예배의 중요성을 강조한 흔적을 찾아 볼 수 있습니다. **(실로
하나님께서 매일 밤과 낮을 통해서 5번의 예배를 근행하도록 의무화 하셨으니 그
들에게 이를 가르치도록 하라.)**[145] 이러한 정확한 근거들을 기초로 이슬람 학자들은

---

143) Hadith Sahih, at-Tirmidi(2616), Ibn Majah(3973), Ahmad(21511),
144) 4:103
145) Hadith Sahih al-Bukhāri(1395, 7372), Muslim(19), Abu Daūd(1584), at-Tirmidi(625)

매일 5번씩 근행하는 예배의 의무규정에 대하여 어떤 이견도 없이 합의(Ijmāa)했으며 자격이 되는 무슬림은 반드시 정해진 절차에 따라 하루 다섯 번의 예배를 근행하도록 했습니다. 그래서 만일 무슬림 중 누군가 5번 예배의 중요성을 충분히 알면서도 이를 부정한다면 그를 배교자(Murtadd)로 간주하며 회개하지 않는 한 이슬람의 형제가 될 수 없다고 단정했습니다.

다음과 같은 조건을 갖춘 사람은 반드시 예배를 근행해야 합니다.

1) 무슬림(信者, Muslim)

2) 성인(成人, Bālig)

3) 이성(理性, Āaqil)

무슬림(信者, Muslim)은 불신자와 상반되는 말로서 유일신 하나님에 대한 믿음이 있는 사람을 말합니다. 그래서 불신자에게는 예배가 의무화되지 않습니다.

성인(成人, Bālig)은 어른으로서 역할을 할 수 있는 나이에 도달한 사람을 말하는데 이슬람에서는 대체적으로 남자의 경우는 3가지 그리고 여자의 경우는 4가지 상징으로 성인이 되어 예배를 근행할 수 있는 나이가 되었음을 구분합니다.

남녀 모두에게 적용되는 첫 번째 상징은 나이가 15세를 채웠을 때이며 두 번째는 수면 중이거나 깨어 있을 때 사정(몽정)하는 것이며 세 번째는 겨드랑이와 사타구니에 음모가 나기 시작하는 것입니다. 여기에 더해서 여성의 경우에는 네 번째로 생리가 시작되는 것입니다. 생리의 시작은 어른으로서의 역할을 할 수 있는 나이가 되었음을 알 수 있는 상징이 됩니다.

이성(理性, Āaqil)은 정상적인 사고(思考)를 할 수 있는 이성을 말하는데 그 반대는 정상적인 사고나 판단이 어려운 정신 이상자를 말할 수 있습니다. 그들 중에는 자신의 의지에 따라 정상적인 판단이 어려운 사람들이 해당됩니다.

이와 같이 이슬람은 스스로 자신이 정상이라고 판단하는 무슬림이라면 누구를 막론하고 하루 다섯 번의 의무예배를 정해진 시간에 근행하도록 의무화했던 것입니다.

질문(126) 기억상실자 또는 혼절한 자는 이슬람에서 규정하는 의무실천 사항들을 지켜야하는지요?

대답: 이슬람은 지극히 상식적인 선에서 신앙의 실천을 요구하고 의무화하고 있습니다. 그래서 만일 이성적 판단이 가능하고 스스로 신앙생활을 영위할 수 있는 사람이라면 신앙의식을 지키고 따르도록 의무화하지만 사고력이 없는 즉 이성적 판단이 불가능한 사람에게는 의무 실천사항들을 요구하지 않습니다. 그래서 정신병자나 치매환자, 어린이, 정신지체 장애인들에게 예배나 단식, 그리고 다른 신앙행위를 강요할 수 없습니다. 그러나 만일 그들에게 재산이 있을 경우에는 의식이 완전하지 않다고 해도 대리인은 합법적인 방법에 따라 자카트(희사)의 의무는 수행해야만 합니다. 꾸란에는 그들의 자카트 의무에 대하여 다음과 같이 언급하고 있습니다.

"그들의 재산으로부터(중에서) 희사금(자카트)을 지불하라, 그것으로 그들을 정화하고 순결히 할 것이니라."146)

여기서 꾸란은 "그들로부터 희사금을 지불하라"라고 하지 않고

"그들의 재산으로부터 희사금을 지불하라"

라고 했습니다. 그래서 그들의 재산을 관리하고 보호하는 대리인은 그들이 소유한 재산 중에서 절차에 따라 정해진 양의 의무 희사를 하는 것으로써 그들의 재산을 정화하고 또한 그들의 영혼을 깨끗이 순화할 수 있는 계기가 될 수 있다고 보는 것입니다. 또한 예언자 무함마드는 무아드 븐 자발을 다와를 위해 예멘으로 파견하기 전에 다음과 같이 말했습니다. **(실로 하나님께서 그들이 가진 재산 중에서**

146) 9:103

희사를 하도록 의무화하셨으니 부자들로부터 희사를 받아서 가난한 자들에게 돌려주도록 하라.)[147]

위 꾸란과 하디스에서 보는 것과 같이 의식이 불분명하다고 해서 자신이 소유한 재산에 대한 희사의 의무까지 면제되는 것은 아닙니다. 그러나 예배, 청결, 단식 등과 같이 정상적인 사고와 판단을 기초로 하는 육체적 요구사항인 신앙 의식의 실천은 면제됨을 알 수 있습니다. 이러한 근거에 기초하여 많은 이슬람 학자들은 만일 어떤 사람이 혼수상태 또는 기절하여 하루 또는 이틀 깨어나지 못했을 경우 그 기간 동안 수행하지 못한 신앙의식은 꼭 채워 주지 않아도 된다고 말합니다. 이러한 상황은 잊어버리거나 잠 때문에 예배를 근행하지 못했을 때 이를 기억한 순간 미처 수행하지 못한 예배를 채워주라는 예언자 무함마드의 말과는 차이가 있음을 알 수 있습니다. **(누군가 예배시간에 잠들어 있었거나 또는 잊어버리고 예배를 근행하지 못했다면 이를 기억한 그때 근행하지 못한 예배를 하라.)**[148] 왜냐하면 수면 중에 있었던 사람이나 잠시 잊어버린 상황에서는 잠에서 깨거나 이를 기억한 순간 스스로 이를 기억하고 의식을 수행할 수 있지만 혼수상태에 있는 사람의 경우에는 자신의 의지로 할 수 있는 상황이 되지 못하기 때문입니다.

질문(127) 어떤 사람이 혼수상태에서 2개월 이상 예배, 라마단 달의 단식 등 의무신앙행위를 수행하지 못했다면 어떻게 해야 하는지요?

대답: 어떤 의식이나 느낌 없이 혼수상태에 있었다면 그로 인하여 그에게 의무된 것은 어떤 것도 없습니다. 그러나 만일 이후에 다행히 건강이 회복되었다면 라마단 달에 행하지 못한 의무단식은 채워주어야 합니다. 그러나 의식이 회복되지 않은 상태에서 사망했다면 혼수상태에서 행하지 못한 의무신앙행위는 면죄됩니다.

---

147) Hadīth Sahīh al-Bukhāri(1395, 7372), Muslim(19), Abu Daūd(1584), at-Tirmidi(625)
148) al-Bukhāri(597), Muslim(684), Abu Daūd(442), at-Tirmidi(178), an-Nasāi(613), Ibn Mājah(696)

단지 다음과 같은 경우에는 이슬람학자들 간에 이견이 있습니다. 그것은 의식이 없는 환자가 고령(高齡)인 경우, 의무 단식을 지키지 못한 것을 대신해서 그의 보호자는 매일 가난한 사람에게 한 끼의 식사를 자선하도록 의무화하는 것과 의식이 회복된 후에 무의식 상태에서 거행하지 못한 예배에 대한 이견인데 그것은 대부분의 학자들의 경우 혼수상태에서 거행하지 못한 의무예배는 압둘라 이븐 오마르(Abdullah ibn Umar)가 기절하여 혼수상태에서 하루 밤낮을 보낸 후 의식이 회복되었을 때 미처 거행하지 못한 의무행위를 채워주지 않았다는 근거에 의거, 채워주지 않아도 된다는 견해[149]인 반면에 후기 한발리 학파의 일부 학자들은 혼수상태에서 행하지 못한 의무실천 의식은 채워져야 한다는 견해입니다. 그들의 주장은 암마르 븐 야시르(Ammār ibn Yāsir)가 3일간 혼수상태에 있다가 의식이 회복된 후 이를 채워 주었다고 전해지는 근거[150]를 따르는 것입니다.

질문(128) 물이 없다는 핑계나 이를 이유로 또는 다른 조건을 내세워 정해진 시간에 예배를 근행하지 않고 의도적으로 예배시간을 늦추는 것은 허용되는지요?

대답: 예배시간을 의도적으로 늦추는 것에 대한 정확한 대답은 허용되지 않는다는 것입니다. 만일 어떤 사람이 예배 시간이 늦춰져 정해진 시간에 예배를 근행할 수 없을 것 같은 두려움이 있다면 어떠한 상황이든 그 상태에서 예배를 우선적으로 근행하는 것이 좋습니다. 예배를 근행하기 위한 조건들이 갖추어졌다면 꾸란 구절은 다음과 같이 예배를 정시에 근행하도록 명하고 있습니다.

"실로 믿는 자들은 정해진 시간에 예배를 근행해야하느니라."[151]

---

149) al-Muwata(24)
150) Daīf, ad-Dār Qutbi(2/81), al-Baihaqi(1/388)
151) 4:103

그래서 예언자 무함마드께서도 그분의 전승을 통해서 예배를 정시에 근행하는 것이 하나님께서 가장 좋아하시는 것임을 강조하고 이를 의무화했던 것입니다. 만일 정시에 예배를 근행하고자 했지만 물을 찾지 못했을 때는 물을 구할 때까지 기다릴 것이 아니라 타이얌뭄으로 대체세정을 하고 정시에 예배를 하는 것이 우선이라는 것입니다. 이때 물을 구하기 위한 시간이 많이 남아 있던 또는 적게 남아 있던 그로 인하여 예배시간을 지키지 못할 것 같은 두려움이 있다면 반드시 정시에 예배를 근행하기 위하여 최선을 다하는 것이 도리입니다. 왜냐하면 이 두 경우 모두 예배시간을 지키지 못할 수도 있는 여지를 남겨두고 있기 때문입니다. 이것은 쉐이쿨 이슬람 이븐 타이미야(Sheikh al-Islam Ibn Taimiyah)의 견해입니다.

질문(129) 만일 어떤 사람이 밤을 지새우고 의도적으로 파즈르(새벽) 예배를 정시에 근행하지 않고 예배시간이 지난 후에 근행했다면 그의 예배는 유효한지요? 그리고 그날 정시에 근행한 다른 예배들은 유효한 것인지요?

대답: 먼저 무슬림들의 올바른 생활 습관은 새벽 예배를 근행하기 위하여 이른 시간에 잠을 청하는 것입니다. 그래서 정해진 시간에 새벽 예배를 근행하고 규칙적인 생활을 영위함으로써 자신의 삶을 올바르게 이끌어 갈 수 있을 것입니다. 자신의 의지로 충분히 정해진 시간에 새벽 예배를 거행할 수 있음에도 불구하고 특별한 이유 없이 밤을 지새운다든지, 예배 시간임에도 불구하고 시간을 늦추어서 정시에 예배를 거행하지 않는 것은 정당하지 않으며 이러한 상황에서 예배시간이 지난 후에 거행한 예배는 받아들여지지 않습니다. 왜냐하면 특별한 이유 없이 예배시간을 지체한 후 시간이 지난 다음에 거행한 예배는 의미가 없으며 그것은 하나님께서 무슬림들에게 예배의 의미를 부여하신 의도에 반하는 것이며 또한 예언자 무함마드가 보여준 모범적인 삶에 위배되기 때문입니다. 그래서 예언자 무함마

드는 **(우리가 행한 신앙의식에 새로운 것을 지어내는 행위를 하는 사람이 있다면 그것은 받아들여지지 않노라.)**152) 라고 말했던 것입니다. 그것은 충분한 이유가 없음에도 불구하고 의도적으로 예배를 게을리 하고 늦춰서 진정한 예배의 의미를 상실케 하는 것이기 때문입니다. 그러나 만일 예배 시간임에도 불구하고 자신의 의지와 다르게 잠들어 있었다면 이는 다를 것입니다. 예언자께서도 의도적이지 않은 상태에서 누군가 잠들어 있었거나 또는 잊어버렸을 경우에는 잠에서 깼을 때 또는 생각했을 때 바로 행하지 못한 의식(예배)을 거행하는 것으로 대신할 수 있다고 하셨기 때문입니다. 그리고 나머지 예배들의 경우 만일 정시에 근행했다면 모두 유효하며 하나님께서 받아들여 주실 것입니다.

질문(130) 예배를 근행할 수 있는 충분한 시간적 여유와 여건이 됨에도 불구하고 어떤 사람이 의도적으로 예배를 늦추거나 게을리 한다면 어떻게 되나요?

대답: 예배를 근행하는 것은 하나님과의 약속을 이행하는 것입니다. 특히 새벽 예배의 경우 질문과 같이 예배를 근행할 수 있는 여건이 됨에도 불구하고 특별한 이유 없이 그래도 괜찮다는 안이한 생각으로 시간을 넘겨버리는 것은 꾸란과 예언자의 관행, 그리고 이를 충실히 따른 이전 선인들(Salafi Sālih)의 모범적인 관행에 반하는 것으로 불신(Kufr)행위로 간주됩니다. 그러나 스스로 예배는 정해진 시간에 근행해야한다는 확신은 있지만 자신의 부주의와 태만으로 잠들어 있었다든지 또는 잊어버렸다든지 해서 정해진 시간에 예배를 근행하지 못했을 때는 회개(Tauba)를 통해서 하나님의 용서를 구할 수 있습니다.

"말하라. 오! 스스로 잘못을 범한 나의 종들이여, 자비로우신 하나님의 은총

---

152) Hadith Sahih

을 포기하지 말라. 참으로 하나님께서는 모든 죄를 용서해 주시니 실로 그분은 관용과 자비로 충만한 분이시니라."153)

인간에게 주어진 현세에서의 삶은 지극히 유한합니다. 특히 무슬림들에게 주어진 현세의 삶은 매일 매일 반복되는 의식의 실천을 통해서 자신을 재발견하고 하나님과의 지속적인 관계를 유지할 수 있습니다. 이러한 현세의 유한한 삶을 통해서 자신이 가꾸고 다듬은 결과는 죽음을 맞이했을 그날 천국으로 인도되어 영원한 안식을 구할 수도 있고 또한 불지옥의 고통을 맛보게 될 수도 있을 것입니다. 예언자 무함마드는 사람이 죽으면 현세와의 인연이 끊어지지만 3가지는 남을 것이라고 했습니다. **(누군가 죽으면 3가지만 남기고 현세와의 인연이 끊어지니, 그것은 그가 행한 자선행위이며 사람들을 유익하게 한 그의 학문적 업적, 그리고 그를 위해 기도해줄 그의 자손들이니라.)**154)

질문(131) 한 사람이 자신의 딸을 약혼시켰는데 딸과 약혼한 그 남자가 예배를 근행하지 않는 사람이라면 그는 딸의 혼사를 계속 진행해야하는지요? 아니면 포기해야 하는지요?

대답: 만일 딸과 약혼한 남자가 합동예배를 하지 않는 사람이라면 그는 하나님의 말씀을 부정하고 예언자 무함마드의 언행을 따르지 않는 비 이슬람적인 사람(Āsi, Fāsiq)으로 볼 수 있습니다. 그러나 그를 배교자로는 간주할 수는 없기 때문에 그와의 결혼을 막을 수 있는 근거는 없습니다. 그러나 이러한 사실을 알고 있는 여성의 보호자, 또는 여성 본인은 예배를 근행하고 이슬람의 가르침을 따르는 무슬림 남성이 비록 가문이 출중하지 못한 사람이라고 할지라도 그를 선택하여 혼인을 하는 것이 보다 바람

---

153) 39:53
154) Hadith Sahih: Muslim(1631), at-Tirmidi(1376), an-Nasāi(3651), Ahmad(7406)

직할 것입니다. 상대적으로 무슬림 여성을 선택하는 경우에도 마찬가지로 그 여성의 외형적인 아름다움이나 그녀가 가지고 있는 재산 그리고 그녀의 가문보다는 그녀의 종교적인 소양이 배우자를 선택하는 조건으로 더 중요한 요소가 되어야할 것입니다.

이슬람에서 무슬림이 의도적으로 지속적으로 예배를 근행하지 않는 것은 이슬람을 떠난 배교행위로 간주합니다. 예배를 근행하지 않는 당사자가 스스로 순수하고 진실한 마음으로 뉘우치고 회개하기 전에는 돌이킬 수 없는 큰 죄를 짓게 될 것입니다. 그래서 그의 진심이 전해져 하나님의 용서를 받으면 이전으로 돌아 갈 수 있겠지만 그렇지 않고 회개하지 않는다면 그는 무슬림이 아닌 배교자, 불신자로 남게 될 것입니다. 그러한 상태에서 그가 죽게 되면 그는 무슬림 묘지에 묻힐 수 없으며 고인에 대한 예우차원에서 배려되어야할 세정의식과 염, 그리고 장례예배를 근행할 필요도 없습니다. 예배를 근행하지 않는 사람을 이슬람에서 불신자로 간주하는 법적 근거는 꾸란과 하디스에 다음과 같이 언급되어 있습니다.

"그들의 후손들 중에는 예배를 멀리하고 욕구만 추종하는 자들이 있으니 그들은 불지옥에 던져질 것이니라. 그러나 누군가 회개하고 믿음을 가지고 선을 행한다면 제외될 것이니……."155)

"그러나 만일 그들이 회개하고 예배를 근행하며 자카트를 지불한다면 그들은 이슬람에서 너희들의 형제들이니……."156)

위 꾸란 구절이 의미하는 것처럼 일순간 사탄의 유혹에 눈이 멀어 예배를 멀리할 수는 있을 것입니다. 그러나 그러한 상황이 지속되어서는 아니 되며 무슬림은 반드시 회개하여 자신의 원래의 모습을 되찾을 수 있도록 최선을 다해야 할 것입니다.

---

155) 19:59~60
156) 9:11

"진실로 믿음을 가진 사람들은 형제들이니 너희 형제들 사이를 중재 하라."157)

또한 주변에서 무슬림 형제가 방황하고 어려운 환경에서 벗어나지 못하는 상황일 경우에는 좋은 말로써 충고와 조언을 통해서 자신의 참모습을 찾도록 지도해 주는 것은 무슬림들에게 의무사항입니다.

예배를 근행하지 않는 사람에 대한 하디스적인 근거는 다음과 같습니다. **(실로 무슬림과 다신행위자, 불신자의 차이는 예배이니라.)**158), **(우리들(무슬림)과 그들 (위선자)의 차이는 예배이니라, 그래서 만일 우리 중에 누군가 예배를 근행하지 않는 자 있다면 그는 바로 불신자(카피르)이니라.)**159) 예배는 이슬람을 유지하는 기둥이자 무슬림임을 표현하는 방법입니다. 예배를 근행하는 것으로 자신의 정체성을 찾아야 하고 또 이슬람 공동체는 예배를 중심으로 유지 존속해 나갈 수 있는 것입니다.

이 질문에 대한 결론은 약혼녀의 보호자인 아버지(Mahram)는 반드시 사위가 될 남성의 신앙적 정체성을 확인해야 합니다. 그래서 만일 그가 일시적으로 주변의 유혹이나 나태함으로 예배를 멀리한 상황이라면 무슬림 형제로서 사랑으로 충고해서 그가 진심으로 회개하여 예배를 근행하도록 지도할 필요가 있겠지만 그렇지 않고 그가 의도적으로 예배를 기피하고 종교적 정체성에 문제가 있는 사람이라면 결혼을 보류하는 것이 이슬람적인 선택으로 볼 수 있겠습니다.

질문(132) 가족 구성원들이 예배를 소홀히 할 때 가장으로써 그들에게 예배를 근행하도록 했지만 그들이 아버지(가장)의 말을 듣지 않는다면 어떻게 해야 할까요?

대답: 만일 의도적으로 지속적으로 예배를 근행하지 않는 것은 불신행위이며 배

---

157) 49:10
158) Hadith Sahih, Muslim(82), Ahmad(1476)
159) Hadith Sahih, at-Tirmidi(2621), an-Nasāi(463), Ibn Majah(1079), Ahmad(22428)

교 행위에 해당됩니다. 그러나 가장의 역할은 예배를 근행하지 않는 가족 구성원들을 책하는 것보다 우선적으로 무엇이 그들로 하여금 예배를 멀리하도록 했는지 원인을 알아보고 다시 예배를 근행할 수 있도록 인도하는 것이 더 중요할 것입니다. 왜냐하면 앞에서 언급한 것처럼 예배를 근행하지 않는 것은 불신행위이며 이슬람의 어떤 교리적 가르침에도 예배를 근행하지 않는 사람을 일컬어 "믿는 자"라고 하거나 "그가 천국에 들어가게 될 것"이라고 하거나 "불지옥으로부터 구원 받을 것"이라고 하지 않았기 때문에 이러한 행위는 아주 위험하고 이슬람 움마 공동체를 해하는 행위에 해당됩니다. 누구든 한 순간의 착오나 이해의 부족으로 신앙의 대열에서 벗어나 예배를 멀리할 수는 있을 것입니다. 그러나 어느 순간 자신의 존재이유와 정체성을 인식하게 되었을 때 반드시 원래의 자리로 돌아올 수 있어야 합니다. 그래서 그가 회개하고 다시 예배를 근행하면 따뜻한 형제애로 맞이해 주어야합니다.

"그러나 만일 그들이 회개하고 예배를 근행하며 자카트를 지불한다면 그들은 이슬람에서 너희들의 형제들이니⋯⋯."[160]

그러나 만일 의도적으로 예배를 근행하지 않고 믿음을 배반하여 배교자의 길을 간다면 그에게는 다음과 같이 이슬람 공동체에서 격리됨을 알 수 있습니다.

첫째: 그 사람과는 결혼할 수 없습니다. 만일 이러한 사실을 모르는 상황에서 결혼 계약이 이루어졌다면 그 결혼은 무효가 됩니다.

둘째: 예배를 근행하지 않는 배교자가 도살한 동물의 고기는 먹을 수 없습니다. 왜냐하면 배교자가 도살한 고기는 더 이상 할랄이 아니기 때문입니다. 배교자가 도살한 고기는 이슬람에서 성서의 가족들로 간주하는 유대인이나 기독교인들이 도살한 고기보다 못한 것이며 성서의 가족들이 도살한 고기는 허용되지만 배교자가 도살한 고기는 허용하지 않습니다.

셋째: 그는 더 이상 메카 성지에 들어갈 수 없습니다.

---

160) 9:11

"오 믿는 자들이여! 실로 불신자들은 불결하니, 그해(히즈라 9년) 이후부터 그들은 더 이상 하람성원에 접근하지 말라"[161]

넷째: 만일 그의 무슬림 근친이 죽었다고 해도 그에게는 어떤 유산도 상속될 수 없습니다. 우사마가 전하는 예언자의 하디스에는 유산 상속에 대하여 다음과 같이 전합니다. **(무슬림은 불신자로부터 상속 받지 않으며 불신자 또한 무슬림으로부터 상속받지 않느니라.)**[162]

다섯째: 만일 그가 사망했다고 해도 이슬람식 장례의식을 거행할 필요가 없습니다.

여섯째: 그는 천국에 들어갈 수 없을 것입니다.

질문(133) 이슬람에서 자녀를 둔 기혼 여성의 경우, 만일 남편이 예배를 의도적으로 근행하지 않는다면 어떠한 법이 적용되는지요? 혼인관계를 계속 유지해야 되는지요?

대답: 만일 기혼 남성이 집에서 혼자 근행하는 예배이든 또는 이슬람 성원에서 사람들과 함께 근행하는 합동예배이든 예배를 의도적으로 그리고 지속적으로 근행하지 않는 사람이라면 이 혼인 관계는 파기될 수 있습니다. 왜냐하면 이슬람에서 예배를 부정하는 것은 배교행위에 해당되기 때문입니다. 그래서 순결하고 건전한 무슬림여성은 불신자, 배교자와 혼인관계를 지속할 수 없으며 이 경우 합법적인 절차에 따라 이혼을 할 수 있을 것입니다.

"오 믿음을 가진 사람들이여, 만일 믿음을 가진 여성들이 너희들에게 이주하

---

161) 9:28(히즈라 9년에 앗타우바장(9장)이 계시되었으며, 알리 븐 아비딸립이 전하는 예언자의 말씀은 성지순례 중에 금년 이후부터는 어떤 불신자도 순례에 참석할 수 없음을 선포했다고 전합니다.)

162) Sahih, al-Bukhārī(6764), Muslim(1614), Abu Daūd(2909), at-Tirmidi(2107), Ibn Māja h(2729, 2730)

여 온다면 그녀들의 신앙을 확인하라. 실로 하나님께서 그녀들의 믿음에 대하여 보다 잘 아실 것이니라. 그래서 만일 그녀들이 믿는 여성들임을 알았다면 그녀들을 불신자들에게 돌려보낼 수 없느니라. 그녀(믿음을 가진 무슬림 여성)들은 그들(불신자들)에게 허락되지 아니하며 그들(불신자들) 또한 그녀들에게 허락되지 않노라……."163)

결혼한 후에 남편이 예배를 부정하고 근행하지 않는다면 혼인계약이 무효가 될 수도 있지만 자신의 잘못을 반성하고 회개하여 다시 이슬람으로 돌아온다면 재고할 수도 있습니다. 그래서 이슬람 학자들 중 일부는 이러한 경우, 남성에게는 회개하여 다시 이슬람으로 돌아올 수 있는 자숙의 기회를 주고 여성에게 법정기간(Iddah, 여성이 이혼을 하고 다시 재혼을 원할 경우 기다려야할 기간)을 두어 일정기간 동안 별거하게 한 후에 남성이 예배를 근행하고 이전처럼 무슬림으로서 역할을 할 때 새로운 결혼계약으로 혼인 관계를 지속할 수 있다고 주장 합니다. 또한 자녀들의 경우에도 만일 아버지가 이슬람을 거부하고 예배를 근행하지 않는다면 더 이상 자녀들을 위한 보호자가 될 수 없음을 말합니다.

질문(134) 만일 어떤 사람이 의도적으로 예배를 근행하지 않다가 스스로 자신의 잘못된 행위에 대하여 반성하고 회개했다면 이미 시간이 지나 근행하지 못했던 예배들은 어떻게 해야 되는지요? 채워 주어야하는지요?

대답: 이에 대한 대답은 이슬람 학자들 사이에 약간의 이견이 있습니다. 그러나 이러한 이견에 대한 이해를 돕고자 쉐이쿨 이슬람 이븐 타이미야(Sheikh al-Islam Ibn Teimiyah)의 견해를 상기해 볼 수 있습니다. 이븐 타이미야는 (누군가 예배를 의도적으로 근행하지 않아 예배시간이 이미 지나버렸다면 시간이 지난 후 그

---

163) 60:10

예배를 채워주는 것은 의미가 없다.)라고 일축합니다. 왜냐하면 이슬람에서 모든 경배의식의 실천에는 정해진 시간이 있고 정해진 시간이 있기 때문에 정해진 시간 이전에 의식을 실천하는 것도 허용되지 않을 뿐만 아니라 이미 시간이 지난 후에 이를 채워주는 것도 의미가 없다고 보는 것입니다.

하나님의 율법을 실천하는 것은 이해와 상식의 범위 내에서 규정되어 있고 이러한 이해와 상식은 하나님과 믿는 자 사이에 맺어진 계약이기 때문입니다. 그래서 의무 예배는 믿음을 가진 사람에게 부과된 신앙의 표현으로 정해진 시간에 정해진 장소에서 반드시 거행되어야할 의무 실천규정입니다. "정해진 장소"는 예배장소로 사용될 수 없는 곳을 제외하고 어떤 곳에서든 예배를 근행할 수 있습니다.

의도적으로 예배를 근행하지 않은 사람은 자신의 잘못을 뉘우치고 회개하여 하나님의 용서와 자비를 구해야 합니다. 무엇보다 중요한 것은 이러한 행위를 다시는 번복하지 않겠다는 강한의지와 진심어린 회개를 통하여 자신의 정체성을 회복하기 위하여 최선을 다하는 것입니다. 그렇게 할 때 하나님께서 한 순간 잘못된 판단과 착오로 자신의 의지를 통제하지 못했던 과오(근행하지 못한 예배들)를 용서해 주실 것입니다.

질문(135) 예배를 근행하지 않은 자녀들을 위한 가족 구성원들의 역할은 무엇이 있을까요?

대답: 자녀를 둔 부모의 경우 무엇보다 중요한 것은 가정에서 자녀들에게 삶의 모범을 보이는 것입니다. 강요보다는 권유를 통해서 어릴 때부터 자발적으로 신앙의 의미를 스스로 체험할 수 있는 기회를 갖도록 해주어야하며 부모를 통한 이러한 신앙의 체험은 자신의 신앙적 정체성을 키워 가는데 그대로 적용될 수 있어야 합니다. 지속적인 관심과 배려 그리고 실천을 통해서 보여줄 수 있는 부모의 모범적인 삶은 자녀에게 그대로 전수되어 신앙을 이어갈 수 있을 것입니다. 이슬람에

서 예배와 관련한 자녀교육의 중요성은 예언자 무함마드의 하디스를 통해서 잘 알 수 있습니다. 하디스에 의하면 **(너희 자녀들이 7세가 되면 예배를 근행하도록 명하라, 그리고 그들이 10세가 되면 체벌하라······)**164)라고 언급되어 있습니다. 이 하디스에 의하면 자녀가 10세가 되어도 예배를 근행하지 않는다면 체벌을 해서라도 예배를 근행하도록 하는 것이 이슬람적인 가르침임을 알 수 있습니다. 무슬림 부모가 10세가 넘은 자녀가 예배를 근행하지 않고 있을 때 침묵하는 것은 이슬람에서 허용되지 않음을 의미하는 중요한 대목입니다. 예배를 근행하지 않는 자녀를 허용하는 부모는 자녀가 불신자(Kāfir)가되는 것을 허용하는 것이고 이는 곧 배교행위를 허용하는 것이 되기 때문입니다. 자녀가 불지옥의 고통 속에 남기를 바라는 부모가 있을까요?

질문(136) 여행자들의 경우 예배를 근행할 때 아잔을 반드시 해야 하는지요?

대답: 여행자들의 경우에도 예배시간이 되면 반드시 아잔을 해야 한다는 의견이 지배적입니다. 이에 관하여 부카리와 무슬림은 예언자의 관행을 다음과 같이 전합니다. 여행 중에 있던 말리크 이븐 알-후웨이리스(Mālik ibn al-Huweirith)와 그의 동료들이 예언자 무함마드를 예방하고 가족들에게 돌아가려할 때 예언자께서 말리크에게 다음과 같이 말했습니다. **(예배시간이 되면 너희들 중 한 사람이 예배를 위하여 아잔을 부르라.)**165)예언자 무함마드는 여행 중이든 또는 집에 머물고 있든 스스로 아잔이나 이까마를 한 적이 없었습니다. 왜냐하면 항상 그와 함께 빌랄이 동행했고 빌랄이 아잔과 이까마를 했기 때문입니다.

질문(137) 혼자서 예배를 근행할 때에도 아잔과 이까마를 해야 하는지요?

---

164) Hadith Sahih, Abu Daud(495), al-Tirmidi(407), Ahmad(6650, 6717).
165) Sahih, al-Bukhāri(628, 631, 685, 6008, 7246), Muslim(674)

대답: 혼자 예배를 근행할 때 아잔과 이까마를 하는 것은 의무가 아닌 순나입니다. 왜냐하면 자신의 예배를 위한 아잔을 해줄 사람이 자신 밖에 없기 때문입니다. 그러나 아잔의 의미를 살펴보면 그 자체가 하나님을 염원하는 것이고 하나님의 위대하심을 찬양하는 것이기 때문에 혼자 일지라도 스스로 예배에 자신을 초대하고 성공을 기원하는 것은 좋은 것입니다. 이까마도 또한 마찬가지입니다. 그래서 만일 할 수 있다면 혼자서 예배를 근행할지라도 아잔을 하고 이까마를 하는 것은 허용되며 권장할 수 있습니다.

질문(138) 어떤 사람이 정오예배와 오후예배를 함께 근행할 경우 매 예배마다 이까마(Iqāmah, 예배의 시작을 알리는 소리)를 해야 하는지요? 그리고 의무 예배가 아닌 추가예배(Nafl)를 근행할 때도 이까마를 해야 하는지요?

대답: 매 의무예배마다 이까마를 해야 합니다. 자비르(Jābir)가 전하는 하디스에는 예언자 무함마드의 성지 순례 과정들이 잘 묘사되어 있는데 그분이 성지순례를 거행할 때 무즈달리파(Muzdalifah, 둘힛자 12월 9일 저녁 아라파트에서 이곳으로 이동해가는 순례일정 중 한 과정)에서 마그립예배와 이샤예배를 함께 거행하면서 다음과 같이 말한 것을 전합니다. **(이까마를 하고 마그립예배를 근행하고 또 이까마를 하고 이샤예배를 근행하라. 그리고 마그립예배와 이샤예배사이에는 염원하는 시간을 두지 말고 바로 이어서 거행하라.)**[166] 그리고 의무예배가 아닌 추가예배(Nafl)나 권장예배(Sunnah)에는 이까마를 하지 않습니다.

질문(139) 새벽 예배 아잔 시 "앗쌀라투 카이룸 민난나움(예배가 늦잠보다 나

---

166) Sahih, Muslim(1218), Abu Daud(1905, 1906)

으니라)"이 추가되는데 이것은 첫 번째 새벽아잔에 하는 것인지요?
아니면 두 번째 아잔에 하는 것인지요?

대답: 우선 이 질문에서 말하는 첫 번째 아잔과 두 번째 아잔의 의미에 대해서
이해하는 것이 중요합니다. 첫 번째 아잔은 예배시간이 되었을 때 예배를 알리는
소리를 말하며 정확하게 시간을 지켜서 아잔을 하는 것이 중요합니다. 두 번째 아
잔은 아잔 후에 예배의 시작을 알리는 소리로 이까마(Iqāmah)를 의미합니다. 하디
스에 의하면 예언자께서 아잔 후에 거행하는 임의예배의 중요성을 강조하기 위하여
(두 아잔 사이에는 예배가 있느니라.)167)라고 말씀하셨는데 여기서 말하는 두 아잔
은 예배 시간이 되었음을 알리는 아잔과 예배가 시작됨을 알리는 이까마를 의미함을
알 수 있습니다.

그래서 위 질문에서 말하는 "앗쌀라투 카이룸 민난나움"은 새벽예배(Salat al-Fajr)
를 알리는 첫 번째 아잔에서 "하이야 알랄 팔라흐"를 부른 후에 이어서 부르는 대목입
니다. 이 구절은 새벽 예배에만 적용됩니다.

이와는 별개로 메카와 메디나의 두 하람 성원이나 일부 다른 성원들에서 행하고
있는 새벽예배 시간 이전(파즈르 약 한시간전)에 부르는 또 한 번의 아잔을 들을
수 있는데 그것은 새벽예배를 위한 아잔이 아니고 새벽예배가 시작되기 전, 밤의
끝자락에 일어나서 하나님께 경배드릴 수 있도록 하는 아잔입니다. 하디스에는 이
에 대하여 다음과 같이 언급되어 있습니다. 예언자께서 말씀하시기를 (진실로 빌
랄은 한 밤중에 아잔을 하니 이는 잠든 사람들을 깨워 경배케 하고 또한 그때까지
예배를 근행한 사람들에게는 파즈르 전에 휴식을 취하게 하기 위함이니라.)168)

---

167) Sahih, al-Bukhari(624, 627), Muslim(838), Abu Daud(1283), at-Tirmidi(185), an-Nasāi
    (681), Ibn Mājah(1162)
168) Sahih, Muslim(1093), an-Nasāi(2170)

질문(140) 육성으로 부르는 아잔 대신에 녹음된 소리로 아잔을 대신할 수 있는
지요?

대답: 녹음기를 틀어서 육성으로 부르는 아잔을 대신하는 것은 허용하지 않습니다. 왜냐하면 아잔을 하는 것도 신앙 실천의 일부분이며 신앙의 실천은 반드시 행위 당사자의 의도(Niyah)에 의해서만 가능하기 때문입니다.

질문(141) 한 사람이 마스지드(이슬람성원)에 들어갔을 때 만일 무앗진이 아잔
을 하고 있는 중이라면 그는 어떻게 하는 것이 가장 좋을까요?

대답: 가장 좋은 것은 선 자세에서 아잔이 끝날 때까지 듣고 있다가 아잔이 끝나면 기도(Dua')를 한 후에 성원 방문시 근행하는 2라크아 예배(Tahiyat al-Masjid)를 근행하는 것입니다. 그러나 일부 학자들은 금요 합동예배의 경우, 성원에 들어갔을 때 두 번째 아잔(금요합동예배는 2번의 아잔과 설교 그리고 이까마와 2라크아 의무예배로 진행됨)이 나오고 있었다면 아잔을 부르는 중이라고 해도 타이야툴 마스지드 예배 2라크아를 근행하는 것이 더 좋다고 말합니다. 왜냐하면 두 번째 아잔이 끝나면 바로 금요 합동예배의 설교(Khutba)가 시작되고 설교를 경청하는 것은 금요 합동예배에 참석하는 모든 무슬림들에게 부과된 의무사항이기 때문입니다. 금요합동예배의 설교를 듣는 것은 의무(Wājib)이지만 아잔을 듣고 답하는 것은 선택(Sunna)사항이므로 의무를 지키기 위하여 아잔이 울리는 중이라고해도 금요 합동예배의 두 번째 아잔의 경우에는 타이야툴 마스지드 예배를 근행하는 것이 보다 더 좋다는 것이 그들의 의견입니다.

질문(142) 아잔이 울리면 아잔을 듣고 있는 사람은 "라디투 빌라히 랍반, 와
빌 이슬라-미 디-난, 와 비무함마던 라쑬-란"(나는 하나님을 나의

주님으로, 이슬람을 나의 종교로, 무함마드를 나의 사도로 받아들임에 기뻐합니다.)이라고 아잔의 한 소절이 끝나면 외우는데 이 말은 아잔의 어떤 소절이 끝났을 때하는 것인지요?

대답: 하디스에는 **(누군가 "아슈하두 알라-일라하 일랄라 아슈하두 안나 무함마단 라수룰라"라고 부르는 아잔을 들으면 이를 들은 사람은 "라디투 빌라히 랍반 와빌이슬라-미 디-난, 와비무함마딘 라술-란"이라고 말하느니라.)**[169]라고 전합니다. 이러한 근거에 의해서 무앗진이 아잔을 할 때 위에 언급한 소절을 외치면 이를 들은 사람은 자신의 정체성을 확인하는 마음으로 하나님을 자신의 주님으로 그리고 이슬람을 자신의 종교로 그리고 예언자 무함마드를 자신의 사도로 인정하는 것을 스스로 되뇌며 증언을 하는 것입니다.

질문(143) 아잔 후에 추가로 하는 염원으로 "인나카 라 투클리풀 미아-드(당신(하나님)은 결코 약속을 미루지 않는 분이십니다)"라고 하는 것은 올바른 행위인가요?

대답: 이에 대한 대답은 이슬람 학자들 간에 이견이 있습니다. 하디스를 전하는 많은 학자들은 이에 대하여 부정적으로 보고 있는데 그것은 어떤 하디스 구절에도 이에 대하여 정확히 언급되어 있지 않아 이를 보완할 수 있는 근거가 부족하다고 보기 때문입니다. 그렇지만 아잔이 끝나고 하나님에 대한 찬양과 기도를 드리는 차원에서 본다면 굳이 이를 생략해야할 필요는 없다고 보는 견해입니다.

두 번째 의견은 알 바이하끼(al-Baihaqqi)가 전하는 하디스를 근거로 제시하는 학자들로 그가 전하는 하디스의 전승이 신뢰할수 있기 때문에 이를 받아들여도 된다고

---

169) Sahih, Muslim(386), Abu Dawud(525), at-Tirmidi(210), an-Nasāi(689), Ibn Majah (721)

보는 학자들의 견해이며 이는 쉐이크 압둘 아지즈 빈 바-즈(Sheikh Abdullaziz bin Bāz)[170]의 의견이기도 합니다.

질문(144) 이까-마(Iqāmah, 예배의 시작을 알리는 소리)를 따라하는 것은 허용되는지요?

대답: 이까-마를 따라하는 것은 아부 다우드(Abu Daud)가 전하는 하디스 다이프(Hadith Daīf, 전승과정이 불확실하여 신뢰할 수 없는 하디스)에 근거를 두고 있기 때문에 큰 의미는 없습니다. 그래서 이까-마가 나오면 이를 따라 하는 것 보다 대오를 맞춰 예배를 근행할 준비를 하는 것이 보다 더 바람직한 행동일 것입니다.

질문(145) 사람들 중에는 예배의 시작을 알리는 이까-마가 끝나면 "아까-마 할라후 와 아다-마하(하나님께서 예배를 근행케 해주시고 항상 예배가 지속되게 해 주실 것이니라)"라고 말하는데 이렇게 말하는 것은 올바른 행위인가요?

대답: 이에 대하여 긍정적으로 보는 학자들은 그 근거를 예언자 무함마드의 하디스에서 제시합니다. 그들은 이까-마에서 무앗진이 "까드 까-마틋 쌀라(예배가 시작되었느니라)"라고 하면 이를 들은 사람은 "아까-마할라후 와 아다-마하"라고 말한다라고 전하는 예언자의 하디스를 근거로 제시하지만 이 하디스는 전승 과정이 확실하지 않아 하디스 다이프(Hadith Daīf, 전승과정이 불확실하여 신뢰할 수 없는 하디스)로 분류하고 있기 때문에 반드시 따라야할 규정이 아님을 알 수 있습니다.

---

170) *Sheikh Abdullaziz bin Bāz(1910 - 1999)는 사우디아라비아의 이슬람 학자로 이슬람의 가르침을 그대로 지키고 따랐던 존경받는 쌀라피로 오늘날 잘 알려져 있다. 1993년 사우디아라비아 왕국의 그랜드 무프티로 임명되어 1999년 임종까지 그 직을 수행하였으며 이후 파하드 국왕은 새로운 무프티로 Abdullaziz bin Abdullah Alu Asheikh를 임명하였습니다.

질문(146) 의무예배를 근행하기 위한 가장 좋은 시간은 언제인가요? 첫 번째 시간(아잔이 나온 후 이맘과 함께 근행하는 예배 시간)에 근행하는 것이 가장 좋은 것인가요?

대답: 예언자 무함마드에게 한 사람이 언제 의무예배를 근행하는 것이 가장 좋은지에 대해서 물었을 때 이에 대한 그분의 대답은 **(정해진 시간에 예배를 근행하는 것이니라)**라고 했습니다. 그래서 이슬람 성원에서는 아주 특별한 이유가 없는 한 아잔이 나오면 예배를 준비하고 이어서 정해진 시간에 이까—마가 나오면 이맘이 인도하는 예배를 다함께 근행하는 것이 원칙입니다. 그러나 그분께서 위 하디스에서 "첫 번째 시간에 예배를 근행하는 것이니라"라고 하지 않은 것은 이에 대한 충분한 이유가 있었기 때문입니다. 왜냐하면 우리가 매일 근행하는 의무예배들 중에는 아잔이 나온 후에 가급적 빨리 근행하도록 권장한 예배가 있는가하면 아잔은 나왔지만 충분한 시간을 가지고 늦은 시간에 예배를 근행하도록 권장한 예언자의 순나도 있기 때문입니다. 예를 들어 가정주부가 집에서 이샤예배를 근행할 경우 아잔이 나온 후에 바로 예배를 근행하는 것과 이를 늦추어 예배를 근행하는 것 중에 어느 것이 더 좋은 것이냐 라는 질문을 받았다면 예배시간을 늦추어 밤의 1/3 시간(Thulth al-Lail, 이샤(저녁)예배의 아잔 시간부터 파즈르(새벽)예배의 아잔 시간 까지 3등분한 시간)에 예배를 근행하는 것은 예언자의 순나이며 그렇게 하는 것이 더 좋은 것이라고 답할 수도 있을 것입니다. 왜냐하면 어느 날 밤, 이샤예배의 아잔이 나오고 수 시간이 지난 다음에 사람들이 예언자 무함마드에게 다음과 같이 말했습니다. 오! 예언자시여, 여성들과 어린이들이 잠자리에 들고자합니다……. 그러자 예언자께서 그들을 인도하여 이샤예배를 근행한 후에 **(만일 내가 사람들을 힘들게 하는 것이 아니라면 이 시간이 바로 이샤예배 시간이니라.)**[171] 라고 말했습니다.

이러한 근거로 만일 여성이 가정에서 이샤예배를 근행할 경우에는 시간을 늦추어 근행하는 것도 가능하며 예언자의 순나를 추종하는 권장사항임을 알 수 있습니

---

171) Sahih, al-Bukhari(566, 569, 862,864), Muslim(638), an-Nasāi(482)

다. 또 다른 경우에는 만일 사람들이 여행 중 여러 가지 많은 어려움에 처해 있는 상황에서 예배를 근행하기가 쉽지 않을 때도 이를 늦추어 근행하는 것이 더 좋습니다. 또한 단체로 소풍이나 관광을 갈을 경우 이샤예배 시간이 되었다면 예배를 늦출 경우 특별한 문제가 발생하지 않는 한 예배시간을 늦추는 것이 더 좋습니다. 그러나 나머지 예배들(파즈르, 두흐르, 아스르, 마그립)은 특별한 이유가 없는 한 정해진 시간에 예배를 근행하는 것이 가장 좋습니다. 특별한 이유라고 할 수 있는 것은 예를 들어 더위가 기승을 부리는 정오(두흐르) 예배시간에 더위를 피하기 위하여 조금 기온이 내려가는 오후(아스르)예배 시간 이전으로 정오예배를 늦추는 것도 이에 해당될 수 있고 여러 가지 어려움으로 인해 아잔이 나온 직후 정해진 시간에는 합동예배를 근행할 수 없지만 만일 예배 시간을 늦출 경우 다함께 합동예배를 근행할 수 있다면 예배 시간을 늦춰 합동예배를 근행하는 것이 우선이며 더 좋은 것임을 알 수 있습니다. **(만일 더위가 너무 심하다면 이를 피해 예배시간을 늦추어라, 실로 더위의 고통은 불지옥의 열풍으로부터 오느니라.)**172)

질문(147) 어떤 사람이 예배시간을 잘 모르는 상태에서 정해진 예배시간 이전에 예배를 근행했다면 어떻게 될까요?

대답: 예배 시간이 되기 전에 예배를 근행하는 것은 허용되지 않습니다. 이에 대하여 꾸란에는 명확하게 규정하고 있습니다.

"실로 믿는 자들에게 예배는 정해진 시간에 근행하도록 규정되어있느니라."173)

이러한 꾸란의 근거에 의해 예언자 무함마드께서는 예배 시간을 정했는데 예를

---

172) Sahih, al-Bukhari(534, 537), Muslim(615, 617), Abu Daud(402), at-Tirmidi(157).
173) 4:103

들어 정오 예배의 경우는 다음과 같이 묘사되어 있습니다. (정오 예배는 태양이 오심을 지난 바로 그 시각에 근행해야 하며……)174) 그래서 만일 누군가 정오 예배를 해가 오심을 지나기 전에 근행했다면 그가 근행한 예배는 정오 의무예배(Salat al-Farīdah)로 간주되지 않고 임의(Nafl) 예배로 간주되며 임의 예배에 해당하는 보상만 받을 수 있습니다. 그리고 그는 예배시간이 되었을 때 정식으로 다시 의무 예배를 근행해야 합니다.

질문(148) 예배를 정해진 시간에 근행하지 못했을 때 미처 근행하지 못한 예배들을 채워줘야 하는데 이때"잘 몰랐거나 잊어버리고"근행하지 못한 예배들을 순서에 따라 채워주지 못했다면 어떻게 되나요?

대답: 이 질문에 대한 대답은 학자들 간에 약간의 이견이 있습니다만, 반드시 근행하지 못한 예배들을 순서에 따라 채워줘야 할 필요는 없습니다. 특히 **"잘 몰랐거나 (Jahl) 잊어버린(Nisyan)"**상황에서 일어난 사실에 대해서 이슬람은 관대하게 적용합니다.

   "오! 주님이시여, 저희가 잊어버리고 또는 실수로 잘못을 저질렀다면 저희를 벌하지 마소서."175)

또한 예언자께서는 하디스에서 인간들의 무지와 실수, 그리고 망각에 의해 저질러진 잘못에 대하여 다음과 같이 말씀하셨습니다. **(실로 하나님께서는 우리가 실수를 했거나 또는 잊어버리고 잘못을 했을 경우에는 벌하지 않으시니라.)**176)

---

174) Sahih, Muslim(612), Ahmad(6927, 7037)
175) 2:286
176) Sahih, Ibn Majah(2043, 2045).

질문(149) 어떤 사람이 이샤예배를 근행하기 위하여 마스지드에 들어간 순간 자신이 아직 마그립예배를 근행하지 않았음을 알게 되었다면 어떻게 해야 되는지요?

대답: 이샤예배의 시작을 알리는 이까-마가 울릴 때 자신이 미처 마그립예배를 근행하지 못했음을 알게 되었다면 마그립예배와 이샤 예배를 성공적으로 근행하기 위하여 3가지 방법이 있음을 알 수 있습니다. 첫 번째는 이맘의 인도에 따라 합동예배를 시작하는데 자신은 이맘의 이샤예배 의도(Niyat)와 달리 마그립예배를 의도하고 이맘과 함께 예배를 시작합니다. 그리고 이맘이 네 번째 라크아에서 일어서면 자신은 (세 번째 라크아를 끝낸 상태에서)일어서지 말고 앉은 상태에서 타샤후드와 쌀라투 알란나비를 하면서 이맘이 네 번째 라크아를 마칠 때까지 기다렸다가 이맘과 함께 쌀람을 해서 마그립예배를 완수하는 것입니다. 그런 후에 혼자서 또는 다른 자마아(Group)가 만들어지면 그들과 함께 이샤 예배를 근행하는 방법입니다. 두 번째는 이맘이 네 번째 라크아를 위해서 일어섰을 때 자신은 앉은 상태에서 서둘러 타샤후드와 쌀라투 알란나비를 한 다음 쌀람을 해서 마그립예배를 완수하고 이맘이 진행 중인 네 번째 라크아에서 이샤예배를 시작하여 나머지 라크아를 채워주는 방법입니다. 이때 이맘의 의도와 마으뭄(이맘 뒤에서 예배를 근행하는 사람)의 의도는 반드시 같지 않아도 예배에는 지장이 없습니다. 그리고 마지막 세 번째 방식은 이맘이 인도하는 이샤예배는 시작되었지만 이와 상관없이 혼자서 근행하지 못한 마그립예배를 근행한 후 이맘이 인도하는 이샤예배에 합류하여 예배를 완수하는 것입니다.

질문(150) 어떤 사람이 잠들어 있었거나 또는 잊어버리고 의무 예배를 한번 또는 한번 이상 근행하지 못했다면 이를 어떻게 채워 주어야 하는지요? 미처 근행하지 못한 예배를 먼저 채워 주어야 하는지 아니면 시간에 임박한 의무예배를 먼저 근행한 후 놓친 예배들을 채워 줘야하는지 궁금합니다.

대답: 미처 근행하지 못한 예배를 먼저 채워주는 것이 바람직합니다. 그런 후에 시간이 된 의무 예배를 근행합니다. 그러나 예배를 의도적으로 늦추는 것은 허용되지 않습니다. 사람들 중에는 예배에 대한 이해 부족으로 만일 오늘 새벽예배를 근행하지 못했다면 그 다음날 새벽 예배 시간에 어제 근행하지 못한 예배와 오늘 예배를 함께 근행하는 경우가 있는데 이러한 행위는 올바르지 않습니다. 이는 예언자 무함마드의 말씀과 행동에 다 위배되는 것으로 비이슬람적인 것으로 이해될 수 있습니다. 이와 관련한 예언자의 말씀에는 다음과 같은 근거들을 찾아볼 수 있습니다. **(누군가 예배시간에 잠들어 있었거나 또는 잊어버리고 있었다면 그것을 기억한 그 순간 예배를 근행하라.)**

여기서 말하는 **(그것을 기억한 그 순간)**은 잠에서 깨어났거나 잊고 있었던 예배를 생각한 그 순간을 의미하는 것이지 다음날 그 예배시간이 되었을 때를 의미하는 것이 아닙니다. 또한 이를 뒷받침 할 수 있는 예언자 무함마드의 행동에는 다음과 같은 근거가 있습니다. 칸다끄(참호) 전투를 이끌던 예언자께서 전투로 인하여 몇 번의 의무예배를 근행하지 못하고 시간을 지나치게 되었는데 마침 예배시간이 되자 그동안 근행하지 못했던 예배들을 순서대로 채워서 근행한 후에 시간이 도래한 의무예배를 근행했다고 합니다.

그러나 어떤 사람이 잊어버리고 예배를 근행하지 못한 경우에는 시간에 임박한 의무예배를 먼저 근행할 수도 있습니다. 왜냐하면 의무예배를 근행할 그 순간 자신이 근행하지 못한 예배에 대한 기억이 확실하지 않을 수도 있기 때문에 이를 기억한 순간 이미 시간이 많이 지났다고 해도 채워줄 수 있는 것입니다. 또한 무지에 의해서 자신이 행한 예배가 확실한 것인지 확신이 없을 때도 용서될 수 있습니다. 예배를 채워주는 경우는 다음 3가지로 요약해서 이해할 수 있습니다.

첫째: 예배를 근행하지 못한 이유가 확실하고 이를 알게 되었을 때 이를 즉시 채워 주는 것으로 대신할 수 있습니다.

예) 매일 근행하는 5번의 의무예배, 위트르 예배 등

둘째: 다른 형태의 예배로 대신해서 채워줄 수 있습니다. 예를 들어 어떤 사람이 주므아(금요합동예배)예배에 늦어서 미처 이맘과 함께 예배를 근행하지 못했다면 4라크아의 정오(주흐르)예배를 근행함으로써 이를 대신할 수 있습니다. 이러한 이유로 가정에서 가사 일을 돕는 여성들이나 병중에 있는 환자들과 같이 주마예배를 위하여 이슬람성원에 올 수 없는 상황의 사람들은 각자의 위치에서 4라크아 정오 예배를 근행하는 것으로 이를 대신할 수 있습니다.

셋째: 이드(축제)예배의 경우 만일 예배에 참석하지 못했다면 다음날, 이드예배가 거행된 그 시간에 예배를 거행할 수도 있습니다. 이드예배의 경우 보통 해가 뜬 후 이른 시간에 근행하는 것이 일반적인데 예배가 끝나고 정오가 된 후에 이드 예배에 대하여 알았다면 부득이 다음날 이드 예배가 거행된 시간에 맞춰서 예배를 근행할 수도 있습니다.

질문(151) 무슬림들의 의복과 관련한 사항입니다. 일부 사람들 중에는 입고 있는 옷의 천이 너무 얇아서 속옷은 물론 속살까지 다 비치는 경우가 있습니다. 특히 남성들의 경우 예배를 근행할 때 입는 옷의 천이 너무 얇아서 허벅지가 비춰지는 경우가 있는데 이러한 상태에서 근행한 예배는 유효한 것인지요?

대답: 속살이 비춰지는 옷을 입고 예배에 임하는 것은 옷을 입지 않고 예배에 임하는 것과 같습니다. 그래서 그러한 상태에서 근행한 예배는 유효하지 않습니다. 남성들의 경우 아우라(Aurah, 신체를 가려야할 한계)는 배꼽에서 무릎까지이며 예배를 근행하기 위해서는 반드시 그 부분을 완전하게 가려야합니다. 여성은 얼굴과 손을 제외한 신체의 모든 부분을 가린 상태에서 예배에 임해야 합니다. 그래서 만일 예배를 위해서 의복을 갖추어 입었다고 해도 의도와 다르게 천이 너무 얇아

서 속살이 비친다든지 타인의 시선이 집중될 수 있는 여지가 있다면 예배를 위하여 준비하는 성실한 자세가 아닌 것으로 간주되며 이러한 상태에서 근행한 예배는 무효가 될 수도 있습니다. 만일 겉옷의 천이 너무 얇아서 속살이 비치는 경우에는 속옷을 제대로 챙겨 입어 속살이 비춰지지 않는 상태에서 예배에 임해야 합니다.

질문(152) 여성들이 입는 치마는 그 길이와 상관없이 앞쪽이나 옆쪽 또는 뒤쪽의 트임으로 인하여 다리의 일부가 노출되는 경우가 있습니다. 이러한 경우에는 어떻게 해야 하는지요?

대답: 이슬람에서 여성의 아우라(Aurah, 신체를 가려야할 한계)는 얼굴과 손을 제외한 신체의 전부분입니다. 그래서 신체의 일부분이 노출되어 주변의 시선이 집중될 수 있는 의복은 피해야 합니다. 이와 관련하여 쉐이쿨 이슬람 이븐 타이미야는 예언자 시절의 여성들이 즐겨 입었던 의복에 대하여 그 당시 여성들은 두 발을 가리고 팔은 손까지 가리는 긴 셔츠를 입었다고 언급하고 있습니다. 여성들이 입는 치마가 걷기 쉽도록 하고 옷의 맵시를 살리기 위하여 치마의 하단을 틔어서 다리가 노출되는 경우에는 치마위에 이를 가릴 수 있는 덧옷을 입어줌으로서 노출을 막을 수 있습니다.

질문(153) 여성이 예배를 근행할 때 장갑이나 니깝(Niqāb, 얼굴을 가리는 천)을 착용하는 것은 허용되는지요?

대답: 여성이 집에서 예배를 거행하거나 또는 마흐람(Mahram, 보호자, 해당여성과 결혼이 불가능한 근친)외에는 어떤 다른 남자도 마주칠 염려가 없는 상황이라면 얼굴과 손을 노출한 상태에서 예배를 근행하는 것이 바람직합니다. 왜냐하면

수주드(절)를 할 때 이마와 코 그리고 손이 바닥에 바로 닿는 것이 예배의 바른 자세이기 때문입니다. 그러나 예배를 근행하는 여성이 외부인들에게 노출된 상황이라면 얼굴과 손을 비롯하여 신체의 전 부분을 가리고 예배를 근행할 수도 있습니다.(이 경우 일부 학파에서는 반드시 신체의 전 부분을 가린 상태에서 예배에 임해야함을 주장하기도 합니다.) 예언자 무함마드의 하디스에 의하면 예언자 시절의 여성들은 예배를 근행할 때는 물론 일상생활에서 외부인과 접촉할 수 있는 상황에서는 반드시 얼굴은 물론 장갑까지 착용하여 신체의 전 부분을 가렸음을 알 수 있습니다. 다음의 하디스는 예언자께서 성지순례에 임하는 무슬림 여성들에게 전한 말씀입니다. **(성지순례에 임한 여성(Muhrimah)은 니깝과 장갑을 착용하지 말라.)**177) 이 하디스에서 이해할 수 있는 것은, 무슬림 여성들은 일상생활에서 외부인들을 접촉하게 될 경우 얼굴과 손을 비롯한 신체의 전부를 가렸음을 알 수 있습니다. 그래서 성지 순례 때에는 특별히 이를 허용했으며 평상시 외부에 노출된 장소에서 예배를 근행하는 여성의 경우 얼굴과 손을 가리고 예배를 근행하는 것은 당연한 것으로 받아들여졌던 것입니다.

질문(154) 어떤 사람이 그가 입고 있는 옷에 오물(Najis)이 묻어 있음에도 불구하고 모른 채 예배를 근행했다면 어떻게 되나요?

대답: 그가 근행한 예배는 유효합니다. 예배를 근행한 후에 자신이 입고 있는 옷에 오물이 묻어 있고 깨끗하지 않은 불결한 상태임을 알았다고 해도 이미 근행한 예배를 다시 할 필요는 없습니다. 왜냐하면 하나님께서는 무지로 인한 잘못이나 망각으로 인한 잘못은 벌하지 않으시기 때문입니다.

---

177) Hadith Sahih, al-Bukhari(1838), Abu Daud(1823,1826,1827), at-Tirmidi(833), an-Nasāi (2673,2681)

"오! 주님이시여, 저희가 잊어버리고 또는 실수로 잘못을 저질렀다면 저희를 벌하지 마소서."[178]

그 예로, 어느 날 예배를 근행하고 있는 예언자에게 지브리일 천사가 다가와 그가 신고 있는 신발에 오물이 묻어 있음을 알려주었을 때 예언자 무함마드는 예배를 중단하지 않고 단지 신발을 벗고 예배를 계속했다[179]고 합니다. 이 하디스를 근거로 만일 예배 중인 사람이 의복에 오물이 묻어 있는 것을 예배 중에 알았다면 오물이 묻어 있는 신발이나 의복(겉옷인 경우)을 벗고 예배를 계속할 수 있으며, 만일 모르는 상태에서 예배를 완수했다면 그 예배는 받아들여졌음을 알 수 있습니다.

그러나 옷에 오물이 묻어 발생한 경우와는 다르게 어떤 사람이 우두를 하지 않은 상태에서 이를 잊고 예배를 근행하다가 자신이 청결한 상태가 아님을 알았다면 예배를 중단하고 우두를 한 후에 다시 예배를 근행해야 합니다. 또한 우두나 구슬을 하지 않은 상태에서 예배를 완수했다고 해도 예배 후에 이를 기억했다면 반드시 우두나 구슬을 한 후에 예배를 다시 근행해야 합니다. 그 예로 어떤 사람이 자신이 수면 중에 몽정(夢精)을 했지만 그 사실을 모른 채 우두만 하고 새벽예배를 근행하고 낮에 옷에 묻은 흔적이나 또는 기억을 통해서 자신이 자나-바(Janābah, 몽정, 부부관계, 생리 등으로 인하여 신체적으로 청결한 상태가 아닌 상황)상태임을 알게 되었다면 반드시 구슬을 하고 예배를 다시 근행해야함을 알 수 있습니다.

첫 번째 상황과 두 번째 상황, 즉 오물(Najis)이 의복에 묻어 더럽혀진 상황과 우두나 구슬을 해야 할 상황의 차이를 보면 전자는 오물을 씻거나 의복을 벗는 것으로 상황이 종료될 수 있지만 우두와 구슬은 '이를 행해야 될 당사자에게 명해진 의무화된 신앙의식 중 하나'이기 때문에 반드시 이를 통해서만 경배행위가 이루어 질수 있습니다. 그래서 어떤 사람이 잊어버렸거나 모르는 상태에서 의복이나 신발에 오물이 묻어 있음에도 불구하고 예배를 근행했다면 그 예배는 받아들여질 수 있지만 우두나 구슬을

---

178) 2:286
179) Hadith Sahih, Abu Daud(650), Ahmad(11467), ad-Darimi(1378)

행하지 않은 상태에서 예배를 근행했다면 그 예배는 무효가 되기 때문에 이러한 사실을 알게 된 순간 반드시 우두나 구슬을 하고 그 예배를 다시 근행해야 합니다.

질문(155) 남자들이 착용하는 의복의 하의가 필요이상으로 길어서 땅에 끌리는 경우가 있습니다. 특히 싸웁(Thaub, 아랍지역 무슬림들이 즐겨 입는 의복으로 상하의가 하나로 된 옷)의 경우 멋을 내거나 어시대기 위하여 의도적으로 길게 입는 경우가 있는데 이때 주어지는 벌은 어떤 것이 있는지요? 또한 위와 같은 의도는 아니지만 필요이상으로 길게 입는 경우는 어떻게 되는지요?

대답: 무슬림 남성들이 멋을 내거나 으스대기 위하여 하의를 의도적으로 필요이상으로 바닥에 끌리도록 길게 입는 경우에 주어지는 벌은 부활의 날 하나님께서 그를 봐 주지도 않으시고 말씀도 하지 않으실 뿐만 아니라 그를 칭찬하지도 않으실 것이며 그에게는 고통스러운 벌이 주어질 것이라고 했습니다. 예언자 무함마드께서는 아래와 같은 사람들에게 주어질 하나님의 징벌에 대하여 다음과 같이 말씀하셨습니다. **(부활의 날, 하나님께서는 세 가지 경우의 사람들에게는 말씀도 하지 않으시고 봐주지도 않으시며 칭찬하지도 않으실 것이니 그들에게는 고통스러운 벌이 주어질 것이니라, 그 세 가지는 발목 밑으로 길게 늘어진 옷을 입는 사람들과 자선을 베풀고 이를 자랑하는 사람들, 그리고 상품을 거짓되게 파는 사람들이니라.)**[180] 그리고 의도적이지는 않았지만 만일 옷이 발목의 복사뼈 아래까지 내려와 땅에 끌릴 경우 끌린 길이만큼 불지옥에서 고통을 받게 될 것이라고 아부 바크르가 전하는 하디스에는 언급되어 있습니다. **(복사뼈 아래의 이자-르(Izār, 하의에 해당하는 옷이나 천)는 불지옥에 있게 될 것이니라.)**[181]

---

180) Sahih, Muslim(106), Abu Daud(4087), Ahmad(2103)
181) Sahih, al-Bukhāri(5787), an-Nasāi(5330, 5331)

이와 같이 이슬람은 남성들에게 하의(Izār)의 길이를 필요이상 길게 해서 뽐내거나 으스대는 것을 금하고 있음을 알 수 있습니다. 예언자의 말씀을 아부 싸이드 알 쿠드리(Abu Saīd al-Khudri)는 다음과 같이 전합니다. **(믿는 자들은 종아리의 반 정도를 가릴 수 있는 하의를 착용하느니라. (또는)종아리의 반에서 복사뼈 사이까지 가릴 수 있는 길이의 하의를 착용하느니라. 그보다(복사뼈) 더 아래까지 길게 드리워 입는 사람은 불지옥에 들게 될 것이며 부활의 날 하나님께서 그를 보지 않으실 것이니라.)**[182]

질문(156) 어떤 사람이 예배를 근행한 후에 자신이 청결하지 않은 상태이기 때문에 반드시 구슬(Ghusl, 신체를 청결히 하기 위하여 몸 전체를 깨끗이 씻는 의식)을 해야 함을 알았다면 어떻게 해야 하는지요?

대답: 어떤 사람이 자신이 청결상태를 유지하고 있는 것으로 착각하고 예배를 근행한 후에 자신이 청결한 상태가 아님을 인식했다면 그는 반드시 우두나 구슬을 통해서 몸을 청결히 한 후에 그 예배를 다시 근행해야 합니다. 왜냐하면 예언자 무함마드께서 다음과 같이 말씀하셨기 때문입니다. **(청결하지 않은 상태의 예배는 하나님께서 받아들이지 않으시니라.)**[183]

질문(157) 어떤 사람이 예배를 근행하는 도중에 코피가 흘렀다면 어떻게 해야 하는지요? 또한 예배 중에 옷에 묻은 코피는 오물(Najis, 반드시 씻어야 할 것으로 인간과 가축의 분뇨 등이 여기에 포함됨)로 간주해야 되는지요?

---

182) Sahih, Ibn Mājah(3573), Ahmad(7797, 10177,10627)
183) Sahih Muslim(224), Abu Daud(59), at-Tirmidi(1), an-Nasāi(39, 2524)

대답: 흐르는 코피는 그 양이 많든 또는 적든 간에 그것으로 인하여 우두가 깨지지는 않습니다. 뿐만 아니라, 성기나 항문(소변, 대변, 하혈, 분비물 등)을 제외한 신체의 모든 기관(입, 코, 귀, 눈 등)에서 흐르는 물질들(코피, 눈물, 콧물, 구토, 귀지, 트림, 상처로 인하여 흐를 수 있는 진물 등)은 그 양이 많고 적음에 상관없이 우두가 깨지는 요인이 될 수 없습니다. 왜냐하면 이러한 상황들에 대하여 우두가 깨졌다고 볼 수 있는 예언자 무함마드의 어떤 전승도 찾을 수 없기 때문입니다. 그래서 예배 중에 성기나 항문을 제외한 다른 기관을 통해서 부득이한 상황이 발생했다고 해도 청결 상태(우두)는 그대로 유지될 수 있다고 보는 것입니다. 예배를 근행하기 위하여 우두나 구슬을 하는 것은 꾸란과 하디스의 법적 근거에 의해 하는 것이고 이러한 법적근거를 소멸 시킬 수 있는 것은 또 다른 법적인 근거를 제시할 수 있을 때인데 위 상황들(코피, 구토, 눈물, 콧물 등)의 경우 우두가 무효화 될 수 있는 어떠한 법적인 근거도 찾을 수 없기 때문에 우두 상태가 그대로 유지될 수 있다고 보는 것입니다.

그러나 코피를 흘리는 당사자가 그로 인하여 예배를 지속할 수 없는 것은 우두가 깨져서라기보다 이로 인하여 예배에서 얻을 수 있는 평화와 안녕을 구할 수 없기 때문에 예배를 중단하고 지혈을 위한 조치를 취하는 것이 바람직한 것으로 볼 수 있으며, 또한 흐르는 코피나 구토물로 인하여 예배소를 오염시킬 수도 있다는 우려는 예배를 중단할 수 있는 충분한 계기가 될 수 있습니다.

그리고 코피로 인하여 흐른 피가 옷에 묻은 경우에는 옷을 더럽히는 것(Najis)으로 보지 않습니다. 그러나 코피가 묻은 상태에서 예배를 근행했다면 예배가 끝난 후에 이를 반드시 씻어야 할 것입니다.

질문(158) 묘지가 있는 마스지드(이슬람 성원)에서 근행하는 예배는 어떻게 되나요?

대답: 묘지가 있는 마스지드는 두 가지로 구분될 수 있습니다. 첫 번째는 묘지가

만들어진 다음에 그 위에 마스지드가 건축된 경우입니다. 이러한 상황에서는 그곳에서 예배를 근행할 수 없으며 반드시 마스지드를 다른 곳으로 옮겨야합니다. 묘지에 마스지드를 건축한 사람은 스스로 그 마스지드를 허는 것이 좋겠지만 스스로 그렇게 하지 않는다면 그가 속한 공동체가 대신해서 그 마스지드를 헐어야할 것입니다. 두 번째는 원래 마스지드가 건축되어 예배소로 사용되고 있는 곳에 묘지를 쓴 경우입니다. 이러한 상황에서는 묘지를 이전하여 다른 곳에 시신을 묻고 마스지드 원래의 기능을 회복할 수 있도록 해야 합니다. 그러나 묘지가 예배자들의 뒤쪽에 위치한 경우에는 그곳에서 예배하는 것이 허용됩니다. 왜냐하면 예언자 무함마드께서 묘지를 향해서 예배하는 것을 금했기 때문입니다.[184]

그러나 메디나의 예언자 무함마드 성원 내에 있는 예언자 묘지는 위 상황들과 다르게 이해될 수 있습니다. 왜냐하면 예언자 성원은 예언자가 메카에서 메디나로 이주하여 바로 건축하여 예배소로 사용되었기 때문에 묘지 위에 건축한 마스지드가 아니며, 또한 예언자 무함마드가 돌아가신 다음에도 예언자의 시신을 예언자 성원 안에 매장한 것이 아니라 성원과 완전히 분리되어 있었던 예언자의 집에 매장했던 것입니다. 헤지라 88년, 왕이었던 알 왈리드 븐 압둘 말리크(al-Walīd bn Abdul-Mālik)는 메디나 통치자 오마르 븐 압둘 아지즈(Umar bn Abdul-Aziz)에게 예언자 성원의 뒤쪽에 위치해 있던 예언자 무함마드의 집을 포함해서 성원을 확장할 의사를 공식 서한을 통해 전하자 오마르 븐 압둘 아지즈는 법학자들을 모아 의견을 수렴한 바 있습니다. 그들은 왕의 명령에 대해 근심하며 '그대로 놓아두는 것이 더 훌륭할 것'이라는 의견을 내었고, 특히 사이드 이븐 알 무사이입은 아이샤의 방을 성원 내부로 포함시키는 일을 비난했다고 전해집니다. 확장으로 인하여 성원 내부에 예언자의 묘지가 위치하게 될 경우 사람들이 묘지를 경배의 대상으로 삼지 않을까하는 두려움이 있었기 때문이었습니다. 그래서 오마르 븐 압둘 아지즈는 알-왈리드에게 서한을 보내 학자들의 의견을 전달하였으나 알-왈리드는 계획대로 성원 확장을 집행하기 위해 전령을 보낸 바, 우마르 븐 압둘 아지즈는 어찌할 도리가 없었던 것입니다. 무덤과 관련하여 다음과 같은 예언자

---

184) Sahih Muslim(972), at-Tirmidi(1050), an-Nasāi(760)

무함마드의 하디스가 전하고 있습니다. **(그들의 예언자들 묘지를 예배소로 삼은 유대인들과 기독교인들에게 하나님의 저주가 있을 것이라.)**[185] 또한 이븐 마스우드가 전하는 다음과 같은 하디스에도 묘지를 예배소로 삼아 망자를 섬기는 사람들을 강하게 경고하는 예언자의 메시지가 있음을 알 수 있습니다. **(최후의 심판 일을 기다리는 살아있는 사람들 중 가장 나쁜 사람은 묘지를 마스지드로 삼는 자들이니라.)**[186]

이후에도 메디나의 예언자 성원은 수차례에 걸쳐 확장 공사가 이루어져 오늘날에 이르렀으며 예언자 성원을 방문하여 예배를 근행하는 사람들은 이러한 예언자 성원의 특수성을 충분히 고려하여 예배에 임해야할 것입니다.

질문(159) 화장실 지붕, 또는 쓰레기(Najis)를 모아 두는 장소의 꼭대기에서 근행하는 예배는 유효한가요?

대답: 유효합니다. 왜냐하면 오늘날 우리가 살고 있는 서로 다른 형태의 건축물들은 다양한 층을 이루고 있고 대부분의 화장실은 별도의 건축물로 이루어지지 않고 각 층 마다 각 방마다 편리하게 이용되고 있음을 알 수 있습니다. 그래서 각 층은 또 다른 층들을 이루고 있기 때문에 화장실 그 자체에서 근행하는 예배가 아니라면 그 위층 또는 아래층에서 근행하는 예배는 유효합니다. 또한 독립된 화장실의 옥상에서 근행하는 것도 마찬가지이며 나지스(Najis)로 간주될 수 있는 쓰레기나 오물을 보관하거나 모아두는 장소의 꼭대기나 지붕에서 근행하는 예배도 유효합니다. 이와 관련한 예언자 무함마드의 하디스는 다음과 같습니다. **(이 땅(지구)은 나에게 예배를 근행하기 위한 깨끗한 장소로 만들어 졌느니라.)**[187] 이러한 장소에서 부득이 예배를 근행해야할 때는 청결한 상태를 확보하기 위하여 최선을 다하는 것도 중요한 신앙의 실천입니다.

---

185) Sahih al-Bukhāri(436, 3454, 4444, 5816), Muslim(531)
186) Hadith Hasanun, Ahmad(3834) and Ma'anahu fi as-Sahihaini
187) Sahih al-Bukhari(335, 438), at-Tirmidi(1556), an-Nasāi(432, 736), Ibn Mājah(567)

질문(160) 신발을 신은 채 하람성원(al-Masjid al-Harām)을 출입하는 것은
허용되는지요?

대답: 그렇게 해야 할 어떤 이유도 없습니다. 왜냐하면 하람성원은 모든 사람들
을 위하여 개방된 경배 장소이기 때문에 만일 사람들이 신발을 신고 출입할 경우
신발에 묻어 있는 오물로 인한 오염은 상상을 초월할 것입니다. 이슬람법에 의한
접근에서도 만일 어떤 행위가 예배를 근행할 장소를 더럽히거나 그 행위로 인하여
문제가 발생할 충분한 이유가 있다면 이러한 위해행위를 그만두는 것은 신앙생활
을 위한 믿는 자들의 기본자세로 간주하기 때문입니다.

질문(161) 어떤 사람이 예배를 근행한 후에 자신의 예배방향이 정확하게 끼블
라(메카의 카으바)를 향하지 않았음을 알았다면 그가 행한 예배는
유효한 것인지요? 이 경우 그는 예배를 다시 근행해야하는 지요?

대답: 메카 하람성원에서 카으바를 전면에 두고 예배를 근행하는 경우를 제외하
고 의도적이지 않은 상황이라면 예배 방향이 약간 틀렸다고 해도 예배가 무효화되
지 않습니다. 그러나 메카 하람성원의 경우에는 바로 눈앞에 카으바가 위치해 있
기 때문에 반드시 까으바를 향해서 예배를 근행해야 합니다. 그래서 어떤 사람이
하람성원에서 카으바를 향하지 않고 예배를 근행했다면 그 예배는 무효가 되며 정
확히 카으바를 향해서 다시 예배를 근행해야 합니다.

**"너의 얼굴을 하람성원으로 향하라, 너희가 어디에 있던 너희들의 얼굴을 그
방향으로 향하라."[188]**

---

188) 2:144

그러나 메카에 있는 사람이라고 할지라도 하람성원에서 멀리 떨어져 있으면 카으바를 볼 수 없기 때문에 부득이 그 방향을 추측하여 그 쪽을 향하여 예배를 근행하게 되는데 이때는 카으바를 향하는 방향이 약간의 차이가 있다고 해도 근행한 예배가 무효화 되지 않는다는 것입니다. 그래서 예언자 무함마드는 메디나에서 사람들에게 다음과 같이 말하기도 했습니다. **(동쪽과 서쪽 사이가 다 끼블라이니라.)**189)

왜냐하면 메디나 사람들이 메카의 카으바를 향하기 위해서는 남쪽으로 향해야 되는데 이때 메디나의 동쪽과 서쪽에 있는 사람들은 각자의 위치에서 까으바를 향할 수밖에 없기 때문에 그들에게는 남쪽을 향한 동쪽과 서쪽 사이가 다 끼블라가 될 수 있다는 것입니다. 마찬가지로 끼블라가 서쪽으로 향한 경우에는 서쪽을 향한 남쪽과 북쪽 사이가 다 끼블라가 될 수 있을 것입니다.

질문(162) 끼블라가 아닌 다른 방향으로 근행한 합동예배는 유효한가요?

대답: 이에 대한 정확한 대답은 두 가지 상황에서 이해될 수 있습니다.

첫 번째는 여러 가지 어려운 여건으로 끼블라 방향을 식별할 수 없는 경우입니다. 예를 들어 여행 중인 경우 날씨가 흐려서 익숙하지 않은 지형지물로 동서남북을 도저히 분간할 수 없는 어려운 상황일 때입니다. 이때 끼블라 방향을 찾기 위하여 최선의 노력을 다해보지만 어쩔 수 없는 상황이었다면 편하게 임의로 방향을 정해서 예배를 근행해도 무방합니다. 그런 후에 상황이 호전되어 자신들이 향한 예배방향이 틀렸다고 해도 아무런 문제가 없습니다. 왜냐하면 경배를 위하여 할 수 있는 최선을 다했기 때문입니다. 꾸란과 하디스에는 신앙생활을 위하여 최선의 노력을 다해야 함에 대하여 다음과 같이 정의합니다.

"그러니 너희가 할 수 있는 최선을 다하여 하나님을 공경하라."190)

---

189) Sahih, at-Tirmidi(322, 344), Ibn Mājah(1011)

(신앙 실천을 위하여 너희에게 주어진 것이라면 이를 수행하기 위하여 최선의 노력을 다하라.)[191] 또한 꾸란에는 끼블라 방향이 확실하지 않을 때 할 수 있는 최선을 다 함으로써 그 실천 행위가 받아들여짐을 알 수 있습니다.

"동쪽과 서쪽 모두가 하나님께 속해있으니 너희가 어디로 향하든 하나님을 향하게 되느니라. 실로 하나님은 모든 것을 다 아시느니라."[192]

두 번째는 끼블라 방향에 대하여 문의하고 이를 확인할 수 있는 충분한 여건이 됨에도 불구하고 방향을 확인하지 않은 채 예배를 근행한 경우입니다. 이때 끼블라를 향하지 않고 예배를 근행한 것이 확인되었다면 그 예배는 반드시 다시 해야 합니다. 그러나 확인한 결과 방향에 큰 차이가 없었다면 이미 근행한 예배는 유효합니다. 이러한 상황에 대하여 예언자께서 메디나 주민들에게 다음과 같이 말씀하셨습니다. **(동쪽과 서쪽 사이가 다 끼블라이니라.)**[193] 왜냐하면 메디나 사람들이 메카의 카으바를 향하기 위해서는 남쪽을 향해야 되는데 이때 메디나의 동쪽과 서쪽에 있는 사람들은 각자의 위치에서 까으바를 향할 수밖에 없기 때문에 그들에게는 남쪽을 향한 동쪽과 서쪽 사이가 다 끼블라가 될 수 있다는 것입니다. 마찬가지로 끼블라가 서쪽으로 향한 경우에는 서쪽을 향한 남쪽과 북쪽 사이가 다 끼블라가 될 수 있을 것입니다. 결론은 끼블라 방향을 찾기 위하여 노력한 후 부득이 약간의 차이를 발견했다면 이는 문제가 되지 않지만, 노력조차 하지 않았다면 신앙 실천을 위하여 최선을 다하지 못한 것으로 간주하여 허용할 수 없기 때문입니다.

질문(163) 니야(Niyah, 의도)를 소리 내서 하는 것은 허용되는지요?

---

190) 64:16
191) Sahih, al-Bukhari(7288), Muslim(1337), Ahmad(7320, 7449, 9239, 9890, 10229)
192) 2:115
193) Sahih, at-Tirmidi(322, 344), Ibn Mājah(1011)

대답: 니야(의도)는 마음으로 하는 것입니다. 그래서 의도를 위하여 소리를 낼 필요는 없습니다. 어떤 사람이 우두를 위해서 일어났다면 일어난 그 자체가 바로 우두를 위한 의도가 될 수 있기 때문입니다. 다시 말해서 이성을 가진 일반적인 사람들이라면 일어나기 전에 동작을 멈추고 자신의 의도를 말하고, 일어나서 절차에 따라 자신이 의도한 바를 행하는 것은 바람직하지 않습니다. 마음속으로 의도했다면 의도 그 자체가 곧 행동으로 옮겨지는 것입니다. 그래서 이슬람은 마음에서 비롯되는 의도를 모든 일의 근원으로 여기고 매우 중요하게 간주하는 것입니다.

질문(164) 타라위흐 예배(Salat at-Tarāwīh)와 같은 순나예배(권장예배)를 근행하는 사람과 함께 근행한 이샤예배(의무예배)는 유효한지요?

대답: 유효합니다. 이샤 예배를 근행하고자 하는 사람이 타라위흐 예배를 근행하는 이맘 뒤에서 예배에 합류하게 되었을 때 이맘이 두 라크아 타라위흐 예배를 끝내면 그는 일어나 이샤 의무 예배를 충족할 수 있는 나머지 라크아를 채워주고 이샤예배를 완수할 수 있습니다. 이에 대하여 이맘 아흐마드는 '여행 중인 한 사람이 이맘과 함께 예배를 처음부터 근행하였다면 이맘이 예배를 끝내고 쌀람을 할 때 그도 쌀람을 하거나, 아니면 이맘이 쌀람을 할 때 그에게 남아있는 횟수가 있었다면 이를 채워주면 된다'라고 말했습니다.

질문(165) 만일 여행자가 이맘(체류자)과 함께 예배의 마지막 2라크아를 근행했다면 그는 단축 예배(Salat al-Qasr)를 근행할 수 있는 여행자 예배 의도에 의해 이맘과 함께 예배를 종료할 수 있는지요?

대답: 여행자가 여행 중이지 않는 체류자 이맘과 함께 예배를 근행할 때, 만일

이맘이 마지막 두 라크아를 근행하고 쌀람을 했다면 그는 여행자 예배를 의도하여 이맘과 함께 2라크아를 근행했다고 해도 반드시 일어나 2라크아의 예배를 채워 주어야합니다. 예언자 무함마드의 하디스에는 다음과 같이 언급되어 있습니다. (너희가 이맘의 예배를 따라했다면 그와 함께 예배하라. 그리고 너희가 근행하지 못한 라크아가 있다면 이를 채워 예배를 완성하라.)194)

이 하디스에 근거하여 만일 여행자가 이맘과 함께 마지막 2라크아를 근행했다면 이맘이 쌀람을 한 후에 2라크아를 반드시 근행해서 예배를 완수해야 합니다. 그래서 이 경우에 여행자는 이맘과 함께 쌀람을 하고 예배를 종료하는 것은 허용되지 않습니다.

질문(166) 예배를 근행하기 위하여 발걸음을 서두르거나 뛰는 것은 허용되는지요?

대답: 예배를 근행하기 위하여 걸음걸이를 빨리하거나 뛰는 것은 좋은 모습이 아닙니다. 왜냐하면 예언자 무함마드께서 예배를 근행하기 위하여 마스지드를 향하는 무슬림은 경건함과 정숙함으로 충만한 자세로 임해야 하며 서둘거나 뛰어서는 안 된다고 말했기 때문입니다. 그러나 일부 학자들은 이맘이 루쿠우(Rukū'u, 반절) 중일 때, 만일 이를 놓칠 우려가 있다고 판단되었다면 흉하지 않은 빠른 걸음으로 예배에 합류하기 위하여 서두는 것은 허용된다고 보는 견해도 있습니다.

질문(167) 이맘이 인도하는 합동예배에 합류하기 위하여 서두는 것은 허용되는지요?

대답: 만일 성원에 들어갔는데 합동예배를 인도하는 이맘이 루쿠으(Rukū'u, 반

---

194) Sahih, al-Bukhari(635, 636, 908), Muslim(602), Abu Daud(582), at-Tirmidi(327), an-Nasāi(861), Ibn Mājah(775)

절)를 하고 있거나 반절상태에서 일어나고 있는 상황이라면 서둘지 않는 것이 좋습니다. 또한 첫 번째 줄이 꽉 채워져 더 이상 설수 없고 두 번째 줄이 비어 있는 상황이라면 서둘 필요가 없습니다. 이와 같은 상황에서 예배를 서두르는 아부 바크르(Abu Bakr, 1대 칼리파)를 충고한 예언자 무함마드의 다음과 같은 하디스가 있습니다. **(예배를 위한 당신의 노력에 하나님께서 힘을 더해주실 것이니라, 그러나 그러한 당신의 행위(이맘이 인도하는 예배에 합류하기 위하여 서두르는 행위)에 따른 보상은 없을 것이니라.)**195) 예배는 우리 자신을 성찰하기 위한 중요한 기회입니다. 그래서 예배를 향한 한걸음 한걸음마다 정숙하고 경건한 마음으로 임해야 하며 안정되고 평화로운 마음으로 예배에 임할 때 자신을 완전히 하나님께 예속시킬 수 있게 될 것입니다. 예배를 근행하기 위하여 마스지드를 향할 때나 또 마스지드에 들어서서 이맘과 함께 합동예배를 근행하고자 하는 것은 하나님의 은총을 더할 수 있는 중요한 시간인 만큼 충분한 여유를 가지고 임하는 자세가 보다 더 중요할 것입니다.

질문(168) 마스지드에서 큰 소리로 꾸란을 읽어 예배를 근행하는 사람들에게 방해가 되었다면 어떻게 해야 하나요?

대답: 어떤 사람이 마스지드 안에서 필요 이상의 큰 소리로 꾸란을 읽거나 낭송해서 예배를 근행하는 사람들이나 공부를 하는 사람, 그리고 또 꾸란을 읽는 다른 사람들에게 방해가 되었다면 이것은 허용되지 않는 금기사항(Harām)입니다. 어느날 예언자 성원에서 다수의 사람들이 다른 사람을 배려하지 않고 제각각 큰 소리로 꾸란을 낭송하며 예배를 근행하는 모습을 본 예언자께서 다음과 같이 말씀하셨습니다. **(실로 예배를 근행하는 사람은 그의 주님께 구원을 청하니, 그가 무엇으로 그의 주님께 구원을 청하는지 주의하라! 그러니 (마스지드에서)너희들 서로가 서로에게 방해되게 꾸란을 소리 높여 읽어서는 안 될 것이니라.)**196)

---

195) al-Bukhārī(783), Abu Daud(683, 684), an_Nasāi(871)

질문(169) 예배시간에 임박하여 마스지드에 입장했을 때 이까마(Iqāmah, 예배의 시작을 알리는 소리) 직전임을 알고 마스지드 방문예배(Tahiyat al-Masjid)를 근행하지 않고 이맘이 예배를 시작할 때까지 서서 기다리는 사람들을 볼 수 있습니다. 이러한 행위는 허용되는지요?

대답: 확실히 이까마 시간이 임박하여 도저히 두 라크아(Tahiyat Al-Masjid)예배를 근행할 수 없는 상황이라면 그렇게 해도 무방합니다. 그러나 이까마가 언제 울릴 것인지 부정확한 상황이라면 타히야트 알-마스지드 두 라크아를 근행하는 것이 더 좋습니다. 그리고 이까마를 하고 이맘이 예배를 시작했을 때 만일 당신이 타히야트 알-마스지드의 첫 번째 라크아를 근행 중인 상황이라면 이를 그만두고 의무예배에 합류하는 것이 우선이며 만일 두 번째 라크아를 근행 중이었다면 이를 완수한 후에 의무예배에 합류하여 근행해도 되겠습니다.

질문(170) 메카에 위치한 하람성원(Masjid al-Harām)에서 예배를 근행할 경우, 남자 무슬림들이 부득이 여성들의 예배행렬 뒤에서 줄을 맞춰 예배를 근행하는 상황이 될 수도 있습니다. 이때 그 남성이 근행한 예배는 유효한 것인지요?

대답: 남성이 여성의 뒤에서 예배를 근행했다고 해서 예배가 무효가 되지는 않습니다. 그러나 이것은 순나(Sunna, 예언자의 언행)와 일치하지 않는 다른 것으로 볼 수 있습니다. 왜냐하면 예언자의 순나에 의하면 여성들은 남성들의 뒤쪽에서 예배를 근행하도록 했기 때문입니다. 메카 하람 성원의 경우, 수많은 인파로 인해 협소한 공간과 이동의 불편함으로 이러한 원칙이 잘 지켜지지 않고 예배에 참석한 순서에 따라 여성들의 예배 행렬이 형성되면 그 뒤에 자연스럽게 남성들의 예배행

196) Ahmad(18543), Mālik(178), Abu Dāud(1332).

렬이 형성되는 것을 볼 수 있습니다. 하람 성원의 특수한 환경을 고려하여 법학자들이 이를 허용하기는 했지만 예배에 임하는 사람이 사탄의 유혹으로 순수한 의도가 희석될 수 있다고 여긴다면 가능한 한 남성들은 남성들을 위한 예배구역에서, 그리고 여성들은 여성들을 위한 예배구역에서 예배를 근행하는 것이 더 좋습니다.

질문(171) 어린 아이들이 예배에 참석했을 경우 성인들의 예배행렬과 분리하여 어린이들만 따로 예배를 근행해야할 필요가 있을까요?

대답: 어린 아이라고 해도 어른들과 분리해서 따로 예배를 근행해야할 충분한 이유는 없습니다. 가능하다면 어른들의 예배 행렬에 참가시켜 어린 시기부터 예배를 습관화하고 의무감을 느끼게 하는 것은 성장하여 무슬림으로 정체성을 갖추는데 중요한 역할을 할 것입니다. 또한 부모의 모든 것을 모방하고 따르는 것을 최고로 아는 어린 아이들에게 단순히 시끄럽고 혼란스럽다는 이유만으로 예배행렬에서 제외시키는 것은 자칫 어른들로부터 소외되어 올바르지 않은 인성을 갖는 계기가 되기도 할 것입니다. 뿐만 아니라 어린이들만 따로 모아 뒤쪽에 어른들과 별개의 대오를 만들어 예배를 유도한다면 어른들이 챙겨주는 것과 다르게 수습하기 힘든 더 큰 혼란을 가져올 수도 있습니다. 그래서 가능하다면 어른들 사이사이에 어린이들을 세워 대오를 함께 맞춰 예배를 근행하는 것이 가장 바람직한 방법일 것입니다.

질문(172) 기둥 사이에서 예배를 근행하는 것은 허용되는지요?

대답: 성원이 비좁을 경우 기둥 사이에서 예배를 근행하는 것이 허용됩니다. 그러나 사람이 적어 성원이 한적한 경우에는 기둥으로 인해 예배자들의 줄이 끊어지

므로, 기둥사이에서 예배를 드려서는 안 됩니다.

질문(173) 여성들의 예배행렬은 어떻게 맞춰야하는지요? 예언자 무함마드의
　　　　 하디스(여성들에게 가장 나쁜 줄은 첫줄이며 가장 좋은 줄은 마지막
　　　　 줄 이니라.)197)의 의미는 예배소 환경과 상관없이 어떠한 상황에서
　　　　 든 다 적용되는 것인지 아니면 남성들과 여성들이 같은 공간에서 예
　　　　 배를 근행해야할 경우 예배소를 구분할 수 있는 커튼이나 가림막을
　　　　 구하지 못했을 경우에만 적용되는 것인지 궁금합니다.

　대답: 이 하디스가 의미하는 것은 남성들과 여성들이 한 장소에서 예배를 근행
할 경우 여성들에게는 마지막 줄이 첫줄보다 더 좋은 것임을 의미합니다. 왜냐하
면 마지막 줄은 남성들이 예배를 근행하기 위하여 맞추어 서는 첫줄에서 가장 멀
리 떨어져 있기 때문입니다. 그렇게 함으로써 순수한 마음으로 예배에 임할 수 있
기 때문입니다. 그러나 오늘날처럼 여성들을 위한 예배소가 잘 준비되어 있는 마
스지드의 경우에는 여성들에게도 첫줄이 가장 좋은 줄이 되겠습니다.

질문(174) 마스지드의 예배시설이 부족할 경우 마스지드 후방에 도로나 공터
　　　　 (마당)가 연결되어 있을 경우 이렇게 연결된 도로나 마당에서 이맘
　　　　 의 인도에 따라 함께 예배를 근행하는 것은 허용되는지요?

　대답: 성원 실내의 예배소가 예배행렬로 꽉 찼을 경우 실내의 예배소에 들어가
지 못한 사람들은 만일 성원 후방에 연결되어 있는 도로나 마당이 있다면 그곳에
서 이맘의 인도에 따라 실내에서 예배를 근행하는 사람들과 함께 합동예배를 근행

197) Sahih, Muslim(440), Abu Dāud(678), at-Tirmidhi(224), Ibn Mājah(1000)

할 수 있습니다. 원래 합동예배를 위해 이맘을 선두로 형성된 대오는 공백 없이 마지막 줄까지 연결되어 이맘의 인도에 따라 동시에 근행되는 것이 원칙입니다. 그러나 예배를 근행할 수 있는 실내의 장소가 꽉 차서 협소할 경우 부득이 외부에 성원과 연결된 도로나 또 다른 공간에서도 예배를 근행할 수 있고 이렇게 하는 것은 예외 규정에 해당되며 허용될 수 있습니다.

질문(175) 합동예배에 참석한 예배자들은 이맘을 선두로 서로 평등하고 대등한 입장에서 대오를 맞추게 됩니다. 그래서 예배자들은 좌우에 서 있는 또 다른 예배자들과 줄을 맞추고 수평을 유지하기 위하여 노력합니다. 이때 예배자는 발가락 끝을 기준으로 수평을 맞추어야하는지요? 아니면 각자의 복숭아 뼈(복사뼈)를 맞대어 옆 사람과 수평을 맞추어야 하는지요?

대답: 정확한 대답은 발가락이 아닌 복숭아뼈를 옆 사람과 맞대어 수평을 맞추는 것입니다. 발의 크기가 각자 다르고 또한 발가락의 형태가 각자 다르기 때문에 발가락 보다 복사뼈를 옆 사람과 맞대어 줄을 맞출 때 보다 정확할 수 있을 것입니다. 예언자 무함마드를 추종했던 교우들은 이러한 방식으로 예언자 무함마드가 인도하는 예배를 함께 근행하기 위하여 대오를 맞춰 섰으며 이러한 방식은 지금까지 이슬람의 평등의식과 형제애를 유도하는 좋은 모범으로 전해지고 있습니다.

질문(176) 예배를 근행할 때 양손을 세워 올려 "알라후 아크바르"라고 말하는 의식에 관한 질문입니다. 주로 4가지 동작에서 손을 들어 올리게 되는데 어떻게 해야 되는지요?

대답: 우선 예배 중에 "알라후 아크바르"라고 하는 4가지 동작에 대하여 우선 알아야 하겠습니다. 예배 중에 손을 들어 올리는 동작들은 다음과 같습니다.

1) 예배의 시작을 알리는 **"타크비라툴 이흐람"을 할 때** 반드시 손을 높이까지 들고 예배의 시작을 알려야 합니다.

2) 알 파-티하장과 짧은 장을 낭송한 후 **반절(Ruku'u)을 할 때,**

3) 반절 자세에서 **허리를 펴고 곧은 자세로 설 때,**

4) 2번째 라크아(Raka', 한 라크아는 한번의 반절(Ruku'u)과 두 번의 큰절(Sujud)로 이루어지며 예배의 기본은 2회의 라크아로 이루어진다.)를 한 후 앉은 자세에서 **첫 번째 타샤후드(Tashahud)를 외고 일어설 때** 손을 들어"알라후 아크바르"라고 합니다.

위와 같은 예언자 무함마드의 예배에 대한 정확한 근거의 사실들은 압둘라 븐 오마르(Abdullah bn Umar)가 전하는 하디스에서 찾아볼 수 있습니다. **(예언자께서는 예배를 시작하기 위하여 "타크비르(Takbir, 알라후 아크바르라고 외치는 행위"를 할 때, 그리고 루쿠-우를 위하여 타크비르를 할 때, 그리고 반절에서 일어나면서 "사미알라후 리만 하미다(하나님께서는 누군가 그분을 찬미하는 것을 들으시니라.)"라고 할 때 두 손을 들어 올리셨지만 수주드에서는 그렇게 하지 않으셨습니다.))**라고 그는 전합니다.[198]

이븐 오마르는 예언자 무함마드의 모범적인 언행을 추종하기 위하여 노력한 교우들 중에 한 사람으로 잘 알려져 있는데 그는 예언자를 추종하면서 예언자가 예배에서 행했던 말과 동작들을 그대로 전할 수 있었기 때문에 위 하디스와 같은 정확한 근거를 제시할 수 있었던 것입니다. 그래서 어떤 동작에서는 손을 드는 것이 예언자께서 예배에서 권장했던 행위로 보이기도 하고 또 어떤 동작에서는 예언자께서 하지 않은 행위이기 때문에 이를 하지 않는 것이 올바른 것으로 이해되기도 합니다.

---

198) Sahih, al-Bukhari(7305), Abu Dāud(722), at-Tirmidhi(255)

질문(177) 예배에 늦은 사람이 만일 이맘이 반절(Ruku')을 하고 있을 때 예배에 참석 했다면 그는 반드시 두 번의 타크비르(알라후 아크바르)를 해야 하는지요?

대답: 이맘이 반절(Ruku')을 하고 있는 상태에서 예배에 합류할 경우 그 사람은 예배를 시작하는 타크비라툴 이흐람(Takbirat al-Ihrām, 손을 높이까지 들고 '알라후 아크바르'라고 해서 예배의 시작을 알림)을 하고 바로 반절을 해야 합니다. 이 경우 반절을 위한 타크비르(Takbīr, '알라후 아크바르'라고 함)는 의무사항이 아니며 만일 할 수 있는 약간의 여유가 있다면 반절을 위한 타크비르를 하는 것도 가능하지만 이를 못했다고 해도 예배에 어떤 영향을 주지는 않습니다. 이맘이 반절 상태에 있을 때 마으뭄 (Ma'mum, 이맘의 인도에 의해 뒤에서 예배를 근행하는 사람)은 다음과 같은 상황에 있을 수 있습니다.

1) 이맘이 반절 상태에 있을 때 그 반절에 합류했음을 확신하는 경우입니다. 이때 그는 '알라후 아크바르'라고 한 후 이맘과 함께 단 한 순간이라도 반절을 했다면 그 라크아는 유효하며 비록 그(마으뭄)가 알 파티하장(개경장)을 외지 못했다고 해도 그의 예배는 완전하다고 볼 수 있습니다.

2) 마으뭄이 도착했을 때 이맘이 허리를 펴고 '사미알라후 리만 하미다(SamiAllāhu liman hamidah, 하나님께서는 누군가 그분을 위하여 찬미하는 것을 들으시니라)'를 하여 그가 이맘과 함께 반절을 하지 못한 것이 확실한 경우, 이때 마으뭄은 반드시 이맘이 예배를 끝내고 쌀람을 할 때 일어나서 그 라크아를 채워 주어야합니다.

3) 마으뭄이 자신이 참석한 예배 시점에 대하여 확신이 없는 경우입니다. 이맘이 반절을 끝내고 허리를 편 후에 합류했는지 아니면 허리를 펴기 직전에 합류했는지 확실하지 않을 때입니다. 이러한 상황에서는 자신의 추측에 의존 할 수밖에 없는데 만일 스스로 판단할 때 이맘과 함께 반절을 했다는 확신이 선다면 그 라크아는 유효하고 다시 채워주지 않아도 되지만 자신의 추측이 이맘과 반절을 함께 하지 못했다는 쪽이 더 강할 경우에는 그 라크아를 채워 주어야 합니다.

질문(178) 예배를 근행할 때 어떤 사람들은 가슴(심장)위에 왼손을 올리고 그 위에 오른 손을 올린 자세에서 예배를 근행합니다. 또 어떤 사람들은 배꼽 아래로 손을 내려 왼손 위에 오른손을 포개어 올려 예배하는 자세도 볼 수 있습니다. 어떻게 하는 것이 정확한 것이며 또한 이 자세에서 남성과 여성이 구별되는지요?

대답: 왼손위에 오른 손을 포갠 자세에서 예배를 근행하는 것은 **순나(권장사항)** 입니다. 사흘 븐 사아드(Sahl bn Saad)가 전하는 하디스에는 다음과 같이 전합니다. **(사람들에게 왼손 팔(목) 위에 오른 손을 올린 자세에서 예배하도록 명해졌느니라.)**199) 이 하디스에는 왼손 팔목위에 오른 손을 올린 자세에서 예배를 근행하라고 했지만 그 위치가 정확히 어디인지는 알려주지 않았습니다. 그래서 우리는 보다 확실한 예언자의 전언을 통해서 그 위치를 확인해 볼 수 있습니다. 와일 븐 하자르(Wāil bn Hajar)는 이 주제에 대하여 다음과 같이 전합니다. **(실로 예언자께서는 가슴 위에 왼손을 올리고 그 위에 오른 손을 포갠 후 예배를 근행하였습니다.)**200) 이러한 근거에서 가슴 위에 손을 올려 예배를 근행하는 것이 보다 정확한 자세임을 알 수 있습니다. 그러나 일부 사람들 중에는 왼쪽 가슴위에 손을 포개 올린 자세에서 예배를 근행하는 것을 볼 수 있는데 이것은 정확한 자세가 아니며 이에 대한 정확한 근거도 없습니다. 또한 배꼽 아래에 손을 두고 예배를 근행하는 것은 알리(Ali bn Abi Tālib)가 전하는 하디스에 근거를 두고 있긴 하지만 위에 소개된 와일 븐 하자르가 전하는 하디스보다 그 전승과정에서 정확성이 떨어짐(Hadith Daīf)을 알 수 있습니다. 또한 이 자세에서는 남성과 여성이 구별되어야하는 어떠한 법적 근거도 찾을 수 없습니다. 왜냐하면 이슬람법은 그 적용에서 원칙적으로 남성과 여성이 다르게 적용되지 않기 때문입니다. 단지 남성과 여성이 창조적 특성에 의해 구별되어야 할 경우에는 반드시 정확한 법적 근거에 의해서만 가능합니다.

---

199) Sahih, al-Bukhari(740), Ahmad(22342), Malik(378)
200) Sahih, Abu D명(759), Ibn Khuzaimah(1/243).

질문(179) 예배에서 꾸란을 낭송할 때 소리 내어 바스말라(Basmalla, 비스밀라-히르라흐마-니르라힘)를 하는 규정에 대하여 알고 싶습니다.

대답: 대부분의 학자들은 예배에서 소리 내어 '비스밀라-히르라흐마-니르라힘'하는 것을 의무화하지 않습니다. 뿐만 아니라 예배에서 꾸란을 낭송할 때 '바스말라'를 속으로 소리 내지 않고 낭송하는 것이 순나임을 강조합니다. 그러나 가끔씩 이를 소리 내어 낭송한다고 해도 정확한 예배를 근행하는 규정에 위배되거나 문제가 되지는 않습니다. 예배에서 꾸란을 낭송할 때 예언자의 관행에 때라 가끔씩은 반드시 '바스말라'를 소리 내어 해야 한다고 말하는 학자들도 있습니다. 그러나 예언자께서는 예배에서 '바스말라'를 소리 내지 않고 하셨기 때문에 대부분의 무슬림들은 이를 소리 내지 않고 속으로 말한 후 꾸란을 낭송합니다. 일부 마드합(Madhab, 이슬람 학파)에서 이를 의무적인 것으로 간주하고 밤 예배에서 '바스말라'를 소리 내어 낭송한다고 해도 이를 문제 삼을 필요는 없습니다.

질문(180) 타크비라툴 이흐람(Takbirat al-Ihram, 예배를 시작하면서 '알라후 아크바르'라고 하는 것)을 하면서 예배를 시작할 때 하는 기도(Dua' al-Iftitāh)는 반드시 해야 하는 의무사항인지요?

대답: 예배를 시작하는 기도문(Dua' al-Istiftah)은 다음과 같습니다 '수브하나칼라훔마 와비함디카 와타바라카스무카 와 타알라 잣두카 왈라 일라하 가이루카(오! 하나님, 한없이 영광스러운 당신께 진심으로 찬미를 드리나이다. 당신의 이름은 축복으로 가득하며 당신의 부는 지고하며, 오직 한분이신 당신 외에는 어떤 것도 신이 될 수 없습니다.) 이 기도문을 '타크비라툴 이흐람'후에 외우는 것은 권장사항이지 의무사항은 아닙니다. 그러나 신실한 무슬림은 예언자 무함마드의 좋은 관행을 추종하면서 신앙의 깊이를 더해가는 것이기 때문에 예배를 시작할 때 이를 외우는 것은 권장됩니다. 이와

마찬가지로 예배전후 또는 예배 중에 예배를 이루는 기둥에 해당되는 의무사항들 이외에 예언자 무함마드의 관행에 따라 순나를 지키는 것은 예배에 보다 더 집중할 수 있는 좋은 방법이 될 수 있을 것입니다.

질문(181) 알 파티하(al-Fātiha, 개경장)장을 낭송하고 아-민(Āmin)이라고 하는 것은 권장사항(Sunnah)인지요?

대답: 맞습니다. 예배에서 이맘이 꾸란의 알 파티하장을 낭송하고 '아-민'할 때 이맘을 따라 예배를 근행하던 사람들이 함께 '아-민(Āmin)'이라고 하는 것은 순나(예언자의 관행을 추종하는 권장행위)입니다. 아부 후라이라(Abu Hurairah)가 전하는 하디스에 의하면 예언자께서 다음과 같이 말씀하셨습니다. **(이맘이 '아-민'하면 너희들도 함께 '아-민'하라. 누군가 그가 행한 '아-민'이 천사들이 행한 '아-민'과 일치한다면 이전에 행한 그의 잘못을 용서받을 수 있을 것이니라.)**[201] 따라서 이맘의 알 파티하장 낭송이 끝나면 이맘과 마으뭄(이맘을 따라 이맘 뒤에서 예배를 근행하는 사람)은 동시에 함께 '아-민'이라고 하며 이에 관한 하디스는 다음과 같습니다. **(이맘이 '와랏 다알린'하면 너희는 '아-민'하라.)**[202]

질문(182) 마으뭄(Ma'mum, 이맘의 예배인도에 따라 뒤에서 예배를 근행하는 사람)들 중에는 이맘이 "이야카 나으부두 와 이야카 나스타인(우리는 당신에게만 경배드리고 당신에게만 도움을 청하나이다.)"라고 하면 '이스타안나 빌라(우리는 하나님에게만 도움을 청합니다.)'라

---

201) Sahih, al-Bukhari(780, 6402), Muslim(410), at-Tirmidi(250), Ibn Majah(851, 852)
202) Hadith Sahih, al-Bukhari(782, 4475), Muslim(415), Abu Daud(865), an-Nasai(927, 929), Ibn Majah(846)

고 하는 경우를 볼 수 있는데 이렇게 하는 것은 허용되는지요?

대답: 마으뭄이 예배를 근행하면서 반드시 지켜야할 것은 이맘의 꾸란 낭송을 듣고 예배 인도에 집중하여 그대로 따라하는 것입니다. 그래서 이맘이 예배를 인도하면서 꾸란을 낭송하면 조용히 이를 듣고 이맘이 알 파티하장을 끝내고 '아-민'하면 이맘과 함께 '아-민'하는 것이 마으뭄에게 요청된 의무 사항입니다. 이때 마으뭄이 이맘과 함께 '아-민'하는 것은 이맘이 꾸란(알 파티하장)을 읽는 동안 마으뭄이 강구하는 기도와 요청, 그리고 바람과 같은 모든 것들을 대신할 수 있습니다. 그래서 알 파티하장을 낭송하고 '아-민'하는 것 외에 다른 것을 외우거나 기도하는 것은 불필요한 행위로 간주됩니다.

질문(183) 예배에서 알 파티하장(al-Fātiha, 개경장)을 읽는 것(암송하는 것)
　　　　　은 의무사항인가요?

대답: 이 질문에 대해서 이슬람 학자들은 다음과 같은 의견들을 제시합니다.

첫째: 예배를 인도하는 이맘과 이를 추종하는 마으뭄 모두에게 알 파티하장(개경장)을 읽는 것은 그 예배가 혼자 근행하는 예배이든 또는 이맘과 함께 근행하는 합동예배이든, 그리고 소리 내지 않고 마음속으로 근행하는 낮 예배이든 소리를 내서 근행하는 밤 예배이든 의무가 아니라는 의견입니다. 예배를 근행하는데 반드시 지켜야 할 의무사항은 자신이 외우고 있는 꾸란 구절 중에서 할 수 있는 어떤 것이든 외는 것이고 그것으로 충분하다는 것입니다. 이를 주장하는 학자들은 근거로 다음 무함마드의 하디스와 꾸란 구절을 제시합니다. **(꾸란 중에서 너에게 쉬운 것을 읽도록 하라.)**203)

---

203) Hadith Sahih, al-Bukhari(757, 793, 6521, 6667), Muslim(397), Abu Daud(856), at-
Tirmidi(303), an-Nasai(884), Ibn Majah(1060)

"그러니 꾸란 중에서 (너희가 할 수 있는) 쉬운 것을 읽어라……,"204)

둘째: 알 파티하장을 읽는 것은 예배를 주관하는 이맘과 이를 추종하는 마으뭄, 그리고 혼자 근행할 때는 개인, 낮 예배, 밤 예배를 막론하고 모든 상황에서 반드시 외워서 읽어야할 의무 사항이며 완전한 예배근행을 위한 기둥(Rukn)에 해당된다는 의견입니다.

셋째: 알 파티하장을 읽는 것은 합동예배에서 예배를 인도하는 이맘과 혼자서 근행하는 예배에서 개인에게는 기둥에 해당되는 의무사항이지만 합동예배에서 이맘을 따라하는 마으뭄에게는 그 예배가 소리를 내지 않고 근행하는 낮 예배이든 또는 소리 내서 근행하는 밤 예배이든 의무 사항이 아니라는 의견입니다.

넷째: 예배에서 알 파 티하장을 읽는 것은 합동예배를 주관하는 이맘과 혼자서 예배를 근행하는 개인에게는 그 예배가 낮 예배이든 또는 밤 예배이든 반드시 해야 하는 의무(Rukn)이지만 이맘을 따라하는 마으뭄에게는 소리를 내지 않고 근행하는 낮 예배에만 의무 사항이라고 주장하는 의견입니다.

그러나 이러한 다양한 의견에도 불구하고 예배에서 알 파티하장을 읽는 것은 예배를 인도하는 이맘과 마으뭄, 혼자 예배를 근행할 때 무슬림 개개인, 낮 예배, 밤 예배를 막론하고 모든 상황에서 반드시 외워서 읽어야할 의무 규정으로 간주합니다. 특별히 예외가 될 수 있는 상황은 만일 어떤 사람이 이맘이 알 파티하장을 끝내고 반절(Ruku')을 할 때 예배에 합류한 경우에는 알 파티하장을 읽지 않았다고 해도 그 라크아가 유효한 것으로 간주됩니다.

예배에서 반드시 알 파티하장을 읽어야 한다는 의무 규정에 대한 정확한 근거는 다음과 같은 하디스 구절을 통해서 이해 할 수 있으며 예언자 무함마드의 좋은 모범은 그 의무 규정에 대한 근거를 뒷받침될 수 있을 것입니다. **(누군가 알 파티하장을 읽지 않고 예배를 근행했다면 그것은 예배가 아니니라.)**205) **. (누군가 꾸란의 어머니(알**

---

204) 73:20
205) Hadith Sahih, al-Bukhari(752), Muslim(394), Abu Daud(822), at-Tirmidi(247, 311), an-Nasai(910,911)

파티하)장을 읽지 않고 예배를 근행했다면 그것은 무효이니라.)[206] 또한 우바다 븐 앗 사미트(Ubāda bn as-Sāmit)가 전하는 하디스에 의하면 예언자 무함마드(그분에게 하나님의 평화가)께서 새벽 예배를 근행하고 나오는 교우들에게 **(여러분들은 이맘 뒤에서도 꾸란을 읽는 것입니까?)**라고 말하자 그분의 교우들이 '그렇습니다'라고 답하자 이에 예언자께서는 다음과 같이 말씀하셨습니다. **(꾸란의 어머니장(알 파티하 장)을 제외한 어떤 것도 하지 마시오, 실로 누군가 알 파티하장을 예배에서 읽지 않으면 그 예배는 무효입니다.)**[207] 이와 같이 예배에서 알 파티하장을 외우는 것은 예배가 성립되기 위한 중요한 기둥이며 예배에 임하는 무슬림은 예배에 집중하여 자신이 근행하는 예배가 받아들여질 수 있도록 매 예배마다 최선을 다하는 것이 기본임을 알아야합니다.

질문(184) 예배에서 마으뭄(이맘의 인도에 따라서 이맘 뒤에서 예배를 근행하는 사람)은 언제 알 파티하장을 외우는지요? 이맘이 알 파티하장을 한 구절씩 낭송할 때 이맘과 함께 읽는지요? 아니면 이맘이 알 파티하장을 끝내고 짧은 장을 외울 때 읽는지요?

대답: 예배에서 마으뭄이 알 파티하장을 외우는 가장 좋은 시간은 이맘이 알 파티하장을 암송하고 이맘과 함께 '아-민'한 직후입니다. 이맘이 알 파티하장을 암송할 때는 집중하여 듣는 것은 성공적인 예배를 근행하기 위한 기둥(의무사항)이기 때문에 이를 경청하는 것이 우선입니다. 권장사항을 지키기 위하여 의무규정을 소홀히 하는 것은 신앙의 실천에서 큰 우를 범하는 것입니다. 그래서 무슬림은 신앙 실천에서 가장 우선시되어야하는 것이 무엇인지 항상 염두에 두고 신앙생활에 충실해야하며 그렇게 하는 것이 신앙의 기초를 튼튼히 하는 것입니다. 예배에서 알 파티하장을 암송하는 것은 의

---

206) Muslim(395), Abu Daud(821), at-Tirmidi(2953), an-Nasai(909), Ibn Majah(838)
207) Hadith Daif, at-Tirmidi(311), Ahmad(22186, 22239).

무 사항이지만 꾸란의 짧은 장이나 절을 낭송하는 것은 권장 사항입니다. 그래서 마으 뭄은 이맘이 알 파티하장을 끝내고 '아-민'하면 이맘이 짧은 장을 시작하기 전에 알 파티하장을 외우기 위하여 노력하고 이에 집중하는 것이 우선입니다.

질문(185) 예배를 근행할 때 우리는 어떻게 하나님에 대한 절대적인 복종 (Khushu'u)을 표현할 수 있는지요?

　대답: 알 쿠슈우(al-Khushu'u, 하나님을 두려워하고 공경하는 마음에서 비롯된 절대적인 복종)는 예배를 근행하는 가장 중요한 이유이며 핵심입니다. 그래서 예배를 근행하는 사람은 자신이 예배를 근행하고 있는 중심에서 흔들리지 않고 정신을 집중하여 하나님에 대한 경외심을 그대로 표현하기 위하여 노력해야 합니다. 특히 예배의식을 거행하는 과정에서 흔들림이 있을 때는 자신의 마음을 바로 잡기 위하여 노력해야하고 예배를 위하여 요청된 꾸란 구절 암송이나 동작 이외에 불필요한 어떤 행위도 하지 않도록 예배에 집중해야 합니다.
　일상의 삶에서 신앙의식을 실천하기 위한 우리의 순수한 의지는 언제든지 사탄의 유혹에 의해 희석될 수 있는데 그때마다 자신의 순수한 의지를 실천하고 사탄의 유혹으로부터 자신을 보호하기 위해서 꼭 필요한 것이 절대적인 복종심에 의한 예배근행임을 알아야합니다. 예배를 근행하는 그 순간은 하나님의 절대적인 사랑과 보호 하에서 자신을 지킬 수 있는 시간이며 또한 절대적인 복종심을 통해서 자신의 정체성을 지속적으로 지켜나갈 수 있기 때문입니다.

질문(186) 이드(이둘 아드하, 이들 피뜨르) 축제 예배일이 금요일과 겹쳐질 경우 이드 예배를 근행한 사람에게 주마 예배는 의무인가요? 이 경우 주마 예배를 대신하여 4라크아 정오예배를 근행할 수 있는지요? 마

스지드에서는 정오예배 아잔을 해야 되는지요?

대답: 이와 관련하여 예언자 무함마드의 하디스에는 다음과 같이 언급되어 있습니다. 예언자의 교우였던 자이드 븐 아르깜이 전하기를 무아위야 븐 아비 수피얀이 그에게 물었습니다. '당신은 예언자께서 두(이둘 아드하 또는 이둘 피뜨르와 금요합동예배) 축제가 겹쳐져 있는 상황에서 어떻게 하셨는지 본적이 있는지요?' 그가 본적이 있다고 대답하자 그는 다시 물었습니다. 그분께서는 이러한 상황에서 어떻게 대처하셨는지요? '그분께서는 이드 예배를 근행하신 후 주마 예배는 면제(Rukhsa)하시면서 다음과 같이 말씀하셨습니다. **(이드 예배를 근행한 사람이 주마 예배를 근행하고자 한다면 할 수도 있지만 정오 예배로 대체할 수도 있느니라.)**[208] 압둘라 븐 우마르가 전하는 또 다른 하디스에는 다음과 같이 언급되어 있습니다. 예언자 시절에 두 예배가 겹친 적이 있었는데 그분께서는 예배를 인도하여 이드(축제) 예배를 근행하신 후 **(누군가 주마예배를 근행하기 위하여 다시 오길 원한다면 올 수도 있고 또 돌아가길 원한다면 돌아가도 되느니라.)**라고 말씀하셨습니다.[209]

위 하디스에 근거하여 금요 주마 예배일에 이드 날이 겹칠 경우 다음과 같은 규정을 도출해 낼 수 있습니다.

1. 누군가 이드 예배에 참석하여 예배를 근행했다면 그에게는 주마 예배가 면제 됩니다. 그래서 정오 예배시간에 맞춰 정오예배를 근행해도 무방합니다.

2. 이드(축제)예배에 참석하지 않은 무슬림에게는 주마예배가 면제되지 않습니다. 그에게 주마예배를 근행하는 것은 의무입니다.

3. 이맘의 경우에는 주마예배를 위한 아잔과 이까마를 하도록 지도해야 하고 이드 예배에 참석하지 못한 사람과 또는 참석했더라도 주마예배를 근행하고자 하는 사람들을 위하여 배려하여야 합니다.

4. 주마 예배를 근행하는 마스지드를 제외하고 아잔을 하는 것이 의무화되지 않

---

208) Ibn Majah (1310)
209) Ibn Majah (1373)

습니다.

5. 이드 예배에 참석한 사람에게 주마 예배는 면제되지만 정오(두흐르)예배까지 면제되지는 않습니다.

질문(187) 예언자 무함마드(그분에게 하나님의 평화가)의 예배에 관련한 하디스에서 알 파티하장을 암송하고 이어서 짧은 장을 암송하는 사이에 침묵하는 근거는 제시되어 있는지요?

대답: 일부 피끄흐(이슬람 법 해석) 학자들은 예배를 인도하는 이맘이 알 파티하장을 암송한 후 마으뭄들(이맘 뒤에서 예배를 따라하는 사람들)이 이를 암송할 수 있도록 배려하여 짧은 시간동안 침묵하는 것은 예언자 무함마드의 하디스에는 제시되어 있지 않다고 말합니다. 그러나 이맘이 알 파티하장을 암송한 후 일순간 침묵하는 것은 스스로 예배를 진행하면서 가질 수 있는 여유이며 동시에 마으뭄들에게 알 파티하장을 암송할 수 있도록 배려하는 것이기 때문에 안정된 예배 근행을 위하여 가능한 것으로 간주됩니다. 그러나 필요이상으로 길다고 느낄 정도의 시간을 지체하는 것은 올바른 예배 방법이 아닙니다.

질문(188) 어떤 사람이 파즈르예배(Salat al-Fajr, 새벽예배)에 늦어서 한 라크아만 이맘과 함께 근행했을 경우 나머지 한 라크아는 혼자서 예배를 채워 주어야 하는데 나머지 한 라크아를 채워줄 때 소리 내서 해야 되는지요? 아니면 소리 내지 않고 조용히 예배를 근행해도 되는지요?

대답: 이러한 경우에 소리를 내거나 또는 소리 내지 않는 것을 스스로 선택할

수 있습니다. 그러나 가능하다면 조용히 소리 내지 않고 예배를 완수하는 것이 보다 더 좋습니다. 왜냐하면 예배에 늦은 사람이 한사람이라면 상관없겠지만 다수일 경우 -소리를 내서 예배를 근행하면- 다른 사람의 예배에 방해될 뿐만 아니라 혼잡이 초래될 수도 있기 때문입니다.

질문(189) 예언자 무함마드의 모범적인 예배에 대하여 말할 때 루쿠으(ar-Rukuu', 허리를 숙여 행하는 반절)후 반듯하게 서서 그 다음 동작을 준비할 때 가슴위에 두 손을 올려놓는 것에 대하여 이견이 있습니다. 많은 사람들은 그 동작에서 두 손을 가슴 위에 올리지 않고 편자세로 서 있기도 하는데 어떻게 하는 것이 정확한 방식인지요?

대답: 예배에서 이러한 동작(루크으 후 두 손을 가슴 위에 올리는 것)을 두고 일부 사람들은 비드아(Bida', 이슬람에 반하는 이설적 행위)라고 하기도 합니다. 그러나 '비드아'라는 말을 잘못 사용하여 무슬림 상호간에 분열을 조장하거나 분파를 조장하는 것은 이슬람 움마 공동체의 발전을 저해하는 요인이 될 수도 있습니다. 종교적 이설행위는 신앙심 고취를 위하여 발전적이지 못한 비종교적인 새로운 것을 이슬람에 대입시켜 신앙적 가르침으로 강요할 때 사용할 수 있는 말이지 이와 같이 예배를 근행하는 사람이 하나님께 절대적인 복종심에 입각하여 경외심을 갖고 예배에 집중하기 위한 한 방법으로 최선을 다하는 노력(Ijtihād)에 비드아라는 말을 사용하는 것은 바람직한 것이 아닙니다.

반절을 한 후에 허리를 펴고 반듯이 설 때 양손을 가슴위에 얹는 것을 순나라고 말하는 사람들은 다음과 같은 하디스를 근거로 제시합니다. 그들은 부카리 하디스에 (사람들(무슬림들)은 왼 팔 위에 오른 팔을 올려놓은 상태에서 예배를 근행하도록 명해졌습니다.)라고 전하는 사홀 븐 싸아드의 말을 인용합니다. 여기서 우리는 정확한 예배 동작을 이해하기 위하여 다음과 같은 질문을 해 볼 수 있습니다.

위 하디스에 의해서 예배를 근행할 경우 수주드(Sujud, 이마를 포함한 7개의 뼈가 바닥에 닿게 하는 큰 절)에는 손을 어디에 둬야할까요? 왼 팔 위에 오른 팔을 올려 놓고 예배를 근행하라고 했음에도 불구하고 수주드를 할 때는 바닥에 양손을 둬야 한다는 것입니다. 그리고 반절 중에는 무릎 위에 두는 것이고 앉은 자세에서는 허벅지 위에 두는 것이 통상적인 예배 방식으로 간주됩니다. 그러면 반절하기 전 후 에는 어디에 손을 두어야 할까요?

이와 같은 유추에 의해 반절 전 후 가슴위에 양손을 올려두는 것은 앞에서 소개 한 하디스 근거에 의해 충분한 정당성을 가질 수 있으며 예배에 충실 할 수 있는 방법 중 하나로 간주되기 때문입니다.

질문(190) 사람들 중에는 반절에서 이맘이 '싸미알라후 리만 하미다(찬미하는 자의 기도를 하나님께서 들어 시니라)'라고 하면서 허리를 펴면 '랍 바나 왈라칼함두(오 주님이시여, 당신께 모든 영광이 있습니다)'라 고 하면서 여기에 '왓 슈크르(감사)'를 추가하여 염원하기도 하는데 이것은 올바른 방법인지요?

대답: 염원(Dikr)은 예언자 무함마드의 관행에 따라 꾸란과 하디스에 언급된 것을 중심으로 하는 것이 가장 좋습니다. 그래서 반절(루쿠으)에서 허리를 펼 때는 하디스에 언급된 것과 같이 '랍바나 왈라칼함두'라고 하는 것이 일반적으로 많이 염원되고 여기 에 '앗슈크르'는 추가되지는 않습니다. 일반적으로 반절에서 허리를 펴면서 하는 염원 에는 같은 의미의 다음 4가지 경우가 있습니다.

1. 랍바나 왈라칼함두
2. 랍바나 라칼함두
3. 알라훔마 랍바나 왈라칼함두

4. 알라훔마 랍바나 라칼함두

위 네 가지를 예배에서 염원으로 사용하는 것이 일반적이며 한 번에 이를 다 할 필요는 없으며 예배 때 마다 다르게 염원하는 것은 허용됩니다. 그러나 여기에 '왓 슈크르'를 더하여 염원하는 것은 어떤 하디스에도 언급된 사실이 없습니다.

질문(191) 이마를 바닥에 닿게 하는 큰절(Sujūd)은 어떤 방법으로 이루어지는지요?

대답: 서 있는 자세에서 절(수주드)을 할 때는 먼저 무릎을 바닥에 닿도록 합니다. 그런 다음 양손을 바닥에 닿게 하고 이마를 닿도록 하는데 이러한 동작에 대해서 예언자께서 수주드를 할 때 무릎보다 양손이 먼저 닿는 것을 금하셨습니다.

"너희 중에 누군가 수주드(큰절)를 한다면 무릎보다 먼저 두 손을 바닥에 닿게 하기 위하여 낙타가 무릎을 굽히는 것처럼 (무릎을) 굽히지 말라."210)

이 하디스가 의미하는 것은 수주드를 할 때 만일 손이 먼저 바닥에 닿게 되면 낙타가 앉는 모습을 연상할 수 있기 때문에 무릎이 먼저 닿은 후 양손을 바닥에 닿게 하고 그 다음에 이마와 코를 바닥에 닿게 하는 것이 보다 정확한 예배 방식으로 간주됩니다.

질문(192) 수주드(큰절)에서 필요이상으로 허리를 많이 펴는 것은 어떻게 되나요?

---

210) Abu Daud(840), an-Nasai(1091), ad-Darimi(1324).

대답: 이것은 순나에 반하는 행위입니다. 예언자 무함마드의 정확한 예배 모습을 설명하는 학자들은 누구도 예언자께서 반절(Ruku')에서 허리를 폈던 것처럼 큰절(Sujūd)에서도 허리를 펴야 된다고 하지 않았습니다. 큰절을 할 때 반드시 지켜야할 사항은 배와 허벅지가 서로 닿지 않을 정도로 허리를 펴 주는 것으로 충분할 것입니다.

질문(193) 지속적인 예배로 인하여 이마에는 예배의 흔적이 생기게 되는데 이 흔적을 선인(Sālih)의 표시로 간주할 수 있는지요?

대답: 이 흔적은 선인(Sālih)의 표시가 아닙니다. 선인은 얼굴에서 자연스럽게 발하는 빛과 마음으로 읽혀질 수 있는 자비로움 그리고 훌륭한 성품 등으로 표출될 수 있을 것입니다. 이마에 생길 수 있는 예배의 흔적은 사람에 따라 예배 횟수가 적어도 피부의 성질에 따라 생길 수도 있고 또한 어떤 사람은 더 많이 예배를 근행하고 더 긴 시간동안 수주드를 했음에도 불구하고 이마에 어떤 흔적도 생기지 않을 수도 있을 것입니다.

질문(194) 예배 중 절과 절 사이 잠깐 앉을 때 검지를 움직이는 사람들이 있는데 이것은 하디스에 근거가 제시되어 있는지요?

대답: 이븐 오마르는 예언자께서 예배 중 앉으시면 그렇게 하였다라고 전하면서 그의 손가락(검지)을 지칭했다라고 무슬림 하디스에서 전합니다. 또 다른 전언에는 그분께서는 타샤후드(Tashahud, at-Tahiyat라고 하기도 하며 두 라크아의 예배를 근행하면 반드시 한번은 타샤후드를 한다)를 위하여 앉으시면 손가락(검지)를 움직였다.[211]라고 전하기도 합니다. 위 하디스 전언에서 첫 번째의 **(예배 중 앉으시면)**

은 보다 일반적인 예배 중 앉는 모든 자세를 다 의미하지만 두 번째의 (**타샤후드를 위하여 앉으시면**)은 보다 구체적인 타샤후드를 위한 앉음을 설명하고 있습니다. 그래서 뒤에서 언급한 타샤후드를 위한 앉음이 예배 중 앉음 전체를 의미하는 일반적인 앉은 자세를 부정할 수는 없을 것입니다. 이와 같은 경우의 예를 보면 "학생들에게 관대하게 대하라"라는 말과 "학생인 무함마드에게 관대하게 대하라"는 이 두 문장에서 우리는 무함마드 이외의 남은 학생들에게는 관대하지 말라는 말로 받아들일 수는 없습니다. 그러나 만일 "학생들에게 관대하라" 그리고 "교실에서 잠자는 학생에게 관대하게 대하지 말라"라는 두 문장에서 이해할 수 있는 것은 특별히 교실에서 잠자는 학생에게는 관대할 필요가 없음을 알 수 있습니다. 왜냐하면 잠자는 학생은 포괄적 의미인 모든 학생에게 관대하라에 반하는 것이기 때문입니다. 그래서 만일 누군가 예배 중 사즈다와 사즈다 사이 앉을 때 검지를 움직이면 안된다라는 의견을 제시한다면 이를 보완할 수 있는 충분한 근거를 가져올 수 있어야하며 그렇지 못했을 경우에는 위에서 언급한 포괄적 의미의 하디스에서 언급한 것과 같이 앉은 자세에서는 검지를 움직였다는 의미를 받아들여야할 것입니다.[212]

질문(195) 잘사투 알 이스티라-하(Jalsat al-Istirāhah, 예배 시 앉은 상태에서 다시 일어날 경우, 곧바로 일어나지 않고 충분한 시간을 두어 앉았다가 일어나는 행위) 규정에 대하여 알고 싶습니다.

대답: 이 관행에 대한 학자들의 의견은 세 가지로 구분됩니다. 첫째는 이 관행이 권장된다는 의견이며 둘째는 권장되지 않는다는 의견입니다. 그리고 셋째는 두 의견을 절충한 것으로 만일 곧바로 일어서기가 힘들 경우 약간의 시간을 두고 앉았

---

211) Sahih Muslim(579), Abu Daud(988), an-Nasāi(1275)
212) *사즈다 사이에 검지를 움직인다는 견해는 이븐 알-까이임의 견해이기도 하나 쉐이크 이븐 바즈, 알-알바니, 자이드 븐 바크르 등 대부분의 학자들은 검지를 움직이는 것은 타샤후드 시에만 한정된다고 보고 있습니다.

다가 일어나거나 그렇지 않는다면 바로 일어나는 것이 바람직하다는 의견입니다. 다음과 같은 근거들에 의해 의견에 대한 차이를 찾아 볼 수 있습니다. 알리 븐 아비 딸립(Ali ibn Abi Tālib)은 의무예배에서 처음 두 라크아 후 일어설 때 나이가 많아 병약한 사람을 제외하고는 두 손을 바닥에 의존하지 않는 것이 순나[213]라고 전합니다. 말리크 븐 알후와이리스(Malik ibn al-Huwairith)는 예언자 무함마드께서 두 번째 사즈다(절)에서 머리를 들었을 때 똑바로 앉아 바닥에 편히 앉으셨다[214]라고 전합니다. 예언자께서 몸이 약해져서 그랬을 것이라고 추측할 수 있는 데 또 다른 하디스가 예언자에 관하여 다음과 같이 전하고 있기 때문입니다. (실로 내 몸은 늙고 우둔해졌으니 루쿠으(반절)이나 수주드(큰절)에서 나를 추월하여 먼저 행하지 마시요.)[215] 위 전승에서 말리크 븐 알후와이리스(Malik ibn al-Huwairith)가 그분에게 갔을 때 그분은 타북 전투(Ghazwat at-Tabūk)를 준비하고 있었는데 그때 그분은 이미 연로하여 신체적으로 많이 약해져 있는 상황이었습니다. 또한 믿는 자들의 어머니 아이샤는 예언자께서 연로하여 몸이 비대해졌을 때 앉아서 예배를 많이 드리셨다[216]고 전합니다. 그리고 하프사 빈트 오마르(Hafsa bint Umar)는 예언자께서 임종하시기 전 마지막 한 해까지 임의예배를 앉아서 근행하시는 것을 본적이 없지만 임종이 가까워졌을 때 그분은 앉아서 임의 예배를 근행하였다[217]고 전합니다. 말리크 븐 알후와이리스(Malik ibn al-Huwairith)의 전승에서 보면 (……바닥에 편히 앉으셨다.)라고 언급되어 있는데 그렇게 기대앉는 다는 것은 그렇게 할 필요성이 있을 때만 가능할 것입니다.

질문(196) 앗 타샤후드(at-Tashahud, 증언)를 할 때 검지를 세워 움직이는데 타샤후드를 할 때면 항상 그렇게 해야 되는지요?

---

213) Hadith Daif, al-Baihaqi(2/136), Ibn Abi Shaibah(1/327)
214) Hadith Sahih, al-Bukhari(823, 824), Abu Da ud(842), at-Tirmidi(287), an-Nasāi(1151, 1153)
215) Hadith Hasan, Abu Da ud(619), Ibn Majah(963), Ahmad(16396, 16449)
216) Hadith Sahih, Muslim(732), Abu Daud(956), an-Nasāi(1657)
217) Hadith Sahih, Muslim(733), at-Tirmidi(373), an-Nasāi(1658)

대답: 검지를 세워 움직이는 것은 기도를 할 때입니다. 그래서 기도를 하면 그때 검지를 (하늘을 향하도록) 움직여라 라고 하디스에서 언급한 것처럼 기도를 하는 사람은 하나님께서 더 높은 하늘에 계심의 표현으로 검지를 세웁니다.

"하늘에 계신 하나님께서 대지를 흔들어 그것이 너희를 삼킬 때 너희는 안전하다고 생각하는가? 아니면 하늘에 계신 하나님께서 너희들에게 혹독한 벌을 내리지 않을 것이라고 (너희들은) 안심한단 말인가? 너희들은 그 징벌이 어떤 것인지 알게 될 것이니라."[218]

이 꾸란 구절에서 볼 수 있는 것은 더 높은 곳 그곳을 하늘로 묘사했고 그 하늘은 모든 것들의 위에 있음을 의미합니다. 물론 그곳에 하나님께서 계심을 말합니다. 그래서 기도를 하는 사람들은 하나님을 찾을 때 검지를 하늘을 향하도록 하는 것입니다. 이에 대한 근거는 또한 예언자 무함마드가 마지막 고별순례를 할 때 사람들에게 한 연설에서도 찾아 볼 수 있습니다. 그(무함마드)가 사람들을 향해 **(내가 하나님의 말씀을 전하지 않았습니까?)**라고 외치자 사람들은 '예언자시여, 당신은 그렇게 했습니다'라고 답했습니다. 그러자 그는 그의 검지를 하늘을 향해 세우고 큰소리로 사람들에게 **(오 하나님! 저들의 말을 증언해 주소서)**라고 세 번 외쳤습니다.[219] 이러한 근거를 통해서 우리는 하나님께서는 모든 것들의 위에 있는 하늘에 계심을 분명히 알 수 있으며 또한 예언자 무함마드의 관행에 따라 하나님께 기도하여 구할 때 검지를 하늘을 향하도록 세우는 것을 알 수 있습니다.

질문(197) 보통 예배에서 두라크아가 끝나면 첫 번째 앗 타샤후드(at-Tashahud, 증언)를 하는데 이때 '타샤후드'만 하는지요? 아니면 '예언자를 위

---

218) 67:16~17
219) Hadith Sahih, Muslim(1218), ad-Dārimi(1850)

한 기도(Salātu alan-Nabi)도 함께하는지요?

대답: 첫 번째 또는 두 번째 타샤후드에 대한 논의는 3라크아 또는 4라크아 예배에 서만 적용됩니다. 그래서 정오(Duhr)예배, 오후(Asr)예배, 저녁(Maghrib)예배, 밤중 (Isha)예배의 경우 첫 번째 타샤후드와 두 번째 타샤후드가 있으며 당연히 두 번째 타 샤후드에서는 예언자의 관행에 따라 두 가지를 다 암송하는 것이 일반적인 사실입니다. 그러나 첫 번째 타샤후드를 할때 '예언자를 위한 기도'도 함께 해야 하는 지에 대해서 는 학자들 간에 약간의 이견이 있지만 가능하다면 첫 번째 타샤후드에서는 줄여서 타샤 후드만 하고 두 번째 타샤후드에서는 두 기도(타샤후드와 쌀라투 알란나비)를 다하는 것이 좋습니다. 그러나 예배를 인도하는 이맘이 타샤후드를 다하기 위하여 지체한다면 마으뭄(이맘의 뒤에서 예배를 근행하는 사람)도 두 가지를 다해서 더 많은 보상을 받을 수도 있을 것입니다. 타샤후드와 예언자를 위한 기도문은 다음과 같습니다.

증언(at-Tashahud)

"앗타히야-투 릴라히 왓쌀라와-투 왓타이바-투, 앗쌀라무알라이카 아이유한 나비유 와라흐마툴라-히 와 바라카-투후 앗쌀라무 알라이나 와 알라 이바-딜라 힛 쌀-리힌, 아슈하두 알라- 일라-하 일랄라 와 아슈하두 안나 무함마단 라수- 룰라"

(모든 인사와 예배 그리고 좋은 것은 모두 하나님을 위한 것입니다. 오 예언자 여! 하나님의 평화와 자비, 그리고 축복이 당신에게 깃들기를 기도합니다. 또한 우 리 모두와 하나님을 믿는 충실한 종들에게도 하나님의 평화가 깃들기를 기도합니 다. 저는 하나님 외에는 어떤 것도 경배의 대상이 아니며 무함마드는 그분의 사도 임을 증언합니다.)

예언자를 위한 기도(Salātu alan-Nabi)

"알라훔마 쌀리 알라 무함마드 와 알라 알리 무함마드 카마 쌀라이타 알라 이브

라히마 와 알라 알리 이브라히마 인나카 하미둔마지드, 알라훔마 바-리크 알라무
함마드 와 알라 알리 무함마드 카마 바-라크타 알라 이브라히마 와 알라 알-리
이브라힘마 인나카 하미둔마지드"

(오 하나님! 무함마드를 위하여 자비를 베푸소서! 또한 당신께서 아브라함과 그
의 가족을 위해 자비를 베푸신 것처럼 무함마드의 가족들에게도 자비를 베풀어 주
소서. 실로 당신은 영광스러우시며 영예로우신 분이십니다. 오 하나님! 무함마드
에게 축복을 베풀어 주소서! 당신께서 아브라함과 그의 가족들에게 베푸신 축복처
럼 무함마드의 가족들에게도 축복을 베풀어 주소서. 실로 당신은 영광스러우시며
영예로우신 분이십니다.)

질문(198) 예배에서 앗타와우루크(at-Tawauruk, 왼발을 깊숙이 포개 앉는
자세)를 하는 것은 순나인가요? 또한 이것은 남녀 예배자 모두에게
공히 적용되는 규정인가요?

대답: 정오(Duhr)예배, 오후(Asr)예배, 저녁(Maghrib)예배, 밤중(Isha)예배와 같
이 두 번의 타샤후드가 있는 예배에서 두 번째 수주드가 끝난 후 앉을 때는 왼발을 깊
숙이 포개 앉는 자세를 취하게 되는데 이렇게 앉는 자세를 "잘싸투 앗타와우루크(Jalsa
t at-Tawauruk)"라고 하며 이렇게 앉도록 권장합니다. 그러나 새벽(Fajr)예배와 같
이 한 번의 타샤후드만으로 예배가 끝나는 경우에는 왼발을 깊숙이 포개지 않는 자세를
취해야 하는데 이러한 자세를 '잘싸투 이프티라쉬(Jalsat al-Iftirāshi)'라고 하며 이러
한 예배행위들은 모두 예언자의 순나에 해당됩니다.

이슬람에서 예배행위에 대한 규정은 특별히 남성 또는 여성에게 따로 적용되는
것이 아니라 남녀 모두에게 똑같이 적용됩니다. 이슬람법은 남성과 여성의 성적인
특수성으로 인한 구별 이외에 어떤 경우에도 성차별을 하지 않습니다. 그래서 이
슬람을 평등의 종교라고 하는 것입니다.

질문(199) 예배의 종료를 알리는 쌀람(as-Salam, '앗쌀라무 알라이쿰 와라흐
마 툴라'라고 말하는 것)은 일반적으로 오른쪽과 왼쪽으로 두 번하
는 것으로 알고 있습니다. 만일 이맘이 오른쪽 쌀람만 하고 예배를
끝냈다면 이는 허용되는 것인지요?

대답: 일부 이슬람 학자들은 오른쪽 한 번의 쌀람으로 예배가 종료되는 것을 허
용하기도 합니다. 또 다른 학자들은 반드시 쌀람은 오른쪽과 왼쪽 두 번 다 해야
예배가 완수될 수 있다고 하기도 합니다. 또 어떤 학자들은 의무 예배에서는 반드
시 두 번의 쌀람을 해야 하지만 임의 예배에서는 오른쪽 쌀람 한번만으로도 충분
하다고 말하기도 합니다. 그러나 우리는 예언자께서 가장 즐겨 행했던 방식에 따
라 오른쪽과 왼쪽 두 번의 쌀람으로 예배를 종료하는 것이 좋습니다. 그렇게 하는
것이 한 번이라도 더 많이 하나님을 염원하고 그분을 상기할 수 있기 때문입니다.
그래서 이맘이 오른쪽 한 번의 쌀람으로 예배를 종료하고, 마으뭄은 왼쪽까지 두
번의 쌀람을 했다고 해도 그가 행한 예배에는 어떤 영향도 미치지 않으며 또한 마
으뭄이 예배 종료를 위한 쌀람은 한번으로 충분하다는 확신을 가지고 있다고 해도
만일 이맘이 두 번의 쌀람을 한다면 이맘을 따라 두 번 쌀람을 해서 예배를 종료하
는 것이 보다 더 바람직한 행위입니다.

질문(200) 예배가 끝난 직후 이맘은 곧바로 일어서는 것이 좋은지요? 아니면
조금 기다렸다가 일어서는 것이 좋은지요?

대답: 이맘은 예배가 끝나면 바로 일어나서 다음 행동을 취하는 것보다 끼블라(Qiblah,
메카를 향해 예배를 근행하는 방향)를 향해 앉은 자세에서 **"아쓰타그피룰라"**
(Astaghfirulla, 하나님께 용서를 구합니다.)를 3회 암송한 후 다음 구절을 암송합니다.
"알라훔마 안타 쌀람-문 와 민카 쌀람-문 타바-라크타 야-달잘랄리 왈이크

람"(오 하나님! 당신은 평화이시며 그 평화는 당신에게만 있으며, 당신만이 축복을 주시는 분이십니다. 오 하나님! 실로 당신은 은혜로우시고 관대하신 분이십니다.)220)

이렇게 한 다음 이맘은 마으뭄을 향해 돌아 앉아 염원을 하거나 또는 다음 행동을 취할 수 있습니다. 또한 마으뭄은 가능하다면 이맘이 일어서기 전에 먼저 일어나는 것을 금해야 합니다. 예언자 무함마드께서 예배가 끝나고 성급히 일어서는 마음뭄들을 향해 다음과 같이 말씀하셨습니다. **(예배가 끝나면 나보다 먼저 일어서서 나가지 말라.)**221) 그러나 만일 이맘이 순나에 반하게 너무 길게 앉아서 기도한다면 먼저 일어서서 나올 수도 있습니다.

질문(201) 예배가 끝나고 마스지드에서 나올 때 서로 악수를 하면서 "타깝발릴라"(Taqabalillah, 하나님께서 당신의 예배를 받아주시길 바랍니다.)라고 하는 사람들을 볼 수 있는데 이렇게 하는 것은 근거가 있는 것인지요?

대답: 예언자 무함마드의 순나나 사하바(Sahāba, 예언자 무함마드의 교우들)들의 관행에는 예배가 끝나고 마스지드를 나올 때 악수를 하거나 "타깝발릴라"라고 하는 것에 대한 어떤 근거도 찾을 수 없습니다.

질문(202) 염주(Musabbiha, 예배 후 또는 염원을 할 때 사용하는 염주)를 사용해서 염원을 하는 것은 허용되는지요?

대답: 허용됩니다. 그러나 보다 더 좋은 것은 손가락을 사용하여 염원하는 것입

---

220) Hadith Sahih, Muslim(591), Abu Daud(1512), at-Tirmidi(300), an-Nasai(1337), Ibn Majah(928)
221) Hadith Sahih, Muslim(426), Ahmad(11586, 12159, 13159)

니다. 왜냐하면 예언자 무함마드께서 손가락을 사용하여 그 횟수를 기억하곤 하셨기 때문입니다. 또한 염주를 들고 다니는 행위 속에는 리야(Riya', 자신의 신앙을 남에게 보여주기 위한 의도)가 있을 수도 있기 때문입니다. 그리고 염주를 들고 염원을 하는 사람들을 보면 염주의 움직임과 별개로 두리번거리며 말을 하기도 하고 자신의 마음과 다르게 행동하는 것을 볼 수 있습니다. 그래서 가장 권장할 수 있는 염원을 위한 도구는 하나님께서 창조해 주신 자신의 손가락을 이용하는 것입니다.[222]

질문(203) 예배가 끝나고 할 수 있는 염원에는 어떤 것이 있을까요?

대답: 예배 후에 할 수 있는 염원은 꾸란과 예언자 무함마드의 언행록인 하디스에 언급된 것들로 그 중요성을 인식할 수 있습니다. 이에 관하여 꾸란에는 다음과 같이 언급하고 있습니다.

> **"너희가 예배를 근행했다면 서있거나 앉아 있거나 또는 누워있을 때라도 하나님을 염원하라."[223]**

이 꾸란 구절에 의해서 예배를 근행한 후에는 어떠한 상태에 있든 하나님을 염원해야함을 알 수 있습니다. 또한 예언자의 하디스에 의하면 누군가 예배를 끝내는 '쌀람'을 한 후에는 '아쓰타그피룰라(Astaghfirullah, 오! 하나님, 저의 과오를 용서하여주소서.) 3회 암송한 후 다음과 같이 기도(염원)한 것으로 전합니다

---

222) *한국에서는 불교인, 천주교인 등도 염주를 사용하므로 **(이교도인들과 달리하라)**라는 하디스 말씀에 의거하여, 염주를 사용하여 무슬림이 불교인이나 천주교인으로 오해 받는 일이 없어야 합니다.
223) 4:103

'알라훔마 안타 쌀라-문 와민카 쌀라-문, 타바-라크타 야 달잘랄리 왈이크람, 라-일라하 일랄라후 와흐다후 라- 샤리-칼라, 라훌물쿠 왈라훌함두 와후와 알라 쿨리샤이인 까디-르, 알라훔마 라 마-니아 리마 아으타이타, 왈라 무으띠야 리마 마나으타, 왈라 얀파우 달잣디 민칼잣드, 라일라하 일랄라후 왈라 나으부두 일라 이야후, 라훈니으마 와라훌 파들, 왈라훗싸나울하싼, 라 하울라 왈라 꾸와타 일라 빌라, 라일라하 일랄라, 와라나으부두 일라 이야후, 무클리씨나 라훗디나 왈라우 카리할 카피루-운'

(오 하나님! 당신은 평화이시며 그 평화는 당신에게만 있으며, 당신만이 축복을 주시는 분이십니다. 오 하나님! 실로 당신은 은혜로우시고 관대하신 분이십니다. 당신 외에는 어떤 것도 믿음의 대상이 될 수 없으며 당신과는 대등한 어떤 것도 없습니다. 모든 주권과 은혜는 당신께만 있으며 당신은 모든 일에 전능하신 분이십니다. 오 하나님! 당신께서 베푸신 은총은 누구도 막을 수 없으며 또한 당신께서 금하신 것은 누구도 취할 수 없습니다. 당신으로부터 비롯되지 않은 어떤 것도 유익한 것이 없으며 오직한분이신 당신에게만 경배를 드립니다. 모든 은혜와 축복이 당신에게 있으며 당신의 권능에 비유될 어떤 힘도 존재하지 않습니다. 우리는 불신자들을 멀리하고 순수하고 깨끗한 마음으로 오직 한분이신 당신께만 경배를 드립니다.)

이렇게 한 후에 **타스비흐(Tasbīh, 수브하-날라)**와 **타흐미-드(Tahmīd, 알함두릴라), 타크비르(Takbīr, 알라후아크바르)**를 33회 암송한 후에 100번째는 '**라 일라하 일랄라후 와흐다후 라 샤리카 라후, 라훌물쿠 왈라훌 함두 와후와 알라쿨리샤이인 까디-르**'를 외웁니다.

또 다른 순나에는 타스비흐와 타흐미드, 그리고 타크비르를 33회씩 염원하는 대신에 각각 10번씩 염원하는 것도 언급되어 있습니다. 그래서 예배자는 상황에 따라서 어떤 것이든 선택하여 염원을 할 수 있으며 이러한 염원의 형태는 모든 의무 예배 후에 적용됩니다.

질문(204) 예배가 끝난 후 두 손을 들고 기도하는 것을 볼 수 있는데 이것에 대한 규정은 어떻게 되는지요?

대답: 의무예배가 끝나고 기도를 할 때 두 손을 드는 것은 사실 예언자의 순나에 근거한 것은 아닙니다. 기도를 위하여 가장 좋은 시간은 예배가 근행되는 중에 하는 것이며 이에 관하여 예언자께서는 압둘라 븐 마스우드에게 예배에서 '타샤후드'가 언급될 때 **(그가 원하는 기도를 선택하여 기원하라.)**224)라고 말씀하셨습니다. 일반적으로 많은 사람들은 예배가 끝난 후에 손을 들어 기도하지 않으면 마치 예배가 완수되지 않은 것으로 여기는 사람들도 있고 또 두 손을 들고 기도하고 얼굴을 쓰다듬는 것으로 기도가 끝난 것으로 이해하는 사람들도 있습니다. 가장 올바른 기도 방식은 하나님을 두려워하고 공경하는 경건한 자세로 시종일관 예배에 임하는 것이며 본 예배가 성공적으로 근행될 때 기도도 긍정적으로 받아들여질 것입니다.

질문(205) 일부 국가들에서 볼 수 있는 예배의식에 대한 질문입니다. 의무 예배가 끝난 후 사람들이 해산하지 않고 함께 한 목소리로 알 파-티하장을 읽고 염원을 하고 아야트 알 쿠르씨(Ayat al-Kursi, 2장 255절) 절을 외우는 것을 볼 수 있습니다. 이러한 행위는 허용되는 것인지요?

대답: 예배가 끝난 후에 사람들이 모여서 큰소리로 알 파-티하장과 알 쿠르씨 절(2:255)을 암송하고 함께 염원하는 것은 비드아(Bida', 이슬람에 반하는 이설적 행위)에 해당됩니다. 예언자의 전승에 의해 잘 알려진 사실은 의무 예배가 끝난 후에는 다 함께 한 목소리로 염원하는 것이 아니라 각자가 간절한 마음으로 하나님을 염원하고 것이 예언자 무함마드와 예언자를 추종했던 사하바들의 의무 예배

---

224) Hadith Sahih, Muslim(402), Abu Daud(968), an-Nasāi(1279) Ahmad(4090, 4149)

후 기도 형태였습니다. 이에 관하여 압둘라 븐 압바스는 예언자께서는 사람들이 예배가 끝나고 해산하면 소리 내어 염원을 하셨다고 전합니다.225)

그리고 의무예배 후에 알 파-티하(al-Fatiha, 개경장)를 (소리를 내어서 읽든 또는 소리를 내지 않고 읽든) 읽는 것은 하디스에서 어떤 근거도 찾을 수 없습니다. 예배 후에 꾸란 구절이나 꾸란의 짧은 장을 읽는 것에 대해서 하디스에 언급되어 있는 것은 알-쿠르씨절(2장255절)과 알 이클라스장(112장)과 알-팔라끄장(113장) 그리고 안-나스장(114장)에 대해서는 하디스에 나와 있습니다.226)

질문(206) 만일 어떤 사람이 사람들과 함께 근행하는 합동예배를 지키기 위하여 용변(대·소변)을 참으며 예배에 참석하는 것은 어떻게 되는지요? 이러한 상황에서 비록 합동예배에 참석하지 못하더라도 용변을 보고 안정된 마음으로 예배에 참석하는 것이 더 좋은 것인지요?

대답: 먼저 용변을 본 후 안정된 마음으로 우두를 하고 예배에 참석하는 것이 좋습니다. 이러한 이유는 사람들과 함께 합동예배를 근행할 수 없는 충분한 사유가 될 수 있으며 예언자 무함마드께서도 이러한 상황에 처했을 때 우선적으로 문제를 먼저 해결하도록 하셨습니다. **(식사가 준비된 상태에서 예배에 임하지 않으며 용변(대·소변)을 참으면서 예배에 임하지 않느니라.)**227)

질문(207) 예배를 근행할 때 두 눈을 감는 것은 허용되는지요?

대답: 예배를 근행할 때 눈을 감는 것은 마크루후(Makrūhu, 허용되지만 하지 않

---

225) Hadith Sahih al-Bukhari(841), Muslim(583), Ahmad(3468)
226) an-Nasāi fi al-Kubra(6/30)
227) Sahih, Muslim(560), Abu Daud(89), Ahmad(236446)

는 것이 더 좋은 것)에 해당됩니다. 왜냐하면 예언자 무함마드는 특별한 이유 없이 눈을 감은 상태에서 예배를 근행하지 않았기 때문입니다. 그러나 부득이 눈을 감아야 할 때도 있습니다. 예를 들어 정면에 현란한 치장이나 그림이 그려져 있다거나 강한 불빛으로 인하여 눈을 뜰 수 없을 때는 눈을 감을 수도 있을 것입니다.

질문(208) 예배 중에 손가락을 꺾어 소리를 내는 사람들을 볼 수 있습니다. 손가락을 꺾어 소리를 내는 것과 같은 부주의한 행동으로 인하여 예배가 무효될 수도 있는지요?

대답: 손가락을 꺾어 소리를 낸다고 해도 예배가 무효가 되지는 않습니다. 그러나 예배 중에 무의식적으로 또는 재미로 손가락을 꺾는 것은 다른 사람들의 예배를 방해하고 조용하고 엄숙한 예배 분위기를 깰 수 있는 좋지 않은 행위로 볼 수 있습니다. 예배를 위한 의무 동작 행위 이외에 할 수 있는 동작은 다섯 가지로 나누어 생각해 볼 수 있습니다. 그 다섯 가지 동작은 다음과 같습니다. 반드시 해야 하는 동작(Wajib)과 가급적 동작을 해서 예배의 의미를 높여주는 권장할 수 있는 동작(Sunna), 그리고 위에서 언급한 것과 같은 권장되지 않은 동작(Makrūhu), 허용되지 않는 동작(Muharram), 그리고 해도 되고 하지 않아도 예배에 어떤 영향도 미치지 않는 동작(Mubaha)이 있습니다.

1) 의무동작: 예언자 무함마드가 예배를 근행하고 있을 때 천사 지브리일이 와서 그에게 오물이 묻어있는 슬리퍼를 벗고 예배를 근행하라고 말한 것이 근거가 되어서 예배하던 도중 자신이 신고 있는 신발에 오물이 묻어 있는 것이 확인되었다면 순간 신발을 벗고 예배를 계속하는 것이 바람직한 예배 방식임을 알 수 있습니다. 이때 슬리퍼나 신발을 벗는 것은 의무동작임을 알 수 있습니다.

2) 권장할 수 있는 동작: 보다 완전한 예배를 근행하기 위한 것으로 이해될 수 있습니다. 예를 들어 예배도중 옆 사람과의 간격이 벌어졌을 경우 옆으로 발을 움

직여 공백을 없애는 것도 보다 완전한 예배를 위한 권장사항에 해당됩니다.

3) 권장되지 않은 동작: 위에서 언급한 것과 같이 손가락을 꺾어 소리를 내는 행위와 같이 불필요한 동작들로 인하여 예배의 완성도를 떨어지게 하는 행위들을 말합니다.

4) 허용되지 않은 동작: 예배근행 도중 예배와 무관하게 장난을 치거나 산만한 행동을 하는 것을 말합니다. 이러한 행위들로 인하여 예배가 무효가 될 수도 있습니다.

5) 예배와 관련 없는 행동: 신체의 특정부위가 가려워 긁는 행위, 쓰고 있는 머릿수건이 흘러내려 눈을 가렸을 때 이를 위로 올리는 행위와 같은 것들은 '무바하'에 해당됩니다.

질문(209) 수트라(Sutra, 예배를 근행할 때 예배자의 앞에 가림 막을 두는 것) 는 의무인가요? 가림 막은 어떻게 설치해야 되는지요?

대답: 예배시 예배자 앞에 가림 막을 설치하는 것은 강조된 순나(Sunnat Muakkadah)입니다. 그러나 마으뭄(Ma'mum, 이맘의 뒤에서 예배를 근행하는 사람)에게는 해당되지 않는데 왜냐하면 이맘이 취한 '수트라'가 마으뭄에게도 적용되기 때문입니다. 수트라의 형태는 다음 하디스로 그 의미를 이해할 수 있습니다. **(너희 중 누군가 예배를 근행한다면 한 촉의 화살이라도 수트라를 두라.)**[228] 이러한 정황으로 봐서 혼자 예배를 근행할 때나 이맘의 인도로 예배가 거행될 때는 앞쪽에 수트라를 두는데 이때 수트라의 형태는 말의 안장이나 꾸란 받침대, 또는 화살촉 등 팔꿈치 높이 정도로 지상으로부터 올라온 물체들로 설치할 수 있습니다.

질문(210) 메카 하람 성원에서 혼자 예배를 하거나 또는 이맘의 인도하에 예배

---

228) Ahmad(14916, 14918)

를 하는 사람들을 볼 수 있습니다. 이때 그들의 앞을 지나가는 것은 허용되는지요?

대답: 메카 하람 성원이든 또는 다른 곳이든 부득이 이맘 뒤에서 예배하는 마으뭄의 앞을 지나가야한다면 그것으로 인하여 그들의 예배가 무효가 되지는 않습니다. 왜냐하면 압둘라 븐 압바스가 예언자 무함마드가 미나에서 사람들을 인도하여 예배를 근행하는 행렬 사이를 당나귀를 타고 지나갔을 때 누구도 이븐 압바스를 제지한 사람이 없었다229)라고 전하는 하디스의 전승에 근거하여 이맘의 앞이 아닌 마으뭄의 앞을 지나가야하는 경우에는 허용되는 것으로 이해됩니다. 그러나 예배자가 이맘이거나 또는 혼자서 근행하는 예배일 경우에는 그 예배장소가 메카의 하람성원이든 또는 하람성원이 아니든 그 앞을 지나가서 예배에 방해가 되어서는 안 됩니다.

질문(211) 겨울철에 난방을 위하여 전기난로와 같은 난방기를 예배자들 앞에 설치하는 것을 볼 수 있습니다. 이와 관련하여 예배자들 앞에 난방기를 설치하는 것은 이슬람법에 위배된다는 근거를 찾을 수 있는지요?

대답: 끼블라 방향에 난방기를 설치하는 것은 이슬람법에 위배되지는 않습니다. 또한 이러한 사실이 이슬람법에 위배된다는 어떤 법적 근거도 찾을 수 없습니다. 예배하는 방향에 난방기가 설치되어 있으면 난방기에서 나오는 불빛을 향해 예배를 하게 되는 것에 대하여 이견을 제시하는 사람들이 있는데 겨울철에 난방기를 사용하는 목적은 단지 난방을 위한 것이지 어떤 다른 의도가 없음을 알아야합니다.

---

229) Sahih al-Bukhari(76, 493, 861)

질문(212) 예배를 근행하는 사람이 도중에 꾸란을 읽는 과정에서 천국과 불지
옥이 언급될 경우 하나님께 천국으로의 구원을 청하고 불지옥으로
부터 보호를 구하는 것은 허용되는지요? 그리고 이때 마으뭄(이맘
의 뒤에서 예배를 근행하는 사람)으로 있을 때와 혼자 예배를 할 경
우에는 차이가 있는지요?

대답: 가능합니다. 또한 이맘이든 마으뭄이든 또한 혼자예배를 근행할 경우이든
구별 없이 다 똑같이 적용됩니다. 이러한 사실에 대하여 법적으로 금한 어떤 근거
도 찾을 수 없습니다.

질문(213) 싸즈다투 앗싸후(Sajdat as-Sahu, 예배도중 잘못으로 인하여 예
배가 틀렸을 때 이를 보완하기 위하여 하는 두 번의 절)는 언제 하는
지요?

대답: 싸즈다투 앗싸후는 다음의 경우에 할 수 있습니다.

**1) 루큰(Rukn, 예배를 이루는 기둥들) 즉, 루쿠우(Rukū'u, 반절), 수주드(Sujūd,
큰절), 끼얌(Qiyām, 서 있는 자세), 꾸우드(Qu'ūd, 앉아 있는 자세)를 정해진 횟수
보다 더 많이 했을 경우입니다.** 만일 이러한 행위가 의도적으로 행해졌다면 그 예배
는 무효가 될 것입니다. 왜냐하면 교리에 근거하지 않는 새로운 것을 자행한다면 어떤
것도 받아들여지지 않을 것임을 예언자 무함마드의 전승에서 **(누군가 허용되지 않는
(꾸란과 하디스의 가르침에 위배되는 행위) 새로운 것을 행한다면 누구를 막론하
고 결코 이슬람에서 받아들여지지 않을 것입니다.)** 언급하고 있기 때문입니다. 그러
나 예배 근행과정에서 그 횟수를 잊어버린 상태에서 거행된 상황이라면 예배가 무효가
되지는 않습니다. 그러나 잘못된 예배를 보완해주기 위하여 예배가 끝나는 쌀람을 한

후에 앉은 자세에서 두 번의 절을 하여 예배를 완수할 수 있습니다. 이러한 절차에 대한 법적인 근거는 다음과 같습니다. 압둘라 븐 마스우드가 전하는 하디스에 의하면 예언자 무함마드가 자신이 거행한 정오예배의 횟수를 잊고 다섯 라크아를 거행한 후 자리에서 일어서려고 하자 누군가 예언자에게 '오 예언자시여! 예배 횟수를 더 많이 해야 되는지요?'라고 말하자 예언자 무함마드가 이에 무슨 일이 있었는지 묻자 추종자들이 예언자에게 자초지종을 말했습니다. 그러자 예언자는 다시 끼블라를 향해 앉아서 두 번의 절(Sajdat as-Sahu)을 보충해 주었다라고 전합니다.[230)

또 다른 상황은 위와 달리 예배를 이루는 기둥들 중에서 이를 완전하게 거행하지 못하고 부족한 경우인데 이러한 상황은 다음과 같은 경우에 발생할 수 있습니다. 예를 들어 첫 번째 라크아에서 행하지 못한 동작을 두 번째 라크아가 연결되기 전에 기억했을 경우인데 이때는 기억이 살아난 그 순간 원래의 동작으로 돌아와 행하지 못한 동작을 거행하고 두 번째 라크아 동작(기둥)으로 연결하여 예배를 근행합니다. 또 다른 경우는 첫 번째 라크아에서 의무사항이 거행되지 않았음을 기억하지 못한 채 두 번째 라크아의 동작이 시작되었고 두 번째 라크아에서 다시 그 동작을 할 때 이를 기억한 경우입니다. 이때는 이미 부족하게 근행한 첫 번째 라크아는 무효가 되고 두 번째 라크아가 첫 번째 라크아를 대신할 수 있습니다. 이 두 가지 상황에서 이를 보완하기 위한 조치로 쌀람을 한 후 앉은 자세에서 두 번의 절(Sajdat as-Sahu)을 해서 잘못을 보완할 있습니다. 이러한 상황들에 대한 실례는 다음과 같습니다. 한 사람이 첫 번째 라크아에서 두 번의 사즈다(절)를 한 후에 일어나 두 번째 라크아를 위한 동작을 연결하는 것이 정상적인 예배방식인데도 불구하고 한 번의 사즈다만 한 후 두 번째 사즈다를 위하여 앉지 않고 두 번째 사즈다를 하지도 않은 상태에서 바로 일어선 경우입니다. 이러한 상황에서 만일 예배자가 두 번째 라크아를 위한 꾸란 구절을 읽는 과정에서 자신이 첫 번째 라크아에서 지키지 못한 의무 규정을 기억했다면 바로 원래 동작인 첫 번째 라크아의 첫 번째 사즈다가 끝난 상태로 돌아가 앉은 자세에서 두 번째 사즈다를 해야 합니다. 그런

---

230) Sahih al-Bukhari(404, 1226, 7249), Muslim(572), an-Nasāi(1254, 1555, 1258, 1259)

후 다시 일어나 두 번째 라크아를 연결하여 남은 횟수의 예배를 완수한 후에 잘못을 보완하기 위한 조치로 쌀람을 하고 그 자세에서 두 번의 절(Sajdat as-Sahu)을 할 있습니다. 그리고 또 다른 경우는 첫 번째 라크아에서 잘못한 상황(한 번의 사즈다만 한 후 두 번째 사즈다를 위하여 앉지 않고 두 번째 사즈다를 하지도 않은 상태에서 바로 일어선 상황)을 기억하지 못하고 두 번째 라크아를 진행하다가 첫 번째 사즈다를 하고 두 번째 사즈다를 위하여 앉은 상태에서 자신의 잘못을 기억했다면 두 번째 라크아가 첫 번째 라크아를 대신할 수 있습니다. 이러한 상황에서는 결국 한 라크아를 더 근행하는 것이 정상이며 쌀람을 한 후에 두 번의 절(Sajdat as-Sahu)을 해서 잘못을 보완해야 합니다.

2) 와집(Wajib,예배를 완성하기 위한 의무 규정)을 행하지 않은 경우입니다. 이러한 상황에서는 그 다음 동작으로 연결해서 예배를 계속합니다. 예를 들어 어떤 사람이 수주드에서 암송할 **"수브하나 랍비얄 아알라"**(지고하신 하나님께 영광이 있으시길)를 잊어버리고 하지 않은 상태에서 일어섰다면 그는 부주의로 인하여 성공적인 예배를 위한 의무 규정을 지키지 못한 것이 됩니다. 그러나 이러한 경우 예배는 지속해서 근행하되 예배가 끝나는 쌀람을 하기 직전에 두 번의 절(Sajdat as-Sahu)을 해서 그 잘못을 보완해야 합니다. 왜냐하면 예언자 무함마드께서는 첫 번째 타샤후드(Tashahud, 두 번째 라크아의 두 번째 사즈다가 끝나면 외우는 기도문)를 하지 않고 다음 동작으로 바로 연결하여 예배를 계속하고 예배가 끝나는 쌀람을 하기 전에 두 번의 절(Sajdat as-Sahu)을 해서 의무 규정을 지키지 못한 것을 보완한적 있기 때문입니다.

3) 샤크(Shak, 확신이 없음) 정확한 횟수만큼 근행했는지 확신이 가지 않을 때입니다. 3 라크아를 근행했는지 또는 4라크아를 근행했는지 확신이 서지 않는 경우 다음과 같은 두 가지에서 상황을 이해할 수 있습니다. 예배자 자신이 몇 회를 근행했는지 확신이 없을 경우 다시 말해서 근행한 예배횟수가 많은지 또는 적은지 확신이 없을 경우인데 이때는 자신이 확신하는 쪽에 비중을 두고 예배를 완수한 후(쌀람을 한 후) 앉은 자세에서 두 번의 절(Sajdat as-Sahu)을 하는 것입니다. 그렇지 않은 경우 세 번째 라크아인지 네 번째 라크아인지 어느 쪽도 확신을 가지지 못할 때에는 세 번째 라크아

로 간주하고 한 라크아를 더 근행하고 쌀람을 하기 직전에 싸즈다툿 싸후를 한 후 쌀람을 하면 됩니다.

그 예로 한 사람이 정오예배를 근행하는데 자신이 현재 3번째 라크아를 근행중인지 네 번째 라크아를 근행중인지 확신이 없을 경우인데 이때 만일 자신의 마음이 3번째 라크아에 확신이 간다면 한 라크아를 더 근행한 후 쌀람을 하고 두 번의 절(Sajdat as-Sahu)을 하면 자신이 확신을 가지지 못한 예배에 대한 보충이 됩니다. 그러나 세 번째 라크아인지 또는 네 번째 라크아인지 전혀 확신이 없을 때는 자신이 근행한 예배횟수의 적은 부분 즉, 현재 자신이 세 번째 라크아를 근행하고 있는 것으로 간주하고 한 라크아를 더 근행한 후 쌀람을 하기 직전에 두 번의 절(Sajdat as-Sahu)를 한 다음 쌀람을 하는 것으로 예배를 완수 할 수 있습니다.

지금까지 본 바와 같이 예배의 보완을 위한 수주드 즉, 예배근행에 착오가 생겼을 때 쌀람을 하기 전 또는 후에 두 번의 절을 하는 **싸즈다툿 싸후(Sajdat as-Sahu)**는 다음과 같이 구분하여 이해할 수 있습니다. 먼저 쌀람 직전에 하는 싸즈다툿 싸후는 예배에서 의무 규정(Wājibāt as-Salāt)을 지키지 못하고 착오가 생겼을 경우와 몇 라크아를 근행했는지(3라크아 또는 4라크아) 횟수에 정확한 확신이 없을 경우입니다. 그리고 쌀람을 한 후에 싸즈다툿 싸후를 하는 것은 예배를 이루는 기둥들(Arkānu as-Salāt)을 실수로 정해진 회수보다 더 많이 거행했을 때와 몇 라크아를 근행했는지(3 라크아 또는 4라크아) 횟수에 정확한 확신은 없지만 어느 한쪽으로 확신이 갈 때 그 상황에 맞게 예배를 한 후 쌀람을 하고 두 번의 절을 해서 예배를 완수 할 수 있음을 알수 있습니다.

질문(214) 만일 누군가 이맘이 인도하는 예배의 횟수를 정확히 세면서 이맘과 함께 근행할 때 자신은 정해진 횟수만큼 예배를 근행했지만 이맘이 정확한 횟수를 기억하지 못하고 실수로 한 라크아를 더 근행했다면 그는 어떻게 해야 하는지요? 만일 그가 자신이 거행한 횟수에 확신

을 가지고 이맘과 상관없이 쌀람을 했다면 그의 예배는 유효한 것인
지요? 또는 한 라크아를 더해서 이맘과 함께 쌀람을 한다면 어떻게
되는지요?

대답: 만일 그가 이맘을 따라 추가로 한 라크아를 더 거행하지 않고 예배횟수에
맞게 예배를 끝내고 쌀람을 했다면 그의 예배는 유효합니다. 이맘은 본인이 의도
적이지 않고 정확한 횟수에 대해서 잊어버렸거나 실수로 행한 것이기 때문에 자신
의 잘못에 대한 변명이 될 수 있을 것입니다. 그러나 이맘이 한 라크아를 더 거행
한 것에 대하여 알고 있으면서 이맘을 따라 일어나서 예배를 추가로 근행했다면
그 잘못은 변명될 수 없으며 그의 예배는 무효가 됩니다.

질문(215) 이샤 예배가 끝나고 늦은 밤(한밤중)에 근행하는 예배(Salāt al-Laili),
하디스에 의하면 한 밤중에 근행하는 예배는 두 라크아씩 두 라크아
씩 근행하는 것(Salāt al-Laili Mathna Mathna)을 알 수 있습니
다. 그런데 어떤 사람이 한 밤중에 근행하는 예배 의도로 두 라크아
를 근행한 후 쌀람을 하지 않은 채 일어나 세 번째 라크아를 근행하
고 있음을 알았다면 어떻게 해야 되나요?

대답: 자신이 두 라크아 예배만 근행해야 함에도 불구하고 세 번째 라크아를 근
행 중에 있었다면 이를 인식한 즉시 바로 앉아서 두 라크아씩 근행하는 한 밤중
예배로서의 역할에 충실하도록 해야 합니다. 그래서 만일 자신의 잘못을 알면서도
이를 수정하지 않고 계속해서 세 번째 라크아를 진행한다면 그 예배는 무효가 될
수도 있습니다. 이러한 상황에 대하여 이맘 아흐마드(Imam Ahmad)는 어떤 사람
이 두 라크아씩 근행하는 한 밤 예배에서 두 라크아를 근행하고 일어서서 세 번째
라크아를 근행하는 것은 새벽예배(Salāt al-Fajr)에서 세 번째 라크아를 근행하기

위하여 일어선 것과 같다고 말했습니다. 다시 말해서 원래대로 되돌리지 않는다면 그 예배는 무효가 됨을 의미합니다. 그러나 위트르 예배(Salāt al-Witr, 하루 중 마지막 의무 예배인 이샤예배가 끝난 후 한 밤중에 근행하는 홀수 예배)의 경우는 예외로 적용되는데 이때는 두 라크아 이후에 한 라크아를 추가해서 세 라크아를 근행하는 것도 가능합니다. 그래서 어떤 사람이 위트르 예배를 근행할 의도로 예배를 시작했다면 두 라크아를 근행하고 쌀람을 한 후에 다시 일어서서 세 번째 라크아를 근행하는 것이 일반적인 위트르 예배의 형식이지만 두 라크아 후에 쌀람을 하지 않고 일어서서 세 번째 라크아를 근행했다고 해도 위트르 예배의 연장선에서 이를 허용할 수 있을 것입니다.

질문(216) 일반적으로 예배자는 마그립이나 이샤 예배처럼 3라크아 이상의 예배를 드릴 때 두 번째 라크아의 두 번째 수주드(큰절)가 끝나면 앉아서 앗 타샤후드(at-Tashahud)를 하게 되는데 만일 한 사람이 이러한 절차를 잊고 타샤후드를 하지 않고 바로 일어나 꾸란을 낭송하기 전에 자신의 예배 과정이 잘못된 것임을 알았다면 어떻게 해야 하는지요? 이전 동작으로 돌아가서 앗-타샤후드를 해야 하는지 아니면 서서 꾸란을 낭송해야하는지요? 그리고 예배의 잘못을 보완할 수 있는 싸즈다툿 싸후는 쌀람 전에 해야 하는지요? 아니면 쌀람 후에 해야 하는지요?

대답: 완전히 일어선 상태에서 꾸란을 암송할 상황이라면 이전 동작으로 돌아갈 필요는 없습니다. 왜냐하면 이미 앗 타샤후드를 위한 동작과 그 다음 동작인 서서 꾸란을 암송하는 동작이 확연히 구분되어진 상황이 되었고 선 자세에서 꾸란을 읽는 것은 예배를 이루는 기둥(Arkānu as-Salāt) 중에 하나이며 이러한 동작을 지키는 것 또한 중요하기 때문입니다. 그래서 이전동작으로 돌아가는 것이 권장되지 않는 것입니다. 그러나 이전 동작 즉, 앉은 자세로 돌아가서 앗 타샤후드를 한다고 해도 예배가 무효 되지는 않습니다. 왜냐하면 이러한 행위들이 금기 사항을 행한 것은 아니기 때문입니다.

이때 즉, 이전 동작으로 돌아가지 않고 일어나서 꾸란을 암송하였다면 싸즈다툿 싸후는 예배가 끝나는 쌀람을 하기 직전에 하는 것이 바람직합니다. 그러나 일부 학자들은 이전 동작으로 돌아가지 않고 선 자세에서 예배를 진행하는 것은 의무이며 예배를 이루는 의무 규정(Wājibat as-Salāt)을 실수로 다 채우지 못한 상황이므로 쌀람 직전에 두 번의 절을 하는 싸즈다툿 싸후를 해야 한다고 강조합니다.

질문(217) 위트르 예배는 의무인가요? 또한 위트르 예배는 라마단 달에만 근행하는 예배인가요?

대답: 이슬람 법에서 위트르 예배(Salāt al-Witr, 홀수로 근행하는 예배로 보통 이샤 예배가 끝난 후에 근행하는 권장예배)는 강조된 순나(Sunnat al-Muakkadah, 의무(Wājib)는 아니나 예언자께서 습관적으로 의무처럼 행한 신앙의식)로서 무슬림들은 가급적 이 예배를 근행하기 위하여 노력합니다. 이 예배에 대하여 이맘 아흐마드(Imam Ahmad)와 일부 이슬람 학자들은 '위트르 예배를 근행하지 않는 사람은 불성실한 사람으로 그의 증언을 반드시 받아들여야할 필요는 없다'라고 위트르 예배의 중요성을 역설했습니다. 그래서 무슬림들이 라마단 단식월뿐만 아니라 일반적인 날들에도 가급적 위트르 예배를 근행한다면 신앙증진에 많은 도움이 될 것입니다. 아랍어에서 위트르는 홀수를 의미하며 위트르 예배는 한 라크아, 또는 세 라크아, 또는 다섯 라크아와 같이 홀수로 예배를 근행하고 끝내는 것을 말합니다. 이와 같이 위트르 예배는 의무는 아니지만 강조된 순나에 해당되며 이를 근행할 수 있다면 소홀히 하지 않는 것이 올바른 무슬림의 자세입니다.

질문(218) 알 꾸누트 기도(Dua' al-Qunūt, 예배의 마지막 라크아에서 반절을 한 후 수주드 직전 선 자세에서 두 손을 들고 행하는 기도를 말하며 주로 라마단 달의 타라위흐 예배 후 위트르 예배를 근행할 때 기도하며 필요시 의무 예배에서 기도하기도 한다.)에 대하여 보다 자세히 알고 싶습니다. 꾸누트 기도를 위한 특별한 기도문이 있는지요? 또한 어떤 이맘은 꾸누트 기도를 길게 하는 경우도 있는데 이를 위한 근거는 있는지요?

대답: 꾸누트의 기도문은 예언자 무함마드께서 하싼 븐 알리 븐 아비 딸립(Hasan bn Ali bn Abi Talib)에게 가르쳐준 것이 가장 일반적인 형태입니다. 그것은 **"알라훔마 이흐디니 피만 하다이타 와 아-피니 피만 아-파이타……."**(오 하나님, 당신께서 인도해 주셨던 것처럼 저를 인도해주시고 또한 당신께서 보호해 주셨던 것처럼 저를 보호해 주십시오…….)[231]라고 시작하는 기도문입니다. 이맘의 경우 복수형으로 바꾸어서 **"알라훔마 이흐디나 피만 하다이타나 와 아-피나 피만 아-파이타나……."**(오 하나님, 당신께서 인도해 주셨던 것처럼 우리를 인도해주시고 또한 당신께서 보호해 주셨던 것처럼 우리를 보호해 주십시오…….)라고 합니다. 왜냐하면 이맘은 자신뿐만 아니라 자신의 뒤에서 함께 예배를 근행하는 사람들 모두를 위하여 기도해야할 의무가 있기 때문입니다. 기도는 그 상황에 맞는 적당한 내용을 추가하여 자신이 처한 현상이나 간절한 요청사항들을 추가하여 기도할 수도 있습니다. 그러나 기도문을 필요이상으로 길게 할 필요는 없습니다. 왜냐하면 이맘 뒤에서 예배를 근행하는 사람들의 상황은 동일하지 않기 때문에 너무 길게 진행되는 기도문은 노약자나 어린이들에게 힘들 수도 있기 때문입니다. 무아드 븐 자발이 어느날 자신의 부족들을 이끌고 예배를 인도할 때 필요이상 길게 근행한 것에 대하여 예언자께서는 불편한 심기를 표현한 적이 있었기 때문입니다.

---

231) Sahih, Abu Daud(1425), at-Tirmidhi(464), an-Nasai(1745), Ahmad(1720, 27820, 27940)

질문(219) 알 꾸누트 기도(Dua' al-Qunūt)를 할 때 두 손을 모아드는 행위는 근거(순나)에 따른 것인지요?

대답: 순나에 의한 알 꾸누트 기도는 두 손을 가슴 높이까지 모아서 들고 하는 것입니다. 왜냐하면 예언자께서는 기도를 해야 할 특별한 상황이 발생했을 때 의무 예배에서도 꾸누트 기도를 하셨으며 이때 두 손을 모아들고 기도를 하셨습니다. 이에 대하여 2대 칼리파인 오마르 븐 카타브는 예언자 무함마드가 행한 꾸누트 기도의 형태대로 위트르 예배에서 두 손을 들고 꾸누트 기도를 거행하여232) 그 근거를 보다 확실히 했으며 이후의 무슬림들은 이슬람 움마 공동체를 바르게 이끌었던 정통 칼리파들(아부 바크르, 오마르, 오스만, 알리)의 행적을 따르는 것은 예언자 무함마드의 순나를 따르는 것만큼이나 중요한 요청사항임을 알고 이를 따르는 것이기도 합니다. 그래서 위트르 예배에서 꾸누트 기도를 할 때 두 손을 모아드는 것은 이맘이나 마으뭄, 그리고 혼자 예배를 근행할 경우 개인에게 순나임을 알 수 있습니다.

질문(220) 의무예배에서 꾸누트 기도를 하는 것은 허용되는지요?

대답: 의무예배에서 꾸누트 기도를 하는 것은 의무사항으로 요청된 것은 아닙니다. 그러나 여러 가지 주어진 상황이 꾸누트를 해야 한다고 판단된다면 이맘의 의지에 따라 할 수도 있습니다. 왜냐하면 하나님께 기도하는 것은 나쁜 것이 아니기 때문입니다.

질문(221) 타라위흐 예배(Salāt at-Tarāwīh, 라마단 단식월에 이샤예배가 끝나고 근행하는 특별예배)의 규정에 대하여 알고 싶습니다. 또한 타

---

232) al-Baihaqi, as-Sunan al-Kubrah(2/121)

라위흐 예배는 몇 회를 근행해야 되는지요?

대답: 타라위흐 예배는 예언자 무함마드에 의해 거행되기 시작한 순나 예배입니다. 믿는 자들의 어머니 아이샤('Āisha bint Abi Bakr as-Siddiq)가 전하는 하디스에 의하면 예언자 무함마드께서 라마단 성월의 어느 날 예언자 성원(Masjid an-Nabawi)에서 몇몇 사람들과 함께 타라위흐 예배를 근행하고 그 다음날도 타라위흐 예배를 근행하였는데 그날은 그 전날 예배를 함께 근행했던 사람들과 더불어 더 많은 사람들이 예언자와 함께 예배에 동참했었습니다. 3일째 또는 4일째 되던 날 더 많은 사람들이 모여서 예언자와 함께 타라위흐 예배를 근행하고자 기다렸으나 예언자께서는 결코 나오지 않으셨는데 그 다음날 아침 사람들은 지난밤에 타라위흐 예배를 위하여 많은 사람들이 기다렸음을 알리자 그분께서 **(여러분들이 예배를 위하여 모여 기다리는 것을 보고 내가 나올 수 없었던 것은 타라위흐 예배가 의무화되는 것이 두려웠기 때문입니다.)**[233]라고 말씀하셨습니다.

타라위흐 예배의 근행 횟수는 11라크아를 근행하는 것이 부카리와 무슬림 하디스에서 전하는 가장 일반적인 것입니다. 믿는자들의 어머니 아이샤에게 어떤 사람이 라마단 달에 예언자 무함마드께서는 어떻게 타라위흐 예배를 근행했는지 묻자 그녀는 다음과 같이 답했습니다. **(라마단 달이든 또는 다른 달이든 그분은 타라위흐 예배를 11라크아를 넘지 않으셨습니다.)**[234] 그러나 누군가 13라크아 또는 그 이상 근행했다고 해도 절대 문제가 되는 것은 아닙니다. 이러한 사실들에 대한 근거로 이븐 압바스는 예언자께서 13라크아를 근행하기도 했다고 전합니다. 2대 칼리파인 오마르 븐 카따브가 타라위흐 예배를 11라크아를 근행했다는 전언은 (알 무왓따아(al-Muwata'a)에 전해지고 있습니다. 또한 밤 예배(Salāt al-Laili, 이샤 예배 후 한밤에 근행하는 예배)는 두 라크아씩 두 라크아씩 근행한다는 예언자 무함마드의 밤 예배에 대한 전언에 의해 11라크아 보다 더 많이 근행하는 것은 허용됩니다.

---

233) Sahih al-Bukhari(924, 1129), Muslim(761), Abu Daud(1373)
234) Sahih al-Bukhari(1147, 2013, 3569), Muslim(738), Abu Daud(1341), at-Tirmidhi(429)

이와 같이 타라위흐 예배의 횟수에 대한 다양한 의견들이 전해져 오고 있기 때문에 우리는 이러한 다양한 의견들을 합리적으로 받아들여야하고 또한 가장 좋은 방식은 가장 일반적인 방식을 따르는 것입니다. 그것은 11라크아 또는 13라크아를 근행하는 것입니다. 그러나 일부 학파에서 타라위흐 예배를 23라크아를 근행하고 있는 것과 같이 라마단 달의 특별한 의미를 살려 신앙을 증진하기 위하여 예배에 충실하고 성실히 임하는 자세는 무척 중요할 것입니다.

질문(222) 라마단 달에 꾸란을 처음부터 끝까지 읽거나 외운 후 한밤중에 일어나서 근행하는 예배(Qiyāmul-Lail)에서 꾸란완료(Khatmul-Qurān)를 기념하기 위한 기도를 하는 것은 허용되는지요?

대답: 라마단 달에 꾸란을 처음부터 끝까지 읽기 또는 암송을 완수한 기념으로 한밤중 예배에서 이를 기념하기 위하여 특별한 기도를 하는 것에 대한 근거는 예언자 무함마드의 관행(Sunna)과 예언자 무함마드를 추종했던 교우들(Sahāba)의 전언에서 어떤 것도 찾을 수 없습니다. 그러나 아나스 븐 말리크(Anas ibn Mālik)가 (누군가 꾸란 읽기(암송)를 완수했다면 가족 친지들과 함께 모여 기도하라)235)라고 한 말은 있지만 이 말은 예배가 아닌 다른 때를 의미합니다. 언급한 바와 같이 정확한 근거가 없음에도 불구하고 일부 학자들은 다음과 같은 형식의 기도일 경우에는 권장될 수도 있다고 주장합니다. 그것은 이맘이 한밤중에 근행하는 예배의 끝자락에 근행하는 위트르 예배에서 꾸누트 기도를 할 때 꾸란 낭송 완료를 위한 기도를 하는 것은 허용되며 꾸누트 기도를 하는 것은 충분한 근거를 가지고 있기 때문에 권장되는 것입니다.

질문(223) 권능의 밤(Lailath al-Qadr)은 매년 어떤 특정한 날로 고정되어

---

235) ad-Dārimi(3473, 3474)

있는 것인지요? 아니면 매년마다 어떤 날에서 다른 날로 옮겨가기도 하는 것인지요?

대답: 라마단 달에 권능의 밤이 있다는 것은 의심할 여지가 없습니다. 꾸란 알까드르장(Sūrat al-Qadr)에는 이에 대하여 다음과 같이 언급하고 있습니다.

"진실로 우리(하나님)가 권능의 밤에 꾸란을 계시하였나니······."[236]

또 다른 구절에는 꾸란의 계시에 대하여 보다 분명히 하셨는데 그것은 라마단 달에 꾸란이 계시되었다는 것입니다.

"라마단 달, 그 달에 꾸란이 계시되었나니······."[237]

그리고 예언자께서 라마단 초기의 열흘 동안 마스지드에 머물면서(I'tikāf, 마스지드에 머물며 신앙에 전념하는 행위)권능의 밤이 그 날들 중에 있기를 기도했습니다. 그리고 라마단 중반의 열흘도 그리고 말기의 열흘도 마스지드에 머물면서 권능의 밤이 그 날들에 있기를 기도했습니다. 그러던 중 예언자 무함마드와 그의 추종자(Ashāb)들은 마지막 10일 중 7일째 되던 날 밤에 권능의 밤이 있음을 보았습니다. 그래서 이에 대하여 예언자께서는 **(라마단 달의 마지막 10일 중 7일째 되는 날 여러분들이 본 것을 나도 보았으니 누군가 그 권능의 밤을 원한다면 마지막 10일 중 7일째 되는 날 밤에 구하시오.)**[238]라고 말씀하셨습니다. 이 하디스가 전하는 사실로 미루어 볼 때 권능의 밤은 라마단의 27일 째 되는 날 밤이 아닐까 유추해 볼 수 있을 것입니다. 그러나 예언자 무함마드의 또 다른 전언을 통해서 권능의 밤은 어떤 특정한 한날에 정해져 있는 것이 아니라 라마단 달의 마지막 10일 중에 있음을

---

236) 97:1
237) 2:185
238) Sahih al-Bukhari(2015, 6991), Muslim(1165), Abu Daud(1385)

알 수 있습니다. **(라마단 달의 마지막 10일 중에 권능의 밤이 있으니 이때 그것을 구하시오.)**239)

　이러한 근거들은 라마단 달의 마지막 10일을 보내는 무슬림들에게 조금 쳐질 수 있는 심신을 새롭게 하고 신앙을 재정비하는 중요한 계기가 됩니다. 왜냐하면 권능의 하룻밤은 천달보다 더 가치 있는 것이며 그 밤을 신실한 신앙인의 자세로 보냈을 경우 그에게 있었던 모든 죄에 대하여 용서받을 수 있기 때문입니다. 예언자께서는 이에 대하여 다음과 같이 말씀하셨습니다. **(누군가 권능의 밤에 신실한 신앙심으로 예배를 드렸다면 그에게 있었던 이전의 모든 죄들이 사해질 것이니라.)**240) 사실 무슬림들은 누구나 마지막 10일중에 있을 권능의 밤을 간절히 원하지만 어떤 특정한 하룻밤을 정해서 그날만 특별히 예배를 근행하고 신앙에 충실하기 위하여 노력하진 않습니다. 라마단 한 달은 하나님께서 무슬림들에게 신앙 증진을 위해서 주신 특별한 기간이며 특히 마지막 10일은 그 날들 중 하룻밤이 권능의 밤이기 때문에 더욱 더 신앙 증진을 위하여 최선을 다하라는 의미입니다. 이러한 자세로 라마단을 신실한 신앙심으로 충실히 보냈을 경우 하나님의 자비와 축복은 참 신앙인으로 거듭날 수 있게 할 것입니다. (아-민)

질문(224) 라마단 특별예배 즉, 타라위흐 예배(Salāt at-Tarāwīh)를 근행할 때 이맘 뒤에서 예배를 근행하는 일부 예배자들을 보면 이맘의 꾸란 낭송을 따라 읽기 위해 예배 중에 꾸란을 펼쳐 읽는 것을 볼 수 있습니다. 이러한 행위는 허용되는 것인지요?

　대답: 이러한 목적으로 예배 중에 꾸란을 펼쳐 읽는 것은 아래와 같은 관점에서 예언자 무함마드의 관행에 위배되는 행위로 볼 수 있습니다.

---

239) Sahih al-Bukhari(813, 2016, 2018), Muslim(1167)
240) Al-Bukhari(1901, 2014), Muslim(760), Abu Daud(1372), at-Tirmidhi(683), an-Nasai (2194, 2202)

1) 예언자 무함마드는 예배 중 선 자세에서 꾸란을 낭송할 때는 왼손을 가슴위에 올리고 왼손 위에 오른 손을 올리는 자세를 취했는데 이때 꾸란을 받쳐 들게되면 예언자의 순나를 따라할 수 없게 됩니다.

2) 꾸란을 펴고 또 페이지를 넘기고 또 다음동작에서 주머니에 넣고……. 이러한과정에서 예배와 상관없는 불필요한 동작을 많이 하게 되는데 이러한 불필요한 동작들은 예배에 집중하지 못하게 하는 요인이 될 수 있습니다.

3) 선 자세에 있는 예배자는 수주드(절)를 할 때 머리가 닿을 곳을 주시하면서이맘의 꾸란 낭송을 듣는 것이 올바른 예배자세입니다. 꾸란을 들고 이를 주시하게 되면 이러한 관행을 어길 수밖에 없습니다.

4) 꾸란을 읽기 위해 집중하게 되면 예배자는 자신이 처해있는 상황이 예배 중인지 또는 꾸란을 읽고 있는 중인지 망각할 수도 있을 것입니다.

예배를 근행하는 사람은 순수한 자세로 하나님을 향한 두려움과 공경심, 그리고예배를 통해서 느낄 수 있는 평화와 안녕을 추구할 수 있어야합니다. 그래서 예배중에는 예배가 우리에게 주는 이점에 반하는 불필요한 말이나 행동을 삼가고 오직하나님을 향한 일념으로 예배에 임해야 합니다.

질문(225) 라마단 특별예배 즉, 타라위흐 예배(Salāt at-Tarāwīh)를 근행할
때 예배를 인도하는 일부 이맘들을 보면 예배에 참석하는 마으뭄
(Ma'mūm, 이맘의 뒤에서 예배를 근행하는 사람)들의 마음을 풀어
준다는 차원에서 필요 이상의 과장된 목소리로 꾸란을 낭송하는 것
을 볼 수 있습니다. 이러한 행위는 허용되지 않는다는 말도 있는데
어떻게 되는 것인지요?

대답: 꾸란 낭송의 기본은 아름다운 소리를 규정(타즈위드)에 맞춰 낭송하여 하나님의 말씀을 사람들에게 전달하고 사람들은 이러한 감동을 일상의 삶에서 실천

하는데 의미가 있습니다. 그래서 이맘이 꾸란을 타즈위드에 맞춰 아름답게 낭송하고자하는 노력은 충분히 인정해 주어야하고 또한 무슬림들은 이를 따라 읽을 수 있도록 노력해야 합니다.

예언자 시절에 아부 무사 알 아쉬아리(Abu Musa al-Ashiari)는 예언자 무함마드에게 다음과 같이 말했습니다. (만일 당신(예언자 무함마드)께서 내가 꾸란 읽는 것을 듣는 줄 알았다면 당신을 위하여 더 좋은 소리로 읽었을 것입니다.)[241] 이러한 근거에 따라 만일 이맘이 사람들에게 감동을 주기 위하여 꾸란을 아름답게 낭송하는 깃은 권장된 것이며 이를 나쁘게 보아야할 어떤 근거도 없습니다. 그러나 꾸란을 낭송하면서 그 낭송의 정도가 너무 과장되어 꾸란의 진정한 의미가 왜곡되거나 사람들에게 불쾌감을 준다면 이를 삼가야 하고 정확한 의도로 성실하게 읽도록 노력해야 할 것입니다.

질문(226) 하루 다섯 번씩 근행하는 의무 예배를 전후해서 근행하는 순나예배 (Sunan ar-Rawātib) 시간에 관한 질문입니다. 이에 대하여 일부 학자들은 순나예배는 의무예배 근행시간을 알리는 아잔으로부터 시작되고 의무예배 근행시간이 끝나는 것으로 순나예배 근행 시간도 끝난다고 말하고 또 다른 일부 학자들은 의무 예배 전에 근행하는 순나예배는 의무예배를 근행하는 것으로 끝난다고 말하기도 합니다. 어떤 의견이 가장 일반적인 것인지요?

대답: 의무예배를 전후하여 근행하는 순나예배에 대한 가장 일반적인 견해는 다음과 같습니다. 의무예배 전에 근행하는 순나예배 근행시간은 아잔을 하고 의무예배가 시작되기까지 사이에 근행할 수 있습니다. 그래서 정오예배(Salāt al-Zuhr)의 경우 순나예배는 정오예배를 위한 아잔으로부터 시작되며 정오의무예배를 시작하는 것으로 종료되는 것입니다. 그리고 의무 예배 후에 근행하는 순나예배는

---

241) Sahih, an-Nasāi fi al-Kubraha(5/23), al-Baihaqi(3/12, 10/230)

의무예배가 끝나면서 시작되고 그 다음 예배의 아잔으로부터 끝나는 것입니다. 그러나 어떤 사람이 의도적이지 않은 상태에서 미처 순나예배를 근행하지 못한 체 의무예배를 맞이했을 경우에는 의무예배 후에도 근행하지 못한 순나예배를 메울 수 있습니다. 그러나 어떤 사람이 특별한 이유없이 의도적으로 순나예배를 근행하지 않은 체 의무예배를 근행한 후에 이를 채워 주기위하여 순나예배를 근행했다면 그 예배는 어떤 유익함도 없을 것입니다. 이슬람의 모든 의식들은 이를 실천하기 위한 정해진 시간들이 있으며 만일 이유 없이 이를 지키지 않았다면 어떤 변명도 용납되지 않을 것입니다.

질문(227) 새벽예배(Salāt al-Fajr)가 시작되기 전에 근행하는 두 라크아의 권장예배(순나)를 부득이 근행하지 못한 사람이 만일 의무예배 후에 이를 근행하고자 한다면 어떻게 되나요?

대답: 부득이한 사정으로 파즈르 의무예배 전에 근행하는 두 라크아 순나예배를 근행하지 못한 사람이 의무예배 후에 이를 근행하는 것은 허용됩니다. 미처 근행하지 못한 순나예배를 채워주는(Qadha') 의미에서 권장할 수 있습니다. 그러나 그 예배가 해가 떠오르는 시간(Waqt al-Dhuha)까지 늦춰진다면 재고의 여지가 있습니다. 왜냐하면 해가 지평선에 막 떠오르는 그 순간은 예배를 근행하기 적합한 시간이 아니기 때문입니다.

질문(228) 어떤 사람이 마스지드에 들어가서 타히야툴 마스지드(Tahiyat al-Masjid, 예언자의 관행에 따라 마스지드에 들어가면 앉기 전에 두 라크아의 예배를 근행하는 것) 두 라크아 예배를 근행한 후에 아잔이 나왔습니다. 이러한 상황에서 의무예배 전에 근행하는 추가예배

(an-Nafl)는 그에게 어떻게 되는지요?

대답: 새벽예배와 정오예배를 위한 아잔이 끝나면 의무예배가 시작되기 전에 새벽예배는 두 라크아, 그리고 정오예배는 네 라크아의 순나예배를 근행하는 것이 일반적인 관례입니다. 그리고 아잔 후 본 예배가 시작되기 전에 근행하는 새벽예배와 정오예배 이외의 다른 예배에는 예언자의 말씀에 따라 다음과 같이 예배를 근행하기도 합니다. **(모든 아잔과 이까마 사이에는 예배가 있느니라.)**242) 다시 말해서 아잔과 이까마 사이에는 기본적으로 순나예배를 근행함을 알 수 있습니다.

질문(229) 의무예배 전후에 근행하는 순나예배(Sunan ar-Rawātib)는 만일 부득이한 사정으로 기회를 놓쳤다면 이를 채워주는 것인지요?

대답: 만일 잊어버렸거나 잠들어서 미처 근행하지 못했다면 이를 채워줄 수 있습니다. 예언자께서는 다음과 같이 말씀하셨습니다. **(누군가 예배시간을 잊어버렸거나 또는 잠들어서 예배시간을 놓쳤다면 이를 기억하였을 때 그때 근행하지 못한 예배를 바로 근행하라.)** 여기서 말하는 예배는 그 예배가 순나예배이든 또는 의무예배이든 다 포함됩니다. 또한 움무 쌀라마(Umu Salamah)가 전하는 하디스에 의하면 예언자께서는 정오예배 후에 다른 일로 근행하지 못한 두 라크아 순나예배를 오후예배(Salāt al-Asr) 후에 근행했다고도 합니다.243) 그러나 어떤 사람이 의도적으로 순나예배를 근행하지 않았다면 이후에 이를 채웠다고 해도 순나예배의 의미를 이미 상실한 상태이기 때문에 받아들여지지 않을 것입니다.

---

242) Sahih Al-Bukhari(624, 627), Muslim(838), Abu Daud(1283), at-Tirmidhi(185), an-Nasai (681), Ibn Majah(1162)
243) Sahih Al-Bukhari(1233, 4370), Muslim(843), an-Nasai(579,580), Ibn Majah(1159)

질문(230) 의무예배가 끝나고 순나예배를 근행하고자 할 때 의무예배를 근행
했던 자리에서 다른 곳으로 자리를 옮기는 것을 볼 수 있는데 이러
한 행위는 근거에 의한 것인지요?

대답: 무아위야는 예언자께서 하신 말씀을 다음과 같이 전합니다. **(예언자께서**
우리에게 명하셨으니 예배에서 또 다른 예배를 근행할 때는 말을 하거나 또는 자
리를 옮기도록 하라.)244) 이 하디스에 근거하여 의무예배가 끝나고 순나예배를 근행
할 때는 두 예배 사이를 분리해야하며 두 예배를 분리하는 방법은 말을 하거나 또는
다른 장소로 옮기는 것입니다.

질문(231) 만일 두하예배(Salat ad-Duha, 새벽예배 후 해가 완전히 떠오른
후에 근행하는 순나예배)를 근행하지 못했을 경우 이를 채워 주어야
하는지요?

대답: 두하예배를 근행할 시간에 이를 근행하지 못했다면 이를 채워주지 않아도 무
방합니다. 왜냐하면 해가 떠오른 직후에 근행하는 두하예배는 그 시간에 근행할 권장
예배이기 때문입니다. 그래서 만일 그 시간대에 근행하지 못했다면 그것으로 만족하
는 것입니다. 그러나 의무예배를 전후해서 근행하는 순나예배(Sunan ar-Rawātib)
는 이와 다르게 만일 부득이한 이유가 있어서 근행하지 못했다면 이를 채워주는 것이
더 좋습니다. 위트르 예배(Salat al-Witr, 이샤예배 후에 홀수로 근행하는 권장예배,
강조된 순나(Sunnat al-Muakkadah)245)의 경우도 마찬가지입니다. 하디스에 의하면
예언자께서는 이샤예배 후에 바로 잠들었거나 또는 아파서 위트르 예배를 근행하지 못
한 경우에는 낮에 이를 대신해서 근행했다고 전합니다.246)

---

244) Sahih Muslim(883)
245) *의무(Wājib)는 아니나 예언자께서 습관적으로 의무처럼 행한 신앙의식
246) Sahih Muslim(746), Abu Daud(1342), at-Tirmidhi(445), an-Nasai(1601, 1789),

질문(232) 사즈다툿 틸라와(Sajdatu-Tilawah, 예배 중에 꾸란을 낭송하거나 또는 꾸란을 읽을 때 사즈다(Sajdat, 절)가 표시되어 있으면 동작을 멈추고 그 자리에서 한 번의 절을 하는 것)는 반드시 따하라(Tahārah, 예배를 근행할 수 있는 청결한 상태)상태에서만 해야 되는지요? 그리고 사즈다툿 틸라와는 어떻게 근행하는지 알고 싶습니다.

대답: 예배 중 꾸란을 낭송하거나 꾸란을 읽을 때 구절에 사즈다툿 틸라와가 표시되어 있는 것을 접한 사람은 그 상태에서 한 번의 절을 하는 것을 말합니다. 누군가 꾸란을 읽던 중에 이 구절을 접하게 되면 그 자리에서 메카(끼블라)를 향해 타크비르(Takbīr, '알라후 아크바르'라고 말하는 것)를 하고 한 번의 절을 한 후에 타크비르나 쌀람을 하지 않고 그대로 일어나 앉으면 됩니다. 그러나 만일 예배 근행 중 꾸란을 낭송하는 상황에서 이 구절을 접했다면 반드시 타크비르를 하고 한 번의 절을 한 후에 일어서기 위한 타크비르도 해야 합니다.

그리고 청결 상태에 대한 것은 예배근행 중에 사즈다툿 틸라와를 접한 상황이라면 누구나 다 깨끗이 우두를 한 상태이기 때문에 문제가 되지 않습니다. 그러나 예배 중이 아닌 상태 즉, 꾸란을 읽거나 암송하고 있는 상황에서 사즈다툿 틸라와를 접했을 경우, 이를 위해서 반드시 우두를 해야 하는지에 대해서는 학자들 간에 이견이 있습니다. 학자들 중에는 꾸란을 읽을 때 사즈다툿 틸라와를 접하게 되었고 이를 위해 절을 하고자 한다면 반드시 우두상태이여야한다고 말하는가 하면 사즈다툿 틸라와를 위해서 우두는 조건이 아니다 라고 말하는 학자들도 있습니다. 두 번째 의견에 동의하는 학자들은 압둘라 이븐 우마르가 우두가 되어 있지 않은 상태에서 꾸란을 읽던 중 사즈다툿 틸라와를 접하게 되었고 그는 그 상태에서 한 번의 사즈다를 했다고 전하는 부카리의 전언을 근거로 제시하긴 하지만 보다 일반적인 견해는 우두(예배를 하기위해 신체를 깨끗이 씻는 의식)가 되어있지 않은 상태에서 절을 하는 것은 옳지 않다고 보는 의견이 보다 지배적이며 예배 (수주드)를 위해서 우두는 꼭 필요한 조건임을 알아야합니다. 참고로 '사즈다툿 틸라와'표시가 있는 꾸란 구절들은 총 15 구절이며 그 절들은 다음 꾸란 장과 절에서 찾아볼 수 있습니다.

1) 알 아으라프 장(206절), 2) 알 라으드장(15절), 3) 안 나흘장(50절), 4) 알 이스라 아장(109절), 5) 마르얌장(58절), 6) 알 핫즈장(18절), 7) 알 핫즈장(77절), 8) 알 푸르깐 장(60절), 9) 안 나믈장(26절), 10) 앗 사즈다장(15절), 11) 싸드장(34절), 12) 풋씰라트 장(38절), 13) 안나즘장(62절), 14) 알 인쉬까끄장(21절), 15) 알 알라끄장(19절).

질문(233) 하나님께 드리는 수주드 앗-슈크르(Sujūd as-Shukr)는 언제 어떻게 하는 것인지요? 그리고 이 예배를 위해서 우두는 반드시 되어 있어야하는지요?

대답: 수주드 앗-슈크르는 역경과 고난으로부터 벗어났을 때, 또는 하나님의 더 크신 은혜와 은총에 감사드리고자 할 때, 정해진 절차에 따라 근행하는 의무 또는 순나예배와는 별도로 사즈다툿 틸라와(Sajdatu-Tilawah)처럼 한 번의 절을 하는 것을 말합니다. 이 수주드(절)에 대하여 일부 학자들은 우두를 하고 타크비르(Takbīr, '알라후 아크바르'라고 말하는 것)를 하는 것으로 이를 정의하기도 하고 또 다른 학자들은 먼저 타크비르를 한 다음 엎드려 '수브하나 랍비얄아으라(지고하신 하나님께 영광이 있기를)'라고 하면서 절을 하고 감사기도를 하는 것을 말하기도 합니다.

질문(234) 이스티카라 예배(Salāt al-Istikhārah, 일에 대한 결정을 앞두고 근행하는 두 라크아예배)에 대한 규정을 알고 싶습니다.

대답: 어떤 사람이 일을 결정하기 전에 이스티카라 예배(Salāt al-Istikhāra)를 근행하는 것은 순나입니다. 그러나 일상적으로 요구된 의무 규정을 실천하는데 있어서 이스티카라 예배를 근행하는 것은 의미가 없습니다. 예를 들어 예배와 단식, 그리고

자카트를 지불하는 것, 금기사항들을 멀리하는 것과 같이 일상의 삶에서 무슬림들에게 의무로 규정되어 반드시 실천해야할 사항들과 먹고 마시고 잠자는 것과 같이 무바하 (Mubāha, 해도 되고 하지 않아도 죄가 되지 않는 행위)에 해당되는 것들에 대해서는 이스티카라 예배를 근행할 필요가 없습니다. 또한 일반적으로 이슬람 성원에 들어가면 누구나 근행하는 두 라크아의 인사예배(Tahiyat al-Masjid)나 의무 예배 전후에 근행하는 권장예배(Sunan ar-Rawātib)에서 이스티카라 예배를 위한 기도를 하는 것은 무의미하며 이스티카라 예배의 의미를 충족하지도 못할 것입니다. 그러나 어떤 사람이 이스티카라 예배를 의도한 상황에서 위 두 예배를 근행하면서 기도했다면 다음 하디스에 근거하여 기도의 유용함을 긍정적으로 볼 수도 있습니다. (만일 누군가 (이스티카라 예배가) 필요하다면 의무예배 이외에 두 라크아 예배를 근행하라.)247) 이 하디스가 의미하는 것은 이스티카라 예배는 의무예배를 제외하고 어떤 예외도 두지 않았으며 그래서 언제든 근행할 수 있음을 알 수 있습니다. 그러나 일부 학자들은 위 하디스 (만일 누군가 필요하다면…)에서 '필요하다면'의 의미는 이스티카라 예배가 필요한 상황을 말하므로 반드시 이스티카라 예배를 위한 의도가 있어야하기 때문에 이 예배를 근행하고자 한다면 반드시 이를 위한 두 라크아 예배를 따로 근행해야한다고 말하기도 합니다. 중요한 것은 어떤 사람이 어려운 상황을 슬기롭게 헤쳐 나가기 위하여 신중하게 자신을 조명해보는 예배이고 그렇기 때문에 특별한 의도에 의해 예배가 근행될 때 이 예배의 의미가 돋보일 것입니다.

질문(235) 타스비흐 예배(Salāt at-Tasbīh)는 어떤 것인가요?

대답: 일부 사람들에 의해서 근행되는 이 예배는 예언자 무함마드가 전하는 어떤 하디스에도 그 근거를 찾을 수 없습니다. 이맘 아흐마드는 이 예배에 대하여

---

247) Sahih Al-Bukhari(6166, 7390), Abu Daud(1538), at-Tirmidhi(480), an-Nasai(3253), Ibn Majah(1383)

정당성을 주장하는 사람들의 하디스 근거는 옳지 않다고 말했습니다. 또한 쉐이쿨 이슬람 이븐 타이미야는 이에 대한 하디스 근거를 제시하는 것은 거짓이며 이맘 아흐마드의 말처럼 예언자 무함마드를 추종했던 수많은 이맘들은 타스비흐 예배가 부당하다고 말했으며 이맘 아부 하니파, 이맘 말리크, 이맘 샤피이 또한 이에 대하여 들어본 적이 없다고 말했음을 전합니다. 사실 이 예배가 예언자가 생전에 근행했던 것이고 또한 사람들의 입을 통해서 전해온 것이라면 의심할 여지없이 근거에 의해서 어떠한 방법으로든 이슬람 공동체에 전해져 내려올 것입니다. 그러나 이러한 중요한 근거를 예언자의 언행록인 하디스에서도 찾을 수 없고 또한 그 이후에 이슬람을 계승 발전 시켜온 계승자(예언자의 추종자들과 이맘들 etc.)들에 의한 어떤 확실한 근거도 없다는 것은 교리에 어긋나는 비드아(Bida', 이슬람에 반하는 이설적 행위)로 간주할 수 있을 것입니다.

질문(236) 예배 근행을 위해 적합하지 않은 시간(금지된 시간)은 언제인지요? 또한 누군가 일몰, 즉 해가 질 무렵에 인사예배(Tahiyat al-Masjid)를 근행하고자 한다면 마그립 아잔 전에도 할 수 있는지요? 아니면 아잔 후에 해야 하는지요?

대답: 예배를 근행하기위해 적합하지 않은 시간은 다음과 같습니다.

1) 첫 번째 시간: 파즈르(새벽) 예배부터 해가 창(槍) 길이만큼 떠오를 때까지 시간, 다시 말해서 해 뜬 후 약15~20분이 경과된 시간을 말합니다.

2) 두 번째 시간: 해가 천정에 걸리기 약 10분전으로 정오 예배시간이 되기 약 10분 전 시간을 말합니다.

3) 세 번째 시간: 아스르(오후) 예배부터 해가 완전히 질 때까지입니다.

그러나 마스지드에 들어가면 근행하는 두 라크아의 인사예배(Tahiyat al-Masjid)는 어떤 시간이든 근행할 수 있습니다. 언제든지 마스지드에 들어갔다면 앉기 전에 두 라크아를 근행하는 것입니다. 위에서 언급한 예배를 근행하기 적합하지 않은 시간에도 이 예배는 근행할 수 있습니다. 또한 어떤 권장예배든 그 예배를 근행해야할 충분한 이유가 있다면 비록 예배를 근행할 수 없는 권장된 시간이 아니라고 해도 예배를 근행할 수 있습니다. 예를 들어 어떤 사람이 파즈르 후에 마스지드에 들어갔다면 앉기 전에 두 라크아의 예배를 근행하고 또한 아스르 예배 후에 들어갔을 때나 해가 지기 직전에 들어갔을 때도 두 라크아를 근행하는 것이 무슬림의 자세입니다. 밤낮을 구분하지 않고 언제든지 마스지드에 들어갔을 때 앉기 전에 두 라크아의 예배를 근행하는 것이 인사예배(Tahiyat al-Masjid)입니다.

질문(237) 이슬람에서 합동예배는 어떤 의미를 가지는지요?

대답: 이슬람에서 합동예배의 의미는 하나님에 대한 복종의 의미와 더불어 신앙의 실천에서 아주 중요한 부분을 차지합니다. 아래의 예언자 무함마드의 하디스에서 합동예배의 중요성을 잘 인식할 수 있습니다. **(누군가 예배를 알리는 소리(아잔)을 듣고 이유 없이 합동예배에 참석하지 않았다면 그가 근행한 예배는 예배가 아니니라.)**[248] 또 다른 전승에는 앞을 볼 수 없는 시각장애인이 예언자 무함마드에게 합동예배에 대한 면제(Rukhsa)를 요청하자 예언자께서는 그에게 **(아잔을 들을 수 있나요?)**라고 물었는데 이에 그가 아잔은 들을 수 있다고 하자 예언자께서 **(그러면 합동예배에 참석하세요.)**라고 말씀하셨습니다.[249] 이슬람 공동체는 하나입니다. 또한 무슬림들에게 가장 확실한 신앙의 표현은 예배를 근행하는 것입니다. 건전하고 건강한 이슬람 공동체는 하나된 모습이며 하나된 모습은 합동예배를 통해서 볼 수 있습니다. 그래서 예언자께서 부득이한 상황을 제외하고 공동체를 이탈하여 혼자 근행하는 예배보다 다 함께 합동 예배를 근행하는 것이 더 많은 축복을 받을 수 있으며 더불어 예배

248) Ibn Majah(793), ad-Darqutni(1/420), al-Baihaqi(3/147).
249) Sahih Muslim(653), Abu Daud(552), an-Nasai(850), Ibn Majah(792).

를 통해서 형제애를 나눌 수 있는 계기가 됨을 가르쳤던 것입니다. 이러한 전반적인 이유들에 의해서 만일 건전한 사고를 할 수 있는 성인 무슬림이라면 그가 여행자이든 또는 집에 머물고 있는 사람이든 합동예배를 근행하기 위하여 노력하고 준비하는 것은 의무임을 알 수 있습니다.

질문(238) 다수의 사람들이 한 숙소에 거주하고 있을 경우 가까운 근처에 마스지드가 있음에도 불구하고 마스지드에 가지 않고 그 곳에서 합동예배를 근행하는 것은 허용되는지요?

대답: 만일 숙소 가까이에 마스지드가 있다면 그들은 반드시 마스지드에 가서 합동예배를 근행하는 것이 원칙입니다. 그러나 마스지드가 멀리 있어서 아잔소리를 들을 수 없는 경우에는 숙소에서 합동예배를 근행할 수도 있습니다. 사람들 중에는 합동예배를 단순히 사람이 모여 함께 예배하는 것으로만 생각하지만 합동예배의 본질은 이슬람 성원 즉 마스지드에서 이맘의 인도로 함께 근행하는 예배를 의미하며 그렇게 이맘과 함께 합동예배를 근행했을 때 원래 의도했던 합동예배의 축복이 있을 것입니다. 그러나 축제예배(이둘 아드하, 이둘 피트르)의 경우에는 예언자의 관행에 따라 합동예배를 넓은 공터나 운동장 등에서 근행할 수도 있습니다.

질문(239) 중요한 업무를 수행중인 사람이 아잔을 들었다면 하던 일을 중단하고 바로 예배에 임하는 것이 좋을까요? 아니면 업무를 끝내고 예배를 근행해도 되는지요? 그리고 강조된 순나(Sunan ar-Rawātib)를 근행하지 않은 채 나플(Nafl, 추가예배)예배를 근행하는 것은 허용되는지요?

대답: 모든 무슬림들에게 적용되는 가장 이상적인 예배는 아잔을 들었을 때 바로 예배를 위하여 준비하고 정시에 예배를 근행하는 것입니다. 왜냐하면 무앗진이 "하이야 알랄 팔라흐"(성공을 빌러올지어다.)라고 아잔을 하면 이를 듣는 사람은 예배를 놓치지 않기 위하여 중압감을 느끼게 되고 또한 예배에 대한 이러한 중압감으로 말미암아 무슬림들은 자신의 정체성을 유지하기 때문입니다. 그래서 아잔을 들은 무슬림은 **특별히 예외규정이 적용될 수 있는 상황**250)을 제외하고 반드시 정시에 예배를 근행하는 것이 원칙입니다. 그리고 의무 예배 후에 순나예배(Sunan ar-Rawātib)를 근행하지 않은 사람이 추가예배(Nafl)를 근행하기 위하여 시간을 보내는 것은 바람직하지 않습니다. 왜냐하면 의무예배 전후에 근행하는 순나예배는 관행상 누구나 다 이해할 수 있는 정당성을 가지지만 추가예배를 근행하기 위한 충분한 시간이 주어져 있지 않음에도 불구하고 필요 이상의 시간을 보내는 것은 재고의 여지가 있기 때문입니다. 오늘날과 같이 시간적 여유가 충분하지 않은 상황에서 예배근행이라는 숭고한 신앙의식의 이면에 추가적인 요소들로 인하여 고용주와 고용인 사이에 문제가 야기될 수도 있고 또한 서로에게 정당성을 부여하지 못할 수도 있기 때문입니다.

질문(240) 이맘이 인도하는 합동예배에서 첫 번째 또는 두 번째 라크아가 끝난 후에 예배에 합류한 사람이 이를 채워줄 때, 그는 반드시 알 파티하장(Surāt al-Fātihah, 개경장)과 짧은 장을 암송해야하는지요?

대답: 이맘이 예배를 끝냈을 때 마으뭄은 자신이 이맘과 함께 근행하지 못한 예배의 횟수를 채워 주어야하는데 이를 채워주기 위한 정확한 방법은 네 라크아 예배인 정오예배(Salāt ad-Duhr)와 오후예배(Salāt al-Asr), 밤중예배(Salāt al-Isha)에서 첫 번째, 또는 두 번째 라크아를 놓친 경우, 또는 저녁예배(Salāt al-Maghrib)에서 한 라크

---

250) *예를 들어, 공장 가동을 감독하는 자가 자리를 비우면 공장 가동에 문제가 생겨 커다란 손실을 초래할 경우 등

아를 놓친 경우 그 사람은 알 파티하장을 읽는 것으로 충분합니다. 그러나 새벽예배(Salāt al-Fajr)의 경우에는 알 파티하장과 꾸란의 짧은 장 또는 꾸란의 다른 구절을 암송해야 합니다. 왜냐하면 알 파티하장은 두 라크아 모두 알 파티하장과 또 다른 꾸란의 짧은 장이나 꾸란 구절을 암송하는 것이 기본이기 때문입니다.

질문(241) 어떤 사람이 합동예배에 합류했을 때 이맘이 예배의 끝자락에 해당되는 두 번째 타샤후드(Tashahhud)를 하고 있는 상황이라면 그는 어떻게 해야 하는지요? 예배의 끝자락이지만 이맘의 예배에 합류해야하는지요? 아니면 잠시 기다렸다가 예배에 늦은 사람들과 함께 두 번째 자마아를 만들어 예배를 근행해야하는지요?

대답: 이러한 상황에서 만일 두 번째 자마아(그룹)가 형성되지 않는다면 그 당사자는 합동예배를 근행하지 못할 수도 있습니다. 그래서 그는 그 예배소의 일반적인 특성을 잘 이해해야 합니다. 매 예배 때마다 예배에 늦는 사람들이 있어서 새로운 그룹이 형성된다면 조금 기다렸다가 늦은 사람들과 함께 예배를 근행할 수도 있겠지만 그렇지 않을 경우 합동예배의 보상을 놓칠 수도 있기 때문에 만일 두 번째 자마아가 만들어지지 않을 수도 있을 것 같은 두려움이 있다면 지체 없이 이맘의 예배에 합류하여 합동예배를 근행해야 합니다.

일반적인 하디스의 전승에 의하면 예언자 무함마드께서는 **(누군가 예배에서 한 라크아를 이맘과 함께 근행했다면 그는 이맘과 함께 합동예배를 근행한 것이니라.)**[251] 라고 말씀하셨습니다. 이 말씀은 합동 예배가 인정되기 위해서는 이맘과 함께 한 라크아는 최소한 근행해야 함을 의미합니다. 그럼에도 불구하고 만일 두 번째 그룹이 형성되지 않을 수도 있다는 두려움이 있다면 그냥 기다리는 것보다 앉아서 이맘과 함께 타샤후드를 한 후에 남은 예배횟수를 채워서 근행하는 것이 좋겠습니다.

---

251) Sahih Al-Bukhari(580), Muslim(607), Abu Daud(1121), at-Tirmidhi(524)

질문(242) 한사람이 추가예배(Salat an-Nafl)를 근행하는 중에 의무 예배가 시작되었다면 어떻게 해야 하는지요?

대답: 추가예배를 근행하는 중에 의무예배가 시작되었을 경우에 대하여 이슬람 학자들은 다음과 같이 상반된 두 가지 의견이 있습니다. 첫 번째는 만일 추가예배를 근행중일 경우 의무예배가 시작되면 그 추가예배가 마지막 타샤후드를 하고 있는 상황이라고 해도 예배를 중단하고 바로 의무예배에 참석해야 한다는 의견이 있는가하면 두 번째는 추가예배 근행자는 이맘이 의무예배를 끝내는 '쌀람'을 하기 전에 예배의 시작인 **타크비라툴 이흐람**(Takbīrat al-Ihrām, 끼블라를 향해 서서 '알라후 아크바르'라고하며 양손을 귀에 까지 올리는 동작)을 할 수 있다면 추가 예배를 지속할 수 있다는 의견이 있습니다. 여기서 두 번째 의견은 만일 추가예배로 인하여 의무예배의 모든 라크아를 다 놓친다고 해도 이맘의 예배 끝자락에 해당되는 '쌀람'직전에 의무예배에 합류할 수 있다면 의무예배가 진행되어도 자신이 근행하던 추가예배를 중단할 필요가 없다는 것으로 이해됩니다.

이러한 상반된 이슬람 학자들의 의견에도 불구하고 우리는 다음과 같은 자세로 추가예배에 임하여 보다 정확하게 예배를 근행할 수 있습니다. 그것은 만일 추가예배의 두 번째 라크아를 근행 중에 의무예배를 알리는 '이까마'가 울렸다면 가급적 빠르게 추가예배를 완수하고 의무예배에 합류하는 것입니다. 그러나 '이까마'가 나올 때, 예를 들어 추가예배의 첫 번째 라크아를 근행하는 상황이었다면 예배를 중단하고 의무예배에 바로 합류하는 것이 보다 바람직합니다. 왜냐하면 **(누군가 예배에서 한 라크아를 이맘과 함께 근행했다면 그는 이맘과 함께 합동예배를 근행한 것이니라.)**라고 언급한 하디스에서 우리는 가급적 빨리 의무예배에 합류하는 것이 바람직한 것임을 알 수 있고 또한 의무예배의 중요성이 추가예배보다 더 크므로 이로 인하여 의무예배의 중요한 가치를 상실할 수는 없기 때문입니다.

질문(243) 이맘이 타크비라툴 이흐람(Takbīrat al-Ihrām, 끼블라를 향해 서서 '알라후 아크바르'라고하며 양손을 귀에 까지 올리는 동작)한 후 알 파티하장을 낭송하고 있을 때 마으뭄(Ma'mum, 이맘의 뒤에서 이맘을 따라 예배를 하는 사람)이 조금 늦게 예배에 합류한 상황입니다. 이때 이맘이 꾸란 낭송을 끝내고 루쿠으(Ruku', 반절)를 하면 마으뭄은 자신이 암송하고 있던 알 파티하 장을 다 끝내고 반절을 해야 하는지요? 아니면 이맘의 반절 구령(알라후 아크바르)에 맞춰 바로 반절을 해야 하는지요?

대답: 이맘이 반절을 하기 직전에 마으뭄이 예배에 합류한 경우, 가장 좋은 방법은 다음과 같습니다. 먼저 마으뭄이 예배에 합류한 후 알 파티하 장의 대부분을 낭송한 상태에서 이맘이 반절을 시작했다면 마으뭄은 이맘과 함께 단지 몇 초일지라도 반절을 할 수 있다면 남은 파티하장의 구절들을 다 낭송한 후에 이맘의 반절에 동참하는 것이 더 좋습니다. 그러나 이맘이 반절을 시작했을 때 자신이 읽고 있던 알 파티하장의 구절들이 많이 남아 있어서 낭송을 완수할 수 없을 것 같은 우려가 있다면 이를 멈추고 이맘의 반절 구령에 맞춰 자신도 반절을 하는 것이 더 좋습니다.

질문(244) 이맘이 수주드(Sujud, 7개의 뼈가 바닥에 닿은 상태에서 하는 큰절)를 할 때 예배에 합류한 경우에는 기다렸다가 허리를 펴서 일어서거나 앉을 때 예배에 합류해야하나요? 아니면 이맘의 수주드에 따라 그와 함께 수주드를 해야 하나요?

대답: 합동예배에 늦었을 경우 이에 합류하는 가장 좋은 방법은 이맘이 하고 있는 동작에 맞춰 그대로 따라하는 것입니다. 이맘이 수주드를 할 때 예배에 참석했

다면 마으뭄은 타크비르를 하고 바로 이맘과 함께 수주드를 하는 것이 바른 예배 합류 방식입니다. 이것은 예언자 무함마드의 다음과 같은 하디스 전승을 통해서 뒷받침될 수 있습니다. **(너희들이 (이맘이 근행하는 합동예배에) 합류했다면 그 순간 그대로 이맘의 동작을 따르라.)**252)

질문(245) 꾸란을 소리 내어 낭송하지 않는 예배인 정오 예배와 오후예배에서 이맘과 함께 예배를 근행하는 사람(마으뭄)이 처음 두라크아에서 자신은 알 파티하장과 꾸란의 짧은 장을 다 암송했음에도 불구하고 이맘이 다음 동작인 반절을 하지 않고 계속해서 꾸란을 암송하고 있다면 그냥 조용히 기다려야 되는지요? 아니면 계속해서 꾸란을 암송해야 되는지요?

대답: 이맘이 반절을 할 때까지 계속해서 꾸란을 암송해야 합니다. 이러한 상황은 처음 두 라크아에서 뿐만 아니라 마지막 두 라크아에서도 발생할 수 있습니다. 어떤 상황에서도 마으뭄은 알 파티하장을 외우고 남은 시간은 꾸란의 짧은 장이나 구절들을 외면서 반절을 위한 이맘의 구령을 기다려야합니다. 왜냐하면 이맘과 함께 예배를 근행하는 사람은 새벽(Fajr)예배와 저녁(Maghrib)예배, 그리고 밤중(Isha)예배와 같이 소리 내어 꾸란을 읽어야하는 경우에 처음 두라크아에서 이맘이 낭송하는 꾸란을 조용히 경청하는 것 이외에는 예배의 전 과정에서 침묵한다거나 자신이 암송하거나 염원해야할 과정들을 소홀히 해서는 안 됩니다.

질문(246) 예배근행 과정에서 이맘보다 동작이 앞설 경우 어떻게 해야 되나요?

---

252) Sahih Al-Bukhari(635,636,908), Muslim(602), Abu Daud(572), at-Tirmidhi(327), an-Nasāi(861)

대답: 예배를 근행하면서 이맘보다 앞서 예배동작을 수행하는 것은 허용되지 않습니다. 이맘과 함께 근행하는 예배에서 마으뭄의 동작은 다음 네 가지 상황에서 그 유효성을 고찰해볼 수 있습니다.

첫째: 이맘의 동작을 추월하여 예배를 근행(Musābaqath)하는 상황입니다. 다시 말해서 이맘의 동작이 시작되기 전에 마으뭄이 이맘보다 앞서는 경우로 이러한 행위는 허용되지 않습니다. 특히 예배를 시작하는 **타크비라툴 이흐람**(Takbīrat al-Ihrām, 끼블라를 향해 서서 '알라후 아크바르'라고하며 양손을 귀 높이까지 올리는 동작)을 이맘보다 먼저 했다면 그 예배는 원칙적으로 무효가 됩니다. 이러한 경우에는 예배를 다시 해야 합니다.

둘째: 이맘의 구령과 동작에 맞춰 이맘이 반절을 하면 동시에 반절을 하고 수주드를 하면 이맘의 구령과 동시에 수주드를 하는 것(Muwāfaqat)입니다. 이러한 행위가 허용되지 않음에 대한 근거는 다음과 같은 하디스에서 찾을 수 있습니다. **(… 만일 이맘이 타크비르를 하면 너희들도 타크비르를 하고 이맘이 타크비르를 할 때까지 너희는 타크비르를 하지 말라, 그리고 이맘이 반절을 하면 너희도 반절을 하라, 그리고 이맘이 반절을 할 때까지 너희들은 반절을 하지 말라.)**[253]

그러나 일부 이슬람 학자들은 **타크비라툴 이흐람(Takbīrat al-Ihrām)**을 제외한 이러한 행위는 하람(허용되지 않는 것)은 아니고 단지 마크루후(허용은 되나 그렇게 하지 않는 것이 더 좋은 것)에 해당된다고 말하기도 합니다. 예배의 시작을 알리는 타크비라툴 이흐람을 이맘보다 먼저 하거나 또는 이맘과 동시에 하는 행위에 대해서는 이견 없이 허용되지 않으며 만일 누군가 그렇게 했다면 그 예배는 무효이며 다시 해야 합니다.

셋째: 위 하디스에서 언급한 것과 같이 이맘의 동작을 따라서 하는 것(Mutāba'at)입니다. 이맘의 구령에 따라 이맘의 동작을 따라하는 행위로 이것이 이슬람에서 권장하는 예배 방식입니다.

넷째: 세 번째 경우와 다르게 이맘의 구령과 동작이 끝났음에도 불구하고 필요

---

253) Abu Daud(603), Ahmad(8297)

이상 많은 시간을 한 동작에서 머무는 행위(Takalluf)를 말하며 이러한 행위는 이맘의 동작을 그때로 따라하는 세 번째 경우의 정상적인 예배 방식과 다른 것으로 간주됩니다.

질문(247) 죄인(al-Āsi)의 뒤에서 예배를 근행하는 것은 허용되는지요?

대답: 일반적인 의견은 죄를 지은 무슬림이 인도하는 예배일지라도 그의 뒤에서 예배를 근행하는 것은 허용됩니다. 그러나 의심할 여지없이 건전하고 성실한 무슬림이 인도하는 사람의 뒤에서 예배를 근행하는 것이 보다 더 좋습니다. 그러나 만일 어떤 사람이 이슬람 교리에 위배되는 행위(다신행위)를 자행했다면 그의 뒤에서 예배를 근행하는 것은 허용되지 않습니다. 왜냐하면 그가 근행하는 예배는 무슬림이 근행하는 바른 예배가 아니기 때문입니다.

질문(248) 추가예배(Salat an-Nafl)를 근행하는 사람 과 함께 의무예배(Salāt al-Farīdh)를 근행할 수 있는지요? 또한 의무예배를 근행하는 사람 뒤에서 추가예배를 근행할 수도 있는지요?

대답: 가능합니다. 뿐만 아니라 아스르(오후) 예배를 근행하는 이맘의 뒤에서 주흐르(정오)예배를 근행할 수도 있습니다. 또한 정오예배를 근행하는 이맘의 뒤에서 오후예배를 근행할 수도 있습니다.254) 중요한 것은 예배자가 예배에 임할 때 어떤 의도로 예배에 임했는지가 가장 중요합니다. 왜냐하면 모든 일은 의도한 바에 의해 이루어지기 때문입니다. 그래서 이맘 아흐마드는 다음과 같이 말했습니다. '당신이 밤예배(Salat al-Isha)를 근행하지 않은 상태에서 마스지드에 들어갔을 때 만일 이맘이 타라위흐 예

---

254) *여행자인 경우 의도한 후 모아서 오후예배(아스르)를 할 수 있습니다.

배를 근행하고 있으면 그의 뒤에서 이샤예배를 근행하라, 당신에게 그것은 의무예배이지만 이맘에게는 추가예배이니라.'

질문(249) 만일 한 사람이 이까마(Iqamah, 예배의 시작을 알리는 소리) 후에 예배에 참석했을 때 이맘 뒤에 맞춰선 줄이 꽉차있어서 더 이상 합류할 상황이 아닐 때 그 사람은 어떻게 해야 되는지요? 줄은 맞춰선 사람들 중 한 사람을 뒤로 당겨서 그 사람과 함께 다음 줄을 맞춰서 예배에 임해야 되는지요? 아니면 뒷줄에서 혼자 예배를 근행해야 되는지요?

대답: 만일 한사람이 예배에 참석했을 때 줄이 꽉차있을 경우에는 다음 세 가지로 예배를 근행할 수 있을 것입니다. ①먼저 다음 줄에서 혼자 예배를 하거나 또는 ②앞줄의 한 사람을 뒤로 유도해서 그와 함께 다음 줄을 만들어 예배를 하거나 ③앞으로 나가서 이맘의 오른쪽에 서서 예배를 하는 방법으로 이 세 가지는 이미 시작된 합동예배에 합류했을 경우입니다. 그리고 마지막 한 가지는 이러한 이유로 인하여 이미 시작한 ④합동예배를 포기하는 경우입니다.

그러나 위 네 가지의 경우에서 각각 우리는 가장 예배에 충실할 수 있는 방법을 찾을 수 있습니다. 우선 앞줄이 완전히 차 있어서 함께 설수 없을 때 혼자 뒷줄에서 예배를 근행하는 경우인데 이때 우리는 예배와 관련한 두 가지의 의무 규정을 찾아볼 수 있습니다. 우선 합동예배를 근행하는 것은 의무이며 합동예배를 근행할 때 줄을 맞추는 것도 의무입니다. 그래서 어떤 사람이 예배에서 이 두 가지를 다 충족하지 못했을 때 우선적으로 챙겨야할 규정은 합동예배의 의무를 따르는 것입니다. 첫줄에서 어깨를 나란히 맞춰 예배를 하는 것이 더 좋겠지만 이를 위해 최선을 다한 후에 얻는 합동예배의 보상도 클 것입니다. 특히 여성의 경우에는 앞줄이 꽉 차서 더 이상 설 수 있는 여유가 없을 때 남자들과 어깨를 나란히 설 수도 없을 뿐만 아니라 함께 할 수 없는 여건에서 당연히 뒷줄에서 혼자 합동예배에 합류하여 예배를 근행할 수 있을 것입니다.

두 번째는 합동예배에 참석했지만 줄이 차있어서 합류할 수 없을 때 앞줄의 한 사람을 뒤로 유도해서 함께 다음 줄을 만들어 그와 함께 합동예배에 합류하는 방법입니다. 이렇게 하는 것은 허용은 되나 다음과 같은 어려움이 있습니다. 첫째: 앞줄의 한사람을 뒤로 이끌게 됨에 따라 앞줄에 빈 공간이 만들어 질수도 있다는 것입니다. 이것은 예언자 무함마드가 예배를 시작하기 전에 반드시 예배자와 예배자 사이에 어떤 공간도 만들지 말도록 한 것과 다릅니다. 둘째: 이미 대오를 맞춰 예배에 열중하고 있는 사람에게 가장 좋은 장소는 그가 예배를 하고 있는 그곳입니다. 그래서 만일 그에게 불편함을 주는 것이라면 배제해야 될 것입니다. 셋째는 이미 예배에 열중하고 있는 예배자에게 심적인 불안감을 주게 되고 그것은 자칫 그에게 피해를 줄 수도 있을 것입니다.

세 번째는 이맘의 오른쪽 옆에 서서 예배를 근행하는 것입니다. 이것 또한 권장할 수 없는 형태중 하나입니다. 왜냐하면 예배에서 이맘은 반드시 마으뭄과 예배를 근행하는 장소와 말(구령), 동작에서 구분되어져야하기 때문입니다. 마으뭄보다 먼저 '타크비르'를 해야 하고 또한 마으뭄 보다 먼저 '루쿠우'를 해야 하며 마으뭄 보다 먼저 '수주드'를 해야 합니다. 그래서 예언자 무함마드의 가르침에서도 이맘은 반드시 예배에서 확연히 구분이 되는 앞쪽에서 예배를 인도하도록 했음을 알 수 있습니다. 그래서 만일 이 경우에 이맘과 나란히 서서 예배를 근행하는 것은 이맘에게 주어진 특별함을 무시하는 것이 될 것입니다.

네 번째는 합동예배를 포기하는 것인데 이 상황에서 이것은 어떤 변명도 될 수 없습니다. 왜냐하면 합동예배를 근행하는 것도 의무이고 합동예배에 참석하여 줄을 맞춰 예배에 임하는 것도 의무입니다. 한 가지 상황이 여의치 않다고 해서 다른 상황까지 포기할 필요는 없습니다.

질문(250) 일부 마스지드(이슬람 성원)의 경우 2층으로 된 경우를 볼 수 있습니다. 이때 2층에서 예배를 근행하는 사람들은 1층에서 예배를 근행하는 사람들을 볼 수 없는 경우가 있는데 이러한 상황에서 예배를 근행했을 때 그 예배는 유효한 것인지요?

대답: 만일 하나로 만들어진 마스지드이고 이맘의 타크비르를 들을 수 있다면 반드시 이맘과 1층에서 근행하는 예배자들의 모습이 보이지 않더라도 예배는 유효합니다.

질문(251) 텔레비전이나 라디오 방송에서 진행되는 이맘의 예배를 따라서 근행하는 예배는 허용되는지요?

대답: 텔레비전이나 라디오를 통해서 나오는 이맘의 예배인도를 따라서 예배를 근행하는 것은 허용되지 않습니다. 왜냐하면 합동예배의 의도는 모두 다 함께 모여서 예배를 근행하는 것이 목적이기 때문입니다. 그래서 합동예배는 한 장소에서 서로 서로 대오를 맞춰서 예배를 근행하는 것이 목적이기 때문에 텔레비전이나 라디오를 통해서 예배를 근행하는 것은 허용되지 않는 것입니다. 만일 이를 허용한다면 마스지드에서 근행하는 다섯 번의 의무예배에 과연 누가 참석하겠습니까? 그것은 이슬람만 가지고 있는 금요합동예배와 마스지드에서 근행하는 합동예배의 의미를 무의미하게 만들 것입니다. 또한 이러한 규정은 여성에게도 공히 적용됩니다.

질문(252) 병중에 있는 환자는 어떻게 예배를 근행해야 하는지요?

대답: ① 먼저 환자일지라도 가능한 한 서서 예배를 근행하는 것이 원칙입니다.

그러나 혼자 설 수 없을 때는 벽에 기대거나 또는 지팡이를 이용하더라도 가능한 한 서서 예배를 근행하기 위하여 노력해야 합니다.

② 그러나 서서 예배를 근행할 수 없을 경우에는 앉아서 예배를 근행할 수 있습니다. 이때 서로 포개 앉은 다리의 위치는 대체적으로 건강한 상태에서 서서 예배를 근행하는 위치이면 보다 더 좋습니다.

③ 그러나 만일 앉아서도 예배를 할 수 없는 상황에서는 끼블라를 향해 옆으로 기댄 자세로 예배를 근행할 수도 있습니다. 가능하다면 오른쪽으로 기대는 것이 보다 좋으며 만일 끼블라를 향할 수 없는 상황이라면 기대 앉은 그 상태에서 예배를 근행해도 좋습니다.

④ 그리고 만일 기대앉을 수도 없는 상황이라면 두 다리를 끼블라를 향하게 누워서 예배를 근행할 수도 있습니다. 이때 가능하다면 머리가 끼블라를 향하도록 조금 올릴 수 있다면 더 좋습니다. 만일 다리를 끼블라를 향하도록 할 수 없다면 누워있는 그 상태에서 예배를 근행하는 것도 가능합니다.

⑤ 예배를 근행하고자 하는 환자는 반드시 반절(루쿠우)과 큰절(수주드)를 시도해야 합니다. 그러나 루쿠우와 수주드를 원활하게 할 수 없을 때는 할 수 있는 만큼 머리를 숙여 최선을 다하여 시늉하는 것으로 대신할 수 있습니다. 이때 만일 루쿠우와 수주드 동작을 머리로 하는 것도 쉽지 않을 때는 두 눈으로 표현할 수 있으며 루쿠우는 눈을 조금 감는 것으로 그리고 수주드는 눈을 좀 더 많이 감는 것으로 표현할 수도 있습니다. 그러나 일부 환자들이 누워서 예배하는 경우 손가락을 이용해서 이를 표현하는 경우가 있는데 이러한 행위는 예언자 무함마드의 순나에서 그 근거를 찾을 수 없기 때문에 올바른 예배 방법으로 볼 수 없습니다.

⑥ 예배를 원하지만 루쿠우와 수주드 동작을 머리나 눈으로도 표현할 수 없을 때에는 마음으로도 할 수 있습니다. 마음속으로 타크비르를 하고 꾸란을 외고 그리고 루쿠우도 마음속으로 하면서 예배를 진행할 수 있습니다. 하디스에 '의도'의 중요성을 언급한 것처럼 마음으로 의도한 바를 자신이 할 수 있는 최선을 다하여 시행한다면 반드시 받아들여 질것입니다.

⑦ 환자일지라도 가능하다면 정해진 예배시간을 지키는 것은 의무입니다. 그러나 예배시간을 지키는 것이 어려운 상황이라면 예배를 모아서 근행할 수도 있습니다. 정오(주흐르)예배 4라크아와 오후(아스르)예배 4라크아를 모아서 함께 근행하고 저녁 (마그립)예배 3라크아와 밤(이샤)예배 4라크아를 함께 근행할 수도 있습니다. 그러나 새벽(파즈르)예배는 그 시간을 당기거나 늦춰서 다른 예배와 함께 근행할 수 없습니다.

⑧ 환자가 진료를 위해서 집을 떠나 여행 중인 상황이라면 여행자 예배처럼 4라크아 예배를 2라크아로 줄여서 근행할 수 있습니다. 정오(주흐르)예배, 오후(아스르)예배, 밤중(아샤)예배를 2라크아로 줄여서 근행할 수 있습니다. 만일 치료기간이 길어져서 집을 떠난 기간이 길어졌다고 해도 이러한 규정은 적용될 것입니다.

질문(253) 비행기를 타고 여행 중일 때 근행하는 예배와 관련된 사항입니다. 항공기 안에서는 언제 예배를 근행해야 되는지요? 또한 항공기 내에서 근행하는 의무예배는 어떻게 진행되는 것인지요? 임의 예배는 또한 어떻게 근행해야 되는지요?

대답: 예배시간이 되면 항공기 안에서도 예배를 근행해야 합니다. 그러나 의무예배의 경우 만일 기내에서도 지상에서 예배를 근행하는 것처럼 안정된 상태에서 예배를 근행할 수 없는 상황이라면 항공기가 착륙한 다음에 예배를 근행할 수 있습니다. 만일 착륙 시간이 의무예배 시간 이전이면 착륙 후에 정시에 예배를 근행하고 만일 예배 시간 이후에 착륙한다면 그 다음 예배와 함께 모아서 예배를 근행할 수 있습니다. 예를 들어서 일몰 직전에 제다 공항에서 출발한 비행기가 비행 중에 일몰 시간을 맞이했을 경우 근거리 비행인 경우에는 마그립예배를 근행하지 않고 기다렸다가 비행기가 착륙한 후에 이샤예배와 함께 마그립예배를 근행할 것을 의도하고 착륙 후에 두 예배를 함께 근행하면 됩니다. 그러나 원거리 비행인 경우 착륙 후에 이미

이샤 예배시간 까지 다 지나 버릴 수도 있다는 두려움이 있다면 항공기가 착륙하기 전에 기내에서 마그립예배와 이샤예배를 근행할 수 있습니다.

기내에서 의무예배를 근행하는 방법은 끼블라를 향해 서서 타크비르를 하고 일반적으로 지상에서 근행하는 예배와 같은 방식, 같은 순서로 예배를 근행합니다. 그러나 만일 어려운 기내 상황으로 인하여 서 있을 수 없을 때는 앉은 자세에서 시늉으로 수주드를 하고 예배를 근행합니다. 기내에서 근행하는 의무예배에서 중요한 것은 반드시 끼블라를 향해 예배를 근행해야한다는 것입니다.[255] 기내에서 근행하는 임의 예배는 의무예배와 달리 의자에 앉은 자세에서 각각의 동작을 시늉으로 할 수 있습니다. 수주드의 경우에도 많이 숙이지 않고 앉은 자세에서 가볍게 할 수도 있습니다.

질문(254) 여행자로 간주하여 여행자 예배를 근행할 수 있는 최소한의 여행 거리는 어떻게 되는지요? 또한 예배횟수는 줄이지 않고 모아서 예배를 함께 근행할 수 있는지요?

대답: 여행자로 간주되어 여행자 예배를 근행할 수 있는 최소한의 여행거리에 대하여 이슬람 학자들은 83km로 한정하여 말하기도 합니다. 그러나 일부 이슬람 학자들은 사람들이 관습적으로 여행이라고 간주하는 거리라면 80km에 도달하지 못했다고 해도 여행자로 간주할 수 있다고 합니다. 관습을 기준으로 삼는 이 견해에 따르면, 사람들이 관습적으로 '이 거리는 여행이 아니다.'라고 판단한다면 거리가 80km를 넘어도 샤리아적으로 여행이 아닌 것입니다. 마지막 의견이 쉐이쿨 이슬람 이븐 타이미야의 견해이기도 한데 그 이유는 꾸란이나 하디스에서 정확하게 몇 km를 벗어났을 때 여행자로 간주한다고 언급된 것이 없기 때문입니다. 그래서 여행자는 거리적 개념의 정확한 근거보다 스스로 집을 떠나 어려운 환경에서 여행에 임하고 있는 자신의 상황에 의해 정

---

255) *기내에서 끼블라 방향을 찾지 못하거나, 찾았더라도 끼블라 방향으로 자세를 취하기 불가능한 경우는 기내 좌석에서 앉아서 예배를 볼 수 있습니다.

해질 수 있으며 그럼에도 불구하고 거리적으로 한정해서 여행자임을 정하고자 한다면 위 학자들의 의견을 따를 수도 있을 것입니다.

그리고 예배시간을 당기거나 늦춰서 한 시간에 두 예배(정오예배와 오후예배, 일몰예배와 밤중예배)를 근행하는 것과 라크아 수를 줄여서 예배를 근행하는 것을 반드시 함께 생각할 필요는 없습니다. 예배를 모아서 근행하는 것은 그러한 상황이 되었을 때 그 사람이 여행자이든 또는 집에서 체류하는 사람이든 필요에 의해 할 수 있는 것이기 때문입니다. 예를 들어 여행자가 아니라고 해도 폭우나 강추위 등 특별한 환경적 요인으로 정해진 시간에 마스지드에 갈수 없는 상황이라면 모아서 한 시간에 두 예배를 근행할 수도 있기 때문입니다. 그러나 이러한 특별한 예외적 요인이 없는(습관적으로) 한 두 예배를 모아서 한 시간에 근행하는 것은 허용하지 않습니다. 여행자의 경우에는 이러한 특별한 환경적 요인과 같이 간주될 수 있는 어려움들이 있을 수 있기 때문에 여행자가 이동 중이든 또는 여행지에 체류 중이든 여행자에게 적용되는 특별한 규정이 있음을 알아야합니다. 그럼에도 불구하고 만일 여행자가 이동 중인 경우라면 두 예배를 모아서 근행하는 것이 보다 더 권장되고 만일 여행지에 체류 중이라면 모아서 하지 않고 따로 따로 정해진 시간에 근행하는 것이 더 권장됩니다. 그래서 만일 여행자가 이동하지 않고 체류 중일 때는 합동예배에 참석하여 예배를 근행하는 것이 의무이며 이때는 모아서 두 예배를 함께 근행하거나 횟수를 줄이지도 않습니다. 그러나 만일 한 장소에 체류 중인 여행자가 합동예배에 참석하지 못했을 때는 라크아수를 줄여 여행자 예배를 근행할 수는 있지만 두 예배를 함께 근행해야할 특별한 이유가 없는 한 횟(라크아)수는 줄일 수는 있지만 모아서 예배를 근행하지는 않습니다.

질문(255) 어떤 사람이 공부를 하기 위하여 금요일 저녁에 자신이 거주하고 있는 도시를 떠나 월요일 오후에 돌아온다면 그는 여행자에게 주어지는 면제사항(예배, 단식 등 여행자에게 주어지는 특별한 예외 규정)

을 받을 수 있는지요?

대답: 이러한 경우에 그 사람은 여행자로 간주됩니다. 왜냐하면 그 사람이 학업을 위하여 떠난 그곳이 자신이 거주하고 있는 도시(거주지)가 아니기 때문입니다. 다시 말해서 그 사람은 그곳에서 지속적으로 거주할 의도가 없고 목적을 위하여 한시적으로 머물고 있는 곳이기 때문입니다. 그러나 만일 그 사람이 머물고 있는 그 곳에 합동예배가 근행되는 마스지드나 무쌀라(합동예배를 위하여 임시로 만든 예배장소)가 있다면 그 사람은 반드시 합동예배에 참석해야 합니다. 여행자에게는 합동예배도 금요예배도 의무가 아니라 일부 주장들이 있지만 여행자라고 해도 반드시 합동예배와 금요 합동예배에 참석해야 합니다. 꾸란에는 비록 전쟁 중일지라도 개인적으로 한사람씩 따로 예배를 근행하는 것이 아니라 그룹을 지어 합동예배를 근행하도록 했습니다.

> **"그대(무함마드)가 전장에서 예배를 인도할 때 그들 중 일부가 함께 예배를 근행하게 하고……."256)**

뿐만 아니라 금요합동예배도 만일 누군가 금요합동예배를 알리는 아잔을 들었다면 그 사람이 여행자든 또는 자신의 집에 거주하고 있는 일반인이든 반드시 그 예배에 참석하도록 이슬람은 가르칩니다.

> **"오 믿는 자들이여! 금요합동예배를 알리는 아잔이 울리면 하나님을 염원(합동예배)하기 위하여 서두르고 거래를 중단하라……."257)**

그러나 여행자가 마스지드에서 멀리 떨어져 있다거나 어려운 여건에 의해 합동

---

256) 4:102
257) 62:09

예배를 근행할 수 없었다면 네 라크아 예배를 두 라크아로 줄여서 근행할 수 있습니다.

질문(256) 아스르 예배를 주므아(금요)합동예배와 함께 모아서 근행한다면 어떻게 되는지요? 만일 그 사람이 거주지를 떠나 다른 도시에 여행 중일 때는 어떻게 되는지요?

대답: 우선 아스르(오후) 예배를 금요합동예배와 함께 모아서 근행할 수 없는 것이 예언자의 순나에 입각해서 근행하는 예배 방식입니다. 또한 일반적으로 부득이한 상황에서 주흐르(정오)예배와 함께 오후(아스르)예배를 모아서 근행했다고 해도 금요합동예배와 아스르(오후)예배를 모아서 함께 근행할 수 있다고 유추하는 것도 바람직하지 않습니다. 왜냐하면 정오(주흐르)예배와 주므아(금요합동)예배는 그 특징상 많은 차이가 있기 때문입니다. 이슬람이 요구하는 예배에 대한 기본원칙(Asl)은 두 예배를 모아서 함께 근행할 수 있는 예외 규정에 해당되는 특수한 환경을 제외하고 반드시 정해진 시간에 정해진 예배를 근행하는 것이기 때문입니다. 그러나 어떤 사람이 거주지를 떠나 다른 지역에 가서 2~3일 머무는 경우에는 여행자로 간주되기 때문에 충분이 두 예배를 모아서 함께 근행할 수 있는 조건이 됩니다. 그러나 여행자로 간주할 수 없는 거주지 인근에서 예배를 근행하면서 아스르 예배를 주흐르 예배시간에 함께 모으는 것은 허용되지 않습니다. 일반적으로 예배를 모아서 근행한다는 것은 정오예배와 오후예배, 그리고 저녁예배와 밤중예배를 말하는 것이지 주므아 예배와 아스르 예배를 의미하는 것은 아닙니다.258)

---

258) *이 의견은 한발리 학파의 의견이며, 샤피이 학파는 여행자가 주므아 예배와 아쓰르 예배를 함께 모아서 드릴 수 있다고 보고 있습니다. 쉐이크 알 알바니와 쉐이크 이븐 지브린 역시 샤피이 학파와 동일한 견해를 견지하고 있습니다.

질문(257) 여행자에게 주어지는 면제사항은 어떤 것이 있나요?

대답: 이슬람은 누구나 쉽게 신앙생활에 충실할 수 있도록 만들어진 종교입니다. 그래서 여행자와 같이 힘든 여건에서도 신앙에 충실할 수 있도록 다음과 같은 특별한 면제사항을 준 것입니다.

1) 네 라크아의 의무 예배를 두 라크아로 줄여서 근행합니다.

2) 라마단 달의 의무단식을 단식월중에 하지 않고 여행이 끝난 후 다른 시간에 여행으로 인하여 하지 못한 날짜 수만큼 채워줄 수 있습니다.

3) 쿠프(Khuf, 가죽으로 만든 양말로 우두를 한 후 착용했을 때 쿠프를 쓰다듬어 발 씻는 것을 대신할 수 있음)를 착용하고 처음 쓰다듬어 우두를 한 이후 2박3일간 우두를 할 때 이를 벗지 않고 쓰다듬어 우두 상태를 유지할 수 있습니다.

4) 의무예배전후에 근행하는 권장예배(as-Salawāt ar-Rawātib, 총 12라크아, 파즈르 전 두 라크아, 주흐르 전 네 라크아 후 두 라크아, 마그립 후 두 라크아, 이샤후 두 라크아)중 파즈르(새벽)예배 전에 근행하는 두 라크아 예배를 제외한 다른 권장예배들을 하지 않아도 됩니다. 그러나 여행자라 할지라도 한밤중에 잠에서 일어나 근행하는 타핫주드 예배, 두하예배, 우두를 한 후에 근행하는 두 라크아 예배 그리고 마스지드에 들어갔을 때 근행하는 타히야툴 마스지드예배, 여행을 시작할 때 근행하는 두 라크아 예배 등은 근행하는 것이 더 좋습니다.

질문(258) 금요합동 예배의 첫 번째 시간은 언제 시작되는지요?

대답: 예언자 무함마드는 **금요합동예배** 이전 시간을 다섯 등분하여 다음과 같이 말씀하셨습니다. **(누군가 금요합동예배를 위하여 구슬(몸 전체를 씻는 행위)을 하고 첫 번째 시간에 마스지드에 간다면 낙타 한 마리만큼의 보상이 있으며 두 번째 시간에 간다면 소한마리, 그리고 세 번째 시간에 간다면 양한마리, 네 번째 시간에**

간다면 닭 한마리, 그리고 다섯 번째 시간에 간다면 계란 한 알만큼의 보상을 받을 것이니라.)[259] 이 하디스에 의하면 금요일 오전 이맘이 주마예배의 설교를 위하여 민바르(Minbar, 이맘의 설교를 위하여 준비된 단상)에 오르기 전까지를 다섯 시간으로 나누어 그 시간의 유익함을 묘사하고 있음을 알 수 있습니다. 그 시간은 대체적으로 새벽 예배가 끝나고 해가 떠오르는 시간을 기점으로 해서 절기마다 약간의 차이는 있을 수 있겠지만 약 한 시간 정도로 나눌 수 있습니다. 어떤 전언에는 해뜨기 전 미명의 새벽에 첫 번째 시간이 시작된다고 하지만 해뜨기 전 미명의 새벽은 아직 새벽예배 중이기 때문에 이 말보다는 해가 떠오르는 시간을 기점으로 해서 나누는 것이 보다 더 정확한 것으로 볼 수 있습니다.

질문(259) 어떤 사람이 만일 그의 집에서 아잔을 들을 수 있다면 주마예배를 그의 집에서도 근행할 수 있는지요?

대답: 주마예배는 매주 금요일 정오에 마스지드에서 무슬림들과 함께 합동으로 근행하는 예배를 말합니다. 그래서 마스지드에 가서 예배를 근행하는 것이 원칙이며 만일 마스지드가 예배자들로 꽉 차 있다면 예외적으로 마스지드와 연결되어 있는 마당이나 도로에서 예배를 근행할 수도 있습니다. 그러나 이와 달리 자신이 머무는 장소 즉 집이나 가게 등에서 아잔을 들을 수 있다는 핑계로 예배를 근행하는 것은 허용되지 않습니다. 왜냐하면 무슬림들이 금요합동예배와 하루 다섯 번씩 근행하는 의무 예배를 모여서 함께 근행하는 목적은 이를 통하여 무슬림 상호간에 형제애를 나누며 움마 공동체의 정체성을 확인하는 계기가 되기 때문입니다. 만일 스피커를 통해서 들려오는 예배 소리에 맞춰 예배를 근행한다거나 TV에 나오는 예배행렬에 맞춰 예배를 근행하도록 허용한다면 이슬람의 상징인 마스지드도 더

---

259) Sahih Al-Bukhari(881), Muslim(850), Abu Daud(351), at-Tirmidhi(499), an-Nasāi (1388)

이상 필요하지 않을 뿐만 아니라 합동예배의 의미 또한 생소하기만 할 것입니다.

질문(260) 여성은 주마예배에서 몇 라크아를 근행해야 되는지요?

대답: 만일 여성이 주마예배에 참석하여 이맘과 함께 예배를 근행한다면 이맘의 예배 인도에 따라 이맘과 똑같이 두 라크아의 예배를 근행하면 됩니다. 그러나 만일 주마 예배에 참석하지 않고 집에서 예배를 근행한다면 주흐르 예배 4라크아를 근행합니다.

질문(261) 어떤 사람이 주마예배를 근행했다면 따로 주흐르 예배를 다시 근행 해야하는지요?

대답: 어떤 사람이 주마 예배에 참석하여 두 라크아 주마 예배를 근행했다면 그는 의무예배인 주흐르 예배를 근행한 것과 같습니다. 그래서 그는 주흐르 예배를 근행할 필요가 없습니다. 만일 누군가 주마예배를 근행하고 또 주흐르 예배를 근행한다면 이것은 비드아(종교적 가르침에 어긋나는 이설적행위)적인 행위이며 허용되지 않습니다. 왜냐하면 이러한 행위는 꾸란의 가르침이나 예언자의 언행에 나와 있지 않는 것이기 때문입니다.

질문(262) 배를 타고 조업 중인 상황에서 금요 합동예배일을 맞이했다면 선상에서 주마예배를 근행하는 것은 허용되는지요?

대답: 주마예배는 마을이 형성된 촌락이나 중소도시 또는 대도시의 마스지드 (이슬람성원)에서 근행하는 것이 원칙입니다. 그래서 해상 또는 육상의 작업현장

에서 주마예배를 근행하는 것은 바르지 않습니다. 왜냐하면 예언자 무함마드께서는 마을이나 도시에 형성되어 있는 마스지드(이슬람성원)이외에서는 결코 주마예배를 근행하지 않았으며 이에 대한 어떤 다른 전언도 발견할 수 없기 때문입니다.

만일 우리가 바다에서 조업을 한다면 배가 한 장소에 정박해 멈춰있는 상황이 아니고 원하는 방향으로 움직이고 있는 상황에서 주마 합동예배를 근행한다는 것은 합리적이지 못합니다. 만일 누군가 이러한 상황에 처해 있다면 그 사람은 주마예배를 근행하는 것이 아니라 두흐르 예배를 근행하는 것이 바람직하며 만일 여행자라면 네 라크아 예배를 두 라크아로 줄여서 근행할 수 있습니다.

질문(263) 금요 합동예배에 참석한 사람이 이맘이 두 번째 라크아의 마지막 타샤후드(예배를 끝내기 전에 외우는 기도문)를 외우고 있을 때 예배에 합류했다면 (이맘이 쌀람을 한 후) 그 사람은 일어나서 두 라크아를 채워 주마예배를 근행해야 되는지요? 아니면 네 라크아를 채워 정오 예배를 근행해야 되는지요?

대답: 만일 그 사람이 이맘이 주마예배의 두 번째 라크아 마지막 타샤후드(예배를 끝내기 전에 외우는 기도문)를 외우고 있을 때 예배에 합류했다면 사실상 그의 주마예배는 유효하지 않습니다. 이 경우 그 사람은 이맘의 예배에 합류했지만 정오예배를 근행해야 합니다. 이러한 사실의 근거는 예언자 무함마드의 하디스 (**누군가 예배에서 한 라크아를 이맘과 함께 근행했다면 그의 예배는 유효한 것이니라.**)에서 알 수 있습니다. 그래서 어떤 사람이 예배에서 루쿠우(반절)를 이맘과 함께 했다면 그의 예배는 이맘의 예배와 함께 유효한 상태가 될 수 있지만 그렇지 않고 그 다음 단계에서 합류했다면 라크아로 인정될 수 없기 때문에 주마예배의 두 번째 라크아 마지막 타샤후드에서 예배에 합류한 그 사람의 예배는 라크아로 간주될 수 없습니다. 예언자의 또 다른 하디스에는 이에 대하여 다음과 같이 밝히

고 있습니다. **(누군가 주마예배에서 한 라크아를 이맘과 함께 근행했다면 그의 주마예배는 유효한 것이니라.)**[260] 이때, 즉 한 라크아를 이맘과 같이 실시한 경우 그 사람은 이맘이 예배를 끝내는 쌀람을 하면 일어나 나머지 한 라크아를 채워 줌으로써 주마예배를 함께 근행한 것으로 간주됩니다.

질문(264) 이맘이 금요 합동 예배의 설교(Khutba)를 하는 중에 기도를 하면 이를 듣고 있던 사람들이 '아—민'하는 것을 볼 수 있는데 이러한 행위는 비드아(Bid'a, 종교를 해하는 이설적 행위)인지요?

대답: 이맘이 설교 중 기도를 하면 이를 듣고 있던 사람들이 '아—민'하는 것은 비드아가 아닙니다. 이맘의 기도가 받아들여지길 간절히 바라는 마음에서 '아—민'하는 것은 권장되는 것입니다. 단지 이를 듣고 있던 사람들이 함께 한 목소리로 크게 하는 것은 허용되지 않습니다. 이맘의 기도를 듣는 사람 각자가 작은 목소리로 '아—민'이라고 해야 되고 이맘의 설교에 집중하는 주변 사람들에게 방해되어서는 안 될 것입니다. 카띱(Khateeb, 설교자)이 간절한 마음으로 기도할 때 이를 듣는 사람들은 그 기도가 받아들여질 수 있도록 상대방이 방해되지 않는 한계 내에서 조용히 '아—민'하는 것은 기도하는 좋은 모습으로 남을 수 있을 것입니다.

질문(265) 이맘이 금요 합동 예배의 설교를 하는 중에 이를 듣고 있는 참가자들이 두 손을 들고 기도하는 것은 어떻게 되는지요?

대답: 이맘이 설교를 하는 중에 두 손을 들고 기도해야한다는 근거는 없습니다. 오히려 이와 관련하여 바쉬르 븐 마르완이 금요합동예배에서 두 손을 올려 기도하

---

260) an-Nasāi(557)

는 것을 못하게 한 사하바(예언자의 교우)의 전언은 무슬림 하디스에서 찾아볼 수 있습니다.[261]

그러나 비를 오게 해달라고 하는 예배(Salāt al-Istsqāa')에서 두 손을 들고 기도하는 것은 허용됩니다. 왜냐하면 예언자께서 금요합동예배의 설교에서 비를 내리게 해 달라고 두 손을 들고 기도할 때 사람들도 예언자를 따라 양손을 모아 기도한 사실이 있기 때문입니다.[262] 이러한 경우를 재외하고 금요합동예배의 설교에서 두 손을 모아들고 기도하는 것은 바람직하지 않습니다.[263]

질문(266) 금요합동예배의 설교에서 아랍어가 아닌 다른 언어로 설교를 하는 것은 허용되는지요?

대답: 금요 합동예배의 설교를 주관하는 이맘이 예배참석자들이 이해하지 못하는 다른 언어로 설교를 하는 것은 허용되지 않습니다. 예를 들어 아랍어를 이해하지 못하는 사람들에게 아랍어 설교를 한다면 설교의 의미가 덜한 것은 자명한 사실입니다. 설교를 듣는 사람들이 가장 많이 이해할 수 있는 말로 설교를 하는 것이 적합한 것입니다. 왜냐하면 설교의 의도는 하나님의 말씀인 꾸란과 예언자 무함마드의 모범적인 삶을 사람들에게 알려주기 위함이며 설교를 통해서 사람들을 이슬람의 길로 초대하기 위함이기 때문입니다. 그래서 설교자는 꾸란과 하디스 구절은 아랍어 원어를 그대로 인용하지만 이를 설명하는 말은 청중들이 가장 잘 이해할 수 있는 쉬운 말로 준비하는 것이 바람직한 방법입니다. 꾸란에는 이에 대하여 다음과 같이 설명합니다.

---

261) Muslim(874)
262) Sahih Al-Bukhari(1031, 3565), Muslim(895), Abu Daud(1170), an-Nasāi(1748), Ibn Majah(1180)
263) *두 손을 들지 않는 대신, 엄지손가락을 위아래로 움직이면서 '아-민'이라고 말함으로써 설교자의 기도에 응합니다.

"우리(하나님)는 예언자를 그의 민족(부족)의 말로 사람들이 (진리를) 구분하도록 보냈느니라."[264]

이와 같이 하나님께서는 진리를 구분하는 방법으로 꾸란을 보내셨고 그 꾸란을 가르치는 것은 그 사람들에게 적합한 그들의 언어로 가르치도록 한 것입니다.

질문(267) 금요합동예배를 위하여 구슬(몸 전체를 씻는 세정의식)을 하고 깨 끗하고 단정하게 치장을 하는 것은 남녀 무슬림 모두에게 적용되는 것인지요? 또한 금요 합동예배를 위하여 하루 전 또는 이틀 전에 구슬을 하는 것은 허용되는지요?

대답: 금요합동예배를 위하여 구슬을 하는 것은 남자 무슬림들에게 특별히 규정 된 의식입니다. 왜냐하면 금요합동예배는 남성들에게 부과된 의무예배이며 남성들 이 마스지드에 나가서 합동예배를 근행하기 때문입니다. 그래서 깨끗하고 단정하 게 의복을 갖춰 입는 것도 남성들에게 요청된 합동예배를 위한 의식의 준비로 볼 수 있습니다. 여성의 경우 금요합동예배에 참석하고자 한다면 남성과 마찬가지로 구슬을 하고 깨끗한 옷으로 단정하게 주마예배를 준비할 수는 있겠지만 화장이나 치장으로 예배의 순수한 의도를 흐리게 한다면 이를 하지 않은 것보다 못한 결과 를 가져올 수도 있을 것입니다.

또한 주마예배를 위하여 하루 또는 이틀 전에 구슬을 하는 것은 주마 예배와 연 관하여 어떤 의미도 부여할 수 없습니다. 왜냐하면 주마예배를 위한 구슬은 주마 날(금요일) 새벽예배 후부터 주마 예배직전까지 행하는 세정의식을 말하기 때문 입니다.

---

264) 14:4

질문(268) 어떤 사람이 금요합동예배를 근행하기 위하여 마스지드에 들어갔을 때 만일 주마예배의 두 번째 아잔이 울리고 있었다면 그 사람은 타히야툴 마스지드(Tahiyat al-Masjid, 무슬림이 이슬람 성원에 들어가면 앉기 전에 근행하는 두 라크아 권장예배)를 근행해야하는지요? 아니면 무앗진이 부르고 있는 아잔을 경청하며 조용히 따라해야하는지요?

대답: 이슬람 학자들은 이러한 상황에 대하여 다음과 같이 조언합니다. 어떤 사람이 금요합동예배에 참석하기 위하여 마스지드에 들어갈 때 합동예배를 위한 두 번째 아잔이 나오고 있다면 그 사람은 아잔에 상관하지 말고 두 라크아의 타히야툴 마스지드 예배를 근행하는 것이 우선입니다. 이는 아잔이 끝나면 곧바로 이맘의 설교가 시작되기 때문에 지체 없이 설교를 경청하기 위함입니다. 주마예배에서 설교를 듣는 것은 의무이며 무앗진의 아잔을 듣고 이를 따라하는 것은 순나(권장사항)이기 때문에 순나보다 더 중요한 의무 규정을 지키는 것은 당연한 것이기 때문입니다. 또한 순나를 지키기 위하여 의무규정을 멀리 하는 것은 바람직한 신앙행위가 아닙니다.

질문(269) 금요합동예배의 설교가 진행 중일 때 앞쪽에 앉기 위하여 사람들의 어깨를 넘어 앞으로 나오는 사람들을 볼 수 있습니다. 이러한 행위는 허용되는 것인지요?

대답: 금요합동예배가 진행 중일 때 어깨를 넘어 앞으로 나오는 사람을 보게 되면 말보다는 옷을 당기거나 손짓으로 그 자리에 앉도록 유도해야 합니다. 그러나 이러한 상황에서 가능하다면 설교자(이맘)가 그 자리에 앉도록 직접 말하는 것이 더 좋습니다. 이러한 근거는 예언자께서 금요합동예배의 설교를 하고 있을 때 한 사람이 설교에 집중하고 있는 사람들의 어깨를 짚으며 앞으로 나가려고 하자 예언

자께서 다음과 같은 말을 해서 그 사람을 저지시킨 것에서 유래합니다. **(앉으세요! 실로 당신은 (사람들에게) 피해를 주었소.)**265)

질문(270) 금요합동예배에서 이맘이 설교를 하고 있을 때 인사(쌀람)를 하고 또 이에 답하는 행위는 허용되는지요?

대답: 만일 어떤 사람이 이맘이 설교를 하고 있을 때 마스지드에 들어갔다면 앉기 전에 가볍게 두라크아 타히야툴 마스지드 예배를 근행하고 조용히 앉아서 설교를 경청하는 것이 바람직한 금요합동예배의 합류 방법입니다. 이때 주변 사람들에게 쌀람(인사)을 하는 것은 요청된 사항이 아닙니다. 왜냐하면 예언자께서 다음과 같이 금요합동예배가 진행될 때는 이맘의 설교에 집중하도록 경고하셨기 때문입니다. **(금요합동예배를 위한 이맘의 설교가 진행 중일 때 옆에서 말하고 있는 사람에게 '조용히 하세요'라고 말했다면 당신은 이미 주마예배의 보상을 잃은 것이니라.)**266) 또 다른 전언에는 **(쿠뜨바가 진행 중일 때 누군가 돌을 만지작거리고 있었다면(그렇게 하여 설교에 집중하지 않았다면) 이 또한 주마예배의 보상을 잃은 것이니라.)**267) 그리고 만일 주마예배의 설교에 집중하고 있을 때 누군가 쌀람을 하면 그 사람의 쌀람에 소리 내어 답하지 않아도 됩니다. 그리고 어떤 사람이 손을 내밀어 악수를 청한다면 부득이 손을 잡고 악수를 하는 것은 허용되지만 가능하다면 악수도 하지 않는 것이 더 좋습니다. 왜냐하면 이러한 행위들로 인하여 본인도 쿠뜨바에 열중할 수 없으며 또한 주변 사람들에게 방해가 될 수도 있기 때문입니다. 일부 사람들에 의하면 누군가 인사(쌀람)를 받으면 그 인사에 답하는 것은 의무 사항인데 이에 답하는 것도 옳다고 보는 의견이 있기도 하지만 주마 예배의 설교를 듣는 것도 의무이기 때문에 이러한 상황에서

---

265) Abu Daud(1118), an-Nasāi(1399), Ahmad(17221), Ibn Majah(1115)
266) Sahih Al-Bukhari(934), Muslim(851), Abu Daud(1112), an-Nasāi(1402, 1577), Ibn Majah (1110)
267) Sahih Muslim(857), Abu Daud(1050), at-Tirmidi(498), Ibn Majah(1035, 1090)

는 설교를 듣는 의무가 더 중요한 것으로 판단됩니다. 또한 이러한 상황에서는 '쌀람'을 하지 않는 것이 보다 더 좋습니다.

중요한 것은 이맘이 금요합동예배의 설교를 하고 있을 때는 설교를 듣는 것이 우선이므로 먼저 쌀람을 하지 않아도 되며 또 쌀람을 들었다고 해도 이에 답하지 않아도 됩니다.

질문(271) 축제일(이둘 아드하, 이둘 피트르)에 서로서로 축하하는 것은 허용되는지요? 또한 축제일을 축하하기 위한 특별한 말이 있는지요?

대답: 축제일(이둘 아드하, 이둘 피트르)에 무슬림 상호간에 서로 축하하는 것은 허용되는 좋은 일입니다. 축제일을 위하여 준비된 특별한 말은 없지만 상대방에게 축하의 말을 전하고 기쁨을 함께 나눌 수 있는 좋은 말로 자신의 마음을 전할 수 있으면 좋겠습니다.

질문(272) 축제예배(이둘 아드하, 이둘 피트르)를 근행하는 것은 의무인가요?

대답: 이드 예배를 근행하는 것은 의무에 가까운 **강조된 순나(Sunnah Muakkadah)**입니다. 왜냐하면 예언자 무함마드가 이슬람 공동체의 남성과 여성 모두에게 참석하도록 명한 것이며 특히 무슬림 여성에게도 축제에 참석하도록 하였는데 비록 생리 중이라서 예배를 근행할 수 없다고 해도 이드 예배에 참석하여 설교를 듣고 축제의 기쁨을 나누도록 했기 때문입니다. 이러한 이유로 쉐이쿨 이슬람 이븐 타이미야는 이드 축제예배를 의무예배로 간주하여 그 중요성을 강조하였던 것입니다.

이드예배는 주마예배와 마찬가지로 만일 근행하지 못했다면 채워줄 수 없는 예배임을 알아야합니다. 축제예배를 대신해서 근행할 수 있는 예배는 없으며 채워줄 수도 없습니다. 주마예배의 경우 만일 부득이한 사정으로 참석하지 못했을 때는 주흐르(정오) 예배로 대체할 수 있지만 놓친 이드 예배는 다음날 이드예배로만 메꿀 수 있습니다. 이드예배가 중요한 이유는 그 예배가 많은 장점을 가지고 있기 때문입니다. 그 장점들 중에서 가장 중요한 것은 많은 사람들이 모여 서로 형제애를 나누며 이슬람 공동체의 정체성을 확인하는 것이기 때문입니다.

질문(273) 한 지역에서 이드 예배를 두 번 또는 세 번에 걸쳐 근행하는 것은 허용되는지요?

대답: 만일 이러한 상황이 꼭 필요한 것이라면 그렇게 하는 것도 가능합니다. 그러나 원칙은 한 지역에서 무슬림들이 다 함께 모여 한 번에 이드예배를 근행하는 것으로 충분합니다. 그래서 축제 예배는 꼭 마스지드가 아니라고 해도 넓은 공터나 운동장, 벌판 같은 곳에서 그 지역 사람들이 다 함께 모여 근행하도록 권장하기도 합니다. 꾸란 알 핫즈(22)장 78절에 의하면

"하나님께서 너희들에게 종교(신앙생활)에 있어서 어떤 어려움도 없도록 하셨느니라."

라고 말씀하신 것과 같이 신앙을 실천함에 있어서 우리가 할 수 있는 최선의 노력을 다하는 것이 중요합니다. 예를 들면 도시의 중심부에 있는 성원에서 다함께 모여 이드예배를 근행할 수도 있겠지만 도시의 변두리에 사는 사람들이 혼잡한 중심부에 접근하기 쉽지 않을 때나 여러 가지 어려운 여건이 있을 때는 이드(축제) 예배를 몇 차례에 걸쳐 근행할 수도 있음을 알 수 있습니다. 그러나 만일 한 번에 한 장소에서 근행할 수 있는 조건이 된다면 굳이 몇 차례에 걸쳐 예배를 근행하지 않는 것이 더 좋습니다.

질문(274) 축제 예배는 어떻게 근행하는 것인지요?

대답: 축제예배는 주마예배와 달리 쿠뜨바 이전에 이맘 인도 하에 두 라크아 예배를 근행합니다. 이때 이맘은 첫 번째 라크아의 예배를 시작하면서 타크비라툴 이흐람(메카를 향해 알라후 아크바르라고 외치며 예배를 시작하는 것)을 하고 연이어 여섯 번의 타크비르를 한 후에 알 파티하장과 꾸란의 다른 장이나 구절을 외우고 루쿠우와 수주드를 합니다. 그리고 두 번째 라크아르 위하여 타크비르를 하면서 일어서면 연이어 다섯 번의 타크비르를 합니다. 그런 후에 첫 번째 라크아와 같이 알 파티하장을 외우고 꾸란의 다른 장이나 구절을 외우는 것이 일반적인 예배 방식입니다. 이때 이맘은 첫 번째 라크아와 두 번째 라크아에서 알 파티하장을 왼 후에 가능하면 첫 번째 라크아에서는 수라트 알 아을라(87)장 또 두 번째 라크아에서는 수라트 알 가쉬아(88)장을 외우는 것이 권장됩니다.

두 라크아의 예배가 끝나면 이맘은 민바르(설교대)에 올라가서 축제 예배를 위한 설교를 하는데 설교내용은 이슬람 움마 공동체의 화합과 번영 그리고 인류의 공존과 공영을 위한 꾸란의 가르침과 예언자 무함마드의 교훈을 중심으로 하는 것이 권장됩니다.

질문(275) 일부 지역에서 볼 수 있는 광경인데 축제일에 축제예배를 근행하기 전에 이맘이 타크비르(Takbīr, 이둘아드하, 이둘피뜨르 예배 전에 낭송하는 염원)를 낭송하면 예배에 참석한 사람들이 이맘을 따라 타크비르를 하는 것을 볼 수 있습니다. 이렇게 하는 것은 어디에 근거를 두고 있는 것인지요?

대답: 축제예배 전에 이맘이 마이크를 사용하여 타크비르를 선창하면 예배에 참석한 사람들이 이맘을 따라 다 함께 타크비르를 외치는 것을 볼 수 있습니다. 이러

한 행위는 예언자 이후 사하바(예언자의 교우)들의 관행에서는 찾아볼 수 없습니다. 가장 정확한 것은 예배에 참석한 개개인이 예언자께서 타크비르를 했던 것처럼 하는 것이며 그것이 예언자의 관행을 따르는 순나입니다.

질문(276) 라마단 이후에 있는 이둘 피뜨르 축제 예배의 '타크비르'는 언제 시
작하며 또한 '타크비르'는 어떻게 하는 것인지요?

대답: 이둘 피뜨르 축제예배를 위하여 타크비르를 하는 시간은 라마단 달의 마지막 날 해가 진 후부터 시작하여 다음날 아침 이맘이 축제 예배를 근행하기 위하여 마스지드에 참석한 그 시간까지입니다. 그리고 축제예배를 위한 타크비르는 다음과 같습니다.

"알라후 아크바르, 알라후 아크바르, 라 일라하 일랄라, 왈라후 아크바르, 알라후 아크바르, 와랄라힐 함드" 또는 **"알라후 아크바르, 알라후 아크바르, 알라후 아크바르, 라 일라하 일랄라, 왈라후 아크바르, 알라후 아크바르, 알라후 아크바르, 와랄라힐 함드"** 다시 말해서 "알라후 아크바르"를 2번 또는 3번 하는 차이인데 두 가지 다 허용됩니다. 중요한 것은 타크비르를 소리 내어 하는 것이며 남자들의 경우에는 집이나 시장 그리고 마스지드에서 소리 내어 타크비르를 하는 것이 권장됩니다. 그러나 여성들의 경우에는 조용히 마음속으로 타크비르를 하는 것이 더 좋습니다.

질문(277) 일식예배(Salāt al-Kusūf)와 월식예배(Salāt al-Khusūf)를 근행
하는 것은 어떻게 되는지요?

대답: 일식예배와 월식예배를 근행하는 것에 대하여 대부분의 이슬람 학자들은 강조된 순나(Sunnah Muakkadah)로 간주하고 의무화 하지는 않았습니다. 그럼에도 불구

하고 예언자께서는 의심할 여지없이 일식과 월식이 발생하면 하루 다섯 번씩 근행하는 의무 예배시간 이외에도 이 예배를 근행하도록 명하시고 예배를 근행하셨습니다. 이에 일부 이슬람 학자들 중에는 공동체를 중심으로 이 예배를 위하여 참석할 수 있는 사람들에게는 의무(Fard al-Aeen)로 또 참석하지 못한 사람들에게는 공동체의 의무(Fard al-Kifayah)로 간주하였던 것입니다. 그들이 이 예배를 의무로 보는 것은 예언자께서 이를 근행하도록 명하신 것에 근거를 두고 있습니다. 그 이유는 예언자 무함마드의 말씀에 근거하기 때문입니다. 그 말씀은 어떤 사람이 예언자 무함마드에게 '매일 근행하는 다섯 번의 의무 예배 이외에 또 다른 의무 예배가 있습니까'라고 물었을 때 예언자께서 **(없습니다. 그러나 자원해서 근행하는 예배는 예외입니다.)**[268]라고 말씀하셨습니다. 이 하디스의 의미를 살펴보면 만일 의무화 될 수 있는 충분한 이유가 있다면 다섯 번의 의무예배 이외에 근행하는 예배를 의무가 아니라고 부정할 수 있는 근거가 될 수는 없음을 알 수 있습니다. 다시 말해서 예언자께서 **(없습니다.)**라고 답하신 것은 매일 반복하여 근행하는 다섯 번의 예배 이외에 규칙적인 의무 예배가 있는가에 대한 대답이지 어떤 특정 이유에 의해 의무화된 것까지 다 부정하지 않음을 의미하기 때문입니다. 그러나 대부분의 이슬람 학자들은 이 예배를 단지 강조된 순나(Sunnah Muakkadah)로 간주합니다.

질문(278) 어떤 사람이 일식예배의 횟수를 놓쳤을 경우 어떻게 그 횟수를 채워 주는지요?

대답: 누군가 일식예배(Salat al-Kusūf)를 근행하는데 한 라크아를 놓쳤다면 예언자 무함마드의 하디스에 의거 채워주는 것으로 충분합니다. 예언자 무함마드의 예배근행에 관련한 하디스는 다음과 같습니다. **(만일 너희가 이까마(Iqāmah,**

---

268) Sahih Al-Bukhari(46, 1891, 2678, 6956), Muslim(11), Abu Daud(391), an-Nasāi(458, 2090, 5028)

예배가 시작됨을 알리는 소리)를 들었다면 예배를 근행하러 가라, 예배를 근행하러 갈 때는 정숙하고 경건한 자세로 서둘지 말고 예배에 임하라. 그래서 이맘과 함께 예배를 시작했다면 이맘과 함께 예배를 끝내고 그렇지 않고 예배가 시작된 후에 예배에 참석했다면 이맘과 함께 근행하지 못한 것은 채워주면 되니라.)[269] 이 하디스에서 언급한 것처럼 **(채워주면 되니라)**의 의미는 이맘과 함께 근행하지 못한 횟수만큼 채워줌을 의미합니다.

참고로 일식과 월식 예배는 아잔이나 이까마를 하지 않는 대신에 그 예배가 낮에 있든 또는 밤에 있든 **'앗쌀라투 알자-미아(As-Salāh al-Jāmiah)'**라고 한번 또는 그보다 더 많이 외친 다음에 시작합니다. 이맘은 '타크비르'를 하고 소리 내어 알 파-티하장을 낭송하고 꾸란의 긴 장을 낭송합니다. 그리고 평상시 예배와는 다르게 루쿠우를 길게 한 후에 '싸미알라후 리만 하미다''랍바나 와라칼함두'라고 하면서 몸을 일으켜 세운 후에 수주드를 하지 않고 다시 처음처럼 알 파티하장과 꾸란의 긴 장을 낭송하고(첫 번째 보다는 짧은 장) 처음보다 짧게 루쿠우를 한 다음 몸을 세웠다가 수주드를 합니다. 이때 첫 번째 수주드는 길게 두 번째는 좀 짧게 합니다. 이렇게 해서 두 번째 라크아도 첫 번째와 같은 방식으로 근행하는데 두 번째 라크아는 첫 번째 라크아 보다 짧게 할 수 있습니다. 이렇게 해서 두 번째 라크아까지 한 후에 '앗 타샤후드'와 '앗 쌀라투 알란 나비'를 한 다음 '살람'을 하는 것으로 예배를 끝냅니다. 예배가 끝나고 이맘이 설교를 하는 것은 권장 사항입니다.

질문(279) 기우제(Salat al-Istisqāa, 비가 오기를 기원하여 근행하는 예배)를 근행할 경우 상의를 뒤집어 입는데 이때 상의를 뒤집어 입는 행위는 기우제를 시작할 때 하는 것인지요? 아니면 집에서 나오기 전부터 그렇게 해야 되는 것인지요?

---

269) Hadith Sahih

대답: 상의를 뒤집어 입는 것은 이맘이 비오기를 기원하는 예배를 위한 설교를 할 때 주로 행합니다. 이러한 행위는 아래 세 가지의 중요한 의미를 가지고 있습니다.

첫째, 예언자 무함마드의 순나를 따르는 의미를 가지고 있습니다. 둘째, 이러한 행위는 가뭄으로 인하여 메마른 대지에 단비가 내려 상황 전환을 갈망하는 내적의미를 지니고 있습니다. 셋째, 이러한 행위는 하나님께 불복종하여 닥칠 수 있는 현세에서의 징벌을 상기하고 오직 하나님만이 비를 내려 주실 수 있다는 절대 권능에 대한 완전한 복종심을 표하는 것으로 이해됩니다.

질문(280) 한 사람이 죽기 전에 '내가 죽으면 어떤 사람이 묻힌 그곳에 묻어 달라'고 유언을 했다면 그 유언에 따라 그 곳에 매장을 해야 되는지요?

대답: 이 질문에 대해서는 먼저 유언을 한 그 사람의 의도를 알아보아야 합니다. 만일 그 장소를 선택한 의도가 그 곳에 묻힌 사람을 신성시하는 차원에서 그와 함께 묻힘으로서 얻을 수 있는 이득이나 묏자리에 대한 막연한 기대감 등에서 비롯되었다면 그 사람의 유언은 허용되지 않습니다. 비록 유언을 했다고 해도 그 유언을 지켜야할 이유는 없습니다. 왜냐하면 이러한 행위는 이슬람에서 강력히 배척하는 다신행위에 해당되기 때문입니다. 그러나 유언을 한 사람의 목적이 앞에서 언급한 사실들과 다르다면 그 유언에 대하여 신중히 검토해서 지켜줄 필요가 있습니다. 예를 들어 가족들을 떠나 타지(타국)에서 운명을 달리 했고 그 사람의 유언이 가족의 품으로 돌아가 묻히는 것이었다면 가능한 한 그의 유언을 들어 주는 것이 우선입니다. 그러나 이 또한 많은 비용이 발생하고 그가 속해 있던 공동체에서 이를 다 감당할 수 없는 상황이라면 그 지역에 있는 무슬림 묘지에 묻어 주는 것이 더 좋습니다. 실로 하나님의 땅은 넓고 그 땅이 무슬림들에게 허용된 곳이라면 어디든 묻힐 수 있습니다.

질문(281) 앗탈끼-인(at-Talqīn, 죽음이 임박한 사람에게 샤하다를 하도록
주위 사람이 권장하는 행위)은 언제 하는 것인지요?

대답: 앗탈끼-인(at-Talqīn)은 죽음이 임박했을 때 "라 일라하 일랄라"라고 마지막
증언을 하는 것을 말합니다. 예언자 무함마드께서 그분의 숙부 아부 딸립이 운명하기
직전 그에게 **(오 숙부님, '라 일라하 일랄라'라고 한마디만 해 주세요. 그 한마디로
하나님께서 당신을 받아들여 주실 것입니다.)**270)라고 간절히 부탁했지만 아부 딸립
은 그 말을 하지 않고 우상숭배자로 죽음을 맞이했던 것에서 잘 알 수 있습니다. 그러
나 일부 사람들 중에는 시신을 매장한 후에 무덤에서 탈낀을 하는 것으로 잘못 알고
있는 경우가 있는데 이는 위 하디스에 부합하지 않는 비드아(이설적 행위)적 행위입니
다. 또한 사람들 중에는 매장 후 무덤에서 꾸란 2장(Surat al-Baqarah)을 읽거나 망
자를 위하여 증언(라 일라하 일랄라)을 하는 경우가 있는데 이러한 행위는 모두 근거
없는 이설적 행위입니다.

질문(282) 이슬람 장례의식에 관한 질문입니다. 고인의 가족, 친지들에게 고
인의 죽음을 알리고 멀리서 찾아와 문상할 수 있도록 장례일정을
미루는 경우가 있는데 이렇게 하는 것은 허용된 것인지요?

대답: 이슬람은 장례절차를 가급적 서둘러 거행하도록 합니다. 그래서 가족 친
지들이 소식을 듣고 멀리서 도착할 때까지 기다리는 것은 권장된 사항이 아닙니다.
의사 진단이나 또 다른 절차에 의해 사망 사실이 확인되면 고인과 함께 있는 주변
사람들은 가급적 빨리 장례절차를 밟아야합니다. 먼저 시신을 생전에 했던 것처럼
깨끗이 씻고 깨끗한 천으로 싸서 장례예배를 근행한 후 매장하는 것이 바람직합니

---

270) Sahih Al-Bukhari(1360, 3884, 4675, 4772, 6681), Muslim(24), an-Nasāi(2035), Ahmad
(23162)

다. 그래서 만일 아침에 사망했다면 그날 저녁에 매장을 하고 또 저녁에 사망했다면 그 다음날 아침에 장례예배를 근행하고 매장하는 것이 좋습니다. 그리고 매장 후에 망자의 가족과 친지들이 멀리서 찾아왔을 때는 묘지에 가서 장례예배를 근행하는 것이 바람직한 방법입니다. 예언자께서 메디나를 떠나 다른 곳에 채류하고 있을 때 예언자 성원에서 기거하던 한 여자가 사망했는데 그때 메디나 주민들은 예언자에게 그 소식을 전하지 않은 채 장례절차에 따라 그녀를 묻어주었습니다. 예언자 무함마드가 메디나에 도착했을 때 그는 사람들에게 **(그녀의 무덤을 안내해 주시오.)**라고 무덤을 찾아가 혼자 장례예배를 근행한 것은 매장풍습을 이해하는 좋은 예로 볼 수 있습니다.[271]

질문(283) 부고(訃告)에 관한 질문입니다. 가족이나 친척, 그리고 지인들에게 망자의 죽음을 알려 장례예배에 참석할 수 있도록 연락하는 것은 가능한 것인지요?

대답: 망자의 사망 소식을 가족과 친지 그리고 지인들에게 알려 가능하다면 장례예배에 많이 참석하는 것이 좋습니다. 예언자께서도 나자쉬(an-Najāshi, 아비시니아의 왕)의 사망 소식을 전해 들었을 때도 그랬고 또한 그가 출타 중일 때 예언자 성원에서 기거하던 한 여성이 사망했을 때, 그분의 교우들이 그에게 사망 소식을 전하지 않은 채 매장한 것에 대해서 예언자께서 **(여러분은 나에게 허락을 받고 그렇게 했는가?)**[272] 라고 서운함을 표현한 것에서도 알 수 있습니다. 그래서 가능한 한 가족, 친지 그리고 이웃사람들에게 죽음을 알리고 많은 사람들이 장례예배에 참석하는 것이 예언자 무함마드의 관행임을 알 수 있습니다.

---

271) Sahih Al-Bukhari(458), Muslim(956), Abu Daud(3203), Ahmad(8420)
272) Sahih Al-Bukhari(458), Muslim(956), Abu Daud(3203), Ahmad(8420)

질문(284) 시신을 씻는 가장 정확한 예언자 무함마드의 구슬 행위에 대하여
알고 싶습니다.

대답: 이슬람법에 따른 시신 구슬(Ghusl, 전체세정)방식은 다음과 같습니다. 먼
저 시신의 음부(Farj)를 씻은 후에 우두(Udhu, 부분세정) 순서에 따라 씻는데 이
때 입과 코를 씻을 때는 물이 들어가지 않도록 솜이나 깨끗한 천으로 닦아 주어야
합니다. 그런 후에 시신은 위에서 밑으로 그리고 오른쪽에서 왼쪽으로 씻습니다.
그리고 머리와 수염을 씻을 때는 물이 충분히 스며들도록 해야 하며 마지막 씻을
때는 나프탈렌과 같은 제품으로 소독을 할 수 있으면 더 좋겠습니다. 나프탈렌은
시신이 벌레나 해충으로부터 보호될 수 있을 것입니다. 만일 시신이 많이 더러울
경우에는 수차례에 걸쳐 깨끗이 씻는 것이 권장됩니다. 예언자께서는 시신을 씻는
여성들에게 다음과 같이 말씀하셨습니다. **(만일 시신이 더렵혀져 있다면 3번 또는
5번 또는 그것보다 더 많이 씻도록 하라.)**[273] 그런 후에 시신을 충분히 말린 후 준비
된 천으로 염을 합니다.

질문(285) 가끔씩 자동차 사고나 화재 등으로 신체 부위가 훼손된 시신을 볼
수 있습니다. 또한 몸통이나 머리는 없고 다리의 한 부분 또는 팔만
남아 있는 경우도 있는데 이러한 상황에서는 어떻게 장례 예배를 거
행해야 하는지요?

대답: 신체가 많이 훼손된 경우 시신을 수습하여 절차에 따라 장례예배를 근행
하고 매장한 후에 팔이나 다리 또는 신체 부위가 발견되었다면 그 부위는 시신과
함께 묻어 주어야 하지만 발견된 장기를 위하여 또다시 장례예배를 근행할 필요는

---

273) Al-Bukhari(1253, 1261,1263), Muslim(939), an-Nasāi(1885), Abu Daud(3142), Ibn Majah
(1459)

없습니다. 그러나 시신의 대부분은 찾을 수 없고 머리나 팔, 또는 다리만 찾은 상황이라면 남은 신체 부위를 잘 수습하여 구슬과 염을 하고 장례예배를 한 후에 매장하는 것이 원칙입니다.

질문(286) 임신 6개월 된 태아가 사산한 경우의 질문입니다. 산모가 임신 중에 과도한 업무와 더불어 라마단 달을 맞이하여 단식까지 하고 있던 중 건강상태가 악화되어 태아를 사산하게 되었습니다. 이때 만일 그녀가 사산한 태아를 장례예배를 근행하지 않고 바로 매장하였다면 그녀의 행위는 어떻게 되는 것인지요? 그리고 만일 사산아를 장례예배를 거행하지 않은 채 매장한 그녀의 행위가 틀렸다면 어떻게 해야 되는지요?

대답: 이슬람에서는 태아가 4개월을 채우고 사산된 경우 반드시 성인과 같은 장례절차를 밟도록 명합니다. 그 절차는 구슬을 하고 염을 한 후에 장례예배를 근행하고 매장을 하는 것입니다. 왜냐하면 태아가 4개월이 되면 이미 영혼이 부여된 것으로 간주하기 때문입니다. 한 방울의 정액이 자궁 속에서 40일이 지나면서 응혈로 성장하고 120일이 되면 그에게 천사가 보내져 영혼을 불어넣게 된다는 예언자 무함마드의 말씀[274]에 따라 임신 후 120일(4개월)이 지난 후에는 이미 영혼이 주어진 상태이기 때문입니다. 그러나 만일 사산아가 4개월을 채우지 못했다면 구슬이나 염, 그리고 장례예배를 하지 않고 묻어주는 것만으로도 충분합니다. 왜냐하면 이 단계의 태아는 단지 핏덩이에 불과한 것으로 간주하기 때문입니다.

위 질문에 의하면 산모가 사산한 태아는 6월이 되었기 때문에 반드시 정해진 장례 절차에 의해 합법적으로 처리하는 것이 원칙입니다. 그러나 이러한 절차를 무시하고 매장한 상황이라면 그 가족들은 시신이 매장되어 있는 묘지에 가서 장례예

---

274) Al-Bukhari(3208, 3332, 6594, 7454), Muslim(2643), Abu Daud(4708), Ibn Majah(86)

배를 거행해야 되며 만일 사산아를 모르는 사람들이 그 사실을 알았다면 시신이 없는 상태에서 거행하는 장례예배(Salāt al-Ghāib)를 거행하는 것이 좋습니다.

또한 의도적이지 않은 이러한 상황을 맞이한 산모가 자신의 부주의나 잘못으로 인하여 태아가 사산한 것으로 여기고 심한 죄책감이나 불안감을 가지고 있는 경우가 있는데 이에 대하여 죄책감이나 불안감을 가질 필요는 없습니다. 의도하지 않은 일은 언제든 발생할 수 있고 또한 이러한 의도하지 않은 부득이한 상황에 연연하여 자신을 의심하는 행위는 바람직하지 않습니다.

질문(287) 장례예배는 어떻게 근행하는 것인지요?

대답: 고인이 남자인 경우에는 시신을 이맘 앞에 두고 이맘은 고인이 성인이든 또는 어린이든 상관없이 시신의 머리 쪽에 서서 장례예배를 주관합니다. 총 네 번의 타크비르(Takbīr, '알라후 아크바르'라고 외치는 것)를 하는데 **첫 번째** 타크비르를 한 후에는 '알 파티하장'을 외고 만일 시간적 여유가 있는 경우에는 꾸란의 짧은 장을 욀 수도 있습니다. **두 번째** 타크비르를 한 후에는 예언자 무함마드를 위한 기도인 '쌀라투 알란 나비'를 외웁니다. 그렇게 한 후에 **세 번째** 타크비르를 하고 다음과 같은 기도합니다.

"오 하나님! 우리들 중 살아있는 자들과 죽은 자들, 볼 수 있는 자들과 볼 수 없는 자들, 또한 어린이들이나 어른들, 남성들이나 여성들, 모두를 다 용서해 주십시오. 그리고 만일 우리 중 누군가를 살게 해 주신다면 그 사람이 무슬림으로 살게 해 주시고 또 누군가를 죽게 하신다면 그가 믿음을 가진 신앙인으로 죽게 해 주십시오. 오 하나님! 고인의 죄를 용서해 주시고 그에게 자비를 베풀어 주십시오. 그리고 당신의 관대함으로 그가 천국에 들어 갈 수 있도록 천국의 문을 더 넓게 해주시고 그를 깨끗한 물(水)과 눈(雪), 그리고 우박(雨雹)으로 정결히 씻어주소서. 흰옷에 묻은 오물이 깨끗이 씻기는 것처럼 그의 잘못을 깨끗이 씻어 주십시오. 오하나님! 그에게 주어질 보상에 인색하지 마시고 그와 우리 모두의 죄를 사해주시

길 간절히 기도드립니다."

그렇게 한 후에 **네 번째** 타크비르를 하는데 일부 학자들이 전하는 전언에 의하면 네 번째 타크비르를 하고 꾸란에 나오는 기도문인 **"오 주님이시여! 현세에서 저희들에게 좋은 것을 주시고 내세에서도 저희들에게 좋은 것을 주시고 불지옥으로부터 저희를 구원해 주시옵소서."**라고 한 후에[275] 오른쪽 '쌀람'을 하는 것으로 장례예배를 끝냅니다. 네 번째 타크비르를 한 후 위 기도문을 외고 다섯 번째 쌀람을 하는 것도 허용됩니다. 왜냐하면 예언자께서 가끔씩 다섯 번의 쌀람을 하고 장례예배를 끝내기도 했기 때문에 예언자 관행[276]에서 이를 뒷받침해 줄 수 있기 때문입니다.

고인이 여성인 경우에는 이맘이 고인의 머리 앞에 서는 것이 아니라 중간에 서는 것이 남자의 경우와 다르고 그 이외의 예배 방식은 남성과 같습니다. 또한 죽은 사람이 많을 경우에는 몇 차례 나누어 장례예배를 근행할 수 있습니다. 이때는 먼저 성인남성을 대상으로 장례예배를 거행하고 남자어린이, 성인여성, 여자어린이 순으로 장례예배를 거행합니다.

질문(288) 한 사람이 생전에 의도적으로 예배를 근행하지 않다가 죽음을 맞이했거나 또는 그의 신앙행위가 의심되는 상황, 다시 말해서 그가 예배를 근행하는지 또는 예배를 근행하지 않는지 의심스러울 경우에는 그를 위하여 장례예배를 근행해야하는지요?

대답: 만일 그 사람이 예배를 부정하고 근행하지 않는 것이 알려진 상태에서 죽음을 맞이했다면 그의 가족이 그를 위해 장례예배를 거행하도록 사람들에게 요청하는 것은 허용되지 않습니다. 왜냐하면 그는 불신자이며 배교자이기 때문입니다. 또한 그 사람을 무슬림 공동묘지에 매장하는 것도 허용되지 않습니다. 그러나 그

---

275) *대다수 학자들은 네 번째 타크비르 이후 잠시 침묵한 후 쌀람을 하는 것으로 보고 있습니다.
276) Sahih Abu Daud(3197), at-Tirmidh(1023), an-Nasai(1982), Ahmad(18786, 18813, 18825, 18833).

사람의 행위가 정확하지 않은, 즉 의심되는 상황에서 죽음을 맞이했다면 이슬람법에 따라 장례식을 거행하는 것이 원칙입니다. 왜냐하면 그 사람은 무슬림이며 그가 이슬람을 부정한 사실에 대한 확실한 근거가 없기 때문에 무슬림으로 예우하는 것입니다. 이때 사람들은 그를 위해 다음과 같은 기도를 합니다. **"오 하나님! 만일 그가 믿음을 가진 사람이라면 그를 용서해 주시고 그에게 자비를 베풀어 주시옵소서."**

질문(289) 장례예배를 거행하기 위하여 특별히 정해진 시간이 있는지요? 또한 밤중에도 매장할 수 있는지요? 또한 장례예배를 하기 위해서는 특별히 정해진 수(시신)가 있는 것인지요? 그리고 묘지에서도 장례예배를 거행할 수 있는지요?

대답: 장례예배를 위해서 정해진 특별한 시간은 없습니다. 왜냐하면 죽음은 특별히 정해진 시간에 오는 것이 아니기 때문입니다. 그래서 이슬람에서는 언제든 누군가 죽음을 맞이하게 되면 그가 속해 있는 공동체에서는 그 시간이 밤이든 또는 낮이든 장례예배를 위해 준비(시신세정, 염)를 하고 장례예배를 근행한 후에 매장을 하는 것이 고인에 대한 마지막 예우이며 고인 또한 살아 있는 사람들에게 정당히 요구할 수 있는 마지막 권리인 것입니다. 그러나 다음과 같은 시간들 중에 매장하는 것은 허용되지 않는데 이는 예배를 근행하지 않는 시간들과 같습니다. 그 시간들은 다음과 같습니다.

1) 해가 막 솟아오르는 시간을 말합니다. 이는 대체적으로 해가 지평선에서 창(槍) 길이만큼 솟아오를 때까지의 시간을 말합니다.

2) 해가 떠올라 정오(正午)가 되기 직전의 시간(약 10분정도), 정오를 막 비켜간 시간에 정오 예배를 위한 아잔이 나오고 아잔이 나오면 정오예배를 근행할 수 있습니다.

3) 해가 지평선에 지고 있는 시간을 말하는데 해가 지기 시작하면서 완전히 지

는 시간까지의 시간에는 예배를 근행하는 것도 시신을 매장하는 것도 허용되지 않습니다.

이러한 금지된 시간들에 대한 근거는 다음과 같은 하디스에서 잘 알 수 있습니다. 우끄바 이븐 아미르(Uqba ibn Āmir)는 **(세 시간대에는 예배나 시신을 매장하는 것이 금지되어 있느니라.)**277)라고 예언자 무함마드의 말씀을 전하며 위에서 금지한 세 가지 시간을 전했습니다. 그리고 장례예배를 거행하기 위하여 정해진 시신의 숫자는 없습니다. 한구의 시신이라도 장례예배가 필요할 경우 절차에 따라 의식을 거행할 수 있습니다. 또한 필요할 경우 묘지에서도 장례예배를 근행할 수 있습니다. 그 예는 예언자께서 메디나를 떠나 다른 곳에 채류하고 있을 때 예언자 성원에서 기거하던 한 여자가 사망했는데 그때 메디나 주민들은 예언자에게 그 소식을 전하지 않은 채 장례절차에 따라 그녀를 묻어주었습니다. 예언자 무함마드가 메디나에 도착했을 때 그는 사람들에게 **(그녀의 무덤을 안내해 주시오.)**라고 무덤을 찾아가 혼자 장례예배를 근행한 것은 매장풍습을 이해하는 좋은 예로 볼 수 있습니다.278)

질문(290) 장례예배의 형식 중 쌀라투 알랄가입(Salāt alal-Ghāib, 시신이 없는 상태에서 거행하는 장례예배)을 거행하는 것은 어떠한 상황이든 할 수 있는 것인지요? 아니면 반드시 조건을 갖추었을 때만 할 수 있는 것인지요?

대답: 어떤 상황에서나 근행할 수 있는 예배는 아닙니다. 예를 들어 고인이 비무슬림 국가에서 사망하여 누구도 그 시신을 수습하여 장례 예배를 거행할 수 없는 상황, 또는 바다, 강, 계곡 등에서 사망하여 시신을 찾지 못했을 때와 같은 상황에서 **시신은 없지만 장례예배를 거행**하는 것입니다. 이때 그가 속한 무슬림 공동체

---

277) Sahih Muslim(831), Abu Daud(3192), at-Tirmidh(1030), an-Nasai(560, 565), Ahmad (16926)
278) Sahih Al-Bukhari(458), Muslim(956), Abu Daud(3203), Ahmad(8420)

는 시신이 없다고 해도 반드시 장례예배를 거행해야 합니다. 그러나 고인의 시신이 존재하는 상황에서 공동체가 고인을 위해 장례예배를 거행했다면 멀리 떨어져 있는 누군가가 그 고인을 위해 다시 쌀라투 알랄가입(Salāt alal-Ghāib, 시신이 없는 상태에서 거행하는 장례예배)을 해야 하는 것은 아닙니다.

그러나 예언자 시대에 수많은 사하바들(예언자 무함마드의 추종자들)이 변방에서 죽음을 맞이했을 때 그들의 시신을 메디나로 옮겨오지 않았음에도 불구하고 예언자 무함마드가 메디나에서 그들을 위해 장례예배를 거행한 사실에 대하여 학자들 간에는 이견도 있습니다. 일부 학자들은 만일 망자의 배경이나 재산, 또는 학문적 업적이 이슬람 공동체에 크게 이바지 할 수 있는 상황이라면 그를 위해 시신이 없는 상황에서도 장례예배를 거행할 수 있다고 보고 있으며 또 어떤 학자들은 원할 경우 그러한 조건에 상관없이 근행할 수 있다고도 주장합니다. 후자의 의견은 근거가 부족한 떨어지는 의견입니다.

질문(291) 일부 이슬람 국가에서는 시신의 등을 바닥에 닿게 하고 손은 배 위에 둔 상태로 매장하는 것을 볼 수 있습니다. 시신을 매장하는 가장 정확한 방법은 어떤 것인가요?

대답: 가장 정확한 방식은 시신의 오른쪽 어깨를 바닥에 닿게 하고 끼블라를 향하도록 하는 방식입니다. 카으바는 산자나 죽은 자 모두를 위한 끼블라입니다. 이는 무슬림들이 잠을 잘 때 예언자의 관행에 따라 오른쪽 어깨가 바닥에 닿게 하고 자는 것과도 같습니다.

질문과 같이 매장하는 것은 일반적인 것은 아니지만 일부 이슬람 국가의 지역적인 특색에 의해 등을 바닥에 닿게 하고 두 손은 배 위에 두고 얼굴은 끼블라를 향하도록 매장하기도 합니다.

질문(292) 묘지에서 꾸란을 읽는 것, 묘지에서 망자(亡者)를 위하여 기도 하는 것, 그리고 묘지에서 자기 자신을 위하여 기도하는 것은 허용되는 지요?

대답: 묘지에서 꾸란을 읽는 것은 비드아(Bid'a, 이설)적 행위입니다. 예언자께서도 그렇게 하지 않으셨고 그분의 교우들(Ashāb)도 하지 않았던 행위이기 때문입니다. 예언자께서는 (종교에 있어서)모든 새로운 것은 '비드아'이고 모든 '비드아'는 방황케 하는 것들이며 방황케 하는 모든 것은 불지옥에 들게 될 것이라고 말씀하셨습니다. 무슬림들은 일상의 삶에서 이전의 올바른 삶을 살아간 선인들(As-Salaf As-Sālih)의 자취를 쫓아 선한 삶을 살고자 하는 것이 곧 예언자 무함마드의 삶을 추종하는 행위임을 알고 그것이 올바른 길로 인도되는 것임을 알아야합니다. 가장 올바른 길로 인도되는 것에 대하여 예언자께서는 **(가장 좋은 말씀은 하나님의 말씀(꾸란)이며 가장 좋은 인도(guidance)는 예언자 무함마드의 인도이니라.)**[279]라고 말씀하셨습니다.

그리고 묘지에서 망자를 위하여 기도하는 것은 가능하며 묘지를 방문하여 망자를 위하여 다음과 같은 기도를 할 수 있습니다.

(알라훔마 이그피르 라후, 알라훔마 이르함후, 알라훔마 아드킬훌잔나, 와프싸흐 라후 피까브리히.) (오 하나님, 그를 용서해 주시고 그에게 자비를 베풀어 주시옵소서, 그리고 그를 천국에 들어갈 수 있게 해주시고 그의 묘지가 더없이 넓도록 해 주소서.)

그리고 묘지에서 자기 자신을 위하여 기도하는 것은 만일 그 묘지에서 기도해야 된다는 의도가 있었다면 그 행위는 '비드아'가 될 수도 있습니다. 왜냐하면 꾸란이나 하디스에서 기도를 위하여 특별히 지정된 장소가 아니라면 묘지를 기도를 위한 장소로 정하는 그 자체가 근거 없는 이설적 행위로 간주될 수 있기 때문입니다.

---

279) Sahih Muslim(867), an-Nasai(1311), Ahmad(4566)

질문(293) 묘지를 방문하는 것은 허용되는지요? 그리고 묘지에서 알-파티하 장을 읽는 것은 허용되는지요? 여성이 묘지를 방문하는 것은 허용되는지요?

대답: 묘지를 방문하는 것은 예언자 무함마드의 관행을 따르는 순나입니다. 묘지를 방문하는 것은 내세를 생각하게 하고 자신을 성찰할 수 있는 계기가 되기 때문입니다. 어제 자신과 함께 먹고 마시고 기쁨과 슬픔을 함께 나누었던 한 사람이 유명을 달리해 오늘 무덤 속에서 머무는 것을 보면서 스스로 현세에서 반드시 쌓아야할 선행의 가치와 멀리해야 할 해악들에 대해서 깊이 생각하도록 할 것입니다. 예언자께서는 묘지를 방문하여 다음과 같은 기도를 하셨습니다.

"믿음을 가진 무덤속의 사람들이여, 앗쌀라무 알라이쿰. 실로 우리도 이후에 당신들과 함께할 것입니다 인샤알라. 하나님께서 우리들 중에 먼저 간 사람들과 그리고 나중에 올 사람들 모두에게 자비를 베푸실 것입니다. 하나님께서 우리들과 여러분들 모두를 편안하게 해 주시길 기도드립니다. 오 하나님! 그들과 우리들의 잘못을 용서해 주시고 충분히 보상해주시길 기도드립니다."280)

묘지를 방문하여 알 -파티하장을 읽는 것은 예언자의 관행에 나와 있지 않습니다. 그래서 묘지를 방문하여 알-파티하장을 읽는 것은 예언자의 관행과 다른 것으로 간주됩니다.

여성이 의도적으로 묘지를 방문하는 것은 권장사항이 아닙니다. 왜냐하면 예언자께서 여성들의 묘지 방문을 허용하지 않으셨기 때문입니다. 그러나 묘지 방문을 의도하지 않은 상태에서 만일 묘지를 지나다가 그곳에 서서 묘지의 주인들에게 쌀람을 하는 것은 허용됩니다.

---

280) Sahih Muslim(974), an-Nasai(2037), Ahmad(25327)

질문(294) 일부 이슬람 국가에서 볼 수 있는 관행으로 사람이 죽으면 망자의 집에서 애도하는 의도로 녹음기로 꾸란을 크게 틀어 놓는 경우를 볼 수 있습니다. 이러한 행위는 허용되는 것인지요?

대답: 이러한 행위는 의심할 여지없이 이설적 행위(비드아)입니다. 왜냐하면 예언자 무함마드께서도 이러한 행위는 하지 않으셨고 또한 그분을 추종했던 교우들 시절에도 그런 일은 없었기 때문입니다. 그러나 한 사람의 사망으로 인한 큰 슬픔은 조용히 각자가 꾸란을 읽음으로써 스스로의 마음을 통제할 수 있고 슬픔을 억제할 수는 있을 것입니다. 우리가 일상적으로 볼 수 있는 현상들 중에 시장이나 길거리에서 꾸란을 틀어놓은 경우를 목격할 수 있는데 불특정 다수를 대상으로 녹음기에 의해 울려 퍼지는 꾸란 소리에 대하여 경외심을 가지고 듣는 사람은 별로 없을 것입니다. 이와 마찬가지로 상을 당한 집에서 녹음기에 의해 큰소리로 꾸란이 울려 나온다고 해도 길거리에서 나오는 상황과 다르지는 않을 것입니다.

우리는 망자를 위해서 또 유가족을 위해서라도 애도의 표현은 보다 신중해야 합니다. 예언자께서 **(망자는 유가족이 크게 오열하는 소리로 인하여 고통받을 것이니라.)**281)라고 말씀하셨습니다. 이는 슬픔을 감출 수 없어 흐느껴 울 수는 있겠지만 큰소리로 오열하는 것은 자신에게 뿐만 아니라 망자에게도 고통을 주는 것이기 때문입니다.

---

281) Sahih Bukhari(1292, 1304), Muslim(927, 930), At-Tirmidh(1002, 1004), an-Nasai(1848)

제3장

싸움(Saum)
단식

단식(Saum)은 조건을 갖춘 무슬림이 이슬람력 9월 라마단 한 달 동안 의무적으로 거행하는 의무 단식과 임의로 거행하는 권장 단식이 있습니다. 단식은 무슬림으로 하여금 의지력과 자제심을 키워 주며, 타인에 대한 동정심을 느끼게 하고, 그들의 몸과 마음 그리고 재산을 정화시켜 건전한 이슬람 공동체를 유지하도록 도와줍니다.

질문(295) 라마단 단식을 받아들이는 무슬림의 자세는 어떻게 해야 되나요?

대답: 꾸란에 의하면

"오! 믿는자들이여, 너희 선조들에게 명했듯이 너희들에게도 단식을 명하노라, 그렇게 함으로서 너희들은 경외심(타끄와)을 익히게 될 것이니라."[282]

무슬림들이 라마단을 맞이하여 단식의 의무를 수긍하고 단식에 임하는 것은 위 꾸란 구절에 따라 하나님의 말씀에 복종하는 것이며 단식을 통하여 하나님에 대한 경외심을 갖는 중요한 의미가 있습니다. 하나님을 두려워하고 공경하는 경외심(Taqwa)은 무엇보다도 먼저 금기 사항들을 멀리하는 것으로부터 시작되는데 금기 사항들을 멀리함으로써 신앙을 충전할 수 있는 계기를 만들 수 있기 때문입니다. **(만일 어떤 사람이 단식월을 맞이하여 나쁜 말을 하고 이에 따른 나쁜 행동을 행하고 이러한 행위를 묵인한다면 그가 하나님을 위하여 멀리한 음식과 음료는 어떤 의미도 없느니라.)**[283]

이러한 근거들로 인하여 라마단 단식월을 맞이하는 무슬림들은 하나님의 말씀에 복종하고 따르는 이슬람의 근본적인 가르침을 되새기고 올바른 자세로 자신의 삶을 되돌아 볼 수 있어야합니다. 그래서 단식에 임하는 무슬림은 사람들을 기만하지 않으며 중상 모략하지 않고 금기 사항으로 규정된 모든 것들로부터 초연한 자세를 취할 수 있어야합니다.

라마단 달의 단식은 단순히 음식과 음료를 굶으며 고통을 참는 것만 아니라 이 달을 맞이하여 무슬림들은 다시 태어날 수 있는 계기를 만들 수 있기 때문에 더 큰 의미가 있습니다. 우리는 현세의 삶을 통해서 크고 작은 많은 잘못을 저지르면서 하루하루를 보내게 되는데 만일 이러한 잘못을 행하고도 어떤 형태의 반성이나 자

---

282) 2:183
283) Sahih: al-Bukhari(1903, 6057)

기 성찰의 기회를 갖지 못한다면 우리의 삶은 스스로는 물론 자신이 속해 있는 그 사회도 삭막하기 그지없을 것입니다. 그러나 어떤 계기를 통하여 자기 자신을 볼 수 있고 나아가 반성의 기회가 주어진다면 삶을 보다 윤택하고 풍요롭게 만들 수 있을 것입니다. 그래서 단식월을 일컬어 하디스에는 **(처음 열흘간의 단식은 자비이고 중간은 용서이며 마지막 열흘은 불지옥으로 부터의 보호라.)**284)고 가르칩니다.

질문(296) 라마단 달의 단식을 시작하는 것과 관련하여 이슬람 세계 전체가 메카에서 공고하는 단식 시작을 따르는 것은 가능한지요? 이슬람 공동체의 하나 된 모습을 보인다는 차원에서 이렇게 할 수도 있는 것인지 궁금합니다.

대답: 단식의 시작은 달을 관측하여 결정하는 것이기 때문에 어느 특정한 한 지역을 정해서 이슬람 세계 전체가 그곳의 결정을 따르는 것은 불가능합니다. 왜냐하면 대륙별로 그리고 나라에 따라 달이 뜨는 시간이 다르기 때문에 하루를 정해서 전 세계가 같은 날 단식을 시작하는 것은 이치에 맞지 않기 때문입니다. 단식을 시작하는 것은 꾸란에

"만일 너희들 중에 누군가 그 달(라마단 달)을 맞이했다면 단식을 하라"285)

라고 언급된 근거와 예언자 무함마드가 라마단 달의 초승달을 보고 단식을 시작한다는 하디스 규정 **(너희들은 초승달을 보는 것으로 단식을 시작하고 또 초승달을 보는 것으로 단식을 끝내도록 하라.)**286)을 따르는 것입니다. 예를 들면 만일 메카

---

284) Ibn Khazaimah(1887) : Hadith Daif(al-Albani, silsilah daifah no.1871))
285) 2:185
286) Hadith Sahih, al-Bukhari(1909), Muslim(1801), al-Tirmidhi(684), an-Nasaai(2117, 2118)

주민들은 달을 보고 단식을 시작했는데 파키스탄이나 파키스탄보다 더 동쪽에 위치한 나라들은 메카에서 시작 했으니까 반드시 단식을 함께 시작해야 된다는 말은 이치에 맞지 않는다는 것입니다. 이것은 해가 뜨는 시간을 기준으로 새벽예배를 근행하는 것과 같은 이치인데 해는 동쪽에서 먼저 뜨고 서쪽으로 갈수록 시간차를 두고 해가 뜨기 때문에 만일 질문과 같이 단식을 시작해야한다면 동쪽에 있는 나라에서 파즈르(새벽) 예배시간을 맞이하여 예배를 근행할 때 서쪽에 위치한 나라들은 한 밤중임에도 불구하고 새벽 예배를 준비하는 것과 같은 것입니다. 그래서 이슬람법에서 요구하는 단식 월의 시작은 자신이 머물고 있는 지역의 결정을 따르는 것이 가장 현명하며 만일 그 지역에서 결정할 수 없는 상황이라면 그 지역에서 가장 가까운 이슬람 국가에서 결정한 사항을 따르는 것이 관례입니다.

질문(297) 라마단 달을 맞이하여 단식을 하던 사람이 다른 지역으로 옮겨 갈 경우 만일 자신이 머물던 나라에는 단식을 종료하고 이둘 피트르 축제예배를 근행하는데 옮겨간 지역이 단식 중이라면 어느 지역을 기준하여 단식을 종료해야할까요?

대답: 만일 단식을 하다가 다른 지역으로 이동하게 되었을 경우 자신이 단식을 시작한 지역에는 이미 단식월이 끝났음에도 불구하고 도착지에는 단식을 종료하지 않고 진행 중이라면 도착한 그 지역의 결정에 따라 단식을 행해야 합니다. 그래서 단식을 시작한 곳과 상관없이 만일 여행지가 단식 중이라면 단식을 계속하고 그 곳 사람들이 단식을 종료하면 그곳 사람들과 함께 단식을 종료할 수 있습니다. 그래서 도착지에서 만일 하루나 이틀을 추가로 더 단식하더라도 그 지역에 맞춰서 계속해야 합니다. 마찬가지로 처음 단식을 시작한 곳이 다른 지역에 비해 늦게 시작하여 단식이 진행될 경우에도, 만일 도착지가 다른 지역보다 단식을 일찍 시작하여 먼저 단식을 종료했다면 그 결정에 따라 도착지의 사람들과 함께 단식을 종

료해야 합니다. 그리고 이후에 부족한 일수는 채워줄 수 있습니다. 이둘 아드하(희생제)의 경우도 마찬가지입니다. 자신이 이전에 거주했던 지역의 결정에 따라 이둘 아드하 축제 예배를 거행하는 것이 아니라 옮겨간 지역의 결정에 따라 의식을 거행해야 됩니다.

질문(298) 어떤 사람이 직업상 힘든 일(육체적인 일)을 이유로 단식을 할 수 없다면 그는 단식을 하지 않아도 될까요?

대답: 라마단 달의 단식은 이슬람을 이루는 기둥(Rukn)에 해당되는 아주 중요한 의무사항 중에 하나입니다. 그래서 라마단 달의 단식은 자격을 갖춘 무슬림들에게 부과된 의무규정이며 이를 실천하는 것은 무슬림으로서 자신을 완성하는 한 방법이며 정체성을 잃지 않는 방편이기도 합니다. 만일 어떤 사람이 단식과 일을 동시에 수행할 수 없는 상황이라면 단식월(라마단) 동안 휴가를 얻어 단식에 임하는 것이 참 신앙을 실천하는 방법이 되겠습니다. 왜냐하면 라마단 달의 단식은 이슬람을 이루는 기둥이며 무슬림은 이를 실천하는 것이 자신을 지키는 것이기 때문입니다. 또한 어떤 사람이 힘들다는 이유로 의무사항들을 무시한다면 이슬람은 이미 그 실체를 잃게 되기 때문입니다.

질문(299) 초경을 맞이한 어린 여자아이가 무지로 인하여 생리가 시작된 것을 모르고 단식을 했다면 그 아이는 어떻게 해야 되는지요?

대답: 생리가 진행 중인 사실을 모르고 단식을 했다면 이후에 그 날짜만큼 채워주어야 합니다. 왜냐하면 생리 기간 중에 거행한 단식은 비록 무지에 의해 이루어진 행위라고 해도 받아들여지지 않을 뿐만 아니라 허용되지도 않습니다. 여성이

생리를 시작한다는 것은 여성으로서 역할을 할 수 있는 나이에 도달(al-Bulugh) 했다고 볼 수 있습니다. 이슬람에서 남자아이의 경우 몽정을 시작하고 여자 아이의 경우 생리를 시작하면서 종교의식을 수행하는 것이 의무화되는데 위의 경우와는 반대로 어려서 단식의무를 수행하지 않은 상황이었다면 생리나 몽정을 시작하면서 의무 규정을 이해하고 지킬 수 있는 계기가 될 수도 있을 것입니다.

질문(300) 어떤 남성이 자신과 자신에게 속해 있는 가족을 부양해야 하는 경제적 의무감으로 의무단식을 하지 않았다면 어떻게 되는지요?

대답: 만일 어떤 사람이 자신의 무지함으로 인하여 병중에 있는 사람이 의무 단식을 하지 못했을 경우 완쾌된 후에 단식을 채워주면 되는 것처럼, 자신의 어려운 경제 환경으로 인하여 의무 단식을 할 수 없다고 단정하고 이를 채워주면 된다고 생각했다면 정확한 규정을 안 직후 반드시 단식을 재개해야 하며 의무단식을 하지 못한 날짜는 그 만큼 채워 주어야합니다. 그리고 정확한 단식 규정을 알지 못하고 가족을 부양하기 위하여 단식월에 의무단식을 하지 못하고 보낸 뒤 죽음을 맞이했다면 누군가 그 사실을 알았다면 그를 위해 그의 대리인이 대신해서 그가 행하지 못한 날짜만큼 단식을 해서 채워 주어야합니다. 그리고 만일 그의 대리인이 단식을 하지 못할 상황이라면 그를 대신해서 단식을 하지 못한 날짜만큼 불쌍한 사람들에게 하루 세끼의 식사를 제공해야 합니다. 이렇게 해서 무지로 인하여 행하지 못한 단식의 의무를 대신할 수 있습니다. 그러나 만일 이러한 모든 상황을 알면서도 의도적으로 단식을 하지 않는 것은 하나님의 자비를 구할 수 없는 허용되지 않는 것으로 오직 회개와 이를 대신할 수 있는 선행만이 하나님의 용서와 자비를 구할 수 있습니다. 예언자께서는 **(누군가 우리가 행했던 종교 의식과 다른 의식을 지어낸다면 그것을 받아들여지지 않을 것이라.)**라고 말씀하셨습니다. 이슬람 신앙 의식의 실천에는 정해진 시간이 있으며 무슬림들은 반드시 그 의식을 정해진 시간

에 실천하는 것으로 하나님의 축복과 보상을 얻을 수 있습니다. 그러나 어떤 의식의 거행이든 받아들일 수 있는 충분한 변명(무지, 망각, 수면 등)이 있으면 예언자의 하디스에 의거 용서될 수 있을 것입니다. **(누군가 의무 예배시간에 수면 중이었거나 예배시간을 잊고 있었거나 했을 때는 잠에서 깼을 때 그리고 잊었던 예배를 생각했을 때 바로 예배를 근행해야하니라. 그렇게 하는 것 외에는 그 예배를 대체할 어떤 것도 없느니라.)**[287]

질문(301) 라마단 달에 단식을 하지 않아도 되는 충분한 이유에는 어떤 것이
         있습니까?

대답: 라마단 단식월에 부득이 단식을 깨고 이프타르를 할 수 있는 충분한 이유는 다음과 같은 경우들입니다. 우선 꾸란에 언급되어 있는 두 가지 경우는 병중에 있는 환자와 여행자입니다. 병중에 있는 환자와 여행자의 경우 현실적인 여러가지 직면한 어려운 여건들을 감안해서 단식을 유예할 수 있도록 하였습니다.

또한 임신 중인 여자의 경우 만일 본인뿐만 아니라 태아의 건강이 우려된다면 단식을 중단하고 평상시와 같이 식사를 할 수 있습니다. 수유부의 경우에도 단식으로 인하여 자신의 건강과 어린아이의 건강이 우려될 경우 단식을 유예할 수 있도록 허락합니다.

이외에도 사람의 목숨을 구해야하는 경우, 예를 들어 바다에 빠져 목숨이 위태로운 상태에 있는 사람을 구해야 할 경우나 화재가 발생해서 인명을 구해야하는 소방관의 경우 사람을 구하기 위하여 단식을 깰 수도 있습니다. 뿐만 아니라 하나님을 두려워하고 공경하는 마음으로 하나님의 길에서 지하드를 수행해야할 경우 단식을 깰 수도 있습니다. 예언자께서 이에 대하여 다음과 같이 말씀하셨습니다. **(실로 너희들이 이슬람을 해하는 적을 만난다면 단식을 깨는 것이 너희들에게 보**

---

287) Sahih Bukhari(597), Muslim(684), Abu Daud(442), an-Nasai(613),

다 더 강할 것이니 단식을 깨도록 하라.)[288] 그래서 라마단 달에 단식중인 사람이 어떤 이유든 단식을 수행할 수 없는 부득이한 상황에 처했다면 단식을 깰 수 있는 것입니다. 그리고 그 상황이 종료되어 단식을 할 여건이 된다 하더라도 이미 단식을 깨었기 때문에 반드시 그날의 단식을 다시 시작할 이유는 없습니다. 그 상황에 맞게 현명하게 판단하여 자신이 할 수 있는 최선의 노력을 다해야 할 것입니다.

단식 중이었던 사람이 부득이 위와 같은 이유들로 인해서 단식을 깨야하는 상황이 된다면 그 상황이 종료된 이후에도 그날은 단식을 하지 않고 먹을 수 있습니다. 이와 같은 상황들에 비추어 만일 아침에 단식을 하지 못하고 의사의 처방에 따라 약을 복용한 사람이 오후가 되어서 건강이 회복되었다고 해도 그날은 단식을 수행할 필요가 없습니다. 같은 상황으로 여자들의 경우 이른 오전에 생리가 끝나고 오후부터 예배를 근행할 상황이 되었다고 해도 그날은 단식을 할 필요는 없습니다. 또한 여행자의 경우에도 목적지에 충분히 일찍 도착했다고 해도 그날 단식을 의도하지 않았다면 나머지 남은 시간을 단식할 필요가 없습니다. 그러나 만일 여행지에 도착한 낮 시간에 단식월이 시작되었음을 확인했다면 나머지 시간은 단식을 해야 한다는 의견도 있습니다.

질문(302) 만일 어떤 사람이 라마단 단식월의 첫째 날을 확인하지 않고 그 전날 단식에 대한 의도 없이 잠들었다가 다음날 해가 뜬 후(파즈르 예배 후)에 그날 이미 단식이 시작된 사실을 알았다면 어떻게 해야 하나요? 그날 하루를 어떻게 보내야 합니까?

대답: 단식월이 시작됨을 확인 하지 않은 채 전날 밤에 단식에 대한 어떠한 의도도 없이 잠들었다가 다음날 해가 솟은 후에 단식이 시작됨을 확인했다면 이러한 사실을 안 그 순간부터 단식을 시작해야 된다는 것이 대부분의 이슬람 학자들의

---

288) Hadith Sahih(Muslim 1120, Abu Daud 2406, Ahmad 10914)

견해입니다. 이에 더하여 쉐이쿨 이슬람 이븐 테이미야는 모든 것은 의도에 의해 시작되는데 이 경우에 다음날 단식을 시작 하겠다는 의도는 없었으나 단식이 시작됨을 알 수 없었으므로 이른 시간에 단식을 시작하지 못한 것은 충분한 이유가 되며 또한 무지로 인하여 행하지 못한 것은 용서될 수 있다고 보고 그날 단식이 시작되었음을 안 그 순간부터 단식을 시작한다면 그의 단식은 유효하며 다른 날 이를 채워주지 않아도 된다는 견해입니다.

이에 반하여 이 경우 단식을 한다고 해도 유효하지 않으며 반드시 다른 날 이를 채워야한다는 일부 이슬람학자들의 의견도 있습니다. 그들은 어떠한 의도도 없이 단식일의 한 부분을 보내 버렸기 때문에 그날의 단식은 유효할 수 없다고 주장하는 것입니다.

질문(303) 라마단 달에 의무단식을 거행하던 중 부득이 단식을 지속할 수 없어서 단식 중임에도 불구하고 단식을 중단할 수밖에 없었다면 이후에 남아 있는 시간을 채워 주어야합니까?

대답: 분명한 이유에 의해 단식을 깰 수밖에 없었다면 남은 시간을 꼭 채워 주지 않아도 됩니다. 이 경우의 단식을 깰 수밖에 없었던 충분한 이유가 있었다면 라마단 단식월이 끝난 이후에 이날 행하지 못한 단식을 채워 주는 것이 허용됩니다. 만일 부득이한 사정으로 단식 중에 약을 먹어야 할 경우 약을 먹음으로써 단식은 중단되고 단식이 중단된 상태에서 이를 지속하기 위하여 단식 상태를 유지하는 것은 의미가 없으며 이후 다른 날에 이를 다시 채워 주는 것으로 단식을 완수할 수 있습니다.

또 다른 예로, 단식 중인 사람이 물에 빠져 위험에 처했을 때 만일 물을 마실 수밖에 없어서 물을 마시면 단식은 깨지지만 스스로를 살릴 수 있을 것이고 , 그렇게 하지 않는다면 물에 빠져 죽을 수 도 있을 경우, 그에게는 물을 마시고 스스로 생존케 하는 것이 우선될 수밖에 없을 것입니다. 이때 남아 있는 단식 시간을 채워 주는 것은 큰 의미가 없으며 남은 시간 동안 먹고 마신 후 다른 날 그날의 단식을 채워 줄 수 있을 것입니다. 그래서 환자의 경우에도 마찬가지로 단식을 지속하는 것보다 빠른 시일 내에 건강을 회복하고 건강한 상태로 단식에 임할 수 있도록 노력하는 것이 더 중요할 것입니다.

반면에 위와 같이 확실한 이유가 아님에도 불구하고 단식을 깬 경우에는 반드시 남은 시간을 채워 주어야합니다. 왜냐하면 단식 중인 그에게 단식을 깰 수 있는 어떤 변명이나 이유도 성립되지 않기 때문입니다.

질문(304) 여성이 잘따(Jaltah)[289]로 인하여 의사가 단식을 금하도록 조언했다면 이 여성은 의무단식에 대하여 어떠한 법이 적용되나요?

대답: 다음의 꾸란 구절이 계시되면서 라마단 달의 단식은 의무화되었습니다.

"인류를 위한 인도와 옳고 그름의 분명한 기준으로서 라마단 달에 꾸란이 계시되었나니 너희들 중 누군가 그 달을 맞이했다면 단식을 하라. 그러나 누군가 만일 병중에 있거나 여행 중에 있다면 그 기간을 다른 날에 채워주면 되느니라."[290]

그래서 만일 누군가 병중에 있거나 여행 중에 있다면 병이 완쾌되거나 여행이 끝나고 안정된 생활을 되찾은 후에 거행하지 못한 단식을 채워줌으로써 그 의무를 다할 수 있음을 이 꾸란 구절은 가르쳐 주고 있습니다. 그러나 누군가 치료가 쉽지 않은 병을 앓고 있어서 지속적으로 약을 복용해야한다거나 완쾌가 어려운 상황에

---

289) *잘따(Jaltah): 고지혈, 동맥 경화 등으로 뇌졸중이나 풍과 같은 질병을 앓고 있는 경우
290) 2:185

있다면 라마단 기간 동안 그는 단식을 대신하여 가난한 사람에게 음식을 제공해 주도록 이슬람은 가르칩니다. 가난한 사람들에게는 따뜻한 밥을 제공해 주어야 하며 밥과 함께 고기와 다른 음식을 준비하는 것도 좋습니다. 또한 가난한 사람들을 초청하여 점심식사나 저녁식사 시간에 맞춰 음식을 제공해 주는 것은 더 좋습니다.

질문(305) 여행자의 예배와 단식에 대하여 알고 싶습니다.

대답: 자신의 거주지를 떠나 여행에서 되돌아 올 때까지 4라크아의 예배를 2라크아씩 예배 횟수를 줄여서 근행하는 것을 여행자 예배(Salat al-Musāfir)라고 합니다. 아이샤가 전하는 하디스에는 여행자 예배에 관하여 다음과 같이 설명하고 있습니다. **(예배는 처음에 2라크아씩 의무화 되었습니다. 그래서 여행자 예배가 결정된 후에 일반예배(Salat al-Hadhir)가 규정되었습니다.)** 291) 아나스 븐 말리크가 전하는 하디스에 의하면 그들은 예언자 무함마드와 함께 메디나에서 출발하여 메카로 여행하기 위하여 길을 떠났습니다. 그때부터 예언자께서는 메디나로 돌아올 때까지 두 라크아씩 두 라크아씩 예배를 근행했다고 전합니다.292) 그러나 만일 여행자가 성원에서 이맘(거주자)과 함께 예배를 근행하는 상황이라면 4라크아를 채워 주어야합니다. 이맘과 함께 첫 라크아부터 예배를 시작했던 또는 일부 라크아가 진행된 상태에서 합류했던 상관없이 4라크아를 채워 예배를 완수해야 합니다. 예언자 무함마드(그분에게 하나님의 평화가)께서는 **(너희들이 만일 이까마(Iqamah, 예배의 시작을 알리는 소리)를 들었다면 예배를 근행하러 성원으로 가라. 예배를 위하여 성원을 향할 때에는 서두르지 말고 하나님을 염원하며 편안한 마음으로 가야 하느니라. 그리고 너희가 예배를 이맘과 함께 시작했다면 이맘과 함께 끝내고 만일 이맘과 함께 시작하지 못하고 늦었다면 늦은 만큼 채워 주어야 하느니라.)**293)라고 말씀하셨습니다. 이 하디스는

---

291) Sahih al-Bukhari(350, 1090) Muslim(685), Abu Daud(1198) 또 다른 전승에는 "일반예배의 횟수가 정해졌습니다."
292) Sahih al-Bukhari(1081), Abu Daud(1233), an-Nasāi(1452)

성원에서 이맘 뒤에서 예배를 근행하는 사람(Mamūm)은 그 사람이 거주자이든 여행자이든 다 포함합니다. 그래서 이맘이 예배횟수에 따라 4라크아를 인도하면 그 뒤에서 함께하는 사람들은 이맘의 인도에 따라 4라크아를 다 근행해야 합니다.

압둘라 이븐 압바스는 여행자가 혼자 예배할 때는 2라크아를 근행하고 거주자들과 함께 예배를 근행할 때는 4라크아를 근행하는 것에 대하여 질문을 받았을 때 그렇게 하는 것은 순나(Sunnah)라고 답했습니다.

여행자라고 해도 이슬람성원에서 합동예배(Salat al-Jamaa')를 근행하는 것이 면제되지는 않습니다. 왜냐하면 꾸란의 an-Nisaa'장 102절에는 전시(戰時)에 예배를 근행할 때에도 합동예배를 근행하도록 강조하여 설명하고 있으며 마찬가지로 집을 떠나 외지에 머물고 있는 여행자들도 아잔을 들을 수 있는 지적에 성원이 있고 사람들과 함께 합동예배를 근행할 수 있는 상황이면 반드시 함께 예배를 근행하도록 했기 때문입니다.

이와 같이 의무예배의 경우에는 여행자라고 해도 아잔을 들을 수 있고 합동예배에 참석할 수 있는 상황이라면 반드시 마스지드에서 합동예배를 근행하는 것이 이슬람적인 것입니다. 그리고 여행자라고 해도 순나예배(파즈르 의무 예배 전에 근행하는 권장예배와 위트르예배, 한밤중에 드리는 타핫주드예배, 해가 떠오른 후에 근행하는 두하예배, 등등)는 예외 없이 원할 경우에 근행할 수 있습니다.

그리고 이동 중이라면 가급적 정오(두흐르)예배와 오후(아스르)예배를 모아서 함께 그리고 저녁(마그립)예배와 밤중(이샤)예배를 함께 이른 예배시간에 근행하거나 늦은 예배시간에 편안한 시간을 선택하여 근행하도록 권장합니다. 그러나 여행자라고 할지라도 만일 한곳에 채류하고 있는 경우라면 두 예배를 모아서 한 번에 근행할 수도 있겠지만 정시에 맞춰서 각각의 예배를 근행할 수도 있습니다.

라마단 달을 맞이한 여행자의 경우 단식은 만일 할 수 있는 상황이라면 단식을 하는 것이 더 좋습니다. 물론 여행자이기 때문에 단식을 하지 않는 것도 당연히 허용됩니다. 여행 중에 단식을 하지 못한 것은 그 날짜만큼 다음기회에 채워 주어

---

293) Hadith Sahih

야합니다. 라마단 달에 여행자에게 주어진 단식에 대한 면제사항(Rukhšah)은 하나님께서 믿는 자들에게 베푸신 은총이며 사랑입니다.

"알함두릴라히 랍빌알라미인"

질문(306) 어려운 환경에서 여행하는 사람에게 라마단 달의 단식은 어떻게 규정되는지요?

대답: 여행자가 힘든 환경에서 단식을 의도하고 행하는 것은 이슬람법에서 마크루후(Makruh, 허용하지만 하지 않는 것이 더 좋은 것)로 규정합니다. 왜냐하면 예언자 무함마드(쌀랄라후 알라이히 왓살람)가 길을 잃고 방황하는 한 남자를 사람들이 에워싸고 있는 광경을 보고 **(이 사람은 누구인가요?)**라고 묻자 사람들이 그는 여행 중에 단식을 하고 있는 사람임을 전했습니다. 이에 그는 **(어렵게 여행하면서 단식을 하는 것은 진정한 신앙이 아니니라.)**[294]라고 말했습니다. 그래서 이슬람에서는 여행 중일 경우 특히 어려운 환경에서 여행 중일 때는 단식을 행하지 않도록 권합니다. 그러나 만일 여행 중 일지라도 단식을 하는 것이 어렵지 않고 충분히 수행할 수 있는 상황이라면 단식을 하는 것이 더 좋습니다. 아부 다우드가 전하는 하디스에 의하면 그는 동료들과 함께 더위가 기승을 부리던 라마단 달의 어느 날 예언자 무함마드와 함께 여행 중이었는데 그때 그들 중에서 단식을 하는 사람은 예언자 무함마드와 압둘라 이븐 라와하 뿐이었다고 합니다.[295]

질문(307) 오늘날 교통수단이 발달하고 여행이 쉬워짐에 따라 여행자라고 해도 어려움 없이 여행은 물론 단식을 할 수 있을 것으로 여겨집니다.

---

294) Hadith Sahih, al-Bukhari(1946), an-Nasai(2262), Ahmad(14001, 14017)
295) Hadith Sahih, Muslim(1122), Abu Daud(2409), Ibn Majah(1663)

이러한 경우 여행자도 단식을 해야 하는지요?

대답: 무슬림 여행자가 라마단 달에 의무 단식을 행하는 것은 자신의 선택에 달려있습니다. **(만일 너희가 병중에 있거나 여행 중이라면 그 기간을 다른 날에 채워주면 되느니라.)**296)라고 꾸란에 언급되어 있는 것처럼 예언자의 교우들도 예언자와 함께 여행 중일 때는 그들 중에 일부는 단식을 하고 또 일부는 단식을 하지 않고 여행자의 특혜를 누리기도 하였습니다. 그래서 그때 단식을 하는 사람들이나 또는 단식을 하지 않고 음식을 먹는 사람들은 서로가 서로에게 어떤 불편함도 없었으며 자신들의 형편에 맞게 선택할 수 있었던 것입니다. 예언자께서는 여행 중임에도 불구하고 단식에 임한 것에 대하여 아부 다우드가 전하는 하디스에 의하면 아부 다르다이(Abu ad-Dardai')는 (우리는 예언자와 함께 더위가 기승을 부리던 라마단 달 어느 날 여행 중이었는데 우리들 중에 단식을 하는 사람은 예언자 무함마드와 압둘라 이븐 라와하 뿐이었다.)라고 말했습니다.297)

이와 같이 여행자에게 중요한 규정은 단식을 할 것인지 아니면 여행자로서 물을 마시고 음식을 먹을 것인지에 대하여 스스로 판단하여 결정하여야 하지만 만일 자신에게 여행이 결코 힘들지 않을 것으로 판단된다면 단식을 하는 것이 더 좋습니다.

이러한 경우 3가지를 통해서 여행 중일지라도 라마단 단식을 하는 것이 더 좋은 것임을 이해할 수 있습니다.

첫째는 예언자 무함마드께서는 여행 중임에도 불구하고 단식을 행했다는 것입니다. 그래서 여행이 힘들지 않다면 예언자가 하신 행위를 추종하는 것은 더 큰 축복을 받는 것임을 우리는 알아야 합니다.

두 번째는 단식에 임하는 사람의 일을 쉽게 해 줄 것입니다. 사람들과 함께 같은 시기에 단식을 하는 것이 이후에 혼자서 단식을 하는 것보다 더 쉽기 때문입니다.

세 번째는 정해진 시간에 의무단식을 실천하여 의무감으로부터 해방될 수 있습니다.

---

296) 2:185
297) Hadith Sahih, Muslim(1122), Abu Daud(2409), Ibn Majah(1663)

그러나 여행자가 여행의 어려운 여건에도 불구하고 힘들게 단식을 하는 것은 진정한 신앙이 아니라고 이슬람은 가르칩니다. 여행자가 힘든 환경에서 단식을 의도하고 행하는 것은 이슬람법에서 마크루후(Makruh, 허용하지만 하지 않는 것이 더 좋은 것)로 규정합니다. 왜냐하면 예언자 무함마드(쌀랄라후 알라이히 왓살람)가 길을 잃고 방황하는 한 남자를 사람들이 에워싸고 있는 광경을 보고 **(이 사람은 누구인가요?)**라고 묻자 사람들이 그는 여행 중에 단식을 하고 있는 사람임을 전했습니다. 이에 그는 **(어렵게 여행하면서 단식을 하는 것은 진정한 신앙이 아니니라.)**[298]라고 말했기 때문입니다. 그래서 오늘날과 같이 손쉬운 이동 수단들이 많이 발달해 있고 또한 음식을 쉽게 구할 수 있는 여건에서 여행자가 어렵지 않게 단식을 할 수 있다고 판단되는 경우에는 단식을 하도록 권장하는 것입니다.

질문(308) 단식 중인 사람이 낮 시간에 메카에 도착하여 보다 활기차고 생기 넘치게 소순례(Umrah)를 하고자 단식을 중단한다면 어떻게 될까요?

대답: 예언자 무함마드께서는 메카를 수복했던 해(히즈라력 8년) 라마단 달 20일에 메카에 들어 가셨는데 그때 그분은 단식을 하지 않는 상태였습니다. 그리고 그분은 2라크아의 예배를 메카 주민들과 함께 근행하신 후 (오 메카 주민들이여. 여러분들은 단식을 완수하시오. 실로 우리는 여행자들입니다.)[299]

부카리 하디스에 의하면 예언자 무함마드께서는 라마단 달의 나머지 날들을 메카에서 단식을 하지 않고 보내셨다고 전합니다.[300] 왜냐하면 그는 여행자이셨기 때문에 단식을 하지 않아도 되었고 또한 군이 어려운 환경에서 단식을 하면서 소순례를 거행해야 할 이유가 없었기 때문입니다. 그러나 경우에 따라서 오늘날처럼 쉬워진 여행 여건과 상황들을 고려하여 단식을 하면서 순례(우므라)를 한다고 해도 잘못된 것은 아닙니다.

---

298) Hadith Sahih, al-Bukhari(1946), an-Nasai(2262), Ahmad(14001, 14017)
299) Abu Daud(1229), Ahmad(19364, 19370)
300) al-Bhkhari(1944, 1948, 4276,4279) Muslim(1113)

무엇보다 중요한 것은 단식 중에 순례를 위하여 메카에 도착한 무슬림 자신이 스스로 판단하여 단식을 계속하고 마그립예배 시간에 이프타르를 한 후에 순례를 거행할 것인지 아니면 메카에 도착한 후 곧바로 단식을 깨고 음식과 음료를 섭취한 후 순례를 우선 거행할 것인지 결정해야 합니다.

이러한 상황에서 우리가 결정할 수 있는 가장 좋은 방법은 단식을 깨고 활기찬 상황에서 우므라를 우선적으로 거행하는 것입니다. 왜냐하면 예언자께서도 단식월에 메카에 도착하여 하람성원을 먼저 방문하셨으며 우선적으로 종교의식을 거행하셨기 때문입니다. 그 분께서는 라마단 단식월에 여행자에게 주어진 특별한 권리를 이용하여 안정되고 활기찬 상태에서 소순례를 거행하셨던 것입니다.

질문(309) 라마단 단식월을 맞이한 산모는 단식을 다음 기회로 미루고 아기에게 젖을 먹이기 위해 음식을 먹을 수 있는지요? 만일 단식을 연기하고 음식을 먹었다면 행하지 못한 의무단식은 언제 채워주어야 합니까? 아니면 단식을 대신하여 불쌍한 사람들에게 음식을 먹여 줌으로 단식이 면제될 수도 있는지요?

대답: 산모가 단식을 할 경우 수유로 인하여 아기의 건강과 자신의 건강이 우려된다면 단식을 하지 않고 음식을 먹어야합니다. 그러나 수유기간이 끝난 후에 안정된 상태가 되면 지키지 못했던 단식을 일수만큼 채워 주어야합니다. 왜냐하면 꾸란에서 언급한 것과 같이 산모는 병중에 있는 사람과 같이 인정될 수도 있기 때문입니다.

"······그러나 누군가 만일 병중에 있거나 여행 중에 있다면 그 기간을 다른 날에 채워주면 되느니라."301)

그러나 이 경우, 회복될 수 없는 특별한 상황이 있지 않는 한 불쌍한 사람들에게 음

---

301) 2:185

식을 먹여 주는 것으로 단식을 대신할 수는 없습니다. 특별한 상황이라고 하는 것은 불치병을 앓고 있거나 시간에 맞춰 지속적으로 약을 복용해야하는 경우와 같이 회복될 수 없는 상황들을 말합니다.

질문(310) 단식을 하는 사람이 심한 배고픔과 갈증으로 지쳐서 처져있다면 정확한 단식을 유지하기 위한 조건에 위배되는지요?

대답: 단식 중에 심한 갈증과 허기로 처져 있는 것이 정확한 단식을 유지하기 위한 흠이 되지는 않습니다. 어려운 환경에서 단식을 유지하기 위하여 노력하는 것은 하나님의 더 큰 축복을 구하는 방법이 되기도 합니다. 예언자께서 믿는 자들의 어머니 아이샤에게 하신 말씀을 상기해보면 그 의미를 이해할 수 있습니다. **(네가 단식을 통해 감내(堪耐)한 그것만큼 하나님의 축복이 더해질 것이니라.)**[302]

단식을 하는 사람이 어려운 상황을 참고 견디는 것은 하나님을 구하는 신앙이 증대함을 의미합니다. 그 의미는 또한 더 큰 축복을 구하는 것이기도 합니다. 그러나 단식을 하는 사람이 갈증과 허기를 잊기 위하여 시원한 얼음이나 물로 머리를 식혀주거나 그늘에서 쉬는 것은 허용되는 행위입니다.

질문(311) 라마단 달에 단식을 하는 사람은 매일 매일 반복되는 단식을 위해서 그때마다 단식을 위한 새로운 의도를 해야 되는지요? 아니면 처음 단식을 시작하는 그날 단식에 대한 의도를 한번 하는 것으로 단식월 전체를 의도할 수 있는지요?

대답: 라마단 달의 단식은 처음 시작할 때 한번 의도 하는 것으로 충분합니다.

---

302) Sahih Muslim(1211), Ahmad(23639)

매일 매일 반복되는 단식을 그때마다 의도할 필요는 없습니다. 그러나 단식을 하던 중에 여행을 하게 되거나 질환으로 단식을 계속하지 못하다가 다시 정상적인 생활을 하게 되어 단식을 계속할 경우에는 다시 시작하는 그때 의무단식을 행함을 의도해야 합니다. 왜냐하면 질병이나 여행으로 인하여 단식을 계속할 수 없어서 단식을 중단했기 때문에 다시 행하는 단식은 반드시 새로운 의도에 의해서 거행되어야 하기 때문입니다.

질문(312) 단식 중인 사람이 사정으로 단식을 중단하겠다는 확실한 의도는 했지만 음식이나 음료를 먹거나 마시지 않았다면 그의 단식은 유지될 수 있는지요?

대답: 단식은 의도와 함께 이를 수행하겠다는 의지에 의해 시작되며 이러한 의지는 단식을 중단할 수밖에 없는 수많은 주변의 유혹과 부득이한 변명들로부터 이겨내기 위한 자신과의 싸움입니다. 그래서 단식을 의도하고 각종 금기 사항들을 멀리하는 그 순간부터 단식은 시작되며 하나님과 가까이 할 수 있는 신앙증진의 시간이 되는 것입니다. 그래서 누군가 순수한 의도로 단식은 시작했지만 이를 중단하겠다는 의도로 마음을 정했다면 그 순간 그가 의도했던 단식의 순수함은 중단된다고 할 수 있겠습니다. 정당한 이유없이 단식을 중단하는 것으로 마음을 먹었다면 그는 (의무 단식 기간인 라마단 달에는) 일몰 시간까지 음식이나 음료를 먹을 수 없습니다. 왜냐하면 의무단식을 수행하는 과정에서는 특별한 이유 없이 음식이나 음료를 먹어 단식이 깨졌다고 해도 반드시 해가 질 때까지 지속해서 완수해야 하고 라마단 단식월이 끝난 다음에 이날의 단식은 반드시 채워 주는 것(Qada')이 원칙이기 때문입니다. 그러나 단식 중인 사람이 만일 단식을 중단하겠다는 정확한 의도 없이 단식을 지속할 것인지 아니면 중단할 것인지에 대하여 갈등을 한 경우라면 두 가지 견해에서 접근해 볼 수 있습니다. 하나는 '갈등'그 차제가 단식을 하겠다는 의도에 반하는 것이므로 단식이 깨진 것으로 보는 견해

와 순수한 단식의 의도는 다양한 형태의 유혹과 금기 사항들로부터 스스로 이겨내기 위한 것이므로 갈등은 했지만 음식이나 음료를 먹지 않고 이겨 냈기 때문에 그의 단식을 유지되었다고 보는 견해입니다. 후자의 의견이 더욱 정확하다고 할 수 있겠습니다.

질문(313) 라마단 달에 부득이한 사정으로 단식을 이행하지 못한 경우 이를 채워 주어야 하는데 이 경우 반드시 연속적으로 달아서 단식을 수행해야 되는지요?

대답: 라마단 단식월이 끝나고 라마단 달에 단식을 수행하지 못한 것을 채워줄 경우(Qada') 연속적으로 달아서 단식을 해야 할 필요는 없습니다. 꾸란이나 하디스의 어떤 부분에도 이러한 경우에 반드시 연속적으로 단식을 수행해야 된다는 언급이 없는 것은 그 자체가 연속적으로 수행하지 않아도 된다는 근거입니다. 그러나 만일 단식을 채워줄 경우 이를 연속적으로 달아서 수행하는 것은 단식을 쉽게하도록 하고 또한 단식월 중에 연속적으로 며칠을 수행하지 못했기 때문에 이를 채워 주는 것도 같은 방법으로 연속적으로 수행하는 것이 더 좋다는 것이 대부분의 의견입니다.

질문(314) 라마단 단식을 근행하던 중 자신이 단식 중임을 잊고 물이나 음료 또는 음식을 섭취했을 때에는 어떻게 해야 할까요? 그리고 어떤 사람이 단식 중임에도 불구하고 음식을 섭취하는 광경을 목격했을 때는 어떻게 해야 하나요?

대답: 어떤 사람이 단식 중임에도 불구하고 잊어버리고 실수로 물이나 음료 또는 음식물을 섭취했을 경우 **그의 단식은 유효합니다.** 그러나 자신이 단식 중임을

알았을 때, 즉시 멈추고 입속에 있는 음식물을 뱉어 내야합니다. 그러나 이미 삼킨 음식물을 토해낼 필요는 없습니다. 아부 후라이라가 전하는 예언자 무함마드(그분에게 하나님의 평화가)의 하디스에 의하면 이 경우 단식이 유효함을 정확하게 뒷받침해 주고 있습니다.

(어떤 사람이 단식중임을 잊고 음식을 먹거나 음료를 마셨다면 그의 단식을 끝까지 완수하라, 실로 하나님께서 그에게 음식과 음료를 주신 것이니라.)303)

왜냐하면 잊어버려서 행하지 못했을 경우에는 금지된 행위까지도 벌하지 않는 것이 기본이기 때문입니다. 꾸란에는 다음과 같이 언급하고 있습니다.

"오, 주님이시여! 만일 잊어버렸거나 실수하여 지키지 못했을 경우 저희를 벌하지 마시옵소서."304)

그리고 만일 단식 중인 사람이 실수로 먹는 것을 목격한 경우에는 반드시 그가 단식 중임을 상기 시켜 주어야합니다. 예언자 무함마드께서 말씀하시기를 **(너희 중에 누군가 불의(문카르)를 보았다면 너희들의 손으로 이를 바꾸도록 하라, 만일 그렇게 하지 못했을 경우에는 말로서 이를 바꾸도록 하라, 만일 그렇게 하지 못했을 때는 마음속으로 나마 바꾸도록 해야 하느니라.)**305)

단식을 행하는 사람이 음식을 먹고 마시는 것은 정당한 행위가 아닙니다. 그래서 무슬림들은 단식을 행하는 그 시간 동안에는 단식행위가 정상적으로 거행될 수 있도록 스스로 최선의 노력을 다해야 하지만 자칫 소홀하여 자신이 단식 중임을 망각하고 음료를 마시거나 음식을 먹었다면 스스로 깨닫는 그 순간 행위를 멈추고 단식이 지속될 수 있도록 해야 하며 나아가 주변에서 다른 무슬림이 실수로 단식을 깨는 행위를 목격했을 경우에도 이를 깨달을 수 있도록 알려 주는 것이 무슬림

---

303) Sahih Al-Bhkhari
304) 2:286
305) Sahih Al-Muslim

형제의 도리입니다.

질문(315) 단식하는 사람이 알-쿠흘(Kohl, Under liner 강한 햇빛으로부터
눈을 보호하기 위하여 검은 색을 속눈썹 아래에 칠하는 아랍의 풍
습)을 하는 것은 단식하는 사람에게 허용된 것인지요?

대답: 단식하는 사람이 강한 햇빛을 피해를 막기 위하여 속눈썹아래에 검은 색
쿠흘을 칠하는 것은 허용됩니다. 이와 마찬가지로 눈과 귀의 질환을 치료하거나
예방하기 위하여 안약이나 연고를 사용하는 것도 허용됩니다. 이때 눈에 넣은 안
약이 목에까지 넘어 왔다고 해도 단식은 깨지지 않습니다. 왜냐하면 눈이나 귀에 사용
하는 점안액 그 자체가 먹거나 마시기 위한 것이 아니며 또한 점안액이나 연고가 음식
이나 음료가 아니기 때문입니다. 그러나 코를 통하여 사용되는 점안액의 경우는 단식하
는 사람에게 가급적 사용을 금합니다. 왜냐하면 코에 넣는 점안액의 경우 바로 목을
통해서 넘어가기 때문에 단식의 의도가 왜곡될 수도 있기 때문입니다.

질문(316) 단식 중에 미스와크(구강 청결을 위하여 사용하는 나무뿌리)나 향수
를 사용하는 것은 허용되나요?

대답: 단식을 수행하는 사람이 오전 이른 시간과 단식을 끝내는 저녁 시간에 미
스와크를 사용하여 입안을 깨끗이 하는 것은 권장된 사항입니다. 예언자 무함마드
의 순나에 의하면 **(미스와크는 입을 청결하게 하는 것이며 주님을 만족케 하기 위
한 것이니라.)**306)라고 언급하고 있습니다.
또한 단식을 수행하는 사람이 향수를 사용하는 것은 허용된 사항입니다. 그러나

---

306) (하디스 안-나싸이와 아흐마드가 전함)

부쿠-르(연기로 향을 피우는 향수의 일종)의 경우에는 그 연기가 콧속으로 들어가 폐부까지 전달될 수 있기 때문에 단식 중에 이를 사용하는 것은 권장하지 않습니다.

질문(317) 단식이 무효화되는 것은 어떤 것들이 있습니까?

　　대답: 단식이 무효화 되는 것들에는 다음과 같은 것이 있습니다.
　　　　－ 부부관계
　　　　－ 음식물이나 음료를 마시는 모든 경우
　　　　－ 의도적 성행위로 정액이 나왔을 경우
　　　　－ 영양제 주사를 맞는 경우307)
　　　　－ 의도적으로 음식물을 토했을 경우
　　　　－ 부항(Hijaamah)을 떠 피가 나왔을 경우
　　　　－ 산욕기 여성, 또는 생리혈이 비친 경우의 여성

질문(318) 단식중인 사람이 향을 피우는 것은 허용되는지요?

　　대답: 단식 중인 사람이 단순히 향을 피워 공기를 정화하는 것은 허용됩니다. 이때 피운 향이 폐부 깊숙이 들어간다면 문제가 될 수도 있겠지만 단순히 향을 피워 공기를 바꾸는 것으로 인해 단식이 무효화 될 수는 없습니다.

---

307) 음식물을 대신하여 영양을 공급할 수 있는 영양제에 해당되는 주사의 경우 음식이나 음료를 직접 마시는 것과 같이 간주됩니다.

질문(319) 음식물을 토하면 단식이 깨지는지요?

대답: 의도적으로 음식물을 토했을 경우에는 단식이 깨집니다. 그러나 의도적이지 않은 상태에서 토가 나왔다면 단식이 깨지지 않습니다. 이것은 예언자 무함마드께서 누군가 의도하지 않은 상태에서 토했을 경우에는 단식이 깨지지 않지만 의도한 상태에서 토했을 경우에는 단식이 깨지게 되고 이를 반드시 채워 주어야 한다는 말씀에 근거하고 있습니다.

질문(320) 단식 중인 사람의 잇몸에서 피가 흐르면 단식이 깨지는지요?

대답: 잇몸에서 나는 피는 단식에 어떤 영향도 미치지 않습니다. 그러나 가능한 한 피가 흐르지 않도록 조치를 하는 것이 중요합니다. 마찬가지로 코피가 났을 경우에도 지혈을 해서 코피를 멈추게 하고 단식은 그대로 유지하도록 해야 합니다. 이러한 경우에 굳이 다른 날 단식을 채워줄 필요는 없습니다.

질문(321) 생리 중이었던 여성이 파즈르(해뜨기 전 미명의 새벽)에 생리가 끝났음을 확인하고 해가 뜬 후에 정결의식인 구슬(샤워)을 했다면 그녀의 단식은 유효한가요?

대답: 파즈르 전에 생리가 끝났음을 확인하고 단식을 시작했다면 구슬시간이 늦었다고 해도 그녀의 단식은 유효합니다. 무엇보다 중요한 것은 그녀 스스로 생리가 끝났음을 확신하는 것입니다. 왜냐하면 일부 여성들 중에는 생리가 끝나지 않았음에도 스스로 생리가 끝났다고 생각하기 때문에 가끔 단식이나 예배가 무효가 되는 경우도 있기 때문입니다. 그래서 생리 중인 여성이 만일 스스로 생리가 끝났음을 확신

한다면 우선 그날 단식을 수행할 것임을 의도한 후에 가능한 한 정시에 예배를 거행할 수 있도록 몸을 씻고 예배를 준비하는 것이 좋습니다. 그러나 일부 여성들 중에는 생리가 끝났음을 새벽 예배시간 전에 확인했음에도 불구하고 좀 더 깨끗이 보다 완벽하게 몸을 씻겠다는 의도로 구슬시간을 늦추어서 해가 뜬 후에 씻는 경우가 있는데 이것은 잘못된 것입니다. 왜냐하면 몸이 정결해진 상태라면 예배시간에 맞춰 정시에 예배를 근행하는 것이 더 중요하기 때문입니다. 이러한 의식을 수행하는 것은 라마단 달이든 또는 라마단 달이 아닌 다른 때이든 똑같이 적용됩니다. 남녀를 막론하고 예배를 근행할 수 있는 충분한 조건 하에서는 무엇보다 먼저 예배 시간에 맞춰 예배를 근행하기 위하여 노력하는 것이 우선이기 때문입니다.

질문(322) 단식하는 사람이 부득이 어금니를 뽑아서 피가 날 경우 단식이 깨지는지요?

대답: 어금니를 뽑아서 피가 난다고 해도 단식이 중단되지는 않습니다. 이와 같은 맥락에서 부항을 뜨는 것도 단식이 깨지는 행위가 아닙니다. 그러나 피를 삼키지 않도록 주의해야 할 것입니다.

질문(323) 피 검사를 위하여 채혈을 한다면 단식이 깨지는지요?

대답: 피검사를 위하여 채혈하는 것은 단식을 중단케 하는 요인이 되지 않습니다. 의사의 지시에 따라 피검사를 할 경우 채혈을 해도 단식이 중단되지는 않습니다. 왜냐하면 부항을 뜨거나 이를 뽑거나 채혈을 해서 약간의 피를 뽑거나 또는 피가 흘렀다고 해도 건강상에 문제를 일으키는 것이 아니기 때문입니다. 그러나 헌혈하기 위하여 많은 량의 피를 뽑거나 상처가 깊어 상당량의 피가 흘렀을 경우

에는 건강에 치명적인 해를 입힐 수도 있기 때문에 이 경우에는 단식을 중단해야 합니다. 그래서 의무단식을 거행중인 사람이 다른 사람에게 많은 양의 피를 헌혈하는 것은 허용되지 않으며 만일 부득이한 사정으로 시각을 다투는 다급한 상황이라면 의사의 지시에 따라 단식을 중단하고 음료와 음식을 섭취하여 상태가 나아지면 헌혈을 할 수도 있습니다. 그러나 만일 일몰시 까지 기다렸다가 헌혈을 할 수도 있는 상황이라면 단식을 중단하지 않고 기다렸다가 이프따르를 한 후에 헌혈해야 합니다. 그리고 이날 수행하지 못한 단식은 반드시 채워 주어야합니다.

질문(324) 단식중인 사람이 만일 자위로 사정했다면 단식이 깨지는지요? 그리고 이 경우에 단식이 깨진다면 속죄물(al-Kafārat)이나 속죄의식이 따로 있는 지요?

대답: 단식중인 사람이 자위로 사정했다면 그의 단식은 중단됩니다. 그래서 그는 반드시 단식월이 끝나고 그 날에 해당되는 단식을 거행해서 채워 주어야합니다. 그러나 이 날 단식을 거행하지 못한 것에 대한 별도의 속죄의식 없습니다. 왜냐하면 단식월에 부과되는 별도의 속죄 의식은 단식 중에 부인을 가까이하여 성관계를 가졌을 경우에만 적용되기 때문입니다. 이때 말하는 처벌은 60명의 불쌍한 사람들에게 한 끼의 식사를 제공해 주거나 두 달 동안 연속해서 단식을 하거나 노예를 해방시켜 주는 것으로 처벌을 대신할 수 있는 것입니다. 단식을 하는 사람이 자위로 사정한 경우에는 단식의 의미를 망각한 것에 대하여 반성하고 반드시 다시는 이를 반복하지 않겠다는 굳은 의지로 회개해야 합니다.

질문(325) 단식중인 사람이 향수의 냄새를 맡는 것은 허용되는지요?

대답: 단식중인 사람이 향수 냄새를 맡아 보는 것은 허용됩니다. 향수의 형태가

기름이든 아니면 연기 형태이든 상관없이 단식이 깨지지 않습니다. 그러나 연기 형태의 향수인 경우 그 연기를 폐부 깊숙이 들이키는 것은 허용되지 않습니다. 폐부 깊숙이 들이킬 경우, 물과 같이 단식을 깨는 요인이 될 수도 있습니다. 그러나 단순히 냄새를 맡는 것은 단식을 깨는 요인이 되지는 않습니다.

질문(326) 연기 형태의 향수가 자칫 단식을 깨는 요인이 되는 반면에 기름이나 액체 형태의 향수는 단식 중에도 사용할 수 있는 것으로 허용을 합니다. 두 가지 형태의 향수가 단식하는 사람에게 다르게 적용되는 이유는 무엇인가요?

대답: 이 두 향수의 차이는 연기는 그 냄새를 맡음으로써 물을 마시는 것과 같이 폐부 깊숙이까지 들어가 순수한 단식 의도를 저해할 수 있는 요인이 될 수 있지만 액체형태의 향수는 그 의도가 체내에 깊숙이 침투하게 하는 것이 아니라 단순히 코에서 냄새를 맡는 것으로 충분하기 때문입니다.

질문(327) 단식중인 사람이 안약, 안연고와 같은 약을 눈이나 코, 귀에 사용하는 것은 허용되는지요?

대답: 만일 액체로 된 약을 코에 사용했을 경우 그 액이 식도(목)를 통해 위에까지 전달된다면 이것은 단식을 깨는 요인이 될 수 있습니다. 그러나 약이 식도까지 넘어가지 않고 단순히 코에만 사용된다면 단식은 깨지지 않습니다. 액체로 된 안약이나 귀에 넣는 약의 경우에는 단식과 무관하게 사용할 수 있는데 그것은 눈이나 귀가 음식물을 섭취하는 기관이 아니기 때문이며, 만일 눈이나 귀를 통해서 넘어온 약물이 목구멍에서 그 맛을 느낄 수 있다고 해도 단식이 깨지지는 않습니다. 또한 스스로

호흡이 쉽지 않을 경우 호흡을 돕기 위하여 호흡기와 같은 것을 착용하는 것도 단식을 깨는 요인이 되지 않는데 그것은 그때 호흡기를 통해서 사용된 가스가 위에까지 전달되지도 않을 뿐만 아니라 그것은 음식물이나 음료가 아니기 때문입니다.

질문(328) 누군가 단식 중에 몽정을 했다면 그가 행하고 있는 단식은 어떻게 되나요?

대답: 그의 단식은 유효합니다. 몽정으로 인해서 단식이 깨지지는 않습니다. 왜냐하면 몽정은 의도적으로 이루어지는 것이 아니며 또한 수면 중에 비의도적으로 이루어진 행위는 그 잘못을 묻지 않는 것이 원칙이기 때문입니다. 오늘날 많은 사람들은 단식의 중요성을 망각하고 라마단 달 동안 밤에는 잠을 자지 않고 낮에 잠을 자는 경우가 많은데 이러한 생활 습관은 권장할 수 없는 행위입니다. 무의미하게 밤을 지새는 것보다 라마단의 의미를 되새기며 꾸란을 읽고 예배를 근행하며 뜻있는 하루하루를 보내는 것이 좋겠습니다.

질문(329) 단식 중인 사람이 더위를 식히기 위하여 목욕을 하는 것은 허용되는지요?

대답: 시원한 물로 더위를 식히기 위하여 목욕을 하거나 등목을 하는 것은 허용됩니다. 예언자 무함마드께서도 단식 중에 그분의 머리에 물을 부어 더위를 식혔다고 하디스[308]는 전합니다. 예언자 무함마드의 교우(Sahaba)중 한 사람인 압둘라 븐 오마르도 단식 중에 더위를 식히기 위하여 그의 옷을 물에 적셔서 입곤 하였다고 합니다.
뿐만 아니라 건조함을 막기 위하여 가습기를 사용하는 것도 허용되는데 이때 가

---

308) Hadith Sahih, Abu Daud(2365), Ahmad(15473, 22712, 22957)

습기를 통해 보충된 습기는 위까지 전달되지 않기 때문에 이를 허용하는 것입니다.

질문(330) 단식 중인 사람이 우두나 구슬을 하기 위하여 또는 우두나 구슬을 하지 않아도 입이나 코를 헹구는 과정에 만일 물이 넘어갔다면 단식이 깨지는지요?

대답: 의도적이지 않았다면 입이나 코를 헹구는 과정에서 물이 목구멍으로 넘어 갔다고 해도 단식이 깨지지는 않습니다. 이러한 상황에서는 물을 사용한 사용자가 입이나 코를 헹구는 과정에서 물이 목을 타고 넘어 갔을 때 만일 갈증을 해소하기 위하여 의도적으로 물을 조금이라도 삼켰다면 그의 단식은 깨지게 되는 것입니다. 꾸란에는 이러한 의식에 대하여 다음과 같이 언급되어 있습니다.

"만일 너희가 실수로 잘못했다면 그것은 죄가 되지 않느니라. 그러나 너희들의 마음으로 의도한 것이라면 죄가 되나니……."309)

질문(331) 단식 중인 사람이 향수를 바르는 것은 허용되는지요?

대답: 단식 중인 사람이 낮 시간동안에 향수를 바르는 것은 허용됩니다. 그러나 향을 피워 폐부 깊숙이 향(연기)을 들이키는 것은 허용되지 않습니다. 그러나 일반적으로 바르는 향수나 뿌리는 향수는 사용하는 것이 허용됩니다.

---

309) 33:5

질문(332) 코피가 났을 경우 단식이 깨지는지요?

대답: 코피(Ruâ'f)는 다소 많이 흐른다고 해도 단식이 깨지는 요인이 될 수 없습니다. 왜냐하면 코피가 나는 것은 단식하는 사람의 의도나 선택에 의한 것이 아니기 때문입니다.

질문(333) 라마단 단식을 알리기 위하여 만든 라마단 달력을 보면 가끔 단식 시작 시간이라고 해서 단식 시작 시간(Imsāq, 시간을 파즈르 예배 아잔 10분 또는 15분전으로 표시해 두는 경우가 있습니다. 이렇게 단식 시작 시간을 표시하는 것은 어떠한 근거를 두고 하는 것인지요? 아니면 근거 없이 행하는 비드아(Bida' 이설적 행위)에 해당되는 것인지요?

대답: 이것은 어떤 예언자의 전승이나 예언자 이후 그분을 추종했던 교우들로부터 어떤 근거도 찾을 수 없는 비드아로 볼 수 있습니다. 왜냐하면 단식의 시작을 알리는 시간과 관련하여 꾸란에는 다음과 같이 언급되어 있기 때문입니다.

"새벽 미명(Fajr)에 검은 실로부터 흰 실을 구분할 수 있을 때까지 먹고 마셔라……." 310)

또한 예언자 무함마드께서 말씀하시기를 **(실로 빌랄은 밤에 아잔을 할 것이니 이븐 움무 마크툼의 아잔을 들을 때까지 너희들은 먹고 마셔라, 실로 그는 새벽 미명이 떠오를 때까지 아잔을 하지 않느니라.)**311)

---

310) 2:187
311) Hadith Sahih al-Bukhari (617, 620, 2656, 7248), Muslim(1092) at-Tirmidi(203), an-Nasai(637,638) 여기서 말하는 '새벽 미명이 떠오르는 시간'은 '해 뜨는 시간'을 말하는 것이 아니라 해 뜨기 전 새벽 예배가 시작되는 시간으로 해뜨기 약 한 시간 20-30분 전에 아잔을 시

위 꾸란 구절과 하디스가 의미하는 것처럼 단식을 하기 위해서 음식을 먹을 수 있는 시간은 새벽 예배를 위한 아잔을 시작할 때까지입니다. 그래서 새벽 아잔시간 이전에 또 다른 시간을 정해서 음식을 먹고 마시는 것을 통제하는 것은 이슬람 교리와 무관함을 알 수 있습니다.

질문(334) 단식중인 어떤 사람이 공항에서 일몰시간이 되어서 아잔을 듣고 이프따르를 했습니다. 그런 후에 그는 비행기를 타고 여행을 했는데 만일 비행중 상공에서 해를 보았다면 그는 단식을 계속해야 하는지요?

대답: 이 질문에 대한 대답은 그는 단식을 계속하지 않아도 된다는 것입니다. 왜냐하면 그는 지상에 있을 때 단식을 시작했고 또 그곳에서 일몰을 목격하고 이프따르를 했기 때문에 그 날의 단식을 종료되었음을 알 수 있습니다. 예언자 무함마드의 하디스에는 이러한 상황에 대하여 다음과 같이 언급되어 있습니다. **(단식 중인 사람이 한 장소에서 밤을 맞이하고 또 그곳에서 낮을 보낸 후 일몰을 목격했다면 그곳에서 이프따르를 하면 되느니라.)**312) 그래서 단식 중인 어떤 사람이 여행을 하기 위하여 공항에 있는 동안 일몰 시간이 되어서 이프따르를 했다면 그의 하루는 끝난 것이며 다음날 단식을 할 수 있다면 그 시간에 맞춰 단식을 하면 되겠습니다.

질문(335) 단식하는 사람이 가래나 담으로 인하여 불편을 겪기도 하는데 만일 이를 삼킬 경우 이러한 행위가 단식을 깨는 요인이 될 수 있는지요?

대답: 가래나 담으로 인하여 심한 기침을 하기도 하고 또 불편함으로 이를 뱉거

작하면 해가 뜨기 전까지 새벽 예배를 근행해야 합니다.
312) Hadith Sahih al-Bukhari(1955, 1956), Muslim(1101), Abu Daud(2352)

나 삼키기도 합니다. 이 경우 가래가 입안으로 나오지 않고 목 속에서 바로 넘어 갔다면 단식이 깨지지 않습니다. 그러나 만일 이를 뱉기 위하여 가래가 목에서 입으로 나왔을 때는 이를 뱉으면 상관이 없겠지만 다시 삼킨 경우 이슬람 학자들은 2가지 견해로 이해를 달리합니다. 하나는 이를 삼키는 것은 음식이나 음료를 먹거나 마시는 것과 같이 이해될 수 있기 때문에 이로 인하여 단식이 깨진다고 보는 견해이며 또 다른 하나는 가래와 담은 침과 같이 이해될 수 있으므로 침을 삼킨다고 해도 단식이 깨지지 않는 것과 같이 가래나 담을 삼키는 것도 단식이 깨지는 요인이 될 수는 없다고 보는 견해입니다.

만일 학자들 간에 의견의 일치를 보지 못했을 경우에는 먼저 꾸란과 예언자의 순나에서 그 근거를 찾아 보아야하는데 꾸란과 예언자의 순나를 이해하기 위한 보다 가까운 원칙은 가래를 삼키는 것이 단식을 깨는 요인이 될 수는 없다고 보는 것입니다. 그러나 무엇보다 중요한 것은 의도적으로 목 깊숙이 있는 담이나 가래를 입으로 끄집어내기 위하여 필요이상의 행위를 하는 것은 바람직하지 못하며 만일 가래나 입 안까지 나왔다면 단식 중인 사람이든 또는 단식을 하지 않는 사람이든 이를 뱉는 것이 더 깨끗할 것입니다.

질문(336) 음식의 맛을 보는 것은 단식이 깨지는 요인이 될 수 있습니까?

대답: 음식물이 목으로 넘어가지 않았다면 맛을 본다고 해도 단식이 깨지지는 않습니다. 그러나 반드시 맛을 보아야할 예외적인 상황을 제외하고는 맛을 보아야 할 필요는 없습니다. 만일 반드시 음식 맛을 보아야 할 경우 맛을 보다가 음식물의 일부가 목으로 넘어 갔다고 해도 그 행위가 의도적이지 않았다면 단식이 깨지지는 않습니다.

질문(337) 단식중인 사람이 만일 금기(Haram)에 해당되는 말을 한다면 그의 단식은 깨지는지요?

대답: 꾸란의 다음 구절은 이에 관하여 뒷받침해 줄 수 있는 근거가 됩니다.

"오 믿는 자들이여! 너희 선조들에게 단식을 명했던 것처럼 너희에게도 단식을 명하니 너희들이 경외심(타끄와)을 가지게 될 것이라."313)

이 구절을 통해서 우리는 단식이 주는 지혜가 어떤 것인지 알 수 있습니다. 그것은 위 구절의 마지막 부분에서 언급된 "타끄와" 즉 "하나님을 두려워하고 공경하는 경외심"을 갖도록 하는 것입니다. 이러한 경외심은 지고하신 하나님에 대한 절대 복종과 이를 통하여 그분께서 금하신 사항들을 멀리하는 것으로부터 시작됩니다. 예언자 무함마드의 언행록에 의하면 그분께서 말씀하시길 **(단식중인 사람이 거짓말을 그만두지 않고 거짓된 행동을 하며 이러한 행위에 대하여 모르는 척한다면 하나님을 위하여 그가 음식과 음료를 단식하는 것은 어떤 의미(필요)도 없느니라.)**

이와 같은 하디스의 근거에 의해 단식 중인 사람은 반드시 말과 행동을 통해서 금기 사항들을 멀리해야 합니다. 단식 중에 남을 중상 모략하거나 없는 자리에서 비방하고 거짓되게 하며, 욕하는 행위, 상행위에서 상대방을 기만하여 부당한 이익을 챙기는 행위 등 모든 사악한 행위나 말을 멀리하는 것이 단식의 의미를 돋보이게 하고 사람을 선하게 이끄는 것입니다. 그래서 만일 어떤 사람이 한 달간의 단식을 통해서 스스로 금기 사항들을 멀리하고 선을 행하며 성공적으로 단식에 임했다면 그는 한해의 나머지 달들을 편안하고 안정되게 보낼 수 있을 것입니다. 그러나 오늘날, 안타깝게도 많은 사람들은 단식을 할 때와 단식을 하지 않을 때를 분간하지 못하고 단식월이 아닌 다른 날에 했던 것처럼 사람들에게 거짓말을 하고 나쁜 행동을 일삼으며 단식월을 보내는 어떤 새로운 느낌이나 각오도 없이 단순히 굶기

---

313) 2:183

만 하는 것을 볼 수 있습니다. 그들의 나쁜 말이나 행동들로 인하여 단식이 무효가 되지는 않겠지만 그들에게는 단식이 주는 진정한 의미와 그로 인한 하나님의 축복과 은총이 감소됨을 반드시 알아야 합니다. 어쩌면 그들이 행한 단식의 보상과 축복은 그들의 악행으로 인하여 무효가 될 수도 있을 것입니다.

질문(338) 거짓증언(Shahādat az-Zur)은 무엇이며 거짓증언이 단식을 깨는 요인이 될 수 있나요?

대답: 이슬람에서 거짓증언은 대죄(al-Kabā'ir)에 해당됩니다. 그리고 거짓증언이라고 하는 것은 어떤 사실에 대하여 모름에도 불구하고 이를 거짓되게 증언하거나 자신이 알고 있는 것과 다르게 증언하는 것을 말합니다. 이 경우 단식이 무효가 되지는 않습니다만 단식의 의미와 보상은 이로 인하여 감소되거나 없어질 수도 있습니다.

질문(339) 단식하는 사람이 지켜야 할 예절에 대해서 알고 싶습니다.

대답: 단식을 위한 예절 중에서 가장 중요한 것은 하나님을 향한 경외심(at-Taqwah) 즉, 하나님을 두려워하는 마음과 공경하는 마음으로 금기사항들을 멀리하고 권장사항들을 실천하는 것(Amr bilmaa'rūf wan-Nahi anilmunkar)으로 단식에 임하는 것입니다.

"오 믿는 자들이여! 너희 선조들에게 단식을 명했던 것처럼 너희에게도 단식을 명하니 너희들은 경외심(타끄와)을 가지게 될 것이라."314)

---

314) 2:183

또한 예언자께서 말씀하시길 **(단식중인 사람이 거짓말을 그만두지 않고 거짓된 행동을 하며 이러한 행위에 대하여 모르는 척한다면 하나님을 위하여 그가 음식과 음료를 단식하는 것은 어떤 의미(필요)도 없느니라.)**

위와 같은 기초에 근거하여 단식에 임해야 하며 단식 중인 사람은 주변의 필요한 사람들에게 자선(as-Sadaqa)을 행하며 부모를 공경(Birr al-Wālidaini)하고 선행을 통해서 사람들과의 관계를 개선(al-Ihsān Ila an-Nās)하는 것입니다. 예언자께서는 라마단 달에 가장 훌륭한 모습으로 사람들과의 관계를 유지하기 위하여 노력하셨고 또한 천사 지브릴로부터 꾸란을 지도받기 위하여 가장 훌륭한 자세를 유지하기 위하여 노력하셨다고 합니다. 또한 라마단 단식월의 예절 중에는 하나님께서 금하신 금기사항들을 멀리하는 것으로 거짓말, 욕설, 중상모략, 속임수, 사기 등 사회질서를 문란케 하거나 흩트리는 말과 행동들을 멀리하는 것입니다. 또한 라마단 단식에 임하는 예의 중에 하나는 사후르(Sahūr, 이른 새벽 단식을 시작하기 전에 먹는 식사)를 단식시작(Azān al-Fajr) 직전까지 늦추어서 하는 것입니다. 예언자께서 사후르에 관하여 다음과 같이 말씀하셨습니다. **(여러분! 사후르를 하세요, 실로 사후르에는 많은 축복이 있습니다.)**[315] 또한 단식의 예절 중에는 가능하다면 대추야자(Tamr)로 이프따르를 하는 것이 좋으며 만일 대추야자를 구하지 못했다면 물로 대체할 수도 있습니다. 또한 이프따르는 가능한 한 일몰 직후에 바로 하는 것이 좋습니다.

질문(340) 이프따르(낮 시간 동안 단식을 끝내고 일몰 시간에 맞춰 음식을 먹는 의식) 시간에 임박하여 드리는 특별한 기도가 있는지요? 또한 단식을 거행하는 사람은 이프따르를 알리는 마그립 아잔을 할 때 이를 따라 해야 되는지요? 아니면 이와 상관없이 이프따르를 해도 되는지요?

대답: 이프따르 시간에 임박하여 하는 기도는 반드시 받아들여 질 것입니다. 왜

---

315) Sahih al-Bukhari(1923), Muslim(1059), at-Tirmidi(708)

냐하면 단식으로 인하여 신체 기능이 많이 저하되고 힘든 상황에서 간절히 하는 기도이기 때문에 그 순수함이나 애절함은 더욱 더 강하고 창조주를 구하는 강한 경외심으로 환원될 수 있기 때문입니다. 이프따르 시간에 임박하여 드리는 기도에는 다음과 같은 것이 있습니다. **"알라훔마 라카 숨투 와 알라 리즈끼카 아프따르투"**(오, 하나님! 저는 당신을 위하여 단식을 했고 당신의 은총으로 단식을 종료하였습니다.) 316) 또한 예언자께서는 매일 매일 단식을 깨고 음식을 먹기 전에 다음과 같이 말씀하셨습니다. **(이프따르로 인하여 갈증이 해소되고 피로가 회복되었으니 그분(하나님)의 뜻에 따라 축복이 주어지리라.)**317)

위 두 하디스의 전승 과정을 볼 때 다소 정확성이 떨어지긴 하지만 하디스 학자들은 이 두 하디스의 정확성에 힘을 더해 주고자 함을 알 수 있습니다. 왜냐하면 갈증과 배고픔의 고통을 인내하고 맞이하는 이프따르 직전의 간절한 마음은 하나님에 대한 두려움과 공경심으로 충만해 있고 이때 드리는 순수한 의도의 기도는 더욱 더 그 가치가 돋보일 것이기 때문입니다. 그래서 위 두 하디스에 의거한 기도이거나 또는 위 두 하디스에 의거한 기도가 아니라고 해도 하나님께서 이를 받아들여 주실 것이라는 간절함은 더 큰 신앙심으로 승화될 수 있을 것입니다.

그리고 마그립 아잔이 울리면 이에 맞춰 이프따르를 하는 것은 교리에 의거하여 의식을 실천하는 신앙행위입니다. 또한 아잔과 관련하여 예언자께서 말씀하신 하디스에는 **(만일 너희들이 무앗진의 아잔을 들었다면 그가 아잔을 하는 것처럼 너희들도 따라하라.)**318)라고 언급되어 있기 때문에 특별한 상황(화장실에서 용무중일 경우나 이와 유사한 예외의 상황들)을 제외하고 아잔을 듣게 되면 이를 따라 하는 것은 순나이며 아잔의 시작과 이프따르의 시작은 동시 동작으로 이루어 질수 있음을 알 수 있습니다.

---

316) Hadith Daif, Abu Daud(2358)
317) Hadith Hasan, Abu Daud(2357), an-Nasai fi al-Kubra(2/255)
318) Hadith Sahih, Muslim(384), Abu Daud(523), at-Tirmidi(3614), an-Nasaai(678), Ibn Majah(718)

질문(341) 라마단 달에 의무 단식을 해야 함에도 불구하고 부득이한 사정으로 단식을 수행하지 못하여 다른 날 채워 주어야할 상황에 있는 사람에게 사왈(Shawal, 이슬람력 10월)달 6일간 행하는 권장단식은 어떤 의미가 있나요?

대답: 예언자 무함마드께서는 샤왈달의 6일간 권장단식에 대하여 **(누군가 라마단 달에 단식을 행하고 이어서 사왈(10월)달에 6일간 단식을 완수한다면 이는 일 년 동안 행한 단식과 같은 것이니라.)**319)라고 라마단 이후 사왈 달 단식의 중요성에 대하여 말씀하셨습니다.

그러나 만일 어떤 사람이 여러 가지 사정으로 인하여 라마단 달의 의무 단식을 완수하지 못하여 이를 채워야할 경우에는 자신이 행하지 못한 일수 만큼 채워 주는 것이 우선입니다.

예를 들어 한 사람이 라마단 의무 단식 기간 중에 24일간의 단식은 완수했지만 부득이 6일간은 단식을 하지 못하고 샤왈달을 맞이하여 이를 채워주지 않은 채 6일 간의 권장단식을 했다면 그에게는 권장 단식에 대한 위 하디스의 의미도, 라마단 달에 행해야 할 의무단식도 완수했다고 볼 수 없습니다. 그에게는 라마단 달에 하지 못한 의무단식을 먼저 채워주는 것이 우선적으로 요청된 의무사항이며 그가 행한 6일간의 단식은 라마단 달의 의무단식을 완수하지 못한 상황에서 이루어진 것이기 때문에 위 하디스의 의미를 충족할 수 없을 것입니다. 이슬람에서 의무사항의 실천은 정체성을 확립하는 수단이며 무슬림임을 확인하는 중요한 방법입니다.

질문(342) 병중인 환자가 라마단 단식월을 맞이하여 단식을 하지 못한 채 며칠이 지난 다음에 죽었다면 누군가 단식을 채워 주어야하는지요?

대답: 만일 환자의 질병이 응급상황에 의해 발생되었고 의무 단식월인 라마단

---

319) Hadith Sahih, Muslim(1164), Abu Daud(2433), at-Tirmidi(759), Ibn Majah(1716)

달을 맞이하여 단식을 하지 못한 채 죽음을 맞이했다면 단식을 채워주지 않아도 됩니다. 그러나 꾸란에 언급된 것처럼

"너희 중 누군가 병중에 있거나 여행 중에 있어서 단식을 하지 못했다면 그 기간을 다른 날들 중 채워주라……."320)

의 의미는 위에서 언급한 비상 상황이 아닌 회복 가능한 질병으로 상황이 호전되어 단식을 할 수 있을 때 의무 단식 기간에 하지 못한 일수만큼 다른 달에 채워주는 것입니다. 라마단을 며칠 남겨두고 죽음을 맞이했다면 다시 말해서 샤으반(8월)달에 죽음을 맞이했다면 샤으반 다음 달인 라마단 달의 단식은 의무가 될 수 없습니다. 그리고 난치병을 앓는 환자는 라마단 달에 의무 단식을 하지 않는 대신 매일 가난한 한 사람에게 식사를 제공해서 자신이 행하지 못하는 단식의 의무를 대신할 수 있습니다.

질문(343) 어떤 사람이 정당한 사유로 라마단 달에 의무단식을 거행하지 못했는데 자신이 행하지 못한 의무단식을 연중 채워주지 못한 채 또다시 새로운 단식월을 맞이했을 때는 어떻게 해야 되는지요?

대답: 꾸란에 잘 알려진 사실처럼

"너희 중 누군가 단식월을 맞이했다면 반드시 단식을 하라, 그러나 너희 중 누군가 병중에 있거나 여행 중에 있어서 단식을 하지 못했다면 그 기간을 다른 날들 중 채워주라……"321)

---

320) 2:185
321) 2:185

라고 단식을 의무화 하고 부득이한 사유로 단식을 하지 못했을 때는 연중 단식을 채워 줄 것을 의무화 하고 있음을 알 수 있습니다. 이는 부득이한 상황에 의해 단식을 하지 못했을 때는 다음 라마단 달이 되기 전에 이를 채워 주어야하고 이렇게 하는 것이 믿음을 가진 무슬림들에게 주어진 신앙실천 행위임을 알게 합니다.

아이샤가 전하는 하디스에 의하면 라마단 달에 의무단식을 하지 못한 사람은 반드시 다음해의 라마단 달이 오기 전에 채워 주어야함을 알 수 있습니다. **(나는 라마단 달에 단식을 거행하면서 그때 다하지 못한 의무단식을 부득이 다음해 샤으반 (8월)달에 채워 주었습니다.)**322) 이 하디스에서 **(다음해 샤으반달)**에 단식을 채워 주었다는 말에서 알 수 있는 것은 다음해의 라마단 달이 되기 전에 이를 채워 주었다는 것을 의미하며 이를 의무화했음을 알 수 있습니다. 그러나 만일 자신의 의도와는 달리 단식을 채워주지 못한 채 또 다른 단식월을 맞이했다면 반드시 회개하고 하나님의 용서를 빌어야합니다. 그리고 자신의 게으름을 진심으로 뉘우쳐야하고 이를 알고 뉘우쳤다면 가능한 한 자신에게 주어진 그 날에 신속히 단식을 채워주어야 합니다.

질문(344) 라마단 달의 의무단식이 끝나고 샤왈(Shawal) 달(10월)의 단식에 관한 질문입니다. 일반적으로 샤왈 달에 6일간 단식을 하는것는 권장사항으로 많은 무슬림들이 단식에 임합니다. 샤왈 달에 행하는 6일간의 단식을 가장 바람직한 방법으로 하는 것은 어떤 것인가요?

대답: 가장 바람직한 방법은 학자들이 말하는 것처럼 이둘 피뜨르 축제가 끝나고 연이어서 6일간 단식을 하는 것입니다. **(누군가 라마단 달의 단식을 성공적으로 끝내고 샤왈 달에 6일간 단식을 한다면 그는 한 해 동안 단식을 한 것과 같으니라.)** 이 하디스에 언급되어 있는 것처럼 라마단 후에 6일간 단식을 한다면 이에 상응하는 큰 보상이 있음을 가르치고 있습니다. 또한 무슬림들은 선을 행함에 있

---

322) Sahih al-Bukhari(1950), Muslim(1146)

어서 행위를 다음으로 미루지 말고 현실적으로 가능한 그 상황에서 다투어 경주할 것을 권합니다. 알 수 없는 내일을 기약하기 보다는 우리에게 주어진 현재의 시간 속에서 최선을 다할 것을 이슬람은 항상 가르치고 있습니다.

질문(345) 또한 이때 단식을 행하는 사람은 샤왈 달 중 6일을 선택해서 임의로 할 수 있는지, 아니면 정해진 날들이 있는 것인지 궁금합니다. 그리고 올해 샤왈 달에 단식을 했다면 내년에도 반드시 해야 하나요?

대답: 샤왈 달에 행하는 6일간의 단식은 다음 하디스에 의하여 구체화 되었습니다. **(누군가 라마단 달의 단식을 성공적으로 끝내고 샤왈 달에 6일간 단식을 한다면 그는 한 해 동안 단식을 한 것과 같으니라.)** 여기서 말하는 6일간의 단식은 특별히 날짜가 정해진 것은 아닙니다. 단식을 하고자 하는 사람이 샤왈 달 중에 적당한 날짜를 선택해서 할 수 있습니다. 샤왈 달초에 할 수도 있고 중간에 그리고 말을 선택해서 6일간 단식을 하면 되는 것입니다. 또한 6일간 할 수도 있겠지만 상황에 따라 나누어서 할 수 도 있습니다. 그러나 이전의 질문에서 언급된 것처럼 만일 축제 예배가 끝나고 바로 단식에 임할 수 있다면 더 큰 축복이 있을 것입니다. 또한 샤왈 달의 단식은 의무 규정이 아니기 때문에 올해 단식을 했다고 해서 내년에도 반드시 해야 하는 것은 아닙니다. 예언자 무함마드의 순나를 지킴으로서 선행을 쌓는데 도움은 되겠지만 의무규정이 될 수는 없기 때문입니다.

질문(346) 아슈라아(Ashuraa)—이슬람력 1월(무하람)10일—에 단식하는 것은 의무인가요?

대답: 예언자 무함마드(쌀랄라후 알라이히와쌀람)께서 메카에서 메디나로 이주해 왔을 때 메디나에 있는 유대인들이 무하람 10일에 단식하는 것을 보고 말씀하시기를

(나에게 무사(모세)는 당신들(유대교인들)보다 더 정당한 사람이니라.)[323] 그래서 그분은 아슈라아 날에 단식을 행했으며 사람들에게도 단식을 하도록 권장했습니다. 이에 근거하여 이븐 압바스는 예언자 무함마드(그분에게 하나님의 평화가)께서 무하람 10일에 단식을 거행하셨고 사람들에게 그날 단식을 할 것을 명했다고 전하고 있습니다. 예언자께서 무하람 아슈라아날의 단식의 축복에 대하여 질문을 받으셨는데 이에 답하여 **(하나님께서 아슈라 단식을 하는 사람에게 그 이전 한 해 동안 있었던 잘못을 용서해 주실 것이니라.)**[324]라고 말씀하셨습니다. 그러나 예언자께서는 단식 방법에서 무슬림은 유대인과 다르게 단순히 아슈라(1월10일) 하루만 단식을 하는 것이 아니라 1월 9일과 10일 또는 10일과 11일 이틀 동안 단식을 하도록 명했습니다. 보다 유력한 근거에 의하면 예언자께서는 무하람 10일 11일 보다 9일과 10일에 단식을 즐겨하셨고 단식의 축복을 얻고자하는 무슬림은 예언자의 관행에 따라 아슈라 단식을 거행하고 그 단식은 1월 9일과 10일 하는 것이 좋습니다.

질문(347) 샤으반(이슬람력 8월)달에 단식을 하는 것은 어떤 규정에 의한 것인가요?

대답: 샤으반 달에 단식을 하는 것은 예언자의 관행에 따른 순나입니다. 또한 그달에 가급적 많은 횟수의 단식을 하는 것도 순나입니다. 믿는 자들의 어머니 아이샤는 (예언자께서 샤으반 달만큼 단식을 많이 하는 것을 보지 못했습니다.)[325] 이 하디스에 근거하여 우리가 샤으반 달에 단식 횟수를 늘리는 것은 좋은 것입니다. 일부 학자들 중에는 샤으반 달의 단식을 의무 예배 전후에 근행하는 앗수나누 알라와티브(as-Sunanu ar-Rawātib, 총 12라크아로 파즈르전 2라크아, 두흐르전 4라크아 후 2라크아,

---

323) al-Bukhari(2004, 3397, 3943) Muslim(1130), Abu Daud(2444), Ibn Majah(1734), Ahmad (3102, 3154)
324) Muslim(1142), Abu Daud(2425), at-Tirmidi(749, 752), Ibn Majah(1735,1738)
325) al-Bukhari(1969) Muslim(782), Abu Daud(2434), at-Tirmidi(746)

마그립후 2라크아, 이샤후 2라크아)와 같은 것으로 간주하고 라마단을 맞이하기 위한 준비단계로 의무단식을 준비하기 위한 권장된 단식을 말합니다. 이와 마찬가지로 라마단 의무 단식을 끝내고 샤왈 달을 맞이하여 행하는 6일간의 단식도 강조된 순나로 권장하고 있습니다. 샤으반 달에 행하는 권장단식은 라마단 달의 의무단식을 준비한다는 것에서 큰 의미를 부여할 수 있고 또한 라마단 달에 의무단식을 쉽게 할 수 있도록 도와 줄 것입니다.

질문(348) 어떤 사람이 하루걸러 하루씩 단식을 하는 경우 만일 금요일이 단식일이 되었을 경우 금요일에도 단식을 하는지요?

대답: 할 수 있습니다. 하루 단식하고 다음날 쉬고 또 그 다음날 단식을 하는 사람에게 금요일은 단식을 해도 무방합니다. 이슬람에서 축제일에 해당하는 이둘 피트르나 이둘 아드하, 그리고 금요일은 단식을 권장하지 않는 날들입니다. 그럼에도 불구하고 만일 어떤 사람이 습관적으로 하루걸러 하루씩 단식을 하는 경우 수요일 단식을 하고 목요일은 단식을 하지 않고 금요일은 단식을 의도했다면 그 날 단식을 하는 것은 허용됩니다. 그러나 금요일 하루만 단식을 하는 것은 허용되지 않습니다. 그러나 이둘아드하 축제일이나 이둘 피트르 축제일, 그리고 성지 순례 중에 맞이하는 아이야뭇 타쉬리-끄(Aiyāmu at-Tashrīq, 성지 순례의 막바지로 12월 11일부터 13일까지)는 하루걸러 단식하는 사람일지라도 이 시간에 단식하는 것은 허용되지 않습니다.

질문(349) 이프타르(Iftār, 하루의 단식을 끝내고 일몰시간에 음식이나 음료를 섭취하는 행위)를 하지 않고 연이어 이틀씩 하는 단식행위는 근거가 있는 것인지요?

대답: 이프타르 하지 않고 이틀씩 연이어 하는 단식행위는 예언자께서 금한 행위들 중 하나입니다. 예언자께서는 연이어 행하는 단식에 대하여 다음과 같이 말씀하셨습니다. **(누군가 연이어 이틀 동안 단식을 하고자 한다면 다음 날 싸후르(Sahur, 단식을 시작하기 전에 먹는 음식)까지만 하라.)**326) 이 하디스에 의해 이틀을 이어서 단식을 하고자 하는 사람은 두 번째 날의 이프타르 시간까지 단식을 하는 것이 아니라 첫 번째 날의 마그립(일몰시간)에 음식물을 섭취하지 않고 기다렸다가 다음날 새벽 예배가 시작되기 전 사후르 시간까지만 단식을 하도록 하신 것입니다. 예언자께서는 단식을 하는 사람들에게 서둘러서 이프타르를 하도록 권하셨고 그래서 단식을 한 무슬림은 일몰시간이 되었을 때 서둘러 이프타르를 하는 것이 예언자의 관행을 따르는 권장할 행위입니다. 그러나 누군가 연이어 이틀 동안 단식하기를 원했을 때는 다음날 새벽 싸후르 까지만 하도록 허용하신 것입니다. 그럼에도 불구하고 예언자께서는 이틀 동안 이어서 단식을 하셨을 때 누군가 예언자에게 (오 사도시여, 실로 당신께서는 이틀 동안 연이어 단식을 하시지 않으셨는지요?)라고 말하자 예언자께서는 **(나는 너희들과 상황이 다르니라.)**327)라고 말씀하셨습니다.

질문(350) 금요일 단식을 금하는 특별한 이유가 있는지요?

대답: 예언자께서 다음과 같이 말씀하셨습니다 **(너희는 금요일을 단식하는 날로 특별히 정하지 말라, 또한 금요일 밤을 끼얌예배(Qiyam, 한밤중에 일어나 두 라크아씩 근행하는 예배)를 근행하는 밤으로 정하지 말라.)**328) 이 하디스에서 이해할 수 있는 것은 금요일은 한 주의 축제일이며 축제일이기 때문에 축제를 즐기도록 한 것입니다. 이슬람법에서 규정하는 공식적인 축제는 세 가지가 있습니다. 그것은 라마단 단식월이 끝나고 새 달의 첫째 날을 기념하는 이둘 피트르가 있고 또 성지 순례의

---

326) al-Bukhari(1963, 1967) Abu Daud(2361), Ahmad(10671, 11413)
327) al-Bukhari(1922) Muslim(1102), Abu Daud(2360), Ahmad(6090, 6377)
328) Muslim(1144), at-Tirmidi(743)

절정에 아브라함과 이스마일의 숭고한 희생정신을 기리는 이둘 아드하 희생제 축제가 있으며 매주 한 번의 금요 합동 예배일이 있습니다. 그래서 금요 합동 예배일도 다른 두 축제일과 마찬가지로 그 날은 단식을 하지 않고 합동예배에 참석하면서 기도와 염원에 집중하는 것입니다. 금요 합동 예배일은 성지 순례의 아라파트의 날처럼 성지 순례에 임하는 순례 객들에게 단식을 허용하지 않는 것과 같은 맥락에서 이해될 수 있습니다. 그날은 합동예배를 근행하고 하나님을 염원하면서 기도하는 것이 그 어떤 경배의 식보다 우선되기 때문입니다. 그래서 만일 어떤 사람이 금요일은 단식이 허용되지 않는다고 한다면 그것은 금요일 하루만 의도적으로 단식을 하고자 할 때 적용될 것입니다. 만일 누군가 하루걸러 하루씩 하는 단식이 만일 금요일이라면 단식을 하는 것이 허용될 것입니다. 또한 금요 합동 예배일이 다른 양대 축제일과 같으면서 다른 것은 금요합동 예배일은 매주 한 번씩 한 달에 네 번 반복되는 축제일이기 때문에 일 년에 한 번씩 행하는 양대 축제일과는 다르게 취급하는 것입니다. 또한 금요일 하루만의 단식을 금하는 것은 그 의도가 라마단 달에 의무예배를 근행하지 못한 것을 채워주는 단식(Qada)이든 또는 임의단식(Nafl)이든 다 적용되며 금요일 단식은 마크루흐(Makruh, 꺼리는 행위)에 해당됩니다.

질문(351) 임의단식(Nafl)중이던 사람이 단식이 깨질 수 있는 요인들로 인하여 단식이 깨졌다면 죄가 되는지요? 그리고 부부관계로 인하여 임의단식이 깨졌다면 이를 대체할 속죄의식(al-Kafāra, 라마단 단식월 중에 의무단식이 부부 관계로 인하여 깨졌을 경우 두 달 동안 단식을 이어서 하거나 가난한 사람 60명에게 한 끼 식사를 제공하거나 노예를 해방시켜 줌으로서 의무단식을 소홀히 한 죄를 대체할 수 있음)을 해야 하는지요?

대답: 어떤 사람이 임의 단식을 거행하던 중 의도적으로 물이나 음식물을 섭취

했거나 또는 부부관계로 인하여 단식이 깨졌다고 해도 그에게 죄가 되진 않습니다. 핫지(대순례)와 우므라(소순례)를 제외한 모든 종류의 임의(권장) 신앙행위는 거행 중 있을 수 있는 어려움들로 인해 이를 지키지 못했다고 해도 죄가 되지 않습니다. 그래서 만일 임의단식(Saumun-Nafl) 중이던 사람이 부부관계로 단식이 깨졌다고 해도 속죄의식을 하지 않아도 됩니다. 자발단식이기 때문에 의무적으로 그 단식을 끝내야 하는 것이 아니기 때문입니다. 그러나 의무 단식의 경우 단식 중에 부인을 가까이하는 것은 허용되지 않는 것으로 죄가 되며 위 질문에서 언급한 속죄의식을 해야합니다. 왜냐하면 의무 단식은 단식을 지속할 수 없는 완전한 이유가 없는 한 단식을 깰 수 없기 때문입니다. 그러나 라마단 의무단식 기간 중이라해도 어떤 사람이 부인과 함께 여행 중 단식을 했고 또 부득이 부인을 가까이해서 단식이 깨진 경우에는 위에서 말한 의무단식과 다르게 임의 단식의 규정이 적용됩니다. 왜냐하면 그 사람은 여행 중이라는 특수한 환경으로 인하여 규정된 단식을 하지 않아도 되는 특별법(Rukhsah)이 적용되기 때문입니다. 그래서 여행 중인 부부는 여행 중 단식을 하다가 부부관계로 인해 단식이 깨졌다고 해도 죄가 되지 않으며 또한 그에 따른 대체 의무도 필요하지 않습니다. 그 부부에게는 단식이 깨진 그 날을 대체하여 다른 날에 단식을 실시하는 것으로 충분합니다.

제4장

자카트(Zakāt)
희사

아랍어의 자카트(Zakāt)는 언어적 의미로 정화, 증식의 의미가 있습니다. 그래서 자카트를 지불한다는 것은 의무행위를 실천하는 것이며 자신의 재산을 깨끗이 정화하고 더 큰 증식을 기하는 것을 의미합니다. 그래서 무슬림들은 1년을 단위(Haul)로 수익(부과 대상: 곡물, 과일, 가축(염소, 낙타, 소, 양), 금, 은, 동산(動産))을 정산하고 그 결과에 따라 잉여재산이 발생하였을 때 순수익 중 40분의 1(2.5%)을 사회에 환원하도록 의무 합니다. 그러나 순수익이 발생하지 않았거나 부채가 있을 경우에는 자카트는 부과되지 않으며 부채의 경우 자카트의무보다 이를 변제하는 것이 우선 입니다.

질문(352) 자카트(Zakāt)를 지불하기 위하여 갖추어야할 조건에는 어떤 것이
　　　　 있습니까?

　대답: 자카트를 지불하기 위하여 갖추어야할 조건에는 다음과 같은 것들이 있습니다. 먼저 자카트가 의무가 되기 위해서는 반드시 무슬림이어야 합니다. 자카트 의무 규정은 이슬람 안에서 요청되는 실천 의식 중에 하나입니다. 그리고 두 번째는 자유인이어야 합니다. 다시 말해서 스스로 경제활동을 할 수 있는 자유로운 상태의 무슬림으로 이전에 있었던 제도에서 종이나 하인의 경우에는 희사의무가 없음을 의미합니다. 왜냐하면 그들이 소유한 모든 것은 주인에게 권한이 있기 때문입니다. 또 다른 조건에는 반드시 축척된 부의 소유주이어야 하며 이렇게 형성된 재산은 반드시 지속성을 가지고 일정 기간이 지난 후 이를 정산할 수 있어야 합니다. 그러면 여기서 언급한 갖추어야할 조건들에 대하여 세부적으로 알아보도록 하겠습니다.

　1) 자카트의 의무는 무슬림(Muslim)에게만 부과된 것입니다. 다시 말해서 불신자들에게는 자카트가 부과되지 않습니다. 그래서 불신자가 자카트라는 이름으로 지불한 것이 있다면 이를 받을 수 없습니다. 꾸란에는 이에 대하여 다음과 같이 언급하고 있습니다.

　　"그들(불신자)이 지불하는 자카트가 수락되지 않는 것은 하나님을 불신하고 사도를 믿지 아니하기 때문이니라⋯⋯."[329]

　2) 자유인(Hurr)이어야 합니다. 노예나 종의 신분의 경우 그에게 속한 모든 것은 주인의 것이므로 어떤 재산도 소유할 수 없기 때문입니다. 오늘날에는 노예제도가 없기 때문에 유효한 조건이 아닐 수도 있겠지만 채권, 채무관계에 있는 어떤 개인이 자신에게 주어진 소유의 권한을 행사할 수 없는 상황이라면 자신에게 주어

---

329) 9:54

진 자카트의 의무를 행사할 수도 없을 것입니다.

3) 물쿤니싸브(Mulk an-Nisāb), 자카트를 지불하기위한 최소 단위의 저축금 또는 물건의 소유자, 이슬람법이 규정하는 최소단위의 잉여재산을 말하며 재산의 형태에 따라서 그 금액이나 규모가 다를 수 있습니다. 그래서 만일 최소 단위의 잉여재산이 형성되지 않았을 경우에는 자카트의 의무가 부과되지 않을 수도 있습니다.

4) 자카트 부과기간 경과(Mudīya al-Haul), 알 하울은 기간을 의미합니다. 자카트가 부과되기 위해서는 일정기간이 지나야하는데 그 기간은 일 년(12개월)을 단위로 정산합니다. 예를 들어 라마단을 기준으로 자카트 부과품목에 대하여 정산했다면 다음해 라마단 달이 되었을 때까지를 일컬어 말합니다. 그래서 기간이 채워지지 않은 상태에서는 자카트 의무를 부과할 수 없습니다.

질문(353) 월급을 받는 사람의 경우 어떻게 자카트를 지불해야하는지요?

대답: 월급의 경우 첫 월급을 받은 후 12개월이 경과 되었을 때 자카트의 의무가 부과됩니다. 자카트 비율은 1년 수입 중 자신과 가족을 부양하기 위한 필수 경비를 제외하고 순수저축금이 발생했을 경우 이 저축금에 대하여 2.5%를 부과하는 것입니다. 만일 부채가 있으면 이를 청산하는 것이 우선입니다. 부채를 청산하고도 저축금이 발생했다면 그 저축금에 대해서 자카트를 지불하면 됩니다.

질문(354) 어린이와 정신이상자의 재산도 자키트가 부과되는지요?

대답: 어린이와 정신이상자가 보유하고 있는 재산에 대하여 자카트의 의무를 부과해야 되는가에 대한 질문에 대해서는 학자들 간에 이견이 있습니다. 학자들 간에 일부는 어린이와 정신이상자의 경우 자카트의 의무를 부여할 수 없다고 하는

반면 대부분의 학자들은 그들이 소유한 재산에 대해서도 반드시 자카트 의무는 부과된다고 하는 의견입니다. 전자는 어린이와 정신이상자는 스스로 이성적인 판단에 의해 자신의 재산을 관리할 수 없으며 또한 이성적으로 경제활동을 할 수도 없다고 보기 때문입니다. 후자는 그럼에도 불구하고 반드시 자카트를 지불해야한다는 의견인데 그것은 자카트의 정당성은 재산에 대하여 부과하는 것이지 그 재산을 소유한 사람에 대하여 부과하는 것이 아니기 때문입니다. 꾸란에는 자카트 부과의 기준이 재산임을 다음과 같이 언급하고 있습니다.

"그들의 재산에서 싸다까(자카트)를 받으라"330)

여기서 보인 것처럼 자카트 의무대상은 사람이 아니라 재산임을 알 수 있습니다. 또한 하디스에 의하면 예언자 무함마드께서 무아드 븐 자발을 예멘의 다와를 위해 파견할 때 다음과 같이 훈시하셨습니다. **(실로 하나님께서 그들이 소유한 재산에서 싸다까(자카트)를 내도록 하셨으니 너(무아드 븐 자발)는 그들 중 부자들로부터 자카트를 징수하여 그것을 가난한 자들에게 돌려주라.)**331) 이러한 꾸란과 하디스의 가르침에 의해 자카트의 의무는 재산을 보유한 어린이나 정신병자에게도 의무임을 알 수 있습니다. 그들의 재산을 관리하는 관리인은 일정한 양의 자카트를 그들을 대신하여 지불하여 그들에게 주어진 의무를 다할 수 있습니다.

질문(355) 부채(ad-Dain, 빚)가 있는 사람의 경우 자카트 의무가 주어지는지요?

대답: 부채가 있는 어떤 사람은 부채를 청산하기 전까지 자카트의 의무가 부과되지 않습니다. 왜냐하면 채무가 있는 사람은 자신이 보유한 재산이 없는 것으로

---

330) 9:103
331) Sahih Bukhari(1492, 4347), Muslim(19), an-Nasai(2435)

보기 때문에 자카트의 의무도 없는 것으로 간주합니다. 그러나 잉여 재산이 있음에도 불구하고 채무가 있는 사람은 이 경우에 해당되지 않습니다. 그 사람은 자신이 소유한 재산 중에서 반드시 자카트를 지불해야 합니다. 꾸란에는 채무로 인하여 어려움에 처한 사람에게는 그 의무를 유예하여 재기할 수 있는 기회를 가질 수 있도록 도와줄 것을 충고 합니다.

> **"어떤 사람이 (채무로 인하여) 어려움에 처해 있다면 형편이 나아질 때까지 지불을 연기해 줄 것이니 만일 너희가 이를 알고 있다면 (그 채무를 자선금으로) 면해주는 것은 너희들에게 더욱 더 좋은 것이니라."332)**

이와 같이 이슬람은 채무로 인하여 어려움에 처해 있는 사람에게는 자카트를 부과 하지 않을 뿐만 아니라 그 사람이 자카트를 했다고 해도 그 자카트로 어떤 유익함도 얻을 수 없다고 봅니다. 특히 부채로 인하여 어려움을 겪고 있는 사람에게 그 부채를 사다까(자선)로 감해줄 수 있다면 가장 좋겠지만 그렇지 않아도 상환 기간을 연기해 준다면 그에게 재기의 기회를 가질 수 있도록 권합니다.

질문(356) 어떤 사람이 만일 4년 동안 자카트를 지불하지 않았다면 어떻게 해야 하는지요?

대답: 능력이 되는데도 불구하고 만일 자카트를 4년 동안 지불하지 않았다면 의무를 이행하지 않은 것에 대한 죄를 짓게 됩니다. 왜냐하면 의무사항은 부과된 기간 내에 신속히 처리되어야하기 때문입니다. 그래서 자카트의 의무를 소홀히 한 그 사람은 반드시 자신의 잘못에 대하여 하나님께 회개하고 그동안 지불하지 않은 자카트를 빠른 시일 내에 지불할 수 있도록 해야 할 것입니다. 회개만 했다고 해서

---

332) 2:280

이전에 지불하지 않은 자카트의 의무가 없어지지는 않습니다.

질문(357) 금(Gold)과 은(Silver)에 대한 최소 자카트 비율(Nisāb)은 어떻게
산정되는지요? 그리고 예언자 무함마드의 홉(Sa'a)단위는 몇 kg에
해당되는지요?

대답: 금에 대한 예언자 무함마드의 최소 자카트 비율은 20Miskal(Mithqāl, 무
게 단위)이며 이것은 금 85g에 해당되는 무게입니다. 은의 경우에는 140 미스칼
(595g)이며 이를 사우디 리얄로 환산할 경우 약 56리얄에 해당되는 금액입니다.
그래서 만일 어떤 사람이 85g(23돈, 한화 410만원)에 미치지 못하는 금을 보유하
고 있는 경우에는 자카트 부과 대상에서 제외되지만 그 이상을 보유하고 있는 경
우에는 자신이 보유한 금에 대해서 자카트를 지불해야 합니다. 예언자 무함마드의
홉(Sa'a) 단위는 밀이나 보리 2.4kg에 해당되는 무게입니다.

질문(358) 어떤 사람이 딸들에게 금으로 된 목걸이와 반지를 선물했는데 딸들
에게 선물한 금의 전체 무게는 니삽(금 85g)을 초과하지만 딸들에
게 선물하여 각자가 개인적으로 보유한 금의 무게는 니삽을 초과하
지 않습니다. 이런 경우에 그 사람은 딸들이 각각 보유하고 있는 금
의 무게를 계산해서 자카트를 해야 하는지요? 아니면 자카트 부과
대상에서 제외되는지요?

대답: 만일 그 사람이 딸들에게 금 목걸이와 반지를 단순히 치장을 위하여 빌려
준 것이라면 그 무게를 계산하여 부과 대상이 될 경우 반드시 자카트를 해야 합니
다. 그러나 딸들에게 목걸이나 반지를 선물했다면 그것은 딸들이 보유한 각자의

재산이 될 것입니다. 이 경우 선물을 한 그 사람은 딸들이 소유한 금을 모아서 그 금들에 대한 자카트를 해야 할 의무는 없습니다. 왜냐하면 딸들이 소유한 각각의 재산들은 각자에게 부과된 의무이지 이를 선물한 아버지에게 부과된 의무가 아니기 때문입니다.

질문(359) 어떤 사람이 자카트를 받을 정당한 사유가 되는 사람에게 자카트를 지불했는데 그 사람이 자카트를 준 사람에게 선물을 하고자한다면 자카트를 한사람은 선물을 받을 수 있는지요?

대답: 자카트 수혜 대상자가 자카트를 받은 후 자카트를 낸 사람에게 선물을 하는 것은 허용됩니다. 그러나 두 사람 사이에 어떤 합의가 이루어진 후에 자카트를 하고 그 자카트를 받은 사람이 자카트를 한 사람에게 선물을 하는 것은 허용되지 않습니다. 이러한 경우에 가장 좋은 것은 선물을 받지 않는 것입니다.

질문(360) 어떤 사람이 자카트를 돈 대신에 옷으로 하는 것은 허용되는지요?

대답: 허용되지 않습니다.

질문(361) 다이아몬드, 보석과 같은 귀금속의 경우 어떻게 자카트 비율을 책정해야하는지요?

대답: 다이아몬드나 보석과 같은 귀금속의 경우 금에 해당되는 시세에 준하여 자카트 비율을 정할 수 있습니다. 그래서 귀금속의 금액이 금의 최소 자카트 비율

(Nisāb, 35g)에 도달한 금액이면 금 시세에 준해서 자카트를 지불합니다. 그러나 자신이 보유한 귀금속이 금의 최소 자카트 가치에 해당되지 않는다면 자카트를 하지 않아도 됩니다. 다이아몬드의 가치를 금 시세에 맞춰 환산한 후 최소 자카트 가치를 초과했을 경우 다이아몬드 전체 가치의 2.5%를 희사합니다.

질문(362) 자카트로 지불된 돈을 마스지드 건립에 사용하는 것은 허용되는지요? 또한 가난한 자는 어떤 사람인지요?

대답: 자카트 수혜 대상자는 꾸란에 언급된 8가지 상황의 사람들에게만 한정됩니다. 그래서 마스지드를 건축하기 위하여 자카트를 사용할 수는 없습니다. 꾸란에 언급된 8가지 상황의 자카트 수혜대상자는 다음과 같습니다.

> "진실로 싸다까트(Sadaqat, 자선을 의미하며 여기에서는 이슬람의 다섯 기둥중 하나인 자카트를 말함)는 가난한자들과 불쌍한 자들, 이(자카트를 모금하고 배포하는 일)일에 종사하는 사람들, 그리고 마음의 위안을 받을 자(이슬람에 입교하기 위하여 준비하고 있는 사람들)들, 노예와 채무가 있는 자들과 하나님의 길에서 성전(Jihad)을 수행하는 자들, 그리고 여행자들에게 지불해야 하니라. 이것은 하나님으로부터 의무화 된 것이니 실로 하나님은 지식과 지혜로 충만하신 분이시니라."[333]

그러나 자카트의 의미가 아닌 일반적인 자선(Sadaqat)의 경우 자선행위자의 의사에 따라 그 목적에 맞게 사용될 수 있습니다. 위 꾸란 구절에서 말하는 자카트 수혜대상자인 '가난한 자들(Fuqarā'a)'은 1년을 정산하여 시간과 장소를 통해서 자신과 자신의 가족을 부양할 수 있는 능력이 되지 않는 사람을 말합니다. 다시 말해서 한 사람이 어

---

[333] 9:60

느 시간의 한 장소에서 1000리얄을 가지고 있으면 부자인 듯 보일 수 있겠지만 또 다른 시간과 장소에서 자신은 물론 그의 가족들이 한 끼 식사를 할 수 있는 여유가 되지 못한다면 결코 부자일 수 없을 것입니다. 그래서 일 년을 정산해서 자신과 가족을 부양할 수 있는 능력이 될 때 **'가난한 자'**로부터 벗어날 수 있을 것입니다.

질문(363) 자가용 승용차나 임대(Rent Car)를 목적으로 한 차량의 경우 자카트 대상이 되는지요?

대답: 임대용 차량(Rant Car)이나 자가용 차량의 경우 차량 그 자체에 자카트가 부과 되지는 않습니다. 그러나 임대 차량의 경우 그 차를 임대하여 일정한 기간이 지난 후 정산했을 때 수익이 발생했다면 그 수익에 대하여 자카트 의무는 부과됩니다. 일반 부동산의 경우도 이와 마찬가지로 부동산 자체에 자카트의 의무가 부과 되지는 않지만 부동산을 이용하여 임대행위가 이루어지고 수익이 발생했을 때는 자카트 의무가 주어지는 것입니다.

질문(364) 주택임대에 대한 자카트 의무는 어떻게 되는지요?

대답: 주거 주택의 경우 건물 자체에 대한 자카트의 의무는 없습니다. 그러나 임대차 계약이 이루어지고 계약 기간이 지나고 수익이 발생했을 경우 그 수익에 대한 자카트의 의무는 주어집니다. 그러나 특정 기간을 단위로 계약을 한 경우 그 기간이 경과되었을 때 수익이 창출되지 않았다면 자카트 의무는 부과되지 않습니다. 예를 들어 한 사람이 자신이 주거를 목적으로 보유한 집을 연 1천만 원에 임대했는데 임대 계약 시 500만원을 받고 이를 생활비 명분으로 사용하고 또 6개월이 지난 후에 나머지 임대료를 받아 생활비로 사용했는데 임대 계약 기간인 1년이 경과되기 전에

그 돈을 전액 사용하고 남은 것이 없었다면 그 사람에게 자카트 의무는 부과되지 않습니다. 왜냐하면 정해진 기간(Haul) 동안에 수익이 창출되었다고 해도 순수 이익금이 없었기 때문에 자카트가 부과 되지 않습니다.

그러나 주거가 아닌 수익을 목적으로 투자한 임대주택의 경우는 다르게 해석될 수도 있습니다. 이 경우에는 주택 그 자체를 수익창출을 위하여 투자한 상황이기 때문에 그 주택 자체 시세에 따른 자카트가 부과되며 만일 그 주택을 임대했다면 임대에 따른 수익에 대해서도 자카트의 의무가 부과됩니다. 왜냐하면 재산의 형태가 현금일 경우 반드시 그 현금에 대하여 자카트가 이루어져야하는데 그 현금을 이용하여 건축한 주택은 이를 건축한 의도(Niyat)가 명백히 이익을 창출하기 위한 목적이었으므로 그 부동산에 대해서는 동산과 같이 반드시 자카트를 해야 합니다.

질문(365) 어떤 사람이 주거를 목적으로 대지를 구입하고 3년이 경과된 후에 그 대지를 상업을 목적으로 사용하고자 한다면 대지 구입 후 발생한 3년간에 대하여 자카트를 지불해야하는지요?

대답: 주거를 목적으로 한 지난 3년에 대해서는 자카트를 지불하지 않아도 됩니다. 그러나 자신의 의도를 바꿔 이익 창출을 위한 상업을 위한 목적으로 그 대지를 사용하고자 했다면 의도한 그 날을 기준으로 일정한 기간(Haul)이 지나면 시세차액에 대하여 반드시 자카트를 지불합니다.

질문(366) 라마단 첫 10일 중에 자카툴 피뜨르(Zakat al-Fitr)를 지불하는 것은 허용된 것인지요?

대답: 자카툴 피뜨르는 라마단 단식 종료와 더불어 부과된 의무 희사규정입니

다. 단식종료(Fitr)가 원인이 되어 라마단 달의 단식을 종료하고 이를 이유로 자신의 죄 사함을 위한 선행이기 때문에 단식종료보다 앞서 할 수 있는 행위가 아닙니다. 그래서 자카툴 피뜨르를 지불하기 위하여 가장 적합한 시간은 한 달간의 단식을 종료하고 샤왈달의 첫째 날 이둘 피뜨르 축제 예배가 거행되기 직전입니다. 이는 가진 자이든 또는 가지지 못한 자이든 최소한의 음식으로 이드 축제예배의 행복을 공유하기 위한 것이기 때문입니다. 그러나 필요할 경우 상황이 되었을 때 축제일 하루 또는 이틀 전에 자카툴 피뜨라를 지불하는 것도 허용됩니다. 그것은 보다 더 많은 사람들이 자카트를 지불하고 또 보다 더 많은 사람들이 자카트의 혜택을 누릴 수 있게 하기 위함입니다. 중요한 것은 반드시 이드 예배가 거행되기 전에 자카툴 피뜨르를 지불하고 필요할 경우에는 상황에 따라서 하루 또는 이틀 전에 지불할 수는 있지만 축제일을 넘겨서 자카트를 지불하는 것은 허용되지 않습니다. 왜냐하면 이븐 압바스가 전하는 하디스에 의하면 예언자 무함마드께서 다음과 같이 말씀하셨기 때문입니다.

"누군가 자카트 알 피뜨르를 축제 예배 전에 지불했다면 그것은 받아들여지겠지만 축제예배 후에 지불했다면 그것은 의무 자카트가 아니라 일반희사에 불과한 것이니라."[334]

그러나 만일 어떤 사람이 부득이한 사정으로 축제일이 언제인지 알 수 없었다면 축제 예배 후에 지불해도 무방합니다.

질문(367) 자카트 알 피트르를 지불하고 남는 것은 싸다까(Sadaqa, 일반 희사)의도로 지불할 수 있는지요?

---

334) Hadith Hasan Abu Daud(1609), Ibn majah(1827)

대답: 그렇습니다. 정해진 량의 의무 피트라를 지불하고 남는 것을 싸다까로 지불하는 것은 허용됩니다. 예를 들어 어떤 사람이 10인분의 피트라를 목적으로 한 포대의 쌀을 구입했는데 쌀 한 포대가 사실상 10인분을 초과하는 분량일 경우 남는 량에 대해서는 싸다까를 할 수 있다는 것입니다. 이때 반드시 확인해야 될 것은 한포대의 쌀이 자신이 의도했던 10인분에 충분히 도달해야한다는 것입니다. 그래서 의도했던 의무 희사인 피트라를 지불하고 남는 것에 대해서는 필요로 하는 사람들에게 자선을 하는 것은 권장사항입니다.

질문(368) 일부 이슬람 학자들의 말에 의하면 '쌀'을 이용해서 자카툴 피트르를 지불하는 것은 허용되지 않는다고 하는데 그것은 자카툴 피트르를 위한 곡물의 종류가 하디스 구절에 정확히 언급되어 있는 한 하디스에 언급된 곡물들을 이용하여 자카트를 지불하는 것이 바람직하다는 이유입니다. 이에 대하여 어떤 의견을 가지고 있으신지요?

대답: 일부 이슬람 학자들은 하디스에 언급된 다섯 가지 곡물 즉, **밀(al-Burr), 대추야자(at-Tamr), 보리(as-Shaīr), 건포도(az-Zabīb), 치즈(al-Aqat)**가 있을 경우 이 다섯 가지 이외의 곡물을 이용하여 자카툴 피트르를 지불하는 것은 허용되지 않는다고 합니다. 이 의견은 대부분의 이슬람 학자들의 의견인 자카툴 피트르는 위에서 언급한 다섯 가지 곡물뿐만 아니라 다른 곡물을 이용해서 지불하는 것도 가능하고 나아가 부득이한 상황에서는 현금으로 이를 대체하는 것도 가능하다고 하는데 이는 위 첫 번째 의견과 정면으로 대치됩니다.

의무희사의 하나인 자카툴 피트르를 지불하는 가장 정확한 방법은 인간이 일용할 수 있고 가능한 음식이라면 가능한 것으로 간주됩니다. 이 의견은 아부 싸이드 알 쿠드리(Abu Sayeed al-Khudri)가 전하는 말에 근거를 둘 수 있는데 그의 말은 부카리 하디스에서 정확성을 인정해주고 있습니다. **(예언자 무함마드 시절, 우리는 음식 중에 한**

홉(Saa')씩을 자카툴 피트르로 지불했는데 당시 우리의 음식은 대추야자, 보리, 건포도, 치즈였습니다.)335) 이 전언에는 '밀'이 포함되어 있지 않는데 당시 '밀'은 가장 일반적인 음식의 하나였기 때문에 누구나 '밀'을 이용하여 자카트를 지불하는 것은 허용했음을 알 수 있습니다. 압둘라 이븐 압바스가 전하는 또 다른 하디스에 의하면 이러한 사실들을 보다 분명히 해줍니다. (**하나님의 사도께서 자카툴 피트르를 의무화 하셨으니 단식하는 사람들을 유희와 욕망으로부터 깨끗이 정화하기 위함이라. 그래서 그들은 가난한 사람들에게 음식을 제공하니라.**)336) 이 하디스도 자카툴 피트라는 사람들이 먹을 수 있는 음식을 제공하는 것에 의미를 두는 것이지 위에서 언급한 다섯 종류의 곡물에 한정하여 그 의미를 국한하는 것이 아님을 알 수 있습니다. 다시 말해서 위에서 언급한 곡물들은 예언자 무함마드 당시 사람들이 가장 쉽게 접할 수 있는 음식들이었으며 그 음식들을 상징적으로 표현했던 것으로 여겨집니다. 그래서 만일 무슬림들이 살고 있는 그 공동체에서 가장 쉽게 제공할 수 있는 음식이 '쌀'이라면 정해진 분량의 쌀을 자카트로 지불할 수 있고 또한 쌀은 오늘날 음식의 개념으로 볼 때 자카툴 피트라로 무엇보다 적당한 품목으로 사료됩니다.

질문(369) 어떤 사람에게 고인이 남긴 ⅓의 재산과 고아들을 위한 현금(ad-Darāhim, 금화)이 신탁되어 있다면 이에 대하여 그 사람은 어떻게 자카트를 해야 하는지요?

대답: 이슬람에서는 어떤 사람이 자신의 전 재산을 희사하고 싶다 고해도 자신이 소유한 재산 100%를 다 희사할 수 없습니다. 다시 말해서 자신이 보유한 재산을 희사(자선)할 경우 재산 중 ⅔는 상속권리가 있는 가족들을 위한 것이고 나머지 ⅓은 고인이 마음대로 할 수 있는, 다시 말해서 자선을 할 수 있는 재산입니다.

---

335) al-Bukhari(1510)
336) Hadith Hasan Abu Daud(1609), Ibn majah(1827)

그래서 어떤 사람에게 신탁된 고인의 ⅓ 재산은 소유주가 없으므로 자카트의 의무도 없어졌다고 볼 수 있습니다. 고인이 남긴 ⅓의 재산은 이슬람 공동체를 위해 남겨진 것이므로 공동체의 발전을 위하여 사용될 수 있을 것입니다. 그러나 고아들을 위해 남겨진 현금(ad-Darāhim, 금화)의 경우에는 자카트의 의무가 부과되며 고아들의 양육을 맡은 보호자는 일정한 기간이 지나면 정해진 비율만큼 자카트를 해야 합니다. 왜냐하면 자카트 의무는 나이(Bulūgh)나 정신적 판단(Aql)에 따라 부과되는 것이 아니라 재산 그 자체에 부과되는 의무사항이기 때문입니다.

질문(370) 자가용(승용차)에도 자카트가 부과되는지요?

대답: 사용 중인 자가용(승용차)에는 자카트가 부과되지 않습니다. 금과 은을 제외한 일상생활에서 사용되는 모든 것에는 자카트가 부과되지 않습니다. 자카트가 부과되지 않는 대상은 자동차, 말(Horse), 나귀, 농업기계와 같이 일상의 삶에서 사용되는 것들입니다. 예언자 무함마드께서 이에 대하여 다음과 같이 말씀하셨습니다. **(무슬림은 그가 사용하는 노예나 말(Horse)에게 자카트를 부과하지 않습니다.)**[337]

질문(371) 어떤 사람이 자카트를 지불할 때 자카트를 주고자하는 그 사람에게 반드시 자신이 주는 돈이 자카트임을 알려야 하는지요?

대답: 자카트를 줄 때 만일 그 돈이 자카트임을 알면 받는 사람이 수령을 거부할 수도 있습니다. 그래서 자카트를 주는 사람은 반드시 받을 사람에게 그것이 자카트임을 밝혀야 합니다. 왜냐하면 자신이 자카트 수혜 대상이 될지라도 자카트를

---

337) Sahih Muslim(982), Abu Daud(1595), an-Nasai(2467, 2469, 2471), Ibn Majah(1812)

거부할 수 있는 권리가 있기 때문입니다. 그러나 자카트를 받는 사람이 습관적으로 받았던 사람이라면 굳이 자카트라는 사실을 밝히지 않아도 되겠습니다. 왜냐하면 그 사람은 이미 그것이 자카트임을 알고 있는데 이를 상기시켜 자카트를 행하는 자신의 순수한 선행이 잘못 이해되어 자랑하거나 교만하게 보여 상대방이 모욕감을 느낄 수도 있기 때문입니다. 꾸란에는 이에 대하여 다음과 같이 전합니다.

"오 믿는 자들이여! 너희들이 행하는 (순수한) 자카트를 교만(상기시켜)하거나 무례하게 지불하여 (그 의미를) 퇴색되게 하지 말라."338)

질문(372) 자카트를 지불하고자 하는 사람은 자신이 거주하고 있는 지역(국가)이 아닌 다른 지역(국가)에 자카트를 지불해도 되는지요?

대답: 가능합니다. 그러나 반드시 다른 지역에서 자카트를 지불하는 충분한 이유가 있어야합니다. 예를 들어 집안의 친척들 중에 자카트를 받아야할 충분한 조건이 되는 사람이 자카트 할 사람과 같은 지역에 살지 않을 때 그 친척에게 자카트를 보내줄 수도 있다는 것입니다. 또 다른 이유는 자카트 할 사람이 사는 그 지역의 생활수준이 높은 경우 가난하게 사는 무슬림 지역(국가)에 보내 많은 사람이 자카트 혜택을 볼 수 있도록 하는 것도 무방하다는 것입니다. 그러나 이러한 충분한 이유가 없을 때는 자신이 속해있는 공동체 내에서 수혜대상자를 찾고 지불하는 것이 가장 좋습니다.

질문(373) 어떤 사람이 메카에 거주하고 있고 가족들은 리야드에 살고 있을 때 리야드에 살고 있는 가족들 몫의 자카툴 피트르를 메카에서도 지불

---

338) 2:264

할 수 있는지요?

대답: 어떤 사람이 함께 살고 있지 않는 가족들 몫의 자카툴 피트르를 자신이 거주하고 있는 곳에서 지불하는 것은 허용됩니다. 그래서 가장(家長)이 부득이한 상황으로 가족들과 떨어져 다른 지역에 거주하고 있을 때 가장이 가족을 대표해서 가장이 거주하고 있는 지역에서 자카툴 피트르를 지불하는 것은 허용됩니다. 이와 반대로 가족들이 가장의 몫까지 지불하는 것도 허용됩니다. 그러나 자카툴 피트르는 자신이 거주하고 있는 곳에서 각자 지불하는 것이 더 좋습니다. 왜냐하면 자카툴 피트르는 가족 구성원 각자에게 부과된 의무희사 규정이기 때문입니다.

질문(374) 빚을 진 채무자의 채무를 변제해줄 목적으로 자카트를 주고자 할 때 그가 직접 빚을 갚도록 자카트를 그에게 주는 것이 좋을까요? 아니면 그에게 돈을 빌려준 채권자에게 가서 직접 그의 빚을 갚아 주는 것이 좋을까요?

대답: 이러한 상황은 빚을 진 그 사람의 품성에 따라 다르게 이해될 수 있을 것입니다. 채무자가 자신이 진 빚에 대하여 책임을 가지고 변제하기 위하여 노력해왔던 성실한 사람이라면 직접 자신의 채무를 변제할 수 있도록 자카트를 줌으로써 사회 구성원들에게 그 사람의 자존감을 세워주는 계기가 될 수 있을 것입니다. 그러나 그 사람이 많은 사람들에게 빚을 진 채무자임에도 불구하고 채무를 변제하고자 하는 의지가 보이지 않는 사람이라면 그 사람에게 자카트를 지불하여 빚을 탕감해 주고자 하는 순수한 의지가 반감될 수 있을 것입니다. 이러한 상황에서는 자카트를 하고자 하는 사람은 채권자를 찾아가 자신의 순수한 의지를 말하고 채권자에게 직접 자카트를 지불하여 그 사람의 부채를 전액 또는 가능한 만큼 탕감해 주는 것이 좋겠습니다.

질문(375) 누구나 다 자카트를 받고자 한다면 그 행위는 정당한 것인지요?

누구나 다 자카트의 수혜 대상이 될 수는 없습니다. 왜냐하면 손을 내미는 사람들 중에는 충분한 재산을 보유한 부자가 있을 수도 있기 때문입니다. 이슬람은 재산을 가진 부자가 자카트를 받으면 부활의 날 그 사람의 얼굴에는 살점이 하나도 없는 해골의 모습으로 하나님의 심판을 받게 될 것임을 경고합니다. 이에 예언자께서 다음과 같이 말씀하셨습니다. **((충분한 재산이 있음에도 불구하고) 부를 축적하기 위하여 누군가 사람들에게 돈(자카트)을 요구한다면 그것이 적든 혹은 많든 심판의 날 이글거리며 불타는 석탄불을 맞이하게 될 것이니라.)**339) 이와 같이 이슬람은 정당하지 않은 사람이 자카트를 받는 것을 부당행위로 간주하고 마치 하람(Haram, 금기)을 행하는 것과 똑같이 취급합니다. 또한 예언자께서는 **(한 사람이 자신에게 주어진 부(富)에 만족하고 사욕을 버린다면 하나님께서 그 사람을 부유하게 해줄 것이며 또한 어떤 사람이 금기사항들과 의심스러운 행위들을 멀리한다면 하나님께서 그를 순수(선)하게 해 주실 것이니라.)**340)라고 말씀하셨습니다.

그러나 만일 어떤 사람이 당신에게 자카트를 요청했고 당신의 판단에 그 사람이 자카트를 받을 정당한 대상이 된다고 판단해서 지불했다면 그것은 순수한 의도로 받아들여질 것입니다. 만일 이후에 그 사람이 자카트를 받을 정당성이 없다고 해도 이미 지불한 자카트를 돌려받아야 할 이유는 없습니다. 왜냐하면 당신은 순수한 의도로 자선을 했고 그 순수함은 자선을 하는 그 순간 받아들여질 것이기 때문입니다. 그 이후에 만일 그 사람이 자카트를 받을 이유가 없음에도 불구하고 받았다면 이에 대한 심판은 그 사람의 몫에 해당될 것입니다.

자카트의 순수한 의도는 자카트를 받은 사람은 자신이 받은 자카트를 계기로 삶의 전환점을 찾고 재기의 기회로 삼아야 하며 자카트를 지불한 사람은 자신의 순수한 의도로 지불된 자카트로 말미암아 소외되었던 구성원들이 이를 발판 삼아 자

---

339) Sahih Muslim(1041), Ahmad(7123)
340) Sahih Bukhari(1469, 6470), Muslim(1053), Abu Daud(1644), an-Nasai(2588)

신들의 몫을 함께 수행할 수 있는 기회를 만들어주기 위함임을 알아야 합니다.

질문(376) 어떤 부자가 자신이 지불할 자카트를 한 사람에게 위임하여 나누어
주도록 요청했을 때 이 일을 위임 받은 사람은 자카트를 배포한다는
명분으로 자신도 자카트를 받을 수 있는지요?

대답: 한 사람이 자신이 아는 한 사람에게 자카트를 분배하도록 위임한 경우에
는 꾸란에서 언급한

"자카트를 모으고 이를 분배하는 일에 종사하는 사람들…"341)

의 조건을 충족시켰다고 볼 수 없습니다. 왜냐하면 위 질문의 경우에는 개인이
개인에게 자신의 일을 위임한 것이기 때문입니다. 위 꾸란 구절이 의미하는 것은
자카트에 관한 일을 하기 위하여 만들어진 단체에서 그러한 순수한 목적을 수행하
기 위하여 종사하는 사람들을 의미하기 때문입니다. 그래서 개인으로부터 자카트
를 분배를 의뢰받았을 때 이를 분배하는 사람은 단순한 대리인일 뿐이지 자신이
수혜대상이 아님을 알아야합니다.

질문(377) 어떤 사람이 종교적 갈등이나 심적 헤이감에 의해 신앙이 약해져 있
을 때 그 사람의 신앙심을 북돋우기 위해 자카트를 지불하는 것은
가능한지요?

대답: 이러한 경우 크게 두 종류의 사람으로 구분할 수 있습니다. 한사람은 비무

---

341) 9:60

슬림이 이슬람으로 개종, 또는 입교하기 위하여 준비하고 있는 사람이고 또 다른 경우의 한사람은 무슬림인데 신앙적으로 많이 약해져 있는 사람입니다. 자카트는 이 두 경우의 사람들에게 다 적용될 수 있습니다. 자카트 즉, 경제적 도움을 줌으로서 공동체 구성원간의 강한 유대와 더불어 신앙심을 고취하는 계기를 만들 수 있을 것입니다.

또한 자카트는 공동체를 이끄는 지도자의 신앙심 고취를 위해서도 적용될 수 있는데 그것은 공동체를 이끄는 종교지도자나 종교적 지식이 풍부한 학자 그리고 부족장들의 영향력에 의해 그 공동체가 선으로 이끌어 질 수도 있고 또한 나쁜 쪽으로 유도될 수도 있기 때문입니다. 꾸란에 자카트 수혜대상자로 언급된

"…그리고 마음의 위안을 받을 자와…."342)

는 이러한 의미에서 이해할 수 있으면 좋겠습니다. 단순히 이슬람으로 입교 또는 개종하고자 하는 사람들에게만 적용되는 것이 아니라 무슬림이라도 가난으로 인하여 육체적 고통을 받는 경우 자카트를 통해 신앙적 위안될 수 있을 것입니다.

질문(378) 학문을 탐구하는 학생은 자카트 수혜대상이 될 수 있는지요?

대답: 만일 이슬람 신학을 공부하는 학생이고 물질적 도움이 필요한 상황이라면 자카트를 받을 자격이 됩니다. 왜냐하면 이슬람 교리와 법을 배우는 것은 그 자체가 지하드이기 때문입니다. 꾸란에는 지하드에 임하는 무슬림에게 자카트를 지불하는 것은 정당한 행위임을 다음과 같이 언급하고 있습니다.

"진실로 싸다까트(Sadaqāt, 자선을 의미하며 여기서는 이슬람의 다섯 기둥

---

342) 9:60

중 하나인 자카트를 말함)는 가난한자들과 불쌍한 자들, 이(자카트를 모금하고 배포하는 일)일에 종사하는 사람들, 그리고 마음의 위안을 받을 자(이슬람에 입교하기 위하여 준비하고 있는 사람들)들, 노예와 채무가 있는 자들과 하나님의 길에(성전(Jihād)을 수행하는) 있는 자들, 그리고 여행자들에게 지불해야 하니라. 이것은 하나님으로부터 의무화 된 것이니 실로 하나님은 지식과 지혜로 충만하신 분이시니라."343)

그러나 이슬람과 무관한 공부를 하는 경우에는 자카트 대상에서 제외됩니다. 왜냐하면 그 학문은 현세를 위한 것이고 그로 말미암아 직업을 구하고 또 수입도 창출할 수 있기 때문입니다. 그러나 이슬람과 무관한 공부를 하는 경우라고 해도 결혼 적령기가 되어서 경제적인 어려움으로 인하여 결혼을 못한다면 신부에게 마흐르(Mahr, 결혼 지참금)를 지불할 수 있도록 자카트를 줄 수도 있습니다.

질문(379) 무자히드(Mujāhid, 이슬람을 위하여 성전344)을 하는 사람)에게 자카트를 지불하는 것은 허용되는지요?

대답: 하나님의 길에서 성전(聖戰, Jihād)을 하는 사람에게 자카트를 지불하는 것은 허용됩니다. 그러나 누가 무자히드, 즉 지하드를 하는 사람일까요? 누구나 다 무자히드가 될 수는 없을 것입니다. 어떤 사람은 자신의 지위를 과시하기 위하여 지하드를 한다고 할 수도 있을 것이고 또 어떤 사람은 자신의 용맹성을 보여주기 위하여 또는 홧김에 행한 행위에 대하여 지하드를 한다고 할 수도 있을 것입니다. 이에 예언자께서는 이슬람에서 말하는 지하드에 대하여 정확히 규정하여 다음과

---

343) 9:60
344) *지하드는 '분투'라는 뜻을 지니며, 전장에서 적군과 싸우는 물리적 분투와 자신의 욕망 및 사탄과 싸우는 정신적 분투로 나뉜다. 그러나 그러한 분투의 목적이 하나님의 말씀을 드높이기 위한 것이 아니라면 지하드로 간주되지 않습니다.

같이 말씀하셨습니다. **(하나님의 길에서 행하는 지하드는 하나님의 말씀을 드높이기 위해 분투하는 것이니라.)**[345] 그래서 누구든 하나님의 고귀한 말씀을 드높이기 위하여 투쟁(노력)한다면 이를 지하드를 행하는 것으로 간주할 수 있을 것입니다. 이러한 행위는 특히 이슬람 국가보다 비무슬림 국가에서 더욱 더 요청되며 이슬람의 가르침을 지키기 위하여 여러 가지 어려운 여건들을 헤쳐나가는 이슬람적인 삶 자체를 지하드로 볼 수도 있을 것입니다. 뿐만 아니라 하나님의 길에서 이슬람을 지키기 위하여 성전(聖戰)에 직접 참여하는 사람에게도 자카트는 지불될 수 있는데 이때 자카트를 지불하는 방법은 당사자에게 현금을 직접 주거나 관계기관에 지불하여 성전에 필요한 물품을 구입하는데 사용될 수 있도록 할 수도 있습니다.

질문(380) 자카트를 이용하여 이슬람 성원을 건립하는데 사용할 수도 있는지요? 꾸란에서 언급한 "wa fi sabīlillahi…"(하나님의 길에 있는…)의 의미를 이슬람 성원을 건립하는 것에도 적합하다고 해석할 수도 있는지요?

대답: 자카트를 이용해서 이슬람 성원을 건립하는 것은 적합하지 않습니다. 또한 꾸란에서 언급한 "wa fi sabīlillahi…"(하나님의 길에 있는…)"의 의미를 이슬람 성원을 건립하는 것에도 적합하다고 해설하는 것은 잘못된 것입니다. 왜냐하면 대부분의 꾸란 해설 학자들에 의하면 이를 "하나님의 길에서 지하드를 행하는 것"으로 해설하고 있기 때문이며 또한 만일 누군가 이를 "하나님의 길에서 행하는 모든 종류의 선행"으로 해설한다면 자카트의 수혜대상자들에 대하여 "진실로 싸다까트(Sadaqāt)는 가난한 자들과 불쌍한 자들……"이라고 꾸란 구절에서 언급한 것에서 볼 수 있는 것처럼 자카트의 가장 기본 목적과 의미를 상실하기 때문입니다. 다시 말해서 만일 자카트를 이용하여 이

---

345) Sahih Bukhari(123, 2810, 3126, 7458), Muslim(1904), at-Tirmidi(1646), an-Nasai (3136), Ibn Majah(2783)

슬람 성원을 건축한다면 자카트 수혜 대상자인 가난한 자들과 불쌍한 자들을 구제할 수 있는 많은 기회가 상실될 것입니다. 왜냐하면 이러한 모든 행위들이 다 자카트라는 이름의 선행으로 기록될 것이기 때문에 사람들은 빈민 구제보다는 이슬람 성원을 건축하는데 더 쉽게 자카트를 지불할 것입니다. 이렇게 될 때 꾸란 구절에 언급되어 있는 수혜 대상자들을 구제하기 위한 자카트 본연의 의도는 없어지고 소외 계층은 그대로 남게 될 것이기 때문입니다.

질문(381) 가족들에게 자카트를 지불하는 것은 허용되는지요?

대답: 가족은 부부, 부모, 형제, 자녀에 기초를 두고 있습니다. 만일 자카트를 하고자 하는 사람이 앞서 언급한 관계의 사람들을 의무적으로 부양해야 하는 관계에 있는 자라면 그들에게 자키트를 지불할 수 없습니다. 왜냐하면 그들을 부양하는 것으로 자카트의 명분이 없어지기 때문입니다. 그러나 앞에서 언급한 관계의 가족이라 할지라도 부양의무가 없는 경우에는 자카트를 지불할 수 있습니다. 예를 들어 자녀가 있는 형제에게는 부양의 의무가 없어지는데 이는 그의 자녀들로 인해 유산 상속이 없어지기 때문입니다. 이때 자카트를 하고자 하는 사람은 만일 그의 형이 자카트를 받을 자격이 될 경우 그에게 자카트를 지불하는 것이 허용됩니다. 뿐만 아니라 위에서 언급한 관계의 가족들(부부, 부모, 형제, 자녀)이 일상생활에서는 자카트를 받을 어려운 상황은 아니지만 부채(채무)가 있다면 부채를 상환해 줄 명분으로 자카트를 지불할 수도 있습니다. 또한 자카트를 지불할 사람의 자녀가 교통사고를 내어 인명손실을 발생시켰다면 피해자 유족에게 배상금을 지불해야하지만 그 자녀가 배상금을 지불할 능력이 되지 못할 경우에도 자카트 명분으로 자녀의 벌금을 낼 수도 있습니다. 이와 같이 자신이 부양하는 가족들에게 자카트를 지불하는 것은 원칙에 위배되지만 특정한 상황에서 자카트를 받을 이유가 생긴다면 그들에게도 예외적으로 자카트를 지불할 수 있음을 알 수 있습니다.

질문(382) 자카트(의무희사)와 싸다까(권장희사)는 반드시 라마단 달에 행하
는 것인지요?

대답: 싸다까(권장희사)는 라마단 달을 정해서 행하는 특별 희사가 아닙니다.
그래서 싸다까는 연중 본인이 원할 때 언제든지 행하는 것이 권장됩니다. 자카트
(의무희사) 또한 어떤 특정 월에 하는 것이 아니라 기간(Haul)을 채워서 행하는
것이기 때문에 라마단 달(9월)이 아니라고 해도 만일 기간을 채웠다면 할 수 있습
니다. 그러나 자신이 정한 기간이 8월 샤으반 달이라면 조금 기다렸다가 라마단
달에 자카트를 지불하는 것은 허용됩니다. 그러나 자신이 정한 자카트 지불 기간
(Haul)이 무하람(1월)이라면 라마단까지 늦추는 것은 잘못된 것입니다. 그 이유는
불확실한 미래에 대하여 누구도 확신할 수 없기 때문이며 있을 수 있는 상황들을
혼자 판단하여 행하는 것은 신앙인의 자세가 아니기 때문입니다. 반대로 신년 1월
에 자카트를 지불해야 하지만 3개월을 당겨서 라마단 달에 자카트를 미리 지불하
는 것은 허용됩니다. 이와 같이 라마단 달이 자카트나 싸다까를 하는 정해진 달이
아님에도 불구하고 사람들이 라마단 달을 정해서 지불하고자 하는 것은 그 달이
다른 달들 보다 더 축복되고 성스럽기 때문입니다. 예언자 무함마드께서도 라마단
달이 되면 신앙적으로 가장 고조된 자세로 임했는데 이는 매년 그 달에 천사 지브
라일을 대면하고 또 그의 도움으로 꾸란을 공부할 수 있는 기회를 가질 수 있었기
때문입니다. 그럼에도 주변에 가난으로 고통 받는 사람이나 어려움을 호소하는 사
람들이 있음에도 불구하고 우리는 자카트나 싸다까를 지불하기 위하여 의도적으
로 라마단 달을 기다리는 것은 바람직하지 않습니다. 자카트나 싸다까를 하고자
하는 사람에게는 라마단 달의 성스러움이나 축복도 중요하지만 그것보다 더 중요
한 것은 주변에 있는 필요한 사람들의 아픔을 함께 나누는 것입니다. 사실 라마단
달은 누구나 자카트와 싸다까를 하고자 하는 관용과 자비의 달입니다. 그래서 가
난하고 어려운 사람들에게는 라마단 달이 다른 달들보다 풍요로우며 반면에 다른
달들은 가난의 고통을 호소해야할 달들이기도 합니다.

질문(383) 앗싸다까투 알자리야(As-Sadaqat Al-Jāriyat, 지속적 희사금)는 자선할 사람이 직접 해야 되는 것인지요? 아니면 그 사람이 죽은 후에 그의 가족들에 의해서 이루어져야하는지요?

대답: 무슬림이 전하는 예언자 무함마드의 하디스에는 **'싸다까 자리야'**에 대하여 다음과 같이 기술되어 있습니다. **(사람이 죽으면 모든 일은 끝나지만 그가 행한 지속적으로 수행될 자선(Sadaqat Jariyat)과 다른 사람을 이롭게 할 학문적 업적, 그리고 그를 위해 기도해줄 선한 자식은 끝나지 않습니다.)**346) 이 하디스에서 말한 **(그가 행한 지속적으로 수행될 자선(Sadaqat Jariyat)…….)**은 고인이 죽은 후에 자손들에 의해 이루어진 자선행위가 아니라 본인이 살아 있을 때 행한 자선을 의미합니다. 또한 이 하디스의 마지막 부분 **(그를 위해 기도해줄 선한 자식은…….)**에서 볼 수 있는 것은 만일 고인이 자신이 소유한 재산을 유언하여 이후에도 지속적으로 수행될 자선으로 사용될 수 있도록 했거나 와끄프(Waqf, 무슬림 공동체를 위해 사용될 수 있도록 기금 또는 건물, 토지 등을 기탁)로 사용되도록 했다면 그가 죽은 후에도 싸다까로 효력이 지속되는 것입니다. 마찬가지로 위 하디스에서 볼 수 있는 것은 그 사람의 학문적 업적과 그를 위해 기도해줄 선한 자손은 그 사람이 살아 있을 때나 죽은 후에도 영속적으로 남아서 기억되거나 유익함을 줄 수 있음을 알 수 있습니다. 그래서 만일 누군가 부모를 위하여 두 라크아 예배를 근행하는 것이 좋을까요? 아니면 자신을 위하여 두 라크아 예배를 근행하고 그 예배에서 부모를 위한 기도를 하는 것이 좋을까요? 라고 묻는다면 '자신을 위하여 두 라크아 예배를 근행하고 그 예배에서 부모를 위한 기도를 하는 것이 좋습니다'라고 답할 수 있습니다. 왜냐하면 위 하디스 **(그를 위해 기도해줄 선한 자식…)**에서 그(부모)를 위하여 예배나 또 다른 어떤 일을 하라고 하지 않았기 때문입니다.

---

346) Muslim(1631), at-Tirmidi(1376), an-Nasai(3651), Ahmad(8406)

질문(384) 여성의 경우 남편의 재산으로 자신을 위해서 또는 고인들(돌아가신 부모나 친척)을 위해서 싸다까(희사) 할 수 있는지요?

대답: 일반적인 상식이 그런 것처럼 남편의 재산은 남편의 재산입니다. 그래서 아내를 포함한 어떤 누구도 남편 허락 없이 그 재산을 임의로 처분하거나 희사할 수 없습니다. 그러나 남편이 아내에게 아내 자신을 위해서 또는 고인들(돌아가신 부모나 친척들)을 위하여-그녀가 원하는 사람들을 위하여-희사하도록 허락했다면 남편을 대신하여 아내는 남편의 재산을 희사할 수도 있습니다.

질문(385) 가난한 사람이 부자로부터 자카트를 분배해줄 것을 위임 받고 이를 받아 자신이 가졌다면 어떻게 되는지요?

대답: 이것은 신탁(Amānah)의 의미에 위배되는 허용되지 않는 행위입니다. 왜 냐하면 자카트를 지불하고 자하는 사람이 자신을 대신해서 다른 사람에게 자카트를 지불하도록 위탁한 사항이기 때문에 가난한 사람은 비록 자신의 처지가 자카트를 받을 자격이 된다고 해도 신탁을 무시한 채 자신의 의지대로 할 수는 없습니다. 그러나 자카트 분배를 위탁받은 사람은 자카트를 분배하고자 하는 사람에게 자신의 처지를 설명하고 분배 전에 자신도 수혜 대상이 되도록 허락받았다면 상황은 달라 질 수 있습니다. 그래서 위탁자로부터 자신도 자카트를 받을 수 있음을 인정받았다 면 자신을 포함해서 수혜대상이 될 수 있겠지만 그렇지 않았다면 자신은 단지 위탁 받은 사람으로 다른 필요한 사람들에게 자카트를 분배할 수 있을 것입니다. 또한 사람들 중에는 무지로 인하여 자카트를 주는 사람이 자신을 대신해서 다른 사람에게 자카트를 분배해 줄 것을 위탁하지 않았음에도 불구하고 이를 다른 사람에게 주는 경우가 있는데 이 또한 허용되지 않습니다. 왜냐하면 자카트를 지불한 사람은 자신 이 아는 그 사람에게 자카트를 준 것이지 다른 사람에게 준 것이 아니기 때문입니다.

제5장

핫즈(Hajj)
성지순례

성지순례(대순례) 핫지(Hajj)는 이슬람력 12월(둘-힛자)에 행하는 것으로서 신체적, 경제적 요건을 갖춘 무슬림이 메카를 방문하여 정해진 날짜에 의식을 거행하는 다섯가지 의무 실천 사항 중 하나입니다. 무슬림들은 일평생에 반드시 한번은 대순례를 거행해야합니다.

질문(386) 핫지(대순례)를 행한 사람이 만일 예배를 근행하지 않고 단식도 행하지 않는다면 그에게 주어지는 이슬람의 교리적 처분은 어떤 것일까요? 또한 만일 그가 진심으로 회개하여 지난 일을 후회하고 뉘우친다면 하나님께서 이를 받아들여주실까요?

대답: 이슬람에서 예배를 근행하지 않는 것은 배교행위와 같으며 배교자의 마지막 행로는 불지옥에 머물게 되는 것입니다. 많은 정통 이슬람 선임자(Salaf)들은 예배를 근행하지 않는 사람은 메카에 들어 갈 수 없다고 하였으며 다음의 꾸란 구절을 그 근거로 제시하고 있습니다.

"오 믿는 자들이여, 진실로 무쉬리크(Mushirik, 다신교도, 불신자)들은 불결하니 그 해[347] 이후에 그들이 하람성원에 들어가는 것을 금하노라."[348]

그래서 만일 어떤 사람이 핫지 후에 예배를 근행하지 않는다면 그가 행한 핫지는 받아들여지지 않으며 예배를 근행하지 않으므로 인해서 불신자로 간주될 수도 있습니다.

"그들이 행하는 어떤 자선도 받아들일 수 없음은 그들은 하나님과 그분의 사도를 불신 하였으며 예배에 참석하지 않으며 게으르고 자선을 행함에 있어서 이를 꺼려하는 자들이기 때문이니라."[349]

위선자들이 행하는 자선을 받아들일 수 없는 이유는 무엇보다도 먼저 그들이 하나님과 그분의 예언자에 대해서 불신하기 때문이며 그 불신으로 인하여 예배를 근

---

347) 최영길, 꾸란 그 의미의 한국어 번역 p.327 그 해는 헤지라 9년으로 그 해에 앗-타우바 장이 게시되었고 예언자가 성지 순례기간 중에 금년 이후에는 어떤 불신자도 순례에 참석할 수 없음을 선포한 것으로 전합니다.
348) 9:28
349) 9:54

행하지 않으며 또한 자선을 함에 있어서 이를 꺼려하기 때문입니다. 그러나 만일 어떤 사람이 이러한 신앙적 의미를 다시 인식하고 자신의 위치로 돌아오고자 한다면 그의 회개는 받아들여질 것이며 그가 소홀히 한 이전의 신앙 행위들을 채워야 할 이유는 없습니다.

"불신자들에게 말하라, 만일 그들이 불신을 끝내고(믿음으로 돌아온다면) 그 들에게 이전에 있었던 것들이 용서될 것이라고"350)

그래서 만일 어떤 사람에게 그러한 불신의 요소가 조장되어 예배를 멀리하고 단식을 하지 않으며 종교 의식을 실천함에 소홀하여 믿음에 문제가 생겼다면 반드시 회개하여 다시 이슬람적 삶을 영위할 수 있도록 이슬람은 가르칩니다.

하나님께서는 한 사람의 과거가 어떠한 상황이었든 진심으로 뉘우치고 회개하여 올바른 삶을 살고자 한다면 그의 회개를 받아들여 주실 것이며 나아가 이슬람적 구원도 가능할 것입니다. 그러나 회개했지만 이전의 삶을 지속하고 버리지 못한다면 용서와 구원은 없을 것입니다.

질문(387) 핫지 순례를 거행하는 시기와 관련하여 어떤 사람은 순례를 거행할 경제적 능력은 되지만 현실적으로 시간적 여유가 없다는 이유로 순례를 다음으로 미루는 경우가 있습니다. 이러한 상황에서 만일 순례를 거행할 조건이 됨에도 불구하고 순례를 다음으로 미루는 것은 허용되나요? 또한 순례를 할 수 있는 여건을 갖춘 청소년이 부모와 함께 성지 순례를 하고자 할 때 부모가 어리다는 이유로 자녀의 성지 순례를 막거나 미루는 것은 허용되는지요?

---

350) 8:38

대답: 잘 알려진 바와 같이 핫지 순례는 이슬람을 이루는 중요한 기둥 중에 하나입니다. 그래서 만일 조건이 되는 무슬림이 이를 행하지 않는다면 그의 종교적 의무를 다하지 못하는 것이 됩니다. 무슬림은 순례를 완수함으로서 비로소 그의 의무를 다하는 것이고 죽음에 임하여 평화로울 수 있는 것입니다. 성지 순례는 조건을 갖춘 무슬림[351]이라면 가능한 한 그 상황에서 순례를 거행하는 것에 대하여 신중히 결정해야하고 조건이 되는 그 순간 순례에 임하는 것이 하나님의 명령에 성실히 복종하는 자세라고 볼 수 있을 것입니다. 하나님과 그분 예언자의 가르침을 추종하는 올바른 자세는 어려운 상황임에도 불구하고 종교적 의식을 거행할 수 있는 순간이 되면 핫지를 실시하는 것이지 충분히 여유가 되는 시간을 기다렸다가 의식을 거행하는 것을 의미하지 않기 때문입니다. 또한 인간은 내일을 확신할 수 없기 때문에 지금은 건강하고 경제적 여건이 되어서 순례를 거행할 수도 있지만 내일 어려운 여건으로 어려움을 겪을 수도 있고 또한 아플 수도 있으며 순례를 거행하지 못한 채 죽음을 맞이할 수도 있기 때문입니다.

또한 조건을 갖춘 청소년이 종교적 소신으로 의도한 순례를 부모가 막는 것은 허용되지 않습니다. 이 경우 자녀 또한 단순히 부모의 반대로 인하여 순례를 포기하는 것은 허용되지 않습니다. 왜냐하면 창조주 하나님께서 명하신 의식을 거행함에 있어서 하나님의 가르침에 반하는 피조물의 명령을 따르는 것은 진정한 신앙 행위가 아니기 때문입니다.

질문(388) 만일 어떤 사람에게 부채가 있다며 그가 부채를 상환하기 전에 순례를 행하는 것은 허용되는지요?

대답: 어떤 사람에게 부채가 있다면 그 부채를 상환하지 않은 상황에서 순례를

---

351) *이슬람에서 말하는 성지순례를 위한 조건은 크게 두 가지로 하나는 순례를 거행하는데 필요한 경비 즉 경제적 여건을 갖추는 것이고 또 다른 하나는 순례를 성실히 거행할 수 있는 건강을 유지하는 것입니다.

의도하는 것은 허용되지 않습니다. 왜냐하면 순례는 능력이 되는 가능한 사람에게 의무화하였기 때문입니다. 그래서 꾸란에는 순례의 의무를 다음과 같이 언급하고 있습니다.

> **"하나님을 위하여 사람들에게 성지순례를 의무화하니, 그것은 누군가 순례를 위한 능력을 갖췄을 때이니라."**[352]

그래서 만일 어떤 사람에게 부채가 있는 경우에는 순례를 의도하기 전에 먼저 부채를 상환하고 그 다음에 순례를 위한 준비를 하는 것이 좋습니다. 특히 의무 순례인 경우에는 자신이 순례를 의도하기 전에 부채와 관련한 모든 문제들을 처리하고 순례를 의도해야 합니다.

질문(389) 이슬람에서 건강상 부득이 순례를 할 수 없는 경우 이전에 이미 순례를 거행한 다른 사람에게 자신을 대신하여 순례를 행하도록 위임할 수 있는 제도가 있는 것으로 알고 있습니다. 만일 어떤 사람이 병중에 있는 어머니의 순례를 한사람에게 위임하였는데 위임 받은 그 사람은 어머니의 순례뿐만 아니라 다른 여러 사람들로부터 순례를 위임받아 이를 수행한다는 것을 이후에 알게 되었습니다. 이 경우 어머니의 순례는 받아들여지는 것인지 궁금합니다.

대답: 모든 것은 상식선에서 이루어져야 합니다. 그래서 이러한 경우 위임할 사람에 대하여 충분한 종교적 신뢰와 지식적인 확신이 있을 때 자신의 일을 대행하도록 요청할 수 있을 것입니다. 만일 어떤 사람이 순례를 행하지 못하고 돌아가신 부모님을 대신하여 이를 위임하고자 할 때는 반드시 신중하게 접근하여야 하며 이

---

352) 3:97

를 대신할 수 있는 사람을 선택할 때는 그 사람에 대한 신앙적 신뢰는 물론 종교지식에 대하여 확신할 수 있는 사회적으로 신뢰할 수 있는 확실한 사람을 선택해야 할 것입니다. 왜냐하면 많은 사람들이 성지 순례를 떠나지만 이에 대한 확실한 지식이나 순례를 위하여 꼭 필요한 의무규정들에 대하여 잘 모르고 있기 때문에 그들 스스로는 자신들이 순례를 이행하기 위하여 충분한 지식을 가지고 있다고 할지라도 종교적 의무 규정들을 실천하는 과정에서 많은 실수를 범할 수 있기 때문입니다. 그래서 도덕적으로나 종교적으로 확신이 없는 경우의 사람들에게는 다른 사람의 순례를 위임할 수 없습니다. 또한 어떤 사람의 경우 지식적인 면에서 종교의식을 거행함에 있어서 충분할 수 있다고 하지만 그의 언행에서 신뢰할 수 없는 사람이라면 그의 신뢰할 수 없는 행위들은 어떤 일을 위임받는데 반드시 고려해야할 중요한 요건이 될 것입니다.

위에서 질문한 경우도 마찬가지입니다. 만일 그 사람이 그러한 종류의 사람임을 알았다면 그에게 순례를 위임한 것 자체가 이미 잘못된 것으로 간주됩니다. 어떤 사람이 자신의 부모를 대신하여 순례를 거행해줄 사람을 자신이 살고 있는 공동체 안에서 찾고자 한다면 그 사람은 종교적 소양과 지식을 갖춘 누구나 다 아는 그런 사람이어야 하고 그러한 사람일 경우에 한 사람을 대신하여 충실히 순례에 임할 수 있을 것입니다.

그래서 위 질문에 대한 대답은 그런 사람에게 한 사람의 순례를 위임하는 것은 허용되지도 않을 뿐만 아니라 허용할 수도 없습니다. 왜냐하면 이를 위임 받은 사람은 부당한 행위를 하는 것이고 그가 위임받기 위하여 받은 돈은 부당하게 취한 수익이기 때문입니다. 일부 사람들 중에는 사람들의 순례를 위임받아 장사를 하는 경우를 종종 발견할 수 있는데 이러한 행위들로 인하여 서로 서로 불신하는 계기가 되기도 하며 신뢰를 잃기도 합니다. 그래서 만일 어떤 사람이 진실한 마음으로 하나님을 두려워하고 공경한다면 그리고 자기 자신과 상대방을 존경할 수 있다면 자신이 하는 행위가 부당한 것임을 알고 이러한 일을 할 수 없을 것입니다. 또한 이를 위임하는 사람의 경우에도 자신이 위임하고자 하는 사람에 대한 충분한 확신이 서지 않는다면 위임해서는 안 될 것입니다. 왜냐하면 순례는 하나님께서 명하신 의무 규정을 실천하여 회개하고 새로운 삶을 살 수 있는 계기가 되기도 하며 망자의 경우 생전에 행하지 못한 순례를 완수함으로써 하나님과의 약속을 지키는 중요한 의식의 실천이기 때문입니다.

질문(390) 나이 많은 사람이 순례(Umrah, 소순례)를 위하여 이흐람을 하고 메카를 방문하였습니다. 그런데 그가 메카의 하람 성원에 도착했을 때 건강상태가 좋지 않아 우므라를 수행할 수 없는 상태가 되었다면 어떻게 하는 것이 가장 좋을까요?

대답: 가장 좋은 방법은 이흐람 상태를 유지한 채로 건강이 회복될 때까지 까지 기다리는 것이 좋습니다. 기다리는 동안은 그에게 순례와 관련된 어떤 것도 의무화 되지 않습니다. 그러나 만일 건강 상태가 좋아지지 않고 계속하여 아프다면 이흐람 상태에서 벗어나는 것이 바람직할 것입니다. 그리고 만일 우므라를 수행하지 못한 것에 대한 보상물(Fidyah)을 지불할 형편이 된다면 양을 도살하여 이를 대신할 수 있습니다. 꾸란에는 이에 대하여 다음과 같이 언급되어 있습니다.

"하나님을 위하여 대순례(Hajji)와 소순례(Umrah)를 거행하라. 그러나 이를 수행할 수 없는 상황이라면 너희가 할 수 있는 재물을 바칠 것이니라."353)

예언자 무함마드께서도 알 후다이비야 우므라(Umrat al-Hudaibiyah)를 수행 중에 이를 거행하는 것이 여의치 않아서 양을 도살하여 재물을 바친 후에 이흐람 상태에서 벗어난 경우354)가 있었습니다.

---

353) 2:196
354) Sahih al-Bukhari(2734), Abu Daud(2765), Ahmad(18449)

질문(391) 만일 어떤 사람이 한 사람의 순례를 위임받아 이를 대신할 경우 위임한 사람으로부터 지출경비를 받을 수 있습니다. 이 경우 경비로 받은 돈의 일부가 남았을 때 이를 돌려주어야 하는지요?

대답: 만일 어떤 사람이 순례를 위임받아 대신 할 경우 이를 위한 경비를 받을 수 있습니다. 그러나 경비를 받을 당시에 만일 위임자가 "이 경비 중에서 순례를 대신 해 주십시오"라고 했을 때와 "이 경비로 순례를 대신해 주십시오"라고 했을 때의 의미는 다르게 이해될 수 있을 것입니다. 순례를 위하여 소요될 경비가 정확하게 얼마일지 모르기 때문에 지출금 총액에 대해서 동의하지 않은 상태에서 이를 위임받은 전자의 경우 받은 금액이 남았다면 이를 돌려주는 것이 바람직할 것입니다. 마찬가지로 이 경우에 만일 현지 사정으로 받은 금액보다 추가로 지출된 경비가 있다면 이를 요구할 수도 있을 것입니다. 그러나 순례에 소요될 경비를 추정하여 그 경비에 서로 합의한 상황인 후자의 경우에는 정해진 그 금액으로 순례를 해야 하며 만일 순례 후에 남은 돈이 있다고 해도 돌려줄 필요는 없습니다.

질문(392) 만일 어떤 사람이 부친의 소순례(우므라)를 대신할 경우 순례 중에 자신을 위한 기도를 하는 것은 허용되는지요?

대답: 부친을 대신하여 소순례를 거행하면서 자신을 위한 기도를 하는 것은 허용됩니다. 순례 중에는 자신의 부친을 위한 기도는 물론 원하는 어떤 기도도 할 수 있습니다. 사실 기도하는 것은 우므라를 거행하면서 반드시 지켜야할 의무 규정이나 우므라가 성공적으로 이행되기 위한 조건은 아닙니다. 그래서 우므라를 거행하는 사람은 자신을 위한 기도는 물론 모든 무슬림들을 위하여 할 수 있습니다.

질문(393) 순례를 거행하고자 하지만 여러 가지 문제들로 본인이 직접 자신의 순례를 행하지 못할 때는 다른 사람에게 이를 위임하는 경우가 있습니다. 다른 사람에게 위임할 수 있는 정당한 사유는 어떤 경우가 있을까요?

대답: 성지순례의 경우 부득이 다른 사람에게 순례를 위임할 수 있는 순례는 다음의 두 가지 경우로 나누어 볼 수 있습니다.

1) 의무 순례(Farīdhah)를 거행하는 경우
2) 의무 순례 외에 추가(Nāfilah)로 거행할 경우

의무 순례인 경우 병중에 있거나 또는 늙어서 스스로 메카 성지에 갈수 없는 경우를 제외하고 이를 다른 사람에게 위임하는 것은 원칙적으로는 허용되지 않습니다. 그래서 병중에 있는 사람은 건강이 회복된 후에 순례를 해야 합니다. 꾸란에는 순례의 의무에 대하여 다음과 같이 언급하고 있습니다.

"능력이 되는 사람에게는 하나님을 위하여 순례를 하도록 의무화하셨느니라."[355]

신앙의 궁극적인 목적은 개개인의 실천을 통해서 하나님에 대한 복종심을 기르고 경외심을 키우는 것입니다. 만일 한 사람에게 자신이 행해야 될 신앙의 실천을 대신하도록 했을 때 그 목적의 순수함은 많이 퇴색되고 꾸란에서 명한 원래의 목적과 다를 수밖에 없을 것입니다. 만일 다른 사람에게 순례를 위임하고자 하는 사람이 의무순례를 이미 거행했을 때 이후에 추가 순례를 원할 경우 이를 위임하여 순례를 거행하도록 하는 것에 대해서는 학자들 간에 이견이 있습니다. 그러나 대다수의 학자들은 이미 의무 순례를 행한 사람이라면 대순례나 소순례를 다른 사람에게 위임하여 순례하는 것을 올바른 신앙인의 자세가 아니며 허용할 수 없는 행

---

355) 3:97

위로 간주합니다. 왜냐하면 순례는 자신의 재산으로 하는 것이 아니라 자신의 몸으로 직접 하나님의 집을 방문하고 자신의 신앙심을 쌓기 위한 순수한 종교의식이기 때문입니다.

질문(394) 죽은 자(무슬림)를 위하여 의무 우므라(소순례)를 행하는 것은 허용되나요?

대답: 죽은 자를 대신하여 행하는 소순례나 대순례는 모두 허용됩니다. 뿐만 아니라 죽은 자를 대신하여 할 수 있는 선행과 기도도 허용됩니다. 예언자 무함마드의 가르침에는 사람이 죽으면 오직 3가지만 남아서 망자를 기억해 줄 것이라고 하였습니다. 그것은 생전에 그가 베푼 자선행위와 그가 남긴 유익한 지식, 그리고 그를 위해 성실히 기도할 자식들이라고 합니다. 돌아가신 부모님을 위하여 그분들의 선한 삶을 본받고 내세의 안녕을 기원하는 것은 현세에서 자식들이 해야 할 역할입니다.

질문(395) 여성이 보호자(Mahram)없이 순례를 거행했을 경우 그 여성이 행한 순례는 인정되는지요? 또한 남자 어린이의 경우 여성의 보호자로서 역할을 할 수 있는지요? 어떤 조건을 갖추어야 보호자로서 역할을 할 수 있는지요?

대답: 그 여성의 순례는 인정되며 하나님께서 받아 주실 것입니다. 그러나 그녀가 행한 행동은 예언자 무함마드의 가르침에 반하는 것으로 허용되지 않는 행위입니다. 이에 관하여 하디스에는 다음과 같이 언급되어 있습니다. **(여성은 보호자 없이 여행을 할 수 없느니라.)**[356] 또한 이성적 판단을 할 수 있는 연령에 도달하지 않은 어린이는

---

356) Hadith Bukhari(1086, 1087, 1862), Muslim(827,1339), al-Tirmizi(1169)

여성의 보호자로서 그 역할을 수행할 수 없습니다. 왜냐하면 그 자신이 스스로 통제가 불가능하며 나아가 보호자의 보호가 필요한 상황이기 때문입니다.

이슬람에서 보호자가 될 수 있는 조건은 무엇보다 먼저 무슬림이어야 하고 남성이어야 하며 정신적으로 올바른 판단을 할 수 있는 정상적인 성인이어야 합니다. 그래서 이러한 조건에 위배되는 경우에는 보호자로서 그 역할을 할 수 없습니다.

질문(396) 만일 어떤 여성이 "저는 저의 언니와 형부 그리고 어머니와 함께 우므라를 가고자합니다"라고 의도하고 우므라를 거행하고자 한다면 그 여성의 순례는 허용되나요?

대답: 그 여성의 순례는 허용되지 않습니다. 왜냐하면 어머니나 언니 그리고 언니의 남편인 형부는 보호자(마흐람)로서 역할을 할 수 없기 때문입니다. 만일 여성이 보호자가 없어서 순례를 할 수 없었다면 그 의무를 수행하지 못했다고 해도 어떤 불이익이나 죄도 없습니다. 왜냐하면 여성들의 경우 순례(우므라와 핫지)를 거행하기 위한 우선 조건으로 반드시 보호자와 함께 가야 하기 때문입니다.

질문(397) 성지순례(대순례-Hajji)를 거행하기 위한 정해진 기간(Mawaqit al-Hajj al-Zamaniyah)은 언제인가요?

대답: 핫지 대순례는 샤왈(Shawal, 이슬람람력 10월)에 시작하여 둘-힛자(Dulhijja, 이슬람력 12월) 10일(이둘아드하 축제일)까지입니다. 그러나 일부 학자들은 둘-힛자 마지막 날까지 순례가 지속되는 것으로 간주하기도 합니다. 대순례는 아래 꾸란 구절에 근거합니다.

"대순례는 정해진 달들에 거행하니……."357)

　위 구절의 의미에 따라 성지순례는 이슬람력 10월(사왈)에 시작해서 12월(둘-
힛자) 10일까지 약 3개월 동안 거행되는 긴 여정의 순례를 의미합니다. 순례의식
은 이 3개월 기간 중에 자신이 원하는 아무 때나 행하는 것이 아니라 정해진 날들
에 절차에 따라 순례를 행하는 것입니다. 부득이한 이유로 인하여 정해진 기간에
카으바를 7바퀴 도는 **따와프(Tawaf)**나 싸파에서 마르와 까지 7회 왕복하는 **싸이
(SaI)**를 거행하지 못했을 경우에는 둘-힛자달의 마지막날까지 거행할 수 있습니
다. 또한 순례과정에서 따와프와 싸이를 끝내지 못한 상태에서 출산한 산욕기 여
성의 경우는 둘-힛자달 이후에 순례의식을 완수할 수도 있습니다. 이러한 모든 상
황을 고려하여 정해진 달들이 대순례를 거행하기 위한 날들임을 의미합니다.

　소순례인 "우므라"의 경우 이를 거행하기 위한 특별한 기간이 정해져 있지 않기 때
문에 연중 자신이 원하면 언제든지 우므라를 거행할 수 있습니다. 그러나 라마단 달에
거행하는 소순례는 그 보상이 대순례 만큼 크기 때문에 많은 무슬림들이 라마단 단식월
중에 순례길에 오르기도 합니다. 또한 예언자께서는 순례달들(이슬람력 10월~12월)중
에 주로 소순례를 거행하셨는데 이는 대순례를 행하는 그 달들이 중요함을 강조하는
부분으로 이해되기도 합니다.

질문(398) 핫지달(이슬람력10월~12월)이 되기 전에 핫지를 목적으로 이흐람
　　　　　을 할 경우에 핫지를 위한 이흐람으로 허용되는지 궁금합니다.

　대답: 이 문제에 대한 이슬람 학자들의 견해는 두 가지로 구분됩니다. 하나는
핫지달 이전에 핫지를 위한 이흐람을 했을 경우 핫지를 위한 이흐람으로 허용되지
만 마크루후(Makruhu, 허용되나 하지 않는 것이 더 좋음) 법이 적용되어 가급적

---

357) 2:197

정해진 기간 중에 핫지 이흐람을 하도록 권장하는 견해입니다. 또 다른 견해는 정해진 기간 이전에 행하는 대 순례 이흐람은 원칙적으로 허용되지 않고 이 경우 우므라(소순례)를 위한 이흐람으로만 보는 견해입니다. 왜냐하면 예언자 무함드께서 이러한 경우에 **(핫지에 들었으니…)**라고 말씀하시고 이 우므라를 일컬어 **(보다 작은 대순례(al-Hajj al-Asghar))**라고 하셨습니다.

질문(399) 성지순례를 거행하기 위한 정해진 장소(Mawaqit al-Hajj al-Makaniyah)는 어디인가요?

순례자는 메카 성지에 진입하기 위하여 반드시 거쳐야할 장소가 있습니다. 그 장소를 미까트(Miqat)라고 하고 그곳에서 이흐람(Ihram, 미까트에서 제봉하지 않은 두 개의 흰 천으로 몸을 가림하고 순례를 시작하게 됩니다.

미까트는 메카를 중심으로 다섯 곳이 있는데 그곳의 이름은 다음과 같습니다.

1) 둘 홀라이파(Dhul Hulaifah)[358]

2) 알 주흐파(al-Juhfah)[359]

3) 얄람람(Yallalam)[360]

4) 까르눌 마나질(Qarn al-Manizil)[361]

---

358) *둘 홀라이파(Dhul Hulaifah)는 오늘날 아비야르 알리(Abiyar Ali)라고 부르고 있는데 메디나(Medinah, 메카에서 북쪽으로 약 400km 떨어진 곳에 위치한 예언자 도시)의 많은 시골 마을들 중에 메카쪽으로 가까이 위치한 메디나의 시골마을중 하나입니다. 아비야르 알리는 메카로부터 가장 멀리 떨어져 있는(10Marahil=386km) 미까트이며 메디나 지역 주민들과 그 곳을 지나는 다른 지역의 순례 객들은 반드시 이곳에서 이흐람을 해야 합니다.

359) *알 주흐파(al-Juhfah)는 아주 오래된 시골 마을의 이름으로 샴지역(지금의 시리아 지역)순례객들이 들려야 할 미까트입니다. 알 주흐파에서 메카까지의 거리는 116km 정도 떨어져 있는데 이 시골 마을은 역사 속의 마을로 지금은 존재하지 않습니다. 그래서 오늘날 순례객들은 알 주흐파를 대신하여 라빅(Rabigh, 메카와 메디나 사이 북서쪽(116km)에 위치한 해안도시)에서 이흐람을 하고 있습니다.

360) *얄람람(Yallalam)은 예멘사람들 또는 예멘 쪽에서 메카를 향하여 순례에 임하는 사람들을 위한 이흐람 장소입니다. 얄람람은 예멘에서 메카로 향하는 길에 위치해 있는 산 또는 장소의 이름으로 오늘날 앗싸으디야(al-Sa'diyah)로 불리며 메카에서 약 80km떨어진 곳에 위치해 있습니다.

5) 다트 이르끄(Dhat Irq)[362]

　미까트에서의 이흐람은 성지순례의식을 성공적으로 완수하기 위한 중요한 기둥 (의무사항)중에 하나로서 이를 지키지 않았을 경우 힘들게 준비한 순례가 무효가 될 수도 있습니다. 그래서 메카를 향하는 모든 순례자들은 자신이 어느 지역에서 어떻게 메카로 향하게 될 것인지 사전에 충분한 지식을 가지고 준비해야 합니다. 또한 오늘날과 같이 이동 수단이 발달한 상황에서 비행기나 배를 타고 메카로 향하게 될 경우 안내 방송에 따라 자신이 언제 미까트를 지나게 되는지 충분히 준비하여 이를 지나기 전에 이흐람 상태에 들어 갈 수 있도록 준비해야 합니다.

질문(400) 이흐람을 하지 않은 채 미까트를 지나왔다면 어떻게 되나요?

　대답: 이흐람을 하지 않은 체 미까트를 지나는 경우는 크게 2가지로 나누어 볼 수 있습니다. 그 하나는 핫지나 우므라를 거행하고자 메카를 방문하면서 미까트를 그냥 지나쳐 이흐람을 하지 않은 경우인데 이때 순례자는 반드시 자신에게 해당되는 미까트로 돌아와서 이흐람을 해야만 핫지나 우므라가 성립됩니다. 그러나 이를 지키지 못하고 순례에 임했을 경우는 순례가 성립되기 위한 의무 규정들 중에 하나를 지키지 못한 상황이 되므로 이에 대한 대가를 반드시 지불해야하는데 그것은 양을 도살하여 가난한 메카 주민들에게 나누어 주어야합니다.

　또 다른 하나는 핫지나 우므라를 원하지 않는 상황에서 미까트를 지나친 경우에는 메카를 방문한 후 많은 시간이 경과되었든 또는 최근에 방문했든 상관없이 그

---

361) *까르눌마나질(Qarnu al-Manaazil): 나지드(Najid, 사우디아라비아의 동 북부지역으로 리야드 지역을 말함)지역에서 순례에 임하는 순례자들을 위한 이흐람 장소로서 오늘날 앗싸-일 알카비-르(al-Saail al-Kabeer)라고 불리는 산 이름으로 메카에서 약 80km 떨어진 곳에 위치해 있습니다.

362) *다트 이르끄(Dhat Irq): 이라크 지역에서 메카 성지를 순례하는 사람들이 들려서 이흐람을 하는 장소로 메카에서 약 80km 떨어진 곳에 있습니다.

의미가 없습니다. 왜냐하면 의도 없이 미까트를 지날 때마다 이흐람을 해야 한다면 우므라나 핫지를 그때마다 거행해야 하므로 의도와 달리 필요이상으로 그 의식이 강요될 수 있기 때문에 합리적으로 볼 수 없습니다. 예언자 무함마드의 전언에 의하면 핫지(대순례)의 경우 일생에 한번 행하는 것은 의무이며 그 이상의 경우 자신의 능력에 따라 가능한 선택할 수 있습니다. 그래서 대부분의 이슬람 학자들은 핫지나 우므라를 거행할 의도 없이 미까트를 지났을 경우 메카 방문과 상관없이 미까트에서 이흐람은 의무 되지 않음을 강조합니다.

질문(401) 성지순례를 시작하는 의도(Niyat)는 탈비야(Talbiyah)시 반드시 소리 내서 해야 하나요?

대답: 탈비야는 우므라의 경우 "랍바이칼라훔마 우므라탄(LabbaikAllāhumma Umratan)" 그리고 핫지의 경우 "랍바이칼라훔마 핫잔(LabbaikAllāhumma Haajan)라고 말하는 것입니다. 핫지를 의도(Niyat)할 경우에는 마음속으로 하는 것이지 소리 내어 할 필요는 없습니다. 그래서 소리 내어 "오 하나님! 저는 우므라(핫지)를 거행하고자 합니다"라고 말하지 않습니다.

질문(402) 비행기를 타고 우므라나 핫지를 거행하기 위하여 메카를 향할 때 이흐람은 어떻게 해야 합니까?

대답: 비행기를 이용하여 순례를 하고자 할 경우에 항공기가 미까트를 지나기 전에 반드시 이흐람 상태에 들어가야 합니다. 그래서 순례자는 집을 나서기 전에 먼저 순례를 위한 준비과정으로 구슬(Ghusl, 대정)을 하고 미까트를 지나기 전에 이흐람(Ihraam, 순례시 입는 제봉하지 않은 두 개의 흰 천)을 입고 순례가 시작됨을 의도해야 합니

다. 이때 이흐람을 해야 할 시기를 놓치게 되면 순례가 성립되기 위한 의무 규정을 어기게 되므로 각별한 주의가 요청됩니다. 오늘날 일부 순례객들이 이를 소홀히 하여 순례의 의무규정을 지키지 못하는 경우가 많은데 제다 공항에 착륙하는 항공기는 기내 방송을 통하여 충분한 시간을 두고 미까트를 통과하기 전에 항공기가 언제 미까트를 통과하게 되는지 알려주고 순례자들이 이흐람을 할 수 있도록 안내해 줍니다. 이때 순례자들은 기내 화장실에서 이흐람으로 갈아입고 순례가 시작됨을 의도함으로써 비로소 순례가 시작됩니다.

그러나 만일 기내에서 이흐람을 하는 것이 불편하고 어렵게 느껴지거나 혹은 이흐람을 하지 못한 상태에서 미까트를 지나칠 것에 대한 두려움이 있다면 집을 나서면서 순례가 시작됨을 의도하고 이흐람 상태에 들 수도 있습니다.

질문(403) 어떤 사람이 제다(Jeddah, 성지 메카에서 70km 떨어진 사우디아라비아의 항구도시)에 도착하여 우므라를 하고자 했을 때 그곳에서 이흐람을 하고 순례를 거행하는 것은 가능합니까?

대답: 제다에 도착하여 우므라를 하고자 했을 때는 2가지의 경우에서 살펴볼 수 있습니다. 한 가지는 제다에 도착한 무슬림이 다른 일을 목적으로 제다를 방문하고 이후에 우므라를 의도한 경우인데 이 경우에는 제다에서 이흐람을 하고 우므라를 거행할 수 있습니다.

압둘라 이븐 오마르가 전하는 미까트 규정에 대한 하디스에 의하면 (누군가 (순례를 목적으로 방문하지 않았다면) 자기가 머물고 있는 그곳에서 이흐람을 할 수 있으니, 그래서 메카 주민은 메카에서 이흐람을 할 수 있느니라)

다른 한 가지는 어떤 사람이 자신의 나라를 떠나 제다를 방문하면서 우므라를 의도하였다면 반드시 정해진 미까트에서 이흐람을 해야 합니다. 이 경우 자신이 머물고 있는 제다에서 이흐람을 하는 것은 허용되지 않습니다. 왜냐하면 제다는 미까트가 아니기 때문입니다. 만일 제다에서 이흐람을 하고 우므라를 거행했다면 미까트에서의 이흐람(의무규정)을 어겼기 때문에 이에 해당하는 의식으로 피드야 (Fidyah, 순례시 의무규정을 지키지 못했을 경우 이를 대신(대체)하기 위한 희생 의식)가 그에게 부과됩니다. 그래서 그는 우므라 후에 양을 도살하여 가난한 메카 주민들에게 나누어 주어야 합니다. 그러나 제다에 도착하여 우므라를 하고자 했을 때 미까트에 나와서 이흐람을 하고 순례를 거행했다면 순례의식이 성공적으로 이루어 진 것으로 간주합니다.

질문(404) 무흐림(Muhrim, 순례를 위하여 이흐람 상태에 들어간 사람)이 이흐람 을 착용한 후에 구슬(Ghusl, 대정)을 하는 것은 허용되나요?

대답: 무흐림이 이흐람 상태에서 구슬을 하는 것은 허용됩니다. 필요에 따라 원하는 만큼 구슬을 할수 있습니다. 특히 순례가 진행되는 과정에 몽정을 하였을 경우에는 반드시 구슬을 해야 합니다. 그러나 이흐람을 할 때 행하는 구슬은 의무규정이 아닌 순나(Sunna, 권장사항)입니다.

질문(405) 어떤 사람이 핫지 순례를 거행하지 못하고 돌아가신 할아버지를 대 신하여 순례를 하는 것은 허용되나요?

대답: 가능합니다. 어떤 사람이 순례를 완수하지 못하고 돌아가신 분을 대신하거나 또는 생존해 있지만 몸이 불편하여 순례를 할 수 없는 입장에 있는 사람을 대신하여 행하는 순례는 허용됩니다. 그러나 순례를 대신할 수 있는 사람은 반드시 자신에게 주어진 의무 순례를 마쳤을 때만 가능합니다.

질문(406) 이흐람을 위하여 특별히 정해진 예배가 있습니까?

대답: 이흐람을 위하여 특별히 지정된 예배는 없습니다. 그러나 어떤 사람이 순례를 위하여 미까트에 도착했을 때 의무예배 시간이 되었다면 그는 의무예배를 근행한 후에 이흐람을 하는 것이 더 좋습니다. 그러나 미까트에 도착한 시간이 의무예배시간과 관계없는 시간이라면 정해진 이흐람 의식 절차에 따라 구슬을 하고 향수를 바르고 이흐람을 입은 후 만일 새벽예배 후 두하(Salat al-Duha, 동이 튼 후에 근행하는 순나예배)예배시간이면 두하예배를 근행하거나 또는 두하 예배시간이 아닌 경우라면 세정(우두, 구슬)후에 근행하는 순나 예배를 근행한 후에 이흐람 상태에 들어가는 것이 보다 바람직합니다.

질문(407) 어떤 사람이 순례월 중에 우므라(소순례)를 거행하고 이후에 메디나(예언자 도시)를 방문한 후 둘 훌라이파(아비야르 알리)에서 핫지(대순례)를 위한 이흐람을 했을 경우 그를 무타맛티으(Mtamatie, 순례에 임하는 순례자가 소순례(우므라)와 대순례(핫지)를 따로 따로 거행하는 사람을 일컬음)로 인정할 수 있습니까?

대답: 만일 순례자가 그 해에 대순례를 거행하겠다는 의지로 핫지 월 중에 우므라를 거행했다면 그의 의도는 무타마티으로 인정됩니다. 왜냐하면 그는 순례 여정 중에 소순례와 대순례 거행 과정에서 이를 무효화할 수 있는 어떤 다른 의도도 하지 않았기 때문입니다. 그러나 만일 그가 우므라만 행하고 자기 나라로 돌아갔다면 순례를 위한 여행의 근본적인 목적을 깬 것으로 간주하여 **무타맛티으**로 인정할 수 없습니다. 왜냐하면 그가 행한 본래의 순례 의도가 우므라와 핫지를 분리하여 시작하였기 때문에 우므라를 끝낸 후 메디나를 방문하고 다시 메카로 향할 때 그 지역 미까트인 아비야르 알리에서 대순례(핫지)를 위한 이흐람을 의도함으로서

타맛투우의 자격을 갖춘 것으로 인정됩니다. 그래서 그에게는 무타맛티으에 해당되는 희생의식(양을 도살하여 필요한 사람들에게 나누어주는 순례의무규정 중 하나)이 부과됩니다.

질문(408) 어떤 사람이 샤왈(이슬람력 10월)달에 부득이 소순례(우므라)만 의도하여 이흐람을 하고 이를 완수 하였으나 이후에 그의 상황이 나아져 핫지(대순례)를 하고자 한다면 그를 무타맛티으로 인정할 수 있습니까?

대답: 그를 **무다맛티으**로 인정할 수 없습니다.[363] 그래서 그는 양을 희생하지 않아도 됩니다. 이 경우 그는 무프리드(Mufrid, 대순례(핫지) 한 가지만 의도하여 순례에 임할 수 있습니다.

질문(409) 예언자 무함마드(그분에게 하나님의 평화가)가 행한 정확한 탈비야(Talbiyah)는 무엇이며 우므라나 핫지를 행할 때 언제까지 탈비야를 낭송해야 하나요?

대답: 예언자 무함마드가 행한 가장 정확한 탈비야는 부카리와 무슬림, 아부다우드, 앗티르미디, 그리고 안나싸이, 이븐 마자가 전하는 하디스에 의하면 다음과 같습니다.

(랍바이칼라훔마 랍바이카, 랍바이카 라 샤리칼라카 랍바이카, 인날 함다 완니으마타 라카왈물크, 라샤리카라카) 이맘 아흐마드가 전하는 하디스에는 여기에

---

363) 그의 의도가 우므라만 실시하는 것이므로 그의 우므라가 종료된 후 핫지를 연속적으로 실시한다고 해도 그것이 '타맛투으'로 인정되지 않는 것입니다.

(랍바이카 일라홀 학끄)가 더해서 전해지고 있습니다. 순례도중 탈비야를 끝내는 시점은 우므라의 경우 따와프(Tawaf, 메카 하람성원 내에 있는 카으바를 7회 반시계방향으로 도는 순례의식)를 시작할 때 끝낼 수 있습니다. 핫지(대순례)의 경우는 이둘아드하(Eid al-Adha, 희생제 축제일로 이슬람력 12월10일)날 자마라트 알 아끄바(Jamarat al-Aqba, 미나에 위치해 있는 세 개의 돌기둥 중에 하나이며 순례자들은 12월 10일 순례의 절정을 맞이하여 이 기둥에 7개의 돌을 던지는 의식을 거행함)에 돌을 던지는 것으로 탈비야를 끝낼 수 있습니다.

이러한 근거는 하디스를 통해서 알 수 있는데 우므라의 경우 탈비야를 언제까지 해야 하는 지에 대하여 티르미디가 전하는 하디스에는 **(실로 그(예언자 무함마드)는 우므라를 거행할 때 따와프을 시작하기 위하여 흑석을 마주했을 때 탈비야를 멈추었습니다.)**라고 이븐 압바스가 전하고 있습니다. 또한 예언자께서 대순례를 거행하면서 아라파트 대평원에서 그리고 무즈달리파에서 그리고 무즈달리파에서 미나로 이동하면서 탈비아를 암송하셨는데 이에 관하여 이븐 압바스가 전하는 하디스에 의하면 **(그분께서는 (순례과정에서)자마라트 알 아끄바에서 돌을 던질 때까지 계속하여 탈비야를 외셨습니다.)**라고 전하고 있습니다.

질문(410) 무흐림(순례를 위하여 이흐람을 한 사람)의 경우 빗으로 머리를 손질할 수 있습니까?

대답: 무흐림에게 머리를 손질하는 행위는 권장사항은 아닙니다. 왜냐하면 무흐림은 순례에 임한 사람이기 때문에 헝클어지고 먼지가 낀 채로도 순례에 임할 수 있기 때문입니다. 다시 말해서 우두나 구슬을 하지 않아도 되는 상황이라면 굳이 빗질을 하거나 씻을 필요가 없습니다. 그러나 의도적으로 빗질을 하여 머리카락을 빠지게 하는 것은 핫지의 원래의도에서 벗어나 주의사항을 지키지 못한 것으로 볼 수 있습니다. 하지만 의도하지 않은 상황에서 머리를 긁거나 쓰다듬어서 머리카락

이 빠진 경우에는 문제가 되지 않습니다.

순례자에게 부과된 모든 경우의 주의사항들을 지키는데 있어서 만일 의도하지 않은 상황에서 실수로 일어난 일이거나 또는 잠시 이를 망각한 상태에서 일어난 일이라면 어떤 것도 죄가 되지 않습니다. 왜냐하면 자비로우신 하나님께서 꾸란에서 말씀하시길

> "너희가 마음으로 의도하여 행한 잘못이 아닌 실수에 의한 잘못은 어떤 것도 죄가 되지 아니하니라. 실로 하나님께서는 관용과 자비로 충만한 분이시니라."[364]

> "오 우리의 주님이시여!, 저희가 만일 잊었거나 실수하여 잘못을 범했다면 (저희의 잘못을) 벌하지 말아 주시옵소서."[365]

라고 기도할 때 하나님께서는 이러한 상황에서 이미 용서하셨음을 시사하고 있습니다.

이흐람 상태에서 금기 사항인 사냥의 경우 꾸란에는 다음과 같이 언급하고 있습니다.

> "오! 믿는 자들이여, 너희들이 (순례를 위하여)무흐림 상태에 있다면 짐승을 죽이지 말라. 그러나 만일 너희 중 누군가 의도에 의해 (동물을) 죽였다면 그것에 대한 처벌은 너희가 죽인 동물과 같은 것이니라."[366]

위 구절에서 의도에 의해서 살생을 한 경우에 대하여 속죄의 의미를 부여한 것은 만일 누군가 의도하지 않고 이루어진 일에 대해서는 용서받을 수 있음을 의미

---

364) 55:5
365) 2:286
366) 5:95

합니다.

　그래서 성지순례(우므라, 핫지) 중에 주의사항으로 규정하고 있는 모든 것들이 순례자의 무지나 실수 그리고 잊어버리고 일어난 경우라면 관용과 용서로서 이에 대하여 묻지 않음을 알 수 있습니다. 그래서 순례와 관련한 의식이 이로 인하여 무효화되거나 속죄의 의미로 양을 희생하는 의무가 부과되지는 않습니다.

질문(411) 어떤 순례자가 잘 모르고(무지에 의해서) 그의 머리카락의 일부만 깎고 순례를 위해 규정된 1차 이흐람 상태에서 스스로 해제했다면 그가 해야 할 일은 무엇인가요?[367]

　대답: 이 순례자가 만일 의식을 잘 이해하지 못하고 무지에 의해서 머리카락의 일부만 자르고 이흐람 상태에서 벗어났었다면 크게 문제되진 않습니다. 왜냐하면 그는 성공적인 순례를 위한 의식들에 대하여 무지했었기 때문에 하나님의 용서를 구할 수 있습니다. 그러나 그에게는 머리카락 전체를 깎든지 아니면 삭발을 하여 순례의식을 완수해야할 의무가 남아 있게 됩니다.

질문(412) 메카에서 멀리 떨어진 도시(나라)에서 온 사람이 순례를 의도하지 않고 메카를 방문한 후에 순례를 하기 위하여 그곳에서 이흐람(순례를 하기 위하여 미까-트에서 이흐람(순례의복)을 입고 순례를 의도하고

---

367) *순례자는 둘 힛자 10일 무즈달리파에서 미나로 돌아오면 그에게 의무된 의식이 있습니다. 그것은 그날 자마라툴 아크바(미나에 있는 3개의 돌기둥 중 하나로서 하람성원에서 가장 가까이 위치해 있음)에 가서 7개의 작은 돌을 한 개씩 던지는 것과 양을 희생하는 것 그리고 머리를 깎는 것입니다. 순례자는 이러한 세가지 의식들 중 두가지를 행하면 1차 이흐람 상태에서 벗어날 수 있습니다. 그래서 이흐람을 벗고 평상복으로 갈아입는 상태에서 이후에 진행되는 의식을 수행할 수 있습니다. 그러나 순례를 위한 모든 의식이 끝나는 2차 이흐람 해제 때까지는 부부관계는 허용되지 않습니다.

준비하는 행위)을 하고 순례를 거행한다면 그의 순례는 허용될까요?

대답: 그의 순례는 허용되며 받아들여질 것입니다. 그러나 그가 행한 행위는 2가지의 경우에서 잘못된 것임을 알 수 있습니다. 먼저 메카에 들어가는 무슬림의 자세에서 그는 미까-트에서 이흐람을 하지 않은 잘못입니다. 두 번째는 무슬림은 그에게 명해진 규정을 지켜야할 의무와 책임이 있습니다. 이를 지키지 못했을 때는 그 잘못에 대하여 뉘우치고 하나님께 용서 빌어야합니다. 미까-트에서 이흐람을 하는 것은 핫지나 우므라가 성공적으로 이루어지기 위해서 꼭 필요한 의무규정이며 이를 지키지 못한 것에 대한 책임(Fidyah)은 메카에서 한 마리의 양을 희생하여 불쌍한 주민들에게 나누어 주는 것입니다.

질문(413) 타맛투우(Tamtu' 성지순례를 의도할 때 대순례(핫지)와 소순례(우므라)를 따로 따로 의도하는 순례방식) 방식으로 순례를 의도한 사람이 소순례를 끝내고 자신의 집(나라)으로 돌아 온 후에 다시 대순례를 의도한다면 그의 순례 방식을 이프라드(Ifrād, 성지순례 시 대순례인 핫지 한 가지만 의도하여 순례에 임하는 방식)로 인정할 수 있는지요?

대답: 만일 타맛투우 의도로 순례를 시작하여 우므라를 마친 사람이 시간적인 여유가 있거나 부득이한 사정으로 인하여 집으로 돌아 왔다가 대 순례 시간에 임박해서 다시 이프라드 의도로 순례를 하고자 한다면 그의 순례방식은 인정될 수 있습니다. 그가 집으로 돌아와 우므라와 핫지 사이에 시간적인 공백이 생겼다고 해도 타맛투우 의도에 대한 의무는 없습니다. 그러나 만일 그의 의도가 타맛투우 순례에 대한 희생의무(양 한 마리를 희생해야 됨)를 면하기 위하여 선택한 방식이라면 그에게 부과되었던 희생의무가 면제되지는 않습니다.

질문(414) 이흐람을 한 순례자(Muhrim)가 햇빛을 가리기 위하여 양산을 쓰는 것은 허용되는지요? 또한 이흐람을 착용할 때 바느질된 벨트를 사용하는 것은 허용되는지요?

대답: 햇볕을 가리고 뜨거운 열기를 막기 위하여 양산을 받쳐 쓰는 것은 허용됩니다. 이러한 행위는 예언자께서 이흐람 상태에 있는 남성들에게 머리를 가리는 어떤 천이나 모자를 사용하는 것을 금한 것과는 무관하게 사용할 수 있습니다. 하디스에 의하면 우사마 븐 자이드와 빌랄이 예언자와 함께 순례를 거행하면서 한사람은 예언자가 탄 낙타의 고삐를 잡고 다른 한사람은 사웁(Thaub, 아랍인들이 입는 상하의가 하나로 된 의복)을 치켜들어 예언자의 얼굴에 내리 쬐는 햇볕을 가리고 자마라트 알 아끄바(Jamarat al-'Aqbah, 미나에 있는 3개의 돌기둥 중에 하나로 순례자들은 이 돌기둥을 향해 작은 돌을 던짐)에서 돌을 던졌다고 합니다.[368] 이러한 예언자의 행위는 이흐람 상태에서도 무엇인가를 이용하여 햇볕과 열기를 가릴 수 있는 근거가 됩니다.

또한 이흐람 착용 시 바느질된 벨트를 사용하는 것도 허용됩니다. 이흐람을 할 때 제봉된 천을 사용할 수 없다는 것은 바지나 셔츠, 속옷과 같은 바느질된 옷을 입을 수 없다는 것을 의미입니다. 그래서 벨트를 사용하여 천이 흘러내리지 않도록 묶는 것은 허용되며, 이흐람을 할 수 있는 천이 충분하지 않다면 조각난 천을 이어서 이흐람을 할 수도 있습니다.

질문(415) 어떤 사람이 신체적 장애로 인하여 이흐람을 착용할 수 없는 경우에는 어떻게 해야 합니까?

대답: 만일 어떤 사람이 신체적 장애로 인하여 이흐람을 착용할 수 없는 상황이

---

368) Hadith Muslim 1298, Abu Daud 1834, Ahmad 26715

라면 그는 편한 의복 중에 어떤 것이든 착용하고 순례에 임할 수 있습니다. 학자들은 이러한 경우에 그가 정상적으로 이흐람을 착용하지 못했기 때문에 그 대가로 꾸란 구절에 언급된 내용을 유추 해석하여 메카에서 양을 한 마리 도살하여 가난한 주민들에게 나눠 주거나 6명의 불쌍한 사람들에게 먹을 음식을 제공해 주거나[369] 그것도 힘들 경우에는 3일간 단식을 하도록 권하고 있습니다. 꾸란에는 이에 대하여 다음과 같이 묘사되어 있습니다.

> **"너희 중에 누가 아프거나 또는 머리에 상처로 (순례과정에서 부득이 삭발을 하지 못했다면) 그 책임으로 단식이나 싸다까 또는 양을 희생하여 이를 대신할 수 있느니라."[370]**

질문(416) 성지순례 중에는 부부간에 성관계를 금하고 있습니다. 만일 어떤 사람이 이흐람 상태에서 이를 지키지 못했다면 어떻게 되나요?

대답: 잘 아시는 바와 같이 이흐람 상태에서의 부부관계는 성지순례를 무효화하는 행위입니다. 또한 그러한 행위는 순례를 완수하기 위하여 금해야 할 가장 중요한 금기사항 중에 하나이기도 합니다. 이에 대하여 꾸란에는 다음과 같이 언급하고 있습니다.

> **"성지순례(핫지)는 정해진 날들에 행해야 하니 의무순례를 행하는 자는 순례 기간 중에 부인을 가까이 할 수 없으며 사악한 마음과 언쟁도 삼가야 하느니라."[371]**

---

369) *사아(예언자의 홉)의 반(½, 약1.5kg)에 해당하는 양의 곡물을 6명에게 각각 나누어 주는 것을 의미합니다.
370) 2:196
371) 2:197

위 꾸란 구절의 "부인을 가까이 할 수 없다"는 말은 직접적인 부부관계뿐만 아니라 관계를 갖기 위한 성적인 여러 가지 제반 사항들을 모두 말합니다. 그래서 순례자는 순례가 끝날 때까지 순수한 마음으로 시종일관 하나님을 공경하고 두려워하는 마음으로 임해야 합니다. 그러나 만일 어떤 사람이 이흐람 상태임에도 불구하고 이러한 중요한 규정을 지키지 못하고 부인과 관계를 가졌다면 우리는 2가지 상황에서 이를 생각해 볼 수 있을 것입니다.

먼저 **1차 이흐람 해지 전**(순례 중인 사람이 12월 10일 이둘 아드하를 맞이하여 자마라트 알-아끄바 돌기둥에서 7개의 작은 돌을 던지고 머리를 깎은 상황이 되면 1차 이흐람 해지 상태가 됨)과 **1차 이흐람 해지 후**로 나누어서 생각해 볼 수 있습니다. 만일 1차 이흐람 해지 전에 이러한 관계가 발생했다면 다음과 같은 샤리아법이 적용됩니다.

1) 그 순례가 의무순례(Farīdat)였든 권장순례(Nāfilat)였든 순례자체는 무효가 됩니다.

2) 이에 더하여 순례 기간 동안에 금기사항을 행했음으로 죄(Ithm)를 짓는 것이 됩니다.

3) 이러한 행위로 인하여 순례가 무효가 되었음에도 불구하고 순례의 전 과정을 완벽히 끝내야합니다.

4) 다음해에 반드시 그 순례를 다시 거행해야 합니다. 꾸란의 가르침에 따라

"하나님을 위하여 핫지와 우므라를 완수해야 하나니. …"372)

순례자는 자신이 의도했던 원래의 목적을 어겼기 때문에 이에 합당한 처벌과 함께 책임을 다해야 하는 것입니다.

5) 이에 대한 처벌로 낙타를 도살하여 속죄(Fidyah) 해야 합니다. 만일 낙타를 도살할 상황이 되지 못한다면 7마리의 양을 도살하여 이를 대신할 수도 있는데 이

---

372) 2:196

때 도살된 낙타와 양은 가난한 사람들에게 나누어 주어야합니다.

그러나 만일 부부관계가 **1차 이흐람 해지 후**에 발생하였다면 이흐람 상태에서 금기사항을 행했으므로 그의 행위는 죄를 짓는 것이 되고 이흐람 상태도 무효가 됩니다. 그래서 그는 속죄의 의미로 양 1마리를 도살하여 가난한 사람들에게 나누어 주거나 가난한 사람 6명에게 1끼의 식사를 제공해 주어야합니다. 만일 이것도 여의치 않을 경우에는 3일간의 단식으로 이를 대신할 수도 있습니다. 또한 이미 무효가 된 이흐람 상태를 유지하기 위해서 가장 가까운 위치에 있는 미까-트(Masjid Umrah in Mekkah)에 가서 이흐람을 다시 해야 하며 이흐람 후에나 남아있는 의무 따와프 의식을 거행할 수 있습니다.

이흐람은 12월 10일 축제일에 자마라트 알-아끄바 돌기둥에 7개의 돌을 던지고 머리를 깎음으로서 1차 해지되는데 이때부터 여자(부인)를 제외한 모든 금기사항들이 허용됩니다. 그래서 이흐람 상태에 있는 사람은 평상복으로 갈아입고 남은 의식들을 거행할 수도 있습니다. 그러나 1차 이흐람 해지 후에 발생한 부부관계는 1차 이흐람 해지 전에 발생한 것과는 달리 순례(핫지) 자체가 무효화되지는 않습니다. 이 경우에는 위에서 언급한 것과 같이 3가지 방법으로 속죄할 수 있는데 그중 3일간의 단식은 메카에서 거행할 수도 있고 메카가 아닌 집으로 돌아가서 거행할 수도 있습니다. 또한 단식을 할 경우에는 연속하여 3일간 계속하거나 또는 그렇지 않고 나누어서 할 수도 있습니다.

그러나 어떤 사람이 부부관계가 이흐람 상태를 깨지게 하고 핫지를 무효화 시킬 수도 있다는 금기 규정에 대한 상식이 전혀 없었다면 그 행위가 1차 이흐람 혹은 그 후에 발생했다면 그는 죄를 저지른 것이며, 그의 이흐람 상태는 깨지게 됩니다. 그는 속죄의식으로 양 한 마리를 도살하여 가난한 자에게 나누어 주거나, 6명의 가난한 자를 먹이는 데 밀가루 등의 1/2사아(예언자의 홉)으로써 각자에게 제공하거나, 3일을 단식합니다. 이 세 가지 중 원하는 것으로 속죄를 할수 있습니다. 그리고 그는 이흐람 상태로 다시 들어가야 하는데, 가장 가까운 메카 바깥지역(예를 들어 탄임)으로 가서 이흐람을 새로 해야만 의무 따와프(따와프 알-이파다)를 실시 할 수 있기 때문입니다.

> **"오! 주님이시여, 저희가 무지로 인하여 실수 했거나 잊어버리고 행하지 못한 잘못에 대하여 벌하지 마소서……."373)**

질문(417) 여성 순례자의 경우 어떻게 얼굴을 가려야 하나요? 얼굴을 가릴 경우 천이 얼굴에 닿을 수 있는 것인가요?

대답: 일반적으로 여성 순례자(Muhrimah)는 머리는 가리지만 얼굴은 노출시킬 수 있습니다. 그러나 순례과정에서 보호자(Mahram) 이외의 외부인들과 마주치거나 지나치게 되는 경우에는 예언자 부인들이 순례 때 가렸던 것처럼 얼굴을 가릴 수도 있습니다. 왜냐하면 금기사항이 의무사항을 지배할 수는 없기 때문입니다. 여자들이 외부인 앞에서 얼굴을 가리는 것은 의무사항이지만 순례기간 중에 얼굴을 노출 할 수 있는 것은 성공적인 순례를 위한 주의 사항에 해당되기 때문입니다. 그래서 순례중인 여성이 외부인(Ajnabi)앞에서 얼굴을 가렸다고 해도 이에 해당되는 법적인 속죄의식(Fidyah)은 없습니다. 그래서 얼굴을 가릴 경우 얼굴을 가리는 천이 얼굴에 닿아도 어떤 문제가 되지는 않습니다.

질문(418) 여성 순례자가 순례를 성공적으로 거행하던 중에 고별 따와프가 끝나지 않은 상태에서 생리가 시작되었다면 어떻게 해야 할까요?

대답: 만일 이 여성이 순례의 전 과정을 성공적으로 끝내고 단지 고별 따와프(Tawāf

---

373) 2:286

al-Wadaa')만 남은 상태에서 생리가 시작되었다면 이 여성에게 고별 순례는 면제됩니다.

누군가 순례중인 예언자 무함마드(그분에게 하나님의 평화가)에게 의무 따와프(Tawāf al-Ifādha)를 끝낸 싸피야(Safiyah bint Haii)가 생리를 시작했다고 하자 그에게 **(그러면 순례를 종료하도록 하라)**라고 말했다고 합니다.[374]

그러나 의무 따와프(Tawāf al-Ifādha)는 생리로 인하여 면제되지는 않습니다. 이 경우에 순례중인 여성은 생리가 끝날 때까지 기다렸다가 생리가 끝나면 의무 따와프를 거행하고 핫지 순례를 정리할 수 있습니다. 또한 그녀는 이흐람 상태를 유지할 수 있다면 그 기간 동안에 집으로 돌아가서 기다리다가 생리가 끝나고 몸이 정결해지면 다시 메카에 와서 의무 따와프를 할 수도 있습니다. 이 경우에 만일 그 여성이 메카에 다시 들어 왔을 때 바로 의무 따와프를 하는 것이 아니라 우므라를 거행하고 의무 따와프를 행하면 더 큰 축복이 있을 것입니다. 그러나 예외 규정(al-Dharūrah)으로, 어려운 여건으로 인하여 메카에서 더 이상 지체할 수 없거나 집에 갔다가 돌아올 형편이 되지 못하는 상황의 여성은 성원 바닥에 생리혈이 떨어져 성원을 더럽히거나 다른 사람에게 방해되지 않는 충분한 조치를 한 후에 따와프를 할 수 있다는 것이 대부분 학자들의 견해입니다.

질문(419) 생리중인 여성은 어떻게 이흐람을 하고 순례(우므라)에 임해야 하는지 자세히 알고 싶습니다.

대답: 먼저 여성이 순례를 의도하기 위해서는 반드시 보호자(Mahram)가 있어야합니다. 생리 중인 여성도 일반 여성과 같이 반드시 미까트에서 순례를 의도하여 이흐람을 하여야 합니다. 이흐람을 한 여성은 메카에 도착하여 생리가 끝날 때까지 기다렸다가 몸이 정결해지면 우므라를 하는 것이 일반적인 예라고 할 수 있

---

374) Bukhari(1757, 4401), Muslim(1211)

습니다. 또한 메카에 도착한 여성은 사정으로 인하여 보호자와 함께 동행하지 못했다고 해도 우므라를 혼자서 거행할 수도 있습니다. 왜냐하면 메카 시내의 하람성원은 안전하고 보호될 수 있는 성역이기 때문입니다. 일반적이지 않은 경우에 여성이 생리가 끝나 구슬(Ghusl, 의식을 수행하기 위하여 몸 전체를 순서에 따라 깨끗이 씻는 행위)을 한 후에 성공적으로 카아바를 순례했는데 약간의 생리혈이 다시 비친 경우라면 스스로 판단해 볼 수 있습니다. 만일 순례 중에 생리혈이 비친 경우라면 생리가 끝날 때까지 기다린 후 다시 구슬을 하고 순례를 해야 합니다 그러나 스스로 순례 이후에 발생된 것이라고 확신한다면 굳이 우므라를 다시 하지 않아도 됩니다. 전자의 경우 우므라를 다시 한다고 해도 미까트에 다시 가서 이흐람을 할 필요는 없으며 따와프와 싸이 그리고 머리를 다듬는 것으로 우므라가 완수됩니다.

질문(420) 의무 따와프(Tawāf al-Ifādha)를 완수하지 않은 여성 순례자가 생리를 시작했다면 어떻게 해야 하나요? 또한 그 여성 순례자는 메카 주민이 아닌 외국에서 순례를 위하여 메카를 방문한 상황이고 항공 일정상 생리가 끝날 때까지 기다릴 수 없는 부득이한 상황이라면 어떻게 해야 합니까?

대답: 가능하다면 생리가 끝날 때까지 메카에서 기다렸다가 의무 따와프와 정해진 순례의식을 완수하는 것이 가장 좋습니다. 그러나 부득이 이를 피할 수 없는 상황이라면 아래의 방법을 선택하여 순례를 완수할 수 있습니다.

1- 건강상에 치명적인 해로움이 없다면 생리를 한시적으로 멈추게 할 수 있는 주사나 약품을 사용하여 생리를 지연시킨 후에 의무 따와프를 수행할 수 있습니다.

2- 예외규정으로 쉐이쿨 이슬람 이븐 타이미야와 그 외의 많은 이슬람 학자들이 긍정적으로 해석하는 방법으로 견고한 생리대를 이용하여 생리혈이 외부에 노출되거나 떨어지지 않도록 조치한 다음 의무 따와프와 순례규정을 완수하는 방법입니다.

그러나 만일 여성이 자기 나라에 갔다가 생리가 끝나고 다시 돌아올 수 있는 형편이 된다면 이흐람 상태를 유지하면서 기다렸다가 다시 메카에 와서 의무 따와프를 할 수도 있습니다.

질문(421) 만일 여성이 우므라를 하고자 미까트에서 이흐람을 한 후에 생리가 시작되어서 이를 수행할 수 없어 부득이 메카에서 나왔다면 어떻게 해야 합니까?

대답: 만일 여성이 정상적으로 미까트에서 이흐람을 했다면 우므라를 위하여 요청된 모든 의식을 완수할 때 까지 이흐람 상태를 그대로 유지하여야 합니다. 그래서 생리로 인하여 만일 우므라를 완수하지 못하고 메카에서 나온 경우에는 생리가 끝난 후 다시 메카를 방문하여 따와프와 싸이 그리고 머리를 다듬는 의식까지 완수한 다음에야 비로소 이흐람 상태에서 벗어날 수 있습니다. 이흐람 상태에서 대표적인 금기사항들은 향수를 바르거나 머리나 손발톱, 수염 등을 자르거나 다듬는 행위 그리고 부부가 가까이 하는 행위 등이 있습니다.

질문(422) 이흐람 상태에 있는 여성 순례자(Muhrimah)가 만일 처음 이흐람을 했던 옷을 바꿔 입고 싶을 경우 그렇게 하는 것은 허용되는지요? 또한 여성에게 특별히 한정된 순례용 의복이 있는지요?

대답: 이흐람 상태에 있는 여성이 옷이 더렵혀졌거나 또는 그렇지 않아도 순례 중에 옷을 바꿔 입는 것은 허용됩니다. 그러나 갈아입는 옷이 너무 화려하거나 여성의 몸매가 밖으로 드러나는 것은 금해야 합니다. 또한 여성이 이흐람을 할 경우 여성들에게 규정된 특별한 옷은 없습니다. 여성이 순례를 위하여 편안하게 입을 수 있는 화

려하지 않고 평범한 옷이면 가능하며 이때 이흐람 중인 여성은 니깝(Niqāb, 무슬림 여성들이 천으로 눈을 제외하고 얼굴을 가리는 것)과 장갑은 하지 않아도 됩니다. 그러나 남성은 반드시 이흐람(Ihrām, 두개의 재봉되지 않은 흰 천)으로 정해진 규정에 따라 가려야하고 이때는 셔츠나 바지, 그리고 머리에 쓰는 어떤 것도 착용할 수 없습니다.

질문(423) 이흐람 상태의 여성은 장갑과 양발을 착용할 수 있는지요?

대답: 이흐람 상태에서 순례중인 여성이 양발을 착용하는 것은 허용됩니다. 그러나 장갑은 예언자 무함마드(그분에게 하나님의 평화가)께서 **(무흐리마(순례를 위하여 이흐람 상태에 있는 여성)는 장갑을 착용하면 아니 되니라.)**[375]라고 말씀하셨기 때문에 이흐람 상태의 여성은 장갑을 착용하지 않습니다.

질문(424) 여성이 생리 중에 미까트(Mīqāt, 성지순례를 위하여 이흐람을 하는 장소)를 지나게 되어서 그곳에서 이흐람을 하고 메카에 도착했지만 생리중인 관계로 우므라(Umrah, 소순례)를 할 수 없기 때문에 생리가 끝나 몸이 정결해 질 때까지 기다렸다가 우므라는 거행한 경우 그녀의 우므라는 유효한지요?

대답: 그녀의 우므라는 정확하게 거행되었습니다. 메카에 도착했지만 생리로 인하여 부득이 하루, 이틀 또는 더 이상 따와프(Tawāf, 메카 하람 성원에 있는 카으바를 7바퀴 도는 의식)가 지체되었다고 해도 그녀의 우므라는 유효합니다. 그러나 그녀는 반드시 생리가 끝나고 정결한 상태가 된 후에 따와프를 거행해야 합니다.

375) Sahih al-Bukhari(1838), Abu Dād(1837, 1823), at-Tirmidi(833), an-Nasāi(2673, 26681)

왜냐하면 생리중인 여성은 따와프를 거행할 수 없기 때문입니다. 이러한 사실에 대하여 예언자께서는 당시 믿는 자들의 어머니 아이샤(예언자 무함마드의 부인)가 생리중인 상태에서 이흐람을 하고 메카에 도착했을 때 그녀에게 다음과 같이 말씀하셨습니다. **(아이샤, 순례를 위한 이흐람을 하라. 그리고 따와프를 제외한 모든 의식을 다른 순례자들이 행하는 것과 같이 행하라.)**[376]

위 하디스에 의거해서 생리 중인 여성은 생리가 끝나고 몸이 정결해 질 때까지 따와프를 연기하고 기다렸다가 생리가 끝나면 거행하지 못한 의식을 행하면 됩니다. 또한 어떤 여성이 우므라 따와프를 행하고 싸이를 시작하기 직전에 생리가 시작되었다면 그녀는 다음 의식인 싸이(Sāi, 싸파(Safa)언덕과 마르와(Marwa)언덕 사이를 7회 왕복하는 의식)를 완수하고 머리카락을 다듬고 우므라 의식을 완수할 수도 있습니다. 또한 대순례(Hajj)중인 여성이 싸이를 한 후에 생리가 시작되었다면 그녀에게는 고별순례(Tawāf al-Wadāa)가 생략될 수도 있습니다. 왜냐하면 생리중인 여성에게 고별순례는 면제되기 때문입니다.

질문(425) 생리중인 한 여성이 미까트에서 이흐람을 하고 메카에 도착했을 때 생리가 끝나고 깨끗한 상태가 되었다면 그녀는 새로운 옷으로 바꿔 입고 순례의식을 거행할 수 있는지요?

대답: 생리중인 여성이 미까트에서 이흐람을 하고 메카에 도착한 후에 생리가 끝났다면 그녀는 구슬(대정)을 하고 깨끗한 옷으로 갈아입을 수 있습니다. 남성들의 경우에도 입고 있던 이흐람에 오물이 묻었거나 더럽혀진 상태, 또는 그렇지 않더라도 원할 경우에는 다른 것으로 교체할 수 있습니다.

---

376) Sahih al-Bukhari(305), Muslim(1211), Ahmad(25812)

질문(426) 하디스에 의하면 여성이 성지순례를 위하여 이흐람 상태에 들어가
면 얼굴을 가리는 니깝이나 장갑을 착용하지 못하도록 하는 규정이
있고 또 다른 하디스에는 순례 중에 다른 남성(외간남성)들과 마주
쳐 지나칠 때는 얼굴을 가렸다가 남성들이 앞서 지나가면 가렸던
것을 거두곤 했다[377]고 전하는 하디스도 있습니다. 이 두 하디스를
어떻게 조화롭게 이해할 수 있을까요?

대답: 가장 중요한 사실은 예언자 무함마드께서 남기신 하디스의 의미를 잘 이
해하는 것입니다. 예언자께서는 여성들에게 순례를 위하여 이흐람을 했을 때 얼굴
을 가렸던 니깝을 벗도록 했으며 이흐람 상태에 있는 여성은 소순례(우므라)를 행
하든 또는 대순례(핫즈)를 행하든 상관없이 외부인과 마주치거나 지나쳤다고 해
도 니깝을 쓰는 것은 허용되지 않습니다. 여기서 말하는 니깝은 두 눈을 제외한
여성들의 얼굴을 가리기 위하여 만들어진 가리개로 무슬림 여성들은 외부인과 마
주칠 때 니깝으로 얼굴을 가리기도 합니다. 그러나 위 질문의 두 번째 하디스에서
외부인과 근접한 거리에서 얼굴이 마주치거나 지나쳤을 경우 얼굴을 가렸다는 것
은 니깝이 아닌 다른 천으로 얼굴을 가리도록 한 것을 의미합니다. 니깝을 쓰고
있던 여성이 만일 성지순례를 위하여 이흐람을 했다면 이흐람을 하면서 그녀는 니
깝을 벗고 얼굴을 노출한 상태에서 순례에 임하는 것이 정당한 것입니다. 그러나
만일 얼굴이 노출된 상태에서 외간 남자와 마주치거나 지나치게 될 경우 여성이
불편함을 느낀다면 얼굴을 가릴 수도 있는데 이때는 니깝이 아닌 다른 천으로 얼굴을
가리도록 허용하는 것을 말합니다.

질문(427) 순례를 거행하는 도중, 순례자가 금해야할 금기사항들을 잊어버렸거나 또
는 무지로 인하여 행했다면 어떻게 되는지요?

377) Hadith Daīf, Abu Daud(1833), Ibn Mājah(2935), Ahmad(23501)

대답: 이흐람을 한 사람이 의도하지 않은 상태에서 금해야할 사항들을 행했을 경우는 다음과 같습니다. 만일 이흐람을 입었지만 순례(Hajj, Umrah)의 시작을 의도하지 않았다면 이흐람을 입고 있는 상태에서 금기 사항을 행했다고 해도 크게 문제가 되지는 않습니다. 왜냐하면 핫지의 시작은 이흐람을 한 후 의도(Niyat)를 하면서 시작되기 때문입니다. 그리고 만일 이흐람을 하고 순례를 의도한 후 의식을 거행중인 상태에서 금기 사항을 잊어버렸거나 또는 실수로 행하게 되었다고 해도 문제가 되진 않지만 이를 행한 당사자는 무지와 실수로 행한 잘못된 사실을 알게 된 순간 스스로 깨닫고 그 잘못을 바로 잡을 수 있도록 노력해야 합니다. 예를 들어 이흐람중인 사람이 잊어버리고 평상복을 입게 되었다면 그 상황이 잘못된 것임을 안 순간 그 옷을 벗고 즉시 이흐람으로 갈아입어야 합니다. 마찬가지로 무지로 인하여 이흐람 상태에서 속옷을 입었을 경우에도 이를 알게 되었다면 즉시 속옷을 벗고 이흐람 상태를 유지해야 합니다. 그래서 중요한 원칙은 어떤 사람이 이흐람 상태에서 무지나 실수, 또는 잊어버린 상태에서 금기 사항을 행하게 된 경우에는 그 잘못을 묻지 않음을 알 수 있습니다. 그러나 만일 그 행위에 의도가 있었다면 이는 반드시 잘못된 행위에 대한 처벌을 받게 됨을 알아야 합니다.

"만일 너희가 (의도하지 않은) 실수로 잘못을 행했다면 그것은 죄가 되지 않으나, 너희 마음으로 의도하여 행한 것이라면 죄가 되느니라. 실로 하나님은 자비와 관용으로 충만한 분이시니라."378)

이흐람 상태에서 금해야할 다음과 같은 대표적인 금기 사항들이 있는데 이는 이슬람 학자들 사이에 약간의 견해 차이가 있을 수 있습니다.
1) 이흐람이 아닌 제봉된 의복, 속옷을 착용하는 행위
2) 향수나 향수와 유사한 다른 것을 사용하는 행위
3) 사냥을 하거나 이를 돕는 행위

---

378) 33:5

4) 머리를 깎는 행위

5) 손톱 발톱을 깎는 행위

6) 머리 위에 무엇을 쓰는 행위(남자)

7) 니깝을 쓰는 행위(여자)

8) 부부관계

9) 혼인 계약을 하거나 해주는 행위.

질문(428) 순례자가 순례 중 주의(금기) 사항을 지키지 못하고 실수를 범했을 경우 만일 순례 중에 속죄할 기회를 갖지 못하고 자기 나라로 돌아 갔다면 자기가 있는 그곳에서 속죄행위를 이행할 수 있는지요? 아니면 반드시 메카에서 이를 행해야 하는지요, 만일 메카에서 해야 한다면 다른 사람에게 이를 대신 이행할 수 있도록 대리인을 설정할 수 있는지 궁금합니다.

대답: 무엇보다도 먼저 자신이 무엇을 잘못했는지에 대해서 알아야 합니다. 많은 순례규정들 중에서 의무규정을 지키지 못한 경우에는 반드시 메카에서 동물을 도살하는 피드야(Fidyah)를 이행 하여야 합니다. 왜냐하면 순례를 성공적으로 이행하기 위한 의무규정을 지키지 않았을 경우에는 순례가 무효화 될 수도 있기 때문입니다. 그래서 메카가 아닌 다른 곳에서 이를 이행하는 것은 허용되지 않습니다. 그러나 의무 규정이 아닌 주의 사항들을 지키지 못했을 경우에는 아래의 경우에 의해 이를 이행할 수 있습니다.

첫째는 불쌍한 사람 6명에게 먹을 것을 제공해 주는 것입니다. 이때 음식은 메카 주민들에게 제공해 주거나 또는 자신이 실수를 범한 그곳에서 필요한 사람들에게 제공해 줄 수도 있습니다. 둘째는 3일간의 단식인데 단식은 메카에서 거행해도 되고 메카가 아닌 다른 지역에서도 거행할 수도 있습니다. 그러나 순례 중 1차 이흐람 해제(순례자는 둘 힛자 10일 무즈달리파(Muzdalifa)에서 미나(Mina)로 돌아오면 그에게 의무된 의식이 있습니다. 그것은 그날 자마라툴 아크바(Jamaratul Aqba) 미나에 있는 3개의 돌기둥 중 하나로서 하람성원에서 가장 가까이 위치해 있음)에 가서 7개의 작은 돌을 한 개씩 던지는 것과 양을 희생하는 것 그리고 머리를 깎는 것이 있습니다. 순례자는 이러한 의식들 중 2가지만 완수하면 일단 이흐람 상태에서 벗어날 수 있습니다. 이를 일컬어 이흐람 1차 해제라고 합니다.)이전에 부부관계가 아닌 다른 금기사항을 범했다면 반드시 자신이 실수를 범한 그곳이나 메카에서 동물을 도살하여 가난한 사람들에게 분배하여 주어야합니다. 또한 금지된 사냥을 하였을 경우에는 사냥한 동물에 상응하는 동물을 도살하여 속죄하거나 또는 불쌍한 사람들에게 음식을 제공해 주거나 아니면 정해진 일수 만큼의 단식을 거행하면 됩니다. 그러나 꾸란에 명시된 것과 같이 동물을 도살하거나 불쌍한 사람들에게 음식을 제공할 경우에는 반드시 메카의 하람에서 거행해야만 합니다.

"…카으바에서 희생하여 이를 베푸니. …"379)

또한 예언자께서는 자신에게 부과된 희생 제물에 대하여 알리에게 이를 대신 수행하도록 한 하디스(무슬림이 전함)에 따라 다른 사람이 메카에서 자신을 대신하여 속죄의식을 이행하도록 대리인을 설정할 수도 있습니다.

질문(429) 대순례(Hajj)를 거행 중인 사람이 만일 싸이(Sa'i)를 따와프(Tawāf) 전에 행했다면 이러한 행위는 허용되는지요?

대답: 대순례를 수행 중인 사람이 순례일정을 소화하는 과정에서 의무 따와프(Tawāf al-Ifādah)380)를 행하기 전에 싸이381)를 먼저 행하는 것은 허용된 것입니다. 그 예로

---

379) 5:95
380) *의무 따와프(Tawāf al-Ifādah): 순례자는 순례의 과정에서 3번의 따와프(하람 성원에 있는

서 예언자께서 순례월 12월 10일(Yaum an-Nahr) 희생제 날, 미나에 머물고 계실 때 한 사람으로 부터 자신이 따와프를 하기 전에 먼저 싸이를 행했는데 이러한 행위는 허용된 것인지에 관하여 질문을 받았을 때 그분은 다음과 같이 답했습니다. **"어떤 문제도 없느니라."**382) 순례자가 처음 메카에 도착하여 행하는 도착 따와프를 거행할 때 만일 따와프와 함께 싸이를 행하지 못했다면 이때(Yaum an-Nahr) 싸이를 의무 따와프 보다 먼저 행해도 아무런 문제도 없음을 예언자의 말을 통해서 알 수 있습니다.

질문(430) 라마단 달에 반복하여 소순례(Umrah)를 행하는 것은 허용되는지요? 또한 소순례를 행한후 또다시 소순례를 행하기 위해서 특별히 정해진 기간이 있는지요?

대답: 라마단 달에 반복하여 소순례를 행하는 것은 이설적 행위(Bid'a)에 해당됩니다. 한 달 동안에 반복해서 수차례에 걸쳐 소순례를 행하는 것은 예언자 무함마드의 전승에도 없을 뿐만 아니라 모범이 되었던 이전의 순수 신앙인들(As-Salafi As-Sālih)도 행하지 않았던 일입니다. 그래서 이븐 타이미야(Ibn Taimiyah)는 그의 저서 알 파타와(al-Fatāwah)에서 라마단 달, 또는 다른 달들 중에도 반복하여 그리고 수차례에 걸쳐서 우므라를 행하는 것은 권장할 수 있는 것이 아니라고 언급하였습니다. 이에 대한 확실한 근거로 예언자 무함마드의 행적에서 찾아볼 수 있는데 예언자 무함마드는 메카를 수복하던 그해(헤지라 8년) 라마단 달에 메카에서 19일 동안 머물며 여행자 예배는 거행했지만383) 우므라는 거행하지 않으셨던 것입니다. 또

카으바를 7바퀴 도는 의식)를 하게 되는데 첫 번째는 메카에 도착하면서 바로 거행하는 도착 따와프(Tawāf al-Qudūm), 순례가 시작되면 12월 10일 미나에 머물며 행하는 의무 따와프(Tawāf al-Ifādah), 그리고 순례가 끝나기 전에 행하는 고별 따와프(Tawaf al-Wadāa)가 있습니다.
381) 싸이(Sa'i): 싸파(Safa)동산에서 시작해서 마르와(Marwa)동산까지 7회 왕복하는 순례 의식의 하나를 말합니다.
382) Sahih al-Bukhari(83, 124, 1836, 1837, 6665), Muslim(1306), Ahmad(6448, 6761, 6848, 6918)
383) Sahih al-Bukhari(4298), at-Yrmidi(549), Ibn Majah(1085)

한 메카에 머물던 그 기간 중에 믿는 자들의 어머니 아이샤로부터 우므라를 하겠다는 요청을 받았을 때 예언자께서 만일 우므라를 원하셨다면 남편으로서 부인과 함께 우므라를 거행해야 했지만 자신을 대신하여 그녀의 오빠였던 압두라흐만에게 그녀가 우므라를 하는 것을 도와주도록 부탁했던 것입니다. 그래서 압두라흐만은 누이인 아이샤를 데리고 메카 외곽으로 나가 이흐람을 하고 그녀가 우므라를 거행할 수 있도록 도와주었던 것입니다.

여기서 볼 수 있는 것은 만일 라마단 달에 우므라를 행하는 것이 의무였다면 예언자께서 반드시 의무규정에 대하여 교우들에게 설명했거나 또는 자신이 스스로 의무사항을 실천했을 것입니다. 또한 예언자 이후에 사하바(예언자 무함마드의 교우)들에 의해 권장된 행위였다면 압두라흐만에 의해 이를 의무화할 수 있는 충분한 시간과 기회가 있었을 것입니다. 왜냐하면 사하바였던 압두라흐만 자신이 예언자의 명령에 따라 여동생을 데리고 메카 외곽에 가서 그녀가 이흐람을 할 수 있도록 도와주었고 또 우므라를 거행하도록 도와주었음에도 불구하고 자신은 우므라를 거행하지 않았기 때문입니다.

그리고 우므라를 거행하고 다음 우므라를 거행하기까지 특별히 정해진 기간은 없습니다. 그러나 이맘 아흐마드는 우므라에서 우므라 사이의 정해진 시간에 대하여 가능하다면 우므라가 끝나고 삭발을 한 경우 그 머리카락이 검게 자란 후에 다시 우므라를 할 수 있다고 말했습니다.

질문(431) 만일 타와프를 하던 중에 예배가 시작되었다면 어떻게 해야 하는지요? 따와프를 계속해서 해야 하는지요? 아니면 따와프를 멈추고 예배를 거행해야하는지요?

대답: 따와프를 거행하던 도중에 의무 예배가 시작되었다면 따와프를 거행하던 사람은 그 따와프가 우므라를 위한 따와프이든 하지를 위한 따와프이든 또는 단순

히 순나로 행하는 따와프이든 예배가 시작되면 반드시 따와프를 중단하고 예배를 거행해야 합니다. 그런 후에 예배가 끝나면 다시 중단했던 따와프를 계속할 수 있습니다. 그러나 이 경우 처음부터 다시 따와프를 시작하는 것은 아니고 예배 전에 했던 따와프의 부족한 부분을 채워줌으로서 따와프를 완수할 수 있습니다. 왜냐하면 따와프를 중단한 것은 예배의 의무를 실천하기 위한 것이었고 그것은 따와프를 중단하기 위한 충분한 이유가 될 수 있기 때문입니다.

질문(432) 만일 우므라를 의도한 사람이 미까-트에서 이흐람을 하고 메카 하람성원에서 따와프를 수행하기 전에 싸이를 먼저 했다면 우므라를 완수하기 위하여 그에게는 어떤 과정이 꼭 필요한가요?

대답: 만일 우므라를 하는 사람이 따와프를 하지 않고 싸이를 먼저 한 후에 따와프를 거행했다면 따와프 후에 싸이를 다시 해야 합니다. 왜냐하면 우므라에서 따와프와 싸이를 순서에 따라 행하는 것은 의무사항이기 때문입니다. 예언자 무함마드 (그분에게 평화가…….)께서 우므라를 행할 때는 반드시 순서에 의해서 해야 함을 강조 하셨고 우리는 그분께서 행하신 의식을 그대로 재현하는 하는 것이 보다 정확하게 순례를 거행하는 것이기 때문입니다. 그래서 예언자께서는 (내가 행한 그대로 너희들의 (순례)의식을 거행하라.)384) 라고 말씀하셨던 것입니다. 그래서 만일 그분이 행하신 그대로 의식을 거행한다면 먼저 따와프를 하고 싸이를 하는 것이 순서입니다.

질문(433) 알이드뛰바-우(al-Idtibā'u, 2개의 천으로 된 이흐람을 착용할 때 오른쪽 어깨를 노출 시키는 행위)는 무엇이며 또 언제 하는 것인지요?

---

384) Sahih Muslim(1297), Abu Daud(1970), an-Nasāi(3062), Ahmad(14010, 14208)

대답: 이흐람 상태에서 천을 이용하여 상체를 가릴 때 오른쪽 어깨를 노출시키고 나머지 천을 이용하여 왼쪽어깨를 가리는 것을 일컬어 알이드뛰바-우(al-Idtibā'u)라고 합니다. 대순례를 위하여 메카에 도착한 순례자들은 보통 따와프를 세 번에 걸쳐서 하게 되는데 이때 처음으로 행하는 따와프 알 꾸둠(Tawāf al-Qudūm)을 거행할 때는 오른쪽 어깨를 노출시킨 상태에서 거행하도록 권장합니다. 그러나 따와프 알핫지(Tawāf al-Hajj)나 따와프 알와다아(Tawāf al-Wadāa)는 굳이 원하지 않는다면 어깨를 노출하지 않아도 됩니다.

질문(434) 싸이(Sā'i, 따와프가 끝나고 싸파 동산에서 시작하여 마르와 동산까지 7회 왕복하는 의식)를 자발적으로 하는 것은 허용된 사항인지요?

대답: 따와프를 끝내고 싸파 마르와 동산을 7회 순회하는 싸이는 순례를 위한 필수 의무 사항입니다. 그러나 순례와 무관하게 자발적으로 싸이를 하는 것은 허용되지 않습니다. 왜냐하면 싸이는 다음 꾸란 구절에 의해 순례를 위한 필수 의무로 규정되었기 때문입니다.

"실로 싸파와 마르와 동산은 하나님의 징표이니 하나님의 집을 핫지(대순례)나 우므라(소순례)를 위하여 방문하여 이 두 곳을 순회하는 것은 죄악이 아니라 실로 하나님께서는 선을 행하는 사람의 모든 것을 인식하시고 모든 것을 아시니라."385)

따라서 싸이도 이전에 핫즈나 무르라를 위한 따와프가 사전에 실시되지 않았다면 싸이는 성립되지 않습니다. 따와프는 순례 과정과 상관없이 자발적으로 수행할 수 있지만, 사이는 반드시 순례 과정에서만 실시될 수 있습니다.

---

385) 2:158

질문(435) 만일 누가 대순례의 핵심인 따와프 알 이파다(Twāf al-Ifādhah)를 무지로 인하여 수행하지 못했다면 어떻게 해야만 순례가 완수될 수 있을까요?

대답: 대순례에서 따와프 알 이파다(Twāf al-Ifādhah)는 핫지(순례)가 성공적으로 이루어지기 위한 기둥(실수사항)들 중 하나입니다. 그래서 이 의식을 수행하지 않은 순례자는 순례를 완수한 것으로 볼 수 없으며 무지에 의해서 이를 행하지 않고 자신의 나라로 돌아 왔다고 해도 반드시 메카로 다시 돌아와 카으바를 7회 순회하는 따와프 알 이파다를 수행해야만 순례가 완수될 수 있습니다. 또한 이러한 상황 즉 따와프 알 이파다를 수행하지 않은 상황에서는 이흐람 상태를 벗어나지 않았기 때문에 이를 완수할 때까지 아내를 가까이 할 수도 없습니다. 왜냐하면 부인을 가까이 할 수 있는 2차 이흐람 해제는 따와프 알 이파다를 완수했을 때 가능하기 때문입니다.

찾아보기

세부목차

이 너무 얇아서 속옷은 물론 속살까지 다 비치는 경우가 있습니다. 특히 남성

들의 경우 예배를 근행할 때 입는 옷의 천이 너무 얇아서 허벅지가 비춰지는

경우가 있는데 이러한 상태에서 근행한 예배는 유효한 것인지요? ········ 152

제4장 자카트(Zakāt) - 희사 315